Thieme

Bindungs-entwicklung und Bindungsstörung

Klaus Udo Ettrich

Mit Beiträgen von

Josef Aldenhoff
Vera Brachmann
Elke Daudert
Jochen Eckert
Christine Ettrich
Klaus Udo Ettrich
Oskar Frischenschlager
Kirstin Hartwig
Julia Hildebrand
Ronald Hofmann
Matthias Huth
Michaela Jünemann
Rüdiger Kißgen
Werner Leitner
Frank Leweke
Katja Mackowiak
Wolfgang Milch
Wolf-Rüdiger Minsel
Michael Müller
Helmut Niederhofer
Alfons Reiter
Mechthild Saupp
Martin Urban

13 Abbildungen
45 Tabellen

Georg Thieme Verlag
Stuttgart · New York

Bibliographische Information
Der Deutschen Bibliothek

Die Deutsche Bibliothek verzeichnet diese Publikation in der Deutschen Nationalbibliographie; detaillierte bibliographische Daten sind im Internet über http://dnb.ddb.de abrufbar

Wichtiger Hinweis: Wie jede Wissenschaft ist die Medizin ständigen Entwicklungen unterworfen. Forschung und klinische Erfahrung erweitern unsere Erkenntnisse, insbesondere was Behandlung und medikamentöse Therapie anbelangt. Soweit in diesem Werk eine Dosierung oder eine Applikation erwähnt wird, darf der Leser zwar darauf vertrauen, dass Autoren, Herausgeber und Verlag große Sorgfalt darauf verwandt haben, dass diese Angabe **dem Wissensstand bei Fertigstellung des Werkes** entspricht.

Für Angaben über Dosierungsanweisungen und Applikationsformen kann vom Verlag jedoch keine Gewähr übernommen werden. **Jeder Benutzer ist angehalten,** durch sorgfältige Prüfung der Beipackzettel der verwendeten Präparate und gegebenenfalls nach Konsultation eines Spezialisten festzustellen, ob die dort gegebene Empfehlung für Dosierungen oder die Beachtung von Kontraindikationen gegenüber der Angabe in diesem Buch abweicht. Eine solche Prüfung ist besonders wichtig bei selten verwendeten Präparaten oder solchen, die neu auf den Markt gebracht worden sind. **Jede Dosierung oder Applikation erfolgt auf eigene Gefahr des Benutzers.** Autoren und Verlag appellieren an jeden Benutzer, ihm etwa auffallende Ungenauigkeiten dem Verlag mitzuteilen.

Rüdigerstraße 14
D- 70469 Stuttgart
Telefon: + 49/ 0711/ 8931-0
Unsere Homepage: http://www.thieme.de

Printed in Germany

Zeichnungen: Angelika Kramer Stuttgart
Umschlaggestaltung: Thieme Verlagsgruppe
Satz: Photocomposition Jung, F-Plaine
Druck: Druckhaus Köthen GmbH, Köthen

ISBN 3-13-136761-X 1 2 3 4 5 6

Anschriften

Prof. Dr. Josef Aldenhoff
Universitätsklinikum Schleswig-Holstein
Klinik für Psychosomatik und Psychotherapie
Niemannsweg 147
24105 Kiel

Dipl.-Psych. Vera Brachmann
Ruhr-Universität Bochum
Fakultät für Psychologie
Arbeitseinheit für Entwicklungspsychologie
44780 Bochum

Dr. Elke Daudert
Universitätsklinikum Schleswig-Holstein
Klinik für Psychosomatik und Psychotherapie
Niemannsweg 147
24105 Kiel

Prof. Dr. Jochen Eckert
Psychologisches Institut III
Universität Hamburg
Von-Melle-Park 5
20146 Hamburg

Prof. Dr. med. habil. Christine Ettrich
Universität Leipzig
Klinik und Poliklinik für Psychiatrie,
Psychotherapie und Psychosomatik des
Kindes- und Jugendalters
Wandtstr. 9
04275 Leipzig

Prof. Dr. phil. habil. Klaus Udo Ettrich
Universität Leipzig
Institut für Entwicklungspsychologie
Seeburgstr. 14–20
04103 Leipzig

Prof. Dr. Oskar Frischenschlager
Medizinische Universität Wien
Institut für Medizinische Psychologie
Severingasse 9
1090 Wien
ÖSTERREICH

Dipl.-Psych. Kristin Hartwig
Universität Leipzig
Institut für Entwicklungspsychologie
Seeburgstr. 14–20
04103 Leipzig

Dipl.-Psych. Julia Hildebrand
Ruhr-Universität Bochum
Fakultät für Psychologie
44780 Bochum

Dr. Ronald Hofmann
Lombroso-Institut für Rechtspsychologie
Robert-Koch-Str. 18
08340 Schwarzenberg

Dr. Matthias Huth
Gartenstr. 3
04509 Hohenroda

Dipl.-Psych. Michaela Jünemann
Universität Leipzig
Institut für Entwicklungs-,
Persönlichkeitspsychologie u. Psychodiagnostik
Seeburgstr. 14–20
04103 Leipzig

Dr. paed. Rüdiger Kißgen
Universität zu Köln
Heilpädagogische Fakultät
Frangenheimstr. 4
50931 Köln

Dr. phil. Werner Leitner
Psychologisch-Psychotherapeutische Praxis
Kuno-Dietrich-Siedlung 4 und 5
96328 Küps-Theisenort

Dr. Frank Leweke
Justus-Liebig-Universität Gießen
Klinik für Psychosomatik und Psychotherapie
Friedrichstr. 28
35392 Gießen

Dr. Katja Mackowiak (Dipl.-Psych.)
Universität zu Köln
Heilpädagogische Fakultät
Psychologie und Psychotherapie
Klosterstr. 79 b
50931 Köln

Prof. Dr. Wolfgang Milch
Justus-Liebig-Universität Gießen
Klinik für Psychosomatik und Psychotherapie
Friedrichstr. 33
35392 Gießen

Prof. Dr. Wolf-Rüdiger Minsel
Universität zu Köln
Erziehungswissenschaftliche Fakultät
Institut für Psychologie
Gronewaldstr. 2
50931 Köln

Dr. Dipl.-Päd. Michael Müller
St.-Apern-Str. 56–62
50667 Köln

Mag. Dr. Dr. Helmut Niederhofer
Sanitätseinheit Zentrum-Süd
Regionalkrankenhaus Bozen
Kinderabteilung
Kinder- und Jugendpsychiatrie
Guntschnastr. 54 A
39100 Bozen
ITALIEN

Alfons Reiter
Universitätsklinik für Psychiatrie Innsbruck
Abt. Kinder- und Jugendpsychiatrie
Anichstr. 35
6020 Innsbruck
ÖSTERREICH

Dipl.-Päd. Mechthild Saupp
Schirmerstr. 39
40211 Düsseldorf

Dipl.-Psych. Martin Urban
Mülbergerstr. 170
73728 Esslingen

Vorwort

Publikationen zur Bindungsforschung haben in den letzten Jahren erfreulich zugenommen. Es melden sich heute immer mehr Arbeitsgruppen zu Wort, die das Erbe und Gedankengut von John Bowlby hoch schätzen, die zum Teil aber auch methodisch eigene Wege in diesem Bereich gehen, womit ein Konflikt angedeutet ist, an dessen Vertiefung dem Herausgeber nicht gelegen ist. Anliegen dieses Buches ist es, die gegenwärtige Landschaft der Bindungsforschung als eine interessante Mischung beider Vorgehensweisen darzustellen, da aus meiner Sicht nur in einem solchen Vorgehen fruchtbare Ansätze zum einen der Erweiterung der theoretischen Bindungsforschung und zum anderen ihrer Wirkung für die Praxis gegeben ist.

Im einleitenden Beitrag befasst sich der Herausgeber mit Erkenntnissen und Methoden der Bindungsforschung. Zunächst arbeitet er die Bedeutung der Bindungsforschung für die Entwicklungspsychologie heraus und geht auf das Verständnis von Bindungsmustern für die menschliche Entwicklung ein. Hierauf folgt – auch unter dem Entwicklungsgedanken – die Bewertung der Forschungsergebnisse für die Entstehung abweichenden Verhaltens, also für die Psychopathologie. Es wird erkennbar, dass viele Einzelergebnisse vorliegen, dass ihre Verallgemeinerung aber durch begrenzte Stichprobenumfänge und unterschiedliche Auswahl von Analysepersonen sowie ungelöste Methodenprobleme noch immer begrenzt ist. Dem schließt sich die Diskussion grundlegender Fragen für die Anwendung von Ergebnissen der Bindungsforschung für die Psychotherapie an. Damit wird auf die Notwendigkeit der expliziten Berücksichtigung von Bindungsprozessen im psychotherapeutischen Handeln hingewiesen.

Im zweiten Teil seines Beitrages verweist Ettrich auf Methoden der Bindungsforschung, wobei er Verfahren wie den Fremde-Situation-Test für Kleinkinder von Ainsworth, die „Fremde Situation" für Sechsjährige von Main und Cassidy sowie das Adult-Attachment-Interview von George, Kaplan und Main referiert. Diese Methoden sind die klassischen Verfahren der Bindungsforschung, die aus dem unmittelbaren Arbeitskreis um Bowlby hervorgegangen sind. Neben diesen Methoden wird aber auch auf etwas abseits davon entwickelte Interviewverfahren, wie das Erwachsenen-Bindungsprototypen-Rating nach Pilkonis bzw. Strauß und Lobo-Drost, sowie auf Fragebogenmethoden eingegangen. Gerade letztere Verfahren verdienen in der Zukunft eine stärkere Beachtung, da bis jetzt die Entsprechung zwischen klassischen Methoden und diesen neuen Verfahren nicht hinreichend nachgewiesen wurde, wobei auch Vorurteile hinsichtlich des Erkenntniswertes einzelner Methoden noch zu überwinden sind. Auf die Ergebnisse einiger Methodenanalysen wird im Beitrag ebenfalls eingegangen.

Frischenschlager wendet sich dem Verständnis der Organisationsebenen des Bindungssystems zu, wobei er Bindungsprozesse unmittelbar für ihre Anwendung in der Psychotherapie, die er weitgehend mit Psychoanalyse gleichsetzt, hinterfragt. Am Beispiel von sichererem und unsicher-vermeidendem Bindungsverhalten wird die Spezifik der Entwicklung von Bindungsmustern expliziert. Anschließend arbeitet er sehr sorgfältig die Unterscheidung von präverbalen und verbalen Organisationsebenen des Bindungsverhaltens heraus, um diese auf die physiologische Regulationsebene, die Verhaltensebene, die affektive Ebene, die Ebene der vorsprachlichen und der sprachlichen Kommunikation zu erweitern. Er weist der Ebene der sprachlichen Kommunikation eine besonders aktive Funktion zu, da sie sowohl intrapsychisch als auch interpsychisch von Belang ist. Psychische Störungen entstehend immer dann, wenn es zur Desintegration bestimmter Ebenen kommt. Hierfür werden eindrucksvolle Beispiele aufgeführt. Der Autor macht auf die grundsätzlichen Diskrepanzen in der Erfassung des Bindungsgeschehens durch Fragebogen (kognitiv sprachliche Ebene) und dem Adult-Attachment-Interview aufmerksam, wobei letzteres zwar desintegrative Prozesse bewertet, aber Organisationsebenen des Bindungsverhaltens nicht unterscheidet.

Niederhofer und Reiter weisen in ihrem Beitrag eingangs darauf hin, dass die Zeit der vorgeburtlichen Entwicklung in der Bindungsforschung weitgehend vernachlässigt wurde. Unter dem Aspekt, dass die Weitergabe von Bindungsmustern „nahezu schicksalhaft“ ist, erscheint es sinnvoll, das Bindungsverhalten der Mutter schon früh (nämlich präpartal) zu erheben. Hierzu entwickelten sie ein eigenes Instrument (Fragebogen), das die Klassifikation des Bindungsverhaltens nach sicher, ambivalent und vermeidend gestattet. Zusätzlich werden mittels Ultraschall in 5-Monats-Intervallen die Kindsbewegungen durch drei Rater bestimmt und die Herzfrequenz gemessen. Für die postpartale Zeit (6 Monate nach Geburt) wurde ein Fragebogen eingesetzt, der Beobachtungen der Mütter zum Bindungsverhalten ihrer Kindes erfasst. Im Alter von 6 Jahren wurde ein von Marcus entwickelter Fragebogen zur Erfassung von Bindungsbesonderheiten verwendet. Regressionsanalytisch konnten bei 3 Bindungsmustern aus den Daten der präpartalen und postnatalen Entwicklungsphase die Bindungsmuster im Alter von 6 Jahren gut vorhergesagt werden. Die Bedeutung von stabilen Mutter-Kind-Beziehungen in der vor- und nachgeburtlichen Zeit für die Entwicklung des Bindungsverhaltens sowie die Negativauswirkung von genereller emotionaler Ablehnung präpartal und postnatal waren nachweisbar. Die Auswertung der intrauterinen Fetalaktivität ließ keine Zusammenhänge mit Bindungsparametern erkennen. Die Autoren führen dies u.a. auf die extrem kurzen Beobachtungseinheiten zurück. Sie schlagen deshalb ein Interventionsprogramm zur frühen Beeinflussung des Bindungsverhaltens von Mutter und Kind vor.

Im nächsten Beitrag geht Kißgen der Frage nach, wie sich die Bindungsentwicklung bei Kindern mit eingeschränkter lokomotorischer Entwicklung gestaltet. Dabei weist er auf den Zusammenhang hin, dass zum einen eine gestörte Lokomotion die Beziehung zwischen Kind und Eltern belastet und zum anderen das Wohlbefinden der Eltern die Entwicklung von Bindungssicherheit begünstigt. Ferner ist anzunehmen, dass Kinder in ihrem sich entwickelnden Selbstbild negativ beeinflusst werden, wenn sie die Diskrepanz zwischen einer Verhaltensbereitschaft (sich annähern oder entfernen) und ihrer Fähigkeit, diese umzusetzen, erleben. Aus diesem Grund verglich der Autor 27 Kinder mit eingeschränkter Lokomotorik (Psychomotorikindex nach Bayley unter 85) und 34 Kontrollkinder mit einem Psychomotorikindex größer als 85 mittels Bayley-Test, dem „Fragebogen zur sozialen Orientierung von Eltern behinderter Kinder“ und dem Fremde-Situation-Test. Es zeigten sich deutliche Unterschiede im Bindungsverhalten beider Vergleichsgruppen, jedoch keine statistisch bedeutsame Differenz im Hinblick auf die Dimension des Fragebogens zur sozialen Orientierung sowohl für Mütter als auch für Väter. Die Untergliederung nach Eltern sicher gebundener und unsicher gebundener Kinder ergab dagegen interessante und für die Betreuung der Eltern dieser Kinder wichtige Ergebnisse. Kißgen verweist darauf, dass in der Bindungsforschung der Entwicklungsstand der Kinder bislang nur wenig Beachtung findet, aus seinen Ergebnissen aber eine hohe Kovariabilität ableitbar ist, was in Zukunft weiter analysiert werden sollte.

Der Beitrag von Saupp, Müller und Minsel geht unter bindungstheoretischem Blickwinkel der Frage nach, warum Kinder und Jugendliche sporadisch Leistungen erbringen oder verweigern, obwohl sie aufgrund ihrer intellektuellen Fähigkeiten dazu in der Lage wären. Die Autoren vermuten, dass die Qualität der Kind-Eltern-Beziehung das konkrete Interaktionsverhalten der Kinder beeinflusst. Anhand qualitativer Analysen lässt sich zeigen, dass die Spontaneität im Leistungsverhalten mit unsicher-vermeidender und unsicher-ambivalenter Bindungsqualität in einem hohen korrelativen Zusammenhang steht. Bei der Diskussion der Ergebnisse müssen die Autoren klaren Aussagen zur Erklärung des „Lust- und Laune“-Phänomens schuldig bleiben, da hierfür die empirische Basis noch nicht ausreichend ist. Allerdings erscheinen die bindungstheoretischen Implikationen einen sehr fruchtbaren Untersuchungsansatz hervorzubringen.

Leitner beschäftigt sich in seinem Beitrag mit Bindungsentwicklung und Bindungsstörung unter Berücksichtigung des Pariental-Alienation-Syndroms (PAS, elterliches Entfremdungssyndrom oder induzierte Eltern-Kind-Entfremdung), wobei er sehr praxisnah auf die Gutachtendiagnostik eingeht. Bei Kindern aus Trennungs- und Scheidungsfamilien wird nicht selten das erworbene Bindungsverhalten erheblich erschüttert, zumal es sich beim PAS um eine bewusst oder unbewusst hervorgerufene externale Bindungsstörung zwischen dem Kind und einem Elternteil durch den anderen Elternteil handelt. Leitner setzt sich aus entwicklungspsychologischer Perspektive eingehend mit der Entstehung und Aufrechterhaltung, Stabilisierung und Manifestierung des PAS auseinander, um sich dann Möglichkeiten der Intervention bei PAS zuzuwenden, wobei er über spezifische und flankierende Verfahren berichtet, die letztendlich förderlich für die Bindungsentwicklung der Kinder sind.

Hartwig, K. U. Ettrich und C. Ettrich gehen der Frage nach, wie sich Bindungsmuster von psychisch auffälligen Jugendlichen von denen einer unausgelesenen Kontrollgruppe unterscheiden. Ausgehend von den Annahmen Bowlbys, Ainsworths und Mains erwarten sie einen höheren Anteil unsicherer Bindungen bei Patienten im Vergleich zu Kontrollen. Die Bindungsmuster beider Gruppen werden mittels Erwachsenen-Bindungsprototypen-Rating erhoben, wobei sich die Autoren mit notwendigen Modifikationen dieses Verfahren für dessen Einsatz im Jugendalter auseinandersetzen. Gleichzeitig beleuchten sie psychosoziale Einflussfaktoren auf das Bindungsgeschehen. Obwohl es auch in der Literatur keinen Hinweis auf die Spezifik von psychischer Erkrankung und Bindungsmuster gibt, wurde zusätzlich der Anteil sicherer Bindungen bei einzelnen Krankheitsbildern analysiert. Hier war keine Patientengruppe durch einen statistisch bedeutsameren Anteil an sicheren Bindungen ausgezeichnet. Die Analyse der Lebenssituation ließ erkennen, dass sich die familiäre Situation bei Eltern, die zusammenleben, bei Patienten und Kontrollen qualitativ unterscheiden, indem der Anteil der sicheren Bindungen bei der Kontrollgruppe wesentlich höher ist als bei der Patientengruppe. Die Autoren wenden sich, da ihre Ergebnisse einen signifikant höheren Anteil gestörter Bindungsmuster aufweisen, abschließend therapeutischen Überlegungen aus bindungstheoretischer Sicht zu.

Brachmann, Hildebrandt und Mackowiak befassen sich in ihrem Beitrag mit den Zusammenhängen zwischen sexuellem Missbrauch, Bindungsrepräsentation und psychischer Gesundheit. Insbesondere geht es dabei um die Auswirkungen von sexuellem Missbrauch auf die Bindungsentwicklung. Die Autoren beziehen das Adult-Attachment-Interview zum Nachweis der Bindungsmuster sowie die Symptom-Checklist (SCL 90 R) in ihre Vergleichsuntersuchung von 20 Probanden mit sexuellem Missbrauch in ihrer Kindheit und 20 Studenten als Kontrollpersonen ein. Sie können hochsignifikante Unterschiede in den Bindungsmustern beider Gruppen nachweisen. Aber auch im SCL 90 R unterscheiden sich beide Gruppen hinsichtlich der T-Werte deutlich. Dass Bindung mit der Selbstreflexion von Persönlichkeitsmerkmalen zu tun hat, wird auch beim Vergleich der Fälle von sicherer Bindung und Missbrauchserfahrungen und den Fällen mit unsicherer Bindung und Missbrauchserfahrungen deutlich. Die sicher gebundenen Patienten erreichten deutlich niedrigere T-Werte in den Persönlichkeitsskalen und entsprechen damit der Normalstichprobe. Die Autoren können die Bindungsrepräsentation als wesentlichen Teil des Risiko- und Schutzfaktorensystems nachweisen und damit ihren Einfluss auf die psychische Gesundheit bestätigen.

Jünemann und Ettrich wenden sich der Frage zu, welche Bindungsstrategien bei jugendlichen Straftätern vorherrschen. Sie gehen von der Annahme aus, dass bei diesen Personen unsichere Bindungen gehäuft zu finden sind. Dabei knüpfen sie an früheren Beobachtungen Bowlbys (1944) an jugendlichen Dieben an. Er konnte nachweisen, dass bei diesen delinquenten Jugendlichen neben genetischen Faktoren vor allem ungünstige Umweltbedingungen in der frühen Kindheit und Gegenwart beobachtbar waren. Jünemann und Ettrich weisen auch auf die Bedeutung einer beeinträchtigten selbstreflexiven Fähigkeit für die Entstehung von Delinquenz hin und werten hierzu die relevante Literatur von Astington über Main und vor allem Fonagy aus. Die Autoren diskutieren vorliegende Befunde auf dem Hintergrund der Spezifik des Bindungsinterviews sowie der psychosozialen Einflüsse und gehen auch hypothetisch auf die Bedeutung von Persönlichkeitsmerkmalen ein.

Der zweite Teil des Buches ist der Behandlung von Bindungsstörungen gewidmet, wobei die Persönlichkeitsstörungen vom Borderline-Typ wegen ihrer Vergesellschaftung mit Bindungsstörungen im Mittelpunkt stehen. Dieser Teil wird von einem Übersichtsbeitrag zur Charakteristik von Bindungsstörungen und ihrer therapeutischen Behandlung eingeleitet. Christine Ettrich kann dabei auf reiche psychotherapeutische Erfahrungen zurückblicken. Sie arbeitet überzeugend heraus, dass eine effektive psychotherapeutische Behandlung ganz spezifisch auf den individuell vorherrschenden Bindungstyp eingehen muss.

Milch und Leweke gehen explizit auf die Borderline-Persönlichkeitsstörung ein, wobei sie aus entwicklungspsychologischer Sicht deutlich machen, dass Bindungsbeeinträchtigungen die Verarbeitung von Emotionen bei den Heranwachsenden behindern. Dies führt sie zur Besprechung der Hauptsymptome der Borderline-Störung. Hier sind zu nennen Aggression, Spaltung, Störungen der Mutualität, wobei von den Autoren die Entwicklungsperspektive beibehalten wird. Am beigefügten Fallbeispiel wird deutlich, dass unzureichendes elterliches Feingefühl und Einfühlungsvermögen Borderline-typisches Verhalten bahnen.

Daudert und Eckert diskutieren in ihrem Beitrag die Bedeutung entwicklungspsychologischer und bindungstheoretischer Konzepte für das Verständnis der Emotionsregulationsstörung bei Borderline-Persönlichkeitsstörungen. Die Autoren geben eine gute Zusammenfassung zur Symptomatik,

Epidemiologie sowie zur Genese von Borderline-Patienten, um sich dann dem Verständnis der Theory of Mind und dem Konzept der Selbstreflexivität zuzuwenden. Es geht dabei um die Fähigkeit, die eigene Person und die von anderen in Begriffen von Intentionalität und mentalem Befinden wahrzunehmen und zu verstehen und damit Verhalten zu regulieren. Durch die Entwicklung einer Theory of Mind etwa im Alter von 3 – 4 Jahren sind Kinder in der Lage, andere zu verstehen, ohne die Gefühls- und Leidzustände der anderen durchleben zu müssen. Eingehend wird von den Autoren die „Skala des reflexiven Selbst" erläutert, was für den Leser äußerst vorteilhaft ist. Unter Bezug auf Befunde der Arbeitsgruppe um Fonagy arbeiten Daudert und Eckert sehr überzeugend einen Zusammenhang zwischen unzureichender Fähigkeit zur Selbstreflexion sowie Deprivations- und Missbrauchserfahrungen und der Entwicklung einer Borderline-Persönlichkeitsstörung heraus.

Die Auswertung psychotherapeutischer Studien zur Borderline-Persönlichkeitsstörung lässt erkennen, dass die Therapie sehr langwierig ist. Nach 5 – 7 Therapiejahren war eine deutliche Besserung der Symptomatik erkennbar und nach 15 Jahren waren 60% der Patienten sozial und beruflich integriert. Anhand eigener therapeutischer Befunde arbeiten die Autoren die Bedeutung der reflexiven Fähigkeit für Persönlichkeitsstörungen allgemein und für Borderline-Patienten insbesondere heraus. Im Mittelpunkt der Therapie von Borderline-Patienten sollte deshalb die Arbeit am Selbstverständnis innerseelischer Zustände stehen.

Im nächsten Beitrag stellt Christine Ettrich einen Fall vor, bei dem auf dem Hintergrund von früher Bindungsentwicklung und Bindungsabbrüchen die Diagnose einer Essstörung, eines selbstverletzenden Verhaltens und differenzialdiagnostisch die Diagnose einer Borderline-Persönlichkeitsstörung gestellt wird. Ihre Analyse geht von der Betrachtung der familiären Situation aus, die für das Verstehen der Symptomatik von Bedeutung ist. Diese Betrachtungen werden mit theoretischen Reflexionen unterlegt. Der Entwicklungsgedanke wird durch die Verarbeitung in einer Lebensgeschichte der Patientin verdeutlicht. Die Autorin stellt die Komplexität des psychodiagnostischen Vorgehens am Einzelfall ausführlich dar, um dann den Verlauf der Behandlung und der einbezogenen Psychotherapien sowie komplementären Therapien zu umreißen. Die Falldarstellung lässt den hohen personellen, materiellen und finanziellen Aufwand erkennen, den die Therapie von psychisch gestörten Kindern und Jugendlichen erfordert.

Huth, Hofmann und Ettrich berichten über die Entwicklung eines psychodiagnostischen Instrumentes, das in der Betreuung Borderline-gestörter Kinder und Jugendlicher in Heimen und unter stationären Bedingungen angewendet werden kann. Das Verfahren ist geeignet, aus der Sicht der Betreuer (Erzieher, Schwestern) ambivalentes, unsicher-vermeidendes, gemischt-unsicheres Bindungsverhalten zu erfassen, aber auch die Betreuer zur Beobachtung ihres therapeutisch-pädagogischen Verhaltens anzuhalten. Die Auswertung des Verfahrens wird durch seinen Einsatz in der Verlaufsbeobachtung illustriert. Außerdem wird nachgewiesen, dass das Verfahren geeignet ist, individuelle Unterschiede zwischen den Jugendlichen bezogen auf einen Erzieher und interpersonelle Unterschiede in den Beziehungen eines Jugendlichen zu unterschiedlichen Betreuern zu erfassen. Das Verfahren zielt darauf ab, das Veränderungsgeschehen bei den Jugendlichen zu ermitteln und die therapeutisch-pädagogische Situation zu verbessern, indem die erhobenen Befunde zum Gegenstand von Teamberatungen und Supervisionen gemacht werden können.

Betreutem Wohnen kommt in der Langzeittherapie von schwer psychisch gestörten Patienten besondere Bedeutung zu. Urban berichtet in seinem Beitrag über die Entwicklung des Bindungsverhaltens bei Borderline- und schizophrenen Patienten. Er stellt damit seine praktischen Erfahrungen im betreuten Wohnen, das „die einmalige Chance, Menschen ... mit schweren psychischen Störungen im Bezugsrahmen für eine nachholende Bindungsentwicklung ... leistet", zur Diskussion. Die verglichenen Patienten profitieren im Durchschnitt von den bindungsfördernden Betreuungsmaßnahmen, wobei die Borderline-Gruppe besser als die Psychotiker abschneidet. Urban sieht im betreuten Wohnen eine gute Möglichkeit, einer weiteren Chronifizierung des Krankheitsprozesses entgegenzuwirken.

Der vorliegende Band vereinigt eine breite Palette von Beiträgen zur Bindungsentwicklung und zur Behandlung von Bindungsstörungen. Diese Beiträge sind zum einen aus einer wissenschaftlichen Tagung und zum anderen aus Arbeiten der Leipziger Arbeitsgruppe „Bindungsentwicklung im Kindes- und Jugendalter" hervorgegangen. Der Herausgeber möchte sich bei den Autoren anderer Einrichtungen für die Überarbeitung und „Modernisierung" der eingereichten Beiträge ganz herzlich bedanken. Ein besonderer Dank gilt meiner Frau, die neben mehreren eigenen Beiträgen die Entstehung des Buches durch kritische Durchsicht der übrigen

Manuskripte unterstützte. Ferner gilt mein Dank den Studenten, Diplomanden, Doktoranden und Mitarbeitern der eigenen Arbeitsgruppe für ihre Beiträge, aber vor allem auch für die interessanten Diskussionen, die die „Produktionsphase" begleiteten und befruchteten.

Dem Thieme-Verlag, insbesondere Frau Repnow und Frau Engeli, möchte ich für die gute Zusammenarbeit herzlich danken.

Der vorliegende Band soll eine breite Leserschaft von Wissenschaftlern und Praktikern aus Psychiatrie und Psychotherapie, Kinder- und Jugendpsychiatrie/Psychotherapie, Entwicklungspsychologie, Klinischer Psychologie, Pädagogischer Psychologie, Förderpädagogik, Sozialpädagogik, aber auch Sozialarbeiter und Mitarbeiter der Jugendhilfe ansprechen.

Der Herausgeber hofft, mit diesem Band zum Verständnis von Bindung für die menschliche Entwicklung und auch zum Umgang mit bindungsgestörten Personen beigetragen zu haben.

Leipzig, August 2003 *Klaus Udo Ettrich*

Inhaltsverzeichnis

Teil I:

Bindungsentwicklung

1 Erkenntnisse und Methoden der Bindungsforschung

Klaus Udo Ettrich

1.1 Wichtige Erkenntnisse

1.1.1 Bedeutung für die Entwicklungspsychologie

Wenn ich mir die Frage stelle, was mich an der Bindungsforschung fasziniert, so fällt mir als erstes ein, dass sie mein Bild vom Kleinstkind nachhaltig veränderte. Vor der Kenntnis grundlegender Ergebnisse der Bindungsforschung war meine Vorstellung vom Kleinstkind vor allem dadurch geprägt, dass ich das Baby als hilfloses Wesen sah, das alles noch lernen muss – das Konzept des „Babys als Tabula Rasa“ beherrschte mein Denken und Handeln. Der Lehrmeinung der Zeit folgend (vgl. Clauß u. Hiebsch 1958), war das Neugeborene noch ein sehr unvollkommenes Wesen, wobei beim Kind die taktile Sensibilität und die Geschmackssensibilität am besten und die Empfindungsfähigkeit für akustische und Geruchseindrücke am schlechtesten entwickelt sein sollten. Der Gesichtssinn sollte erst einige Tage nach der Geburt seine Funktionsfähigkeit erlangen.

Ebenfalls der Lehrmeinung der Zeit folgend, wartete ich selbst bei den eigenen Kindern auf Verhaltensäußerungen, die mir zeigen sollten, dass die Kinder nunmehr hören und sehen können. Die „Lehrmeinung“ vernebelte den Blick für das umfassende Verhaltensspektrum der Kinder und vor allem bezogen auf dessen Eigenaktivität. Dieses „Tabula-Rasa-Denken“ war auch im Volke weit verbreitet. Ich erinnere mich noch sehr gut an den Ausspruch einer alten Frau, die, als sie in einen Kinderwagen schaute und das damals $2^1/_2$ Monate alte Baby sie anlächelte, meinte, *jetzt sei das Kind nicht mehr ganz „blöd“*, da es nunmehr auf Zuwendung reagiere, also schon einiges gelernt habe.

Das Wissen darum, dass Kinder mit einer Verhaltensausstattung geboren werden, die es ihnen von Anfang an ermöglicht, ihr Leben, ihr Überleben, also ihre Existenz mitzugestalten, verdanken wir der Bindungsforschung und der Kleinstkindforschung der letzten Jahrzehnte sowie der sich rasant entwickelnden Prä- und Perinatalpsychologie und -medizin.

Es waren die Beobachtungen und Arbeiten von René Spitz, die erkennen ließen, dass der Mensch ein Sozialwesen ist, dass er die Zuwendung anderer von Anfang an genauso braucht wie Nahrung und Wärme, um zu gedeihen, um zu einem Menschen heranzuwachsen, der sich wiederum für den Fortbestand der eigenen Art einsetzen kann.

Ideen und Beobachtungen dieser Art wurden von dem Kinderpsychiater John Bowlby aufgegriffen und unter Rückgriff auf die Forschungen von Konrad Lorenz zur Ethologie (1935), aber auch auf das systemische Denken der Kybernetik (vgl. Bretherton 1995) zu Grundannahmen der Bindungstheorie verarbeitet.

Bowlby fragte sich mit Recht, warum es angeborenes Verhalten, das die eigene Existenz sichert, nur bei Tieren geben soll. Ist es nicht vorstellbar, dass es dies auch beim Menschen gibt? Diese Vermutungen und die sorgfältige Beobachtung von Kleinstkindern führten ihn zu der Annahme eines angeborenen motivationalen Systems, das dem Kind Zuwendung, Geborgenheit und Schutz sichert, aber auch die notwendige Auseinandersetzung mit der Welt gewährleistet. Dies führte zu der Erkenntnis, dass es ein angeborenes Bindungs- und Explorationssystem beim Kind gibt.

Diese Gedanken waren damals so „revolutionär“, so „abwegig“, dass viele Wissenschaftler meinten, es lohne nicht, sich damit zu befassen. Andere glaubten, sie bekämpfen zu müssen, weil sie mit ihren Auffassungen über die menschliche Entwicklung nicht in Übereinstimmung zu bringen seien. Insbesondere wurden Bowlbys Gedanken von Psychoanalytikern bekämpft. Hierzu fühlten sich auch prominente Psychoanalytiker, wie z. B. A. Freud, D. Winnicott und R. Spitz, verpflichtet, zumal Bowlby selbst ausgebildeter Psychoanalytiker war und er seine grundlegenden Gedanken in 3 Vorträgen vor der Britischen Psychoanalytischen Gesellschaft darlegte. Im Unterschied zu Freud, der sich auf die Wirkung unbewusster Prozesse auf Fühlen, Handeln (Verhalten) und Denken konzentrierte, sah Bowlby die Prozesse der realen Interaktion von Mensch und Umwelt als gestaltend für die menschliche Entwicklung an. „Die Hauptaufgabe der Entwicklungspsychiatrie und Entwicklungspsychologie besteht darin, die nie endende Interaktion der internalen und externalen Welt und die Art und Weise, wie diese sich gegenseitig beeinflussen, zu untersuchen, und dies nicht nur während der Kindheit, sondern auch im Jugend- und Erwachsenenalter", resümierte er später (Bowlby 1995b, S. 18).

Seine wissenschaftliche Grundhaltung, die zur Konfrontation mit der Psychoanalyse führte, war durch eigene Forschungsergebnisse, die sich mit den Auswirkungen von Mutter-Kind-Trennungen befassten, hinreichend gestützt. Im Gegensatz zur Psychoanalyse sah Bowlby im Bindungsverhalten einen eigenständigen biopsychosozialen Prozess, der nicht der Sexualität oder dem Bedürfnis nach Nahrung nachgeordnet ist. Selbst im Erwachsenenalter sei Bindungsverhalten kein Hinweis auf Regression, sondern ein natürliches Geschehen.

Gravierende Unterschiede zeigten sich auch in der Erklärung der Trennungsangst, die sich nach Bowlbys Erfahrungen als Reaktionsmuster auf ungünstige Familienerfahrungen herausbildet und nicht, wie von der Psychoanalyse angenommen, ein Abwehrmechanismus sei, um drohendem Liebesverlust zu begegnen. Auch wandte er sich gegen die Auffassung von Melanie Klein, die die Meinung vertrat, dass der Verlust der Mutterbrust beim Abstillen der größte Verlust eines Kindes sei, der mit Trauer beantwortet wird. Für Bowlby stellt sich Trauer immer dann ein, wenn das Bindungssystem eines Kindes aktiviert ist, das Kind den Schutz seiner Bindungsperson braucht, sich diese aber nicht in seiner Nähe befindet und das Kind auch nicht zu ihr gelangen kann.

Mit diesen Ideen hatte er mehr als ein Sakrileg begangen, so dass sich die Psychoanalytiker von ihm abwandten. Zum Glück für Bowlby und für uns alle fand er bei den Entwicklungspsychologen Gehör und Unterstützung. Hier sind aus der großen Zahl seiner Anhänger hervorzuheben: M. Ainsworth, M. Main, K. E. Grossmann, K. Grossmann, G. Spangler, L. A. Sroufe und P. Zimmermann.

Die tatsächlich erfahrenen Interaktionen zwischen Kind und Bindungspersonen werden vom Kind verinnerlicht. Bowlby nennt sie „innere Arbeitsmodelle", die in spezifischer Weise Einfluss auf die Art nehmen, wie sich Kinder in sie bedrohenden Situationen verhalten. Unter Bezug auf Main et al. (1985) charakterisiert Fremmer-Bombik (1995, S. 112) innere Arbeitsmodelle in folgender Weise:

„Erstens: Innere Arbeitsmodelle sind geistige Repräsentationen, die sowohl affektive als auch kognitive Komponenten enthalten (Bretherton 1985). Sie sind integrative Komponenten von Verhaltenssystemen und spielen eine aktive Rolle bei der Beeinflussung von Verhalten (Bowlby 1969).... Durch Arbeitsmodelle entstehen innere Regeln und Regelsysteme für die Ausrichtung von Verhalten und die Einschätzung von Erfahrungen...

Zweitens: Ereignisse, aufgrund derer sich innere Arbeitsmodelle über die eigene Person herausbilden, sind bindungsrelevante Ereignisse. Sie entstehen aufgrund der Konsequenzen auf die relativ umweltstabile Tendenz, Nähe zur Bindungsperson zu erhalten (Bowlby 1969)...

Drittens: Einmal ausgeformt, existieren Arbeitsmodelle außerhalb des Bewusstseins und neigen zu Stabilität (Bowlby 1969)."

Die spezifische Kennzeichnung bindungsrelevanter Arbeitsmodelle gelang Ainsworth et al. (1969, 1978) und Main (1991) mit dem Fremde-situation-Test (Einzelheiten hierzu im folgenden Abschnitt). Ainsworth arbeitete aus ihren Beobachtungen 3 Arbeitsmodelle (Bindungsmuster) heraus: sicheres Bindungsverhalten, unsicher-vermeidendes Bindungsverhalten und unsicher-ambivalentes Bindungsverhalten. Main (1991) fügte dieser Einteilung noch ein viertes Muster, nämlich das des unsicher-desorganisierten Bindungsverhaltens, hinzu. In der Übersicht in Tab. 1.1 werden die am Ende des ersten Lebensjahres anzutreffenden Bindungsmuster kurz beschrieben.

1.1.2 Bedeutung für die Psychopathologie

Als zweites sind die Erkenntnisse der Bindungsforschung für mich von entscheidender Bedeutung, weil sie mein Verständnis für psychopathologische Entwicklungsvorgänge verändert und erweitert haben.

Hier wäre zunächst auf die jahrzehntelange Forschung und Diskussion der Bedeutung von Schutz- und Risikofaktoren für die kindliche Entwicklung zu verweisen. Im Kontext der Bindungsforschung wurde klar, dass individuell erworbene Bindungsmuster selbst dieser Gruppe von Einflussfaktoren zuzurechnen sind. Sichere Bindung ist gleichsam ein Schutzfaktor, der weitgehend eine gesunde Entwicklung ermöglicht, wenn nicht andere Risikofaktoren (systemisches Denken) die Wirkung dieses Faktors behindern bzw. blockieren, während alle anderen Bindungsmuster (unsicher-vermei-

Tabelle 1.1 Bindungsmuster im Alter von einem Jahr. Die Übersicht stellt eine Zusammenfassung der wesentlichen Merkmale und Ursachen der verschiedenen Muster dar (nach Grossmann et al. 1997, Main u. Cassidy 1988, Schmidt-Lack 2000)

unsicher-vermeidend gebunden (A)	**sicher gebunden (B)**
• Die Kinder zeigen während der Trennung wenig bis keine offenen Anzeichen von Stress: Sie spielen ungestört weiter und weinen kaum • Aktives Vermeiden oder Ignorieren der Mutter, wenn diese zurückkehrt • Anhaltende Beschäftigung mit Spielsachen • Im extremsten Fall bewegt sich das Kind von der Mutter weg und ignoriert deren Aufforderung zur Interaktion	• Die Kinder sind durch die Trennung von der Mutter gestresst • Sie können positive und negative Gefühle zeigen • Sie begrüßen die Mutter nach der Rückkehr freundlich • Sie suchen Nähe, (körperlichen) Kontakt oder Interaktion mit der Mutter nach deren Rückkehr • Sie lassen sich von der Mutter beruhigen und kehren zum Spiel zurück
Zugrunde liegende Eltern-Kind-Interaktion: • Die Kinder haben die Erfahrung gemacht, bei Kummer oder Ängsten von der Mutter zurückgewiesen zu werden • Sie haben eine Strategie der Vermeidung entwickelt (zeigen ihre Ängste nicht mehr), um so das Risiko der Zurückweisung zu minimieren (Fremmer-Bombik 1995, Köhler 1996)	**Zugrunde liegende Eltern-Kind-Interaktion:** • Die Kinder konnten in der Interaktion mit ihren Eltern ihre Effektanz erleben und somit Vertrauen in die elterliche Zuverlässigkeit entwickeln • Sie haben eine positive Erwartungshaltung
unsicher-ambivalent gebunden (C)	**unsicher-desorganisiert/desorientiert gebunden (D)**
• Die Kinder zeigen schon vor der Trennung so viel ängstliches Verhalten, dass sie sich kaum von der Mutter lösen können • Sie sind durch die Abwesenheit der Mutter extrem belastet und fürchten sich vor Fremden • Bei Rückkehr der Mutter verhalten sich die Kinder ambivalent: wollen auf den Arm der Mutter, zeigen dort jedoch offenen Ärger und lassen sich von ihr nur schwer beruhigen	• Diese Kinder zeigen entweder keine klare Verhaltensstrategie wie die Kinder der Gruppen A bis C, oder die zugrunde liegende organisierte Verhaltensstrategie wird für kurze Zeit (wenige Sekunden) unterbrochen • Sie zeigen unerwartete Verhaltensweisen, Stereotypien oder unvollständige, unvollendete und unterbrochene Bewegungen • Zeichen von Desorganisation: nach den Eltern rufen, aber wenn die Eltern zurückkehren, Zurückweichen von der Tür • Zeichen von Desorientierung: „Einfrieren" („Freezing") der Bewegungen für einige Sekunden
Zugrunde liegende Eltern-Kind-Interaktion: • Durch das unvorhersagbare Verhalten ihrer Mutter (feinfühlig – abweisend) wird das Bindungssystem schon vor der Trennung aktiviert • Stark eingeschränktes Explorationsverhalten (Fremmer-Bombik 1995)	**Zugrunde liegende Eltern-Kind-Interaktion:** • Die Bindungsperson bietet dem Kind keinen Schutz, da sie auf das Kind furchterregend wirkt (wenn sie das Kind z. B. misshandelt) oder aber selbst von Furcht besessen scheint (wenn sie z. B. selbst ein Trauma erlitten und nicht verarbeitet hat) • Führt zum Zusammenbruch der kindlichen Verhaltensorganisation: Kinder können keine Strategie entwickeln, mit bindungsrelevantem Stress umzugehen (Schmidt-Lack 2000)

Tabelle 1.**2** Häufigkeit bzw. prognostische Bedeutung spezifischer Bindungsmuster in psychiatrischen Populationen (aus Strauß u. Schmidt 1997, S. 9)

Autoren	Stichprobe	Ergebnisse
Dozier (1990)	14 schizophrene und 28 depressive Patienten	Vermehrte Bindungsunsicherheit in beiden Gruppen, häufiger bei den Schizophrenen
Dozier et al. (1992)	21 schizophrene und 19 depressive Patienten	Bei den Schizophrenen vergleichsweise häufiger distanzierte Bindung
Carnelley et al. (1994)	25 depressive Patienten	Bindungsmuster sagt spätere Beziehungsfähigkeit besser vorher als Schweregrad der Depression
Harris u. Bifulco (1991)	Reanalyse der Waltharnstow-Studie (225 Frauen)	Depressive waren 5 von 6 B-Mustern nach Bowlby zuzuordnen (zwanghafte Fürsorge = 60 %)
Cole u. Kobak (1991)	65 Studentinnen und Studenten mit Essstörungen und/oder depressiven Symptomen	Ausschließlich Essstörungen – distanziertes Muster, ausschließlich Depression – ambivalentes Muster, Essstörungen und Depression – beide Muster
Fonagy et al. (1994)	85 psychiatrische Patienten	90% davon unsicher gebunden; hoher Anteil unverarbeiteter Missbrauchserlebnisse bei Borderline-Patienten
Patrick et al. (1994)	12 Patienten mit Borderline-Störungen, 12 Patienten mit Dysthymie	12 Borderline-Patienten vs. 4 dysthyme mit verwickelter Bindung: bei 6 Borderline-Patienten gegenüber 0 dysthymen Patienten Anzeichen für unaufgelöste Traumata
Sperling et al. (1991)	24 Borderline-Patienten	Borderline-Population im Vergleich zu studentischer Population überwiegend unsicher gebunden; abhängiger Bindungsstil in der Borderline-Population ist mit weniger Pathologie verbunden
Adam (1994)	132 psychiatrisch auffällige Jugendliche	80% unsicher gebunden, erheblicher Anteil Suizidgefährdeter
van Ijzendoorn (zit. n. Scheidt u. Waller 1996)	Meta-Analyse von AAI-Ergebnissen	Anteil unsicherer Bindung in klinischer Population: 41,0% unsicher-vermeidend 46,5% unsicher-ambivalent 12,5% sicher Entsprechend in Vergleichsgruppe „Gesunder“: 23,2% vs. 17,6% vs. 59,2%
De Ruiter u. van Ijzendoorn (1992)	Übersicht über Studien zu Agoraphobie	Anteil der ambivalenten Muster unter Agoraphobikern sehr hoch, aber nicht spezifisch für die Störung

dend, unsicher-ambivalent, desorganisiert) mit spezifischen Störungen der Entwicklung in Zusammenhang gebracht werden (z.B. Brisch 2001, Grawe 1998, Schmidt u. Strauß 1996, Strauß u. Schmidt 1997).

Wie die Ergebnisse in Tab. 1.2 verdeutlichen, ist die Befundlage zum Teil noch recht widersprüchlich. Dies liegt zum einen daran, dass nicht auf ein allseitig anerkanntes Verfahren zur Klassifikation der Bindungsmuster zurückgegriffen werden konnte und sich im Trend eine weitere Untergliederung der Bindungsmuster (vgl. Kap. 1.2) andeutet. Strauß und Schmidt (1997, S. 9) stellen zu den Ergebnissen von Tab. 1.**2** fest: *„Es erscheint insgesamt unwahrscheinlich, dass bestimmte Populationen mit definierten psychischen Störungen spezifische Bindungsmuster aufweisen.... So lässt sich beim jetzigen Stand der Forschung lediglich konstatieren, dass eine unsichere Bindung die Vulnerabilität für die Entwicklung psychopathologischer Störungen – Bowlby spricht diesbezüglich von Entwicklungsfehlverläufen – erhöht.“*

Unter dem Druck der Belege aus der Bindungsforschung bahnt sich auch ein neues Verständnis für sog. Persönlichkeitsstörungen an. Die noch vor kurzem strikt abgelehnte Verwendung der Diagnose Persönlichkeitsstörung vor dem 18. Lebensjahr wurde in der jüngsten Fassung von DSM IV-TR, wenn auch mit der gebotenen Vorsicht, aufgegeben.

1.1.3 Bedeutung für die Psychotherapie

Als drittes haben die Erkenntnisse der Bindungsforschung auch unser psychotherapeutisches Handeln beeinflusst. Man weiß seit langem, dass psychotherapeutische Erfolge auch immer von der Beziehung Therapeut – Patient/Patient – Therapeut mitbestimmt werden. Auch für dieses Phänomen liefert die Bindungstheorie eine gute Erklärung: In jeder Therapie sammelt der Patient auch immer neue Bindungserfahrungen, werden frühere Bindungsmuster wieder aktiviert und heute auch schon von Therapeuten gezielt korrigiert. Die Therapie bestimmter Störungen, ich denke hier insbesondere an Patienten mit einer Borderline-Störung, ist ohne Beeinflussung des Bindungsverhaltens, der Schaffung neuer stabiler Bindungserfahrungen, die Sicherheit, Permanenz und Verfügbarkeit vermitteln, nicht denkbar.

Die Befunde der Bindungsforschung sind für die Psychotherapie, gleich welcher Couleur, von Bedeutung. Schon 1980 hatte Bowlby aus der Bindungsforschung 5 Aufgaben für Psychotherapeuten hergeleitet, die ich in verhaltenstherapeutischer Lesart wie folgt umschreiben möchte:

1. Der Therapeut sollte in seinem Verhalten eine sichere Bindung zum Ausdruck bringen. Damit wird er zum Modell für das Verhalten des Patienten. Sein Verhalten sollte dem Patienten die Gewissheit vermitteln, dass er Vertrauen in die Zuverlässigkeit und Hilfsbereitschaft des Therapeuten haben kann.
2. Der Psychotherapeut sollte den Patienten ermutigen, mit ihm gemeinsam seine Beziehungsgestaltung zu anderen Personen zu hinterfragen. Der Patient soll erkennen, dass er selbst, aber auch der „andere" auf reichhaltige Interaktionserfahrungen zurückblicken kann. Er muss lernen, sicheres Bindungsverhalten von unsicheren Verhaltensmustern sowohl bei sich selbst (bindungsspezifisches Selbstmodell) als auch bei Bindungspersonen (Modelle von Bindungspersonen) zu unterscheiden.
3. Da das im Verlauf des Lebens erworbene interne Arbeitsmodell die Therapeut-Patient-Beziehung mitbestimmt, ist bei vom sicheren Bindungsmuster abweichenden Arbeitsmodellen dies dem Patienten zu verdeutlichen, wobei der Therapeut seine Bindungsqualität des sicheren Bindungsmusters permanent leben sollte.
4. Der Patient soll dabei sowohl mit seinem Erleben und dem Verhalten in der „frühen Kindheit" als auch mit dem „Jetzt-Verhalten" konfrontiert werden, er soll Emotionen wieder erleben und mit der aktiven Unterstützung des Therapeuten so verarbeiten, dass sie ihre negative Bedeutung für die Bewertung interaktiver Beziehung verlieren.
5. Die Modelle (Vorstellungen) des Patienten von sich selbst und anderen sind realitätsorientiert zu bearbeiten.

Auch im psychotherapeutischen Veränderungsprozess ist darauf zu verweisen, dass das Ergebnis der psychotherapeutischen Intervention nicht nur vom Bindungsgeschehen beeinflusst wird. Hier ist wiederum an die systemische Sichtweise Bowlbys zu erinnern.

1.2 Methoden der Bindungsforschung

Theoretische Vorstellungen, wenn sie auch mit Alltags- und Gelegenheitsbeobachtungen gut korrespondieren, können nicht auf Anerkennung und Fortbestehen vor der wissenschaftlichen Gemeinschaft hoffen. Aus diesem Grunde ist es notwendig, spezifische Methoden zu entwickeln, die gezielt und systematisch sowie replizierbar Bindungsmuster diagnostizieren lassen.

Die Kleinstkind- und Kleinkindforschung stand also vor der schwierigen Frage, wie die angenommenen Bindungsqualitäten sicher zu erfassen seien. Da sich den Psychologen gut bekannte Verfahrensweisen wie Leistungstests zur Erfassung des rezeptiven und kognitiven Entwicklungsstandes auf den Untersuchungsgegenstand nicht anwenden ließen und andere Verfahren, die auf dem Interview basieren, wegen der unzureichenden Sprachentwicklung der Kinder nicht anwendbar waren, wandte man sich der gezielten Verhaltensbeobachtung zu.

1.2.1 Erfassung der Bindungsqualitäten im Kleinstkindalter

So war es für Bowlby und seine theoretischen Vorstellungen ein Glück, dass Mary Ainsworth die Idee zu einer standardisierten Beobachtungssituation entwickelte, die uns heute als der „Fremde-Situation-Test" gut bekannt ist. In der Zwischenzeit sind mit diesem Verfahren tausende Kinder in verschiedensten Kulturkreisen untersucht worden. Anhand der Beobachtungen und der heute standardmäßigen Videographie solcher Untersuchungen wurden die hauptsächlichen Bindungsmuster von Mary Ainsworth (Tab. 1.**1**) herausgefiltert und so präzise beschrieben, dass der Fremde-Situation-Test als ein gut lehr- und erlernbares diagnostisches Verfahren zu bezeichnen ist.

Die „Fremde Situation" untergliedert sich in folgende Episoden:

1. Mutter und Kind betreten ein ihnen unbekanntes Spielzimmer (Abb. 1.**1**).
2. Sie akklimatisieren sich, und das Kind hat Gelegenheit zur Erkundung des neuen Raumes und der dort befindlichen Spielsachen. Das Verhalten der Mutter ist völlig freigestellt. Sie kann sich setzen, dem Kind zuschauen oder lesen.
3. Eine fremde Person tritt ein, ohne zunächst Kontakt zur Mutter oder dem Kind aufzunehmen. Nach etwa 2 Minuten spricht sie die Mutter an und nimmt nach etwa einer halben Minute auch Kontakt zum Kind auf.
4. Auf ein Klopfzeichen hin verabschiedet sich die Mutter vom Kind und verlässt den Raum. Die Fremde bleibt allein mit dem Kind zurück. Durch die Trennung von Mutter und Kind wird das Bindungssystem des Kindes aktiviert.
5. Nach 3 Minuten (bei heftigen Reaktionen des Kindes auch schon früher) kommt die Mutter zurück. Diese erste Wiedervereinigungssituation ist eine wichtige diagnostische Phase. Aus den dort getroffenen Beobachtungen werden wesentliche Folgerungen für die Bestimmung der Bindungstypen abgeleitet.
6. Während die Mutter das Kind tröstet, verlässt die fremde Person den Raum. Wenn das Kind wieder hinreichend exploriert, verlässt die Mutter ebenfalls den Raum, das Kind bleibt allein zurück. Das Bindungssystem des Kindes wird hierdurch extrem aktiviert. Die meisten Kinder wollen der Mutter nachlaufen, sie rufen nach ihr, sie weinen usw.
7. Jetzt betritt die fremde Person den Raum und versucht das Kind zu trösten oder durch Spielangebote von der Trennung abzulenken. Diese Situation ist ebenfalls diagnostisch sehr relevant. Sicher gebundene Kinder und unsicher ambivalent gebundene Kinder lassen sich von der fremden Person nicht trösten.
8. Die letzte Situation der standardisierten Beobachtung ist wiederum durch die Wiedervereinigung von Kind und Mutter charakterisiert. Während die Mutter das Kind tröstet, verlässt die fremde Person wieder den Raum. Nach ganz kurzer Zeit kommt beim sicher gebundenen Kind das Bindungssystem zur Ruhe, das Explorationssystem wird wieder aktiviert.

Abb. 1.**1** Skizze eines Untersuchungszimmers zum Fremde-Situation-Test (nach Bretherton u. Ainsworth).

Die Beobachtungseinheiten im Fremde-Situation-Test sind standardmäßig auf 3-Minuten-Intervalle festgelegt. Wie bei der Beschreibung der Episoden schon angedeutet, können die Episoden 4., 6. und 7. auch verkürzt werden. Dies entscheidet der Versuchsleiter anhand der Beobachtungen des Geschehens über Videokamera oder Einwegscheibe.

Für die Diagnostik der Bindungsmuster ist das Verhalten des Kindes während zweimaligen Trennungssituationen und Wiedervereinigungssituationen mit der Mutter von maßgeblicher Bedeutung. Die Auswertung der Videoaufzeichnungen erfolgt durch geschulte Rater, die jedes Kind einem der 4 Bindungstypen zuordnen: sicher, unsicher-vermeidend, unsicher-ambivalent oder desorganisiert. Eine ausführliche inhaltliche Beschreibung dieser Typen wurde bereits in Kapitel 1.1.1 vorgestellt. Der Fremde-Situation-Test ist für Kinder im Alter von 12–18 (11–20) Monaten gut anwendbar.

Nach Grossmann et al. (1997) lag in verschiedenen Studien der Anteil der sicher gebundenen Kinder bei ca. 50–60%, 30–40% der Kinder waren jeweils unsicher-vermeidend gebunden, und der Anteil der unsicher-ambivalent gebundenen Kinder lag bei 10–20%. Je nach klinischer Ausgangsstichprobe betrug der Anteil unsicher-desorganisiert/desorientiert gebundener Kinder zwischen 10 und 80%.

Die Güte der Auswertung hängt bei einem solchen Verfahren natürlich von der guten Ausbildung der Rater ab. Das Ratertrainig muss solange fortgesetzt werden, bis unabhängige Überinstimmungswerte zwischen Raterpaaren in der Verhaltensbewertung >0,80 erreicht werden. Falls ein geschultes Raterpaar keine einheitliche Verhaltensbewertung erzielt, sollte das Videoband noch von einem weiteren Rater ausgewertet werden.

Die Beurteilung der Verhaltensstabilität erfolgte durch Wiederholungsuntersuchungen auch im Längsschnitt. Dabei wurden nachfolgende Befunde ermittelt: Main et al. (1985) sowie Grossmann und Grossmann (1991) haben die Bindungsmuster der Kinder aus der Untersuchung im Alter von ca. einem Jahr längsschnittlich mit den Bindungsmustern am Ende des Vorschulalters verglichen. Dabei zeigten sich zu 80% die gleichen Bindungsmuster, was für eine hohe Stabilität des Bindungsverhaltens und der Verhaltensstabilität der Bindungspersonen spricht.

1.2.2 Beurteilung des Bindungsverhaltens bei Sechsjährigen

Für Kinder älter als 3 Jahre stellt die „Fremde Situation“ kein valides Messverfahren mehr dar, da bei Kindern in diesem Alter eine dreiminütige Trennung nicht mehr ausreicht, um das Bindungssystem zu aktivieren. Nach K. Grossmann (1995) ist in dieser Altersstufe eine einstündige Trennung des Kindes von der Bindungsperson notwendig, um das Bindungsverhalten beobachten und das Bindungsmuster korrekt klassifizieren zu können. Die Trennung an sich beunruhigt die Kinder nicht mehr, das Augenmerk liegt vielmehr auf den Bemühungen der Kinder, nach der Trennung wieder eine gute, auf Gemeinsamkeiten beruhende Beziehung herzustellen. In die Auswertung geht also sowohl das verbale als auch das nonverbale Verhalten während der Wiedervereinigung mit der Mutter ein.

Der gesamte Ablauf wird videografiert, die Basis für die Beurteilung des Bindungsmusters bildet letztlich jedoch nur die fünfminütige Wiedervereinigungsphase zwischen Mutter und Kind. Das Verhalten des Kindes während dieser Phase wird einem der 4 Bindungsmuster zugeordnet: unsicher-vermeidend (A), sicher-zuversichtlich (B), unsicher-ambivalent (C) und unsicher-kontrollierend/nicht klassifizierbar (D). Oft werden diejenigen Kinder, die als unsicher-kontrollierend/nicht klassifizierbar (D) eingestuft wurden, der jeweils am besten passenden Alternative A, B oder C zugeordnet. Dies ermöglicht einerseits eine Aussage bezüglich der Stabilität der 3 traditionellen, bereits in der „Fremden Situation“ gemessenen Bindungsqualitäten sicher, unsicher-vermeidend und unsicher-ambivalent gebunden und andererseits eine Verbesserung der Reliabilität der Beurteilung (Wartner et al. 1994).

Main und Cassidy (1988) entwickelten dieses Verfahren auf der Grundlage zweier Studien zum Bindungsverhalten bei Kindern, welche explizit auf die Untersuchung der Stabilität der Bindungsklassifikation bei Kindern über einen Zeitraum von einem Monat (Charlottesville, Virginia) bzw. 5 Jahren (Berkeley, Kalifornien) abzielten. Für die Entwicklung des Systems wurden Beurteiler hinzugezogen, die mit der Bindungsklassifikation im Kleinkindalter im Allgemeinen vertraut waren, denen jedoch keine Informationen über die Bindungsklassifikation der vorliegenden Stichprobe im Alter von einem Jahr vorlagen. Aufgrund der Videoaufnahmen über die Wiedervereinigungssituation dieser Kinder im Alter von 6 Jahren sollte die vermutliche Bindungsklassifikation dieser Kinder im Alter von einem Jahr eingeschätzt werden. Für die Entwicklung des Sechsjährigen-Klassifikations-Systems wurden sowohl die Treffer, d. h. richtigen Zuordnungen, als auch die Fehler, d. h. Verfehlungen der tatsächlichen Bindungsklassifikation im Alter von einem Jahr, herangezogen. Diesem Vorgehen liegt die Annahme zugrunde, dass eine Beurteilung des Verhaltens nur in solchen Fällen möglich ist, in denen keine schwerwiegenden Lebensveränderungen oder Belastungen die ablaufenden Interaktionsmuster beeinflussen.

Zur Prüfung der Angemessenheit des Verfahrens wurden sämtliche Fälle nochmals von „naiven" Beurteilern eingeschätzt, die außer den festgelegten Kriterien über keine weiteren Fachkenntnisse verfügten.

Weiterhin enthält das Sechsjährigen-Klassifikations-System eine neunstufige Skala zur Bewertung der Bindungssicherheit, wobei Kinder, die Freude bei der Wiedervereinigung mit ihrer Mutter zeigen oder eine herzliche Unterhaltung mit ihr beginnen, hohe Werte auf dieser Skala erhalten. Ebenso ist eine siebenstufige Skala zur Beurteilung von Vermeidung enthalten. Hohe Werte auf dieser Skala erhalten Kinder, die ihre Mutter bei deren Rückkehr ignorieren oder sich sogar von ihr wegbewegen (Wartner et al. 1994).

Im Zusammenhang mit den oben erwähnten Studien (Main u. Cassidy 1988) konnten analog der Ainsworth-Bindungs-Klassifikation für Kleinkinder, welche sich nicht nur auf die Hauptgruppen A, B, C und D bezieht, sondern die Kinder nochmals in Subgruppen unterteilt, ebenfalls Gemeinsamkeiten im Verhalten der sechsjährigen Kinder aus Berkeley beobachtet werden. Diese Beobachtungen lieferten den Ausgangspunkt für die Entwicklung von Subkategorien für die Sechsjährigen (Tab. 1.3).

Tabelle 1.3 Untergliederung der Bindungskategorien in Subgruppen

unsicher-vermeidend gebundene Kinder (A)	**sicher-zuversichtlich gebundene Kinder (B)**
stark vermeidend (A_1) vermeidend durch neutrales Ignorieren (A_2)	sicher-reserviert (B_1 und B_2) sehr sicher (B_3) sicher-abhängig, geringfügig desorganisiert (B_4)
unsicher-ambivalent gebundene Kinder (C)	**unsicher-kontrollierend gebundene Kinder (D)**
ambivalent-feindselig (C_1) ambivalent-passiv (C_2)	kontrollierend-feindselig (D_1) kontrollierend-übertrieben unbekümmert/fürsorglich (D_2)

Wartner et al. (1994) konnten durch die Regensburger Studie belegen, dass für deutsche Kinder das gleiche Beurteilungs- und Kodierungssystem wie für amerikanische Kinder verwendet werden kann, um vergleichbare Verhaltensmuster bezüglich der Wiedervereinigung mit der Mutter nach einer einstündigen Trennung festzustellen.

Die Grenzen des Klassifikationssystems liegen in der geringen Reliabilität der Kategorie des kontrollierenden Verhaltens (D). So zeigen viele der Kinder aus den Gruppen A, B oder C Anzeichen von kontrollierendem Verhalten, und viele Kinder, die zu einem Zeitpunkt als unsicher-kontrollierend eingeschätzt werden, zeigen dieses Verhalten zu einem zweiten Zeitpunkt schon nicht mehr. Als eine mögliche Interpretation gehen Main und Cassidy (1988) davon aus, dass D-ähnliches Verhalten nur in sehr extremen Situationen, z. B. als Reaktion auf Stress, gezeigt wird und wieder verschwindet, sobald sich die Bedingungen ändern. Ein Ausweg wäre die Entwicklung einer Skala für kontrollierendes Verhalten, so dass nur Kinder mit einer hohen Ausprägung auf dieser Skala dann auch tatsächlich der Kategorie D zugewiesen werden. Außerdem weisen Main und Cassidy (1988) darauf hin, dass eine einmalige Beobachtung der Wiedervereinigung mit der Mutter zur Beurteilung der Bindungskategorie nicht ausreicht, vielmehr sollten mindestens 2 Episoden die Grundlage für die Beurteilung bilden, welche noch durch weitere Verfahren zur Erfassung der Beziehung des Kindes zu seinen Eltern, z. B. Familienzeichnungen oder Reaktionen des Kindes auf vorgelegte Familienfotos, zu ergänzen sind.

Da die inneren Arbeitsmodelle von Bindung von den konkreten Erfahrungen der jeweiligen Person abhängig sind, entwickeln sich aufgrund unterschiedlicher Erfahrungen auch unterschiedliche Modelle bzw. Bindungsqualitäten bei verschiedenen Personen. Die Gruppe der unsicher-kontrollierend gebundenen Kinder (D) geht in der Regel aus den im Kleinkindalter unsicher-desorganisiert/desorientiert gebundenen Kindern hervor. Im Gegensatz zu den Kleinkindern, die aufgrund des ängstigenden bzw. verängstigten Verhaltens der Eltern keine angemessene Strategie zur Bewältigung dieser Situation entwickeln können, da die Eltern für sie keine sichere Basis darstellen, haben die sechsjährigen Kinder als Ausweg eine Strategie entwickelt, um das Verhalten der Eltern zu kontrollieren. Kontrollierend gebundene Kinder können ebenfalls zusätzlich einem der 3 Hauptbindungsmuster A bis C zugeordnet werden (Main u. Cassidy 1988).

Das Sechsjährigen-Klassifikations-System erlaubt zudem die Bezeichnung eines Kindes als unsicher-nichtklassifizierbar (U), wenn sich sein Verhalten in keine der beschriebenen Kategorien einordnen lässt, wenn es z. B. extrem deprimiert oder furchtsam gegenüber dem Elternteil ist oder sich gegenüber dem Elternteil wie ein Sexualpartner benimmt (Main u. Cassidy 1988). Da diese Kategorie jedoch selten vergeben wird, werden die betroffenen Kinder gewöhnlich mit den unsicher-kontrollierend gebundenen Kindern gemeinsam in eine Gruppe unter der Bezeichnung D eingeordnet.

1.2.3 Methoden im Jugend- und Erwachsenenalter

Für die Erfassung der Bindungsqualitäten von Jugendlichen und Erwachsenen existieren eine Vielzahl von Verfahren, die auf dem Interview bzw. auf Fragebögen zur Selbstbeurteilung des Bindungserlebens und -verhaltens beruhen. Während Interviewverfahren in der Auswertung auf die Organisation der Verarbeitung bindungsrelevanter Informationen fokussieren und somit auch die unbewussten Anteile der inneren Arbeitsmodelle von Bindung in die Auswertung einbeziehen, konzentrieren sich Fragebogenmethoden auf die Erfassung und Auswertung bewusster Anteile der Arbeitsmodelle. Hier wird zunächst auf Interviewtechniken eingegangen (Tab. 1.4).

Das Adult Attachment Interview (AAI)

Als Prototyp der Interviewverfahren ist das Adult Attachment Interview (AAI) von George et al. (1985) anzusehen. Das AAI ist ein systematisch aufgebautes, halbstrukturiertes Interview über die frühen Bindungserfahrungen und die Einschätzung der Bedeutsamkeit dieser Erfahrungen aus der heutigen Sicht der interviewten Person. In ersten Aufwärmfragen sollen die Interviewten einen kurzen Überblick über die Situation in der Herkunftsfamilie geben und die Beziehungen zu den Eltern in der Kindheit beschreiben. Danach werden die Personen aufgefordert, jeweils 5 Adjektive zur Kennzeichnung der Beziehung zu Mutter und Vater in der Kindheit zu nennen und diese anhand von konkreten Ereignissen belegen. Des Weiteren wird erfragt, welchem Elternteil sie sich näher gefühlt haben, was sie taten, wenn sie als Kind unglücklich, krank oder verletzt waren, ob und welche Trennungen von den Eltern sie erfahren haben

Tabelle 1.**4** Übersicht über die Interviewmethoden im Jugend- und Erwachsenenalter (nach Buchheim et al. 1998, Schmidt u. Strauß 1996)

Instrument	Autor	Beschreibung	Fokus der Auswertung
Adult Attachment Interview (AAI)	George et al. (1985)	Semistrukturiertes Interview über vergangene bindungsrelevante Kindheitserfahrungen mit anschließendem kategorialem Rating	Organisation und Verarbeitung der Bindungserfahrungen, kohärente vs. inkohärente Darstellung
Regensburger Auswertungsmethode	Fremmer-Bombik et al. (1992)	Semistrukturiertes Interview (alternative Auswertmethode des AAI, die nur zwischen sicherer und unsicherer Bindungsrepräsentation unterscheidet)	Kohärente vs. inkohärente Darstellung
Attachment Q-Sort	Kobak (1993), deutsche Version: Zimmermann (1994)	Semistrukturiertes Interview (Q-Sort-Verfahren, basierend auf den Dimensionen des AAI)	Kohärente vs. inkohärente Darstellung
Current Relationship Interview	Crowell (1990)	Interview zur Bindungsrepräsentation von Erwachsenen bezüglich ihrer Partnerschaft (Skalen in Anlehnung an Main)	Organisation der Bindungserfahrungen in der Partnerschaft, kohärente vs. inkohärente Darstellung
Prototypenrating	Pilkonis (1988), deutsche Version: Strauß u. Lobo-Drost (1999)	Interview zu interpersonalen Erfahrungen mit anschließendem Prototypenrating und „Ranking“	Einschätzung der Bindungsstile, Beurteilung des Inhalts der Erfahrungen, klinisch orientiert

und ob sie sich von den Eltern abgelehnt fühlten oder als Kind Angst hatten. Erfragt werden außerdem Erfahrungen von Bedrohung und Misshandlung. Die Befragten sollen dann die Bedeutsamkeit der Erfahrungen mit den Eltern für die eigene Persönlichkeitsentwicklung einschätzen und Erklärungen für das elterliche Verhalten finden. Auch das Vorhandensein anderer bedeutsamer Erwachsener in der Kindheit, der Verlust von Eltern, Geschwistern oder nahestehenden Personen in der Kindheit und im Erwachsenenalter, das Erleben dieses Verlustes und etwaige andere traumatische Erfahrungen werden erfragt. Die Interviewten sollen ferner Veränderungen in der Beziehung zu den Eltern seit der Kindheit und die heutige Beziehung zu den Eltern beschreiben. Den Abschluss des Interviews bilden Fragen zu dem Erleben von Trennungen von den eigenen Kindern, zu Wünschen für deren Zukunft, zur Einschätzung dessen, was man durch die eigenen Kindheitserfahrungen gelernt hat und was die eigenen Kinder einmal aus ihren Kindheitserfahrungen lernen sollen.

Die Datenbasis für das AAI bildet das Wort-für-Wort-Transkript des Tonband-protokollierten Interviews, in dem neben allen Antworten auch alle Versprecher, Sprachfehler, Auslassungen und Pausen genau festgehalten werden. Die Auswertung stützt sich auf eine Kombination von Inhalts- und Diskursanalyse, das heißt, es wird einerseits die Organisation der Information der Antworten und andererseits die Organisation der Bewertung dieser Informationen analysiert.

Mit der Auswertemethode von Main und Goldwyn werden die Interviews hinsichtlich des inneren Bildes der wichtigsten Beziehungsobjekte in der Biographie, realer Trennungs- und Verlusterlebnisse bzw. Traumatisierungen und der jetzigen Beurteilung der Bindungserfahrungen beurteilt, wobei der sprachanalytische Anteil ausschlaggebend ist. Die Auswertung dieser 3 Hauptdimensionen vollzieht sich in mehreren Schritten mittels neunstufiger Auswertungsskalen.

Zuerst werden die erschlossenen Erfahrungen mit den Elternfiguren, jeweils für Mutter und Vater getrennt, über 5 Ratingskalen eingeschätzt, die erfahrene Liebe, Zurückweisung, Rollenumkehr, Leistungsdruck und Vernachlässigung thematisieren. Danach werden verschiedene Aspekte der kognitiven und emotionalen Verarbeitung und der sprachlichen Darstellung bewertet. Zunächst wird dabei der mentale Verarbeitungszustand (state of mind) bezüglich der Bindungspersonen mit den Skalen „Idealisierung“, „Ärger“ und „Abwertung“ ebenfalls gesondert für beide Elternteile untersucht. Auf den weiteren Skalen „Abwertung von Bindung“, „Bestehen auf fehlender Erinnerung“, „Traumatischer Gedächtnisverlust“, „Metakognitive Prozesse“, „Passivität (in Denken und Ausdruck)“, „Angst vor Verlust“, „Höchster Wert unverarbeiteter Verlust“ und „Höchster Wert unverarbeitetes Trauma“ wird der mentale Verarbeitungszustand bezüglich der Bindungserfahrungen eingeschätzt. Des Weiteren werden bezüglich des allgemeinen Bewusstseinszustandes auch „Kohärenz des Bewusstseins“ und „Kohärenz des Transkriptes“ bewertet. Mit der letzteren Skala wird der Grad der Einhaltung wichtiger Konversationsregeln, der sog. Konversationsmaximen nach Grice (Maxime der Quantität, Qualität, Relevanz und Modalität), erfasst.

Anhand der Skalenwerte kann dann eine Zuordnung zu einer von 4 Qualitäten der Bindungsrepräsentation vorgenommen werden. Main und Goldwyn (1994) unterscheiden 4 Interviewkategorien, die mit den 4 Bindungstypen aus dem Fremde-Situation-Test korrespondieren (Tab. 1.5).

Zum AAI gibt es noch 2 weitere Auswertungsverfahren, nämlich die Regensburger Auswertungsmethode von Fremmer-Bombik et al. (1992) und das Attachment Q-Sort von Kobak (1993), deutsche Version von Zimmermann (1994), die mit ähnlich gutem Erfolg die Bindungsqualitäten identifizieren.

Tabelle 1.5 Strukturelle Parallelität von Bindungstypen im Fremde-Situation-Test und im Adult Attachment Interview (AAI)

Fremde-Situation-Test	AAI
(A) unsicher-vermeidende Bindung	**(Ds)** unsicher-distanzierte Bindungsrepräsentation
(B) sichere Bindung	**(F)** sicher-autonome Bindungsrepräsentation
(C) unsicher-ambivalente Bindung	**(E)** unsicher-verwickelte Bindungsrepräsentation
(D) desorientiertes/desorganisiertes Bindungsverhalten des Kindes	**(U)** unverarbeiteter Bindungsstatus

Das Erwachsenen-Bindungsprototypen-Rating (EBPR)

Ursprung des EBPR sind Untersuchungen von Pilkonis, die sich auf eine Erweiterung des Wissens um die Ätiologie der Depression bezogen, insbesondere hinsichtlich der Beziehung zwischen Persönlichkeitseigenschaften und der depressiven Symptomatik. In den Ergebnissen tauchte dabei eine Differenzierung zwischen der Thematik exzessiver Abhängigkeit und exzessiver Autonomie auf. Pilkonis bezog in seine weiteren Überlegungen bindungstheoretische Faktoren mit ein und gelangte zu der Annahme eines Zusammenhanges von Bindungsstilen mit bestimmtem Beziehungsverhalten. Um dieses Beziehungsverhalten zu identifizieren, entwickelte Pilkonis 1988 ein ausführliches Beziehungsinterview.

Das Untersuchungsmaterial von Pilkonis und der Leitfaden für das Beziehungsinterview wurden 1999 von Strauß und Lobo-Drost ins Deutsche übersetzt und in einigen Punkten modifiziert. Aus eigenen Erfahrungen ist das EBPR als gut lehr- und lernbares Untersuchungsinstrument zu bezeichnen.

Das Beziehungsinterview des EBPR ist ein standardisiertes, ebenfalls halbstrukturiertes Interview mit Fragen zu den früheren und aktuellen Beziehungserfahrungen. Nach einer allgemeinen Frage nach dem Zuhause in der Kindheit werden die Befragten gebeten, jeweils getrennt Mutter und Vater zu beschreiben, die Beziehungen zu ihnen zu charakterisieren, zu schildern, ob man sich ihnen nahe fühlte, ob man Angst vor ihnen hatte, wie sich Mutter und Vater verhielten, wenn sie wütend waren, wie sie lobten und bestraften und welche Umstände im Leben der Eltern deren Verhalten beeinflusst haben könnten. Als nächstes sollen die Personen beschreiben, wem sie sich näher fühlten und warum, was die Eltern taten, wenn die Befragten krank oder verletzt waren, ob sie sich je unverstanden fühlten und wie die Eltern auf Leistungen ihres Kindes reagierten. Ferner wird erfragt, wem die Interviewten ähnlicher sind, mit wem sie sich am meisten identifizieren und welche Rolle sie in der Familie innehatten. Auch die Beziehungen zu Geschwistern, Freunden aus der Grundschule und der späteren Schulzeit und anderen nahestehenden Erwachsenen werden erfragt, des Weiteren auch das erste Trennungserlebnis von den Eltern und Verlusterlebnisse in der Kindheit. Danach sollen die Befragten sich selbst beschreiben und den Einfluss ihrer Kindheit auf ihre jetzige Person einschätzen. Die darauf folgenden Fragen betreffen die heutige Beziehung zu den Eltern, Geschwistern und anderen nahestehenden Personen. Insbesondere die Partnerschaft wird genauer betrachtet durch Fragen nach der Beziehung zum Partner, der eigenen Rolle innerhalb der Partnerschaft, bestimmten typischen Beziehungsmustern und Konfliktpunkten, dem eigenen Verhalten in Auseinandersetzungen und bei Kummer und den eigenen Vorstellungen von einer guten Partnerschaft. Außerdem werden die Beziehungen zu den eigenen Kindern, Verlusterfahrungen im Erwachsenenalter und Reaktionen auf temporäre Trennungen von bedeutsamen Personen erfragt. Abschließend sollen die Befragten von ihrer beruflichen Tätigkeit und ihren Hobbys berichten.

Die Auswertung des Beziehungsinterviews des EBPR basiert auf Videoaufzeichnung bzw. Tonbandaufnahme des Interviews und erfolgt durch 2 unabhängige, geschulte Rater mit Hilfe einer standardisierten Auswerteprozedur in 3 Schritten:

1. Zunächst wird (z. B. anhand der Erinnerungen, der Kohärenz der Schilderungen, der Affekte, der Wertschätzung anderer, der Selbst- und Fremdsicht) geprüft, ob es Hinweise auf Bindungssicherheit oder -unsicherheit gibt und eine vorläufige Zuordnung zu den Grobkategorien der klassischen Bindungsmuster „sicher", „unsicher-ambivalent" und „unsicher-vermeidend" vorgenommen.
2. Danach wird die Ähnlichkeit des Falles mit allen Bindungsprototypen beurteilt, beginnend mit denen, die dem vorläufig gewählten Bindungsmuster zugeordnet sind (Tab. **1.6**).
   Zu jedem Prototyp sind zehn Items formuliert, deren Zutreffen für das Interview auf einer fünfstufigen Skala eingeschätzt werden soll. Als nächstes werden aus den Ähnlichkeitsratings

Tabelle 1.**6** Bindungsmuster mit den entsprechenden Bindungsprototypen

Bindungsmuster	Bindungsprototyp
sicher	Prototyp 1: sichere Züge
unsicher-ambivalent	Prototyp 2: übersteigert abhängig Prototyp 3: instabil beziehungsgestaltend Prototyp 4: zwanghaft fürsorglich
unsicher-vermeidend	Prototyp 5: zwanghaft selbstgenügsam Prototyp 6: übersteigert autonom Prototyp 7: emotional ungebunden

ein Bindungsprofil und eine Rangreihe (Ranking) aller Prototypen erstellt, was eine dimensionale Betrachtung des Vorhandenseins der verschiedenen Prototypen ermöglicht.
3. Im dritten Schritt werden die bisherigen Zuordnungen mit Hilfe eines Entscheidungsbaumes gegengeprüft und eine endgültige Klassifikation des Bindungsmusters „sicher", „unsicher-ambivalent", „unsicher-vermeidend" oder „unsicher gemischt" vorgenommen. Abschließend wird dabei der Anteil an sicherer Bindung (gar nicht/marginal/wahrscheinlich oder eindeutig sicher) erhoben. Zum Schluss wird die Übereinstimmung der beiden Raterurteile durch Berechnung der Intraclasskoeffizienten ermittelt, um bei fehlender Übereinstimmung weitere Rater heranzuziehen.

Zusätzlich kann man den Interviewten auch die 7 Bindungsprototypen in einem Selbstbeurteilungsbogen vorlegen. Sie sollen dann selbst die Ähnlichkeit der eigenen Person bezogen auf die 7 Typen einschätzen und eine eigene Rangreihe der Bindungsprototypen erstellen. Auf diese Weise wird ein Vergleich von Selbst- und Fremdeinschätzung möglich.

Tabelle 1.7 Fragebögen zur Erfassung von Bindungstypen und Bindungsdimensionen

Instrument	Autor	Beschreibung	Fokus der Auswertung
Relationship Questionnaire	Bartholomew u. Horowitz (1991)	Selbstzuordnung zu den 4 Bindungsstilen auf einer 7-Punkte-Skala	Selbsteinschätzung des Bindungsstils
Adult Attachment Styles	Hazan u. Shaver (1987)	Selbstzuordnung zu den 3 Bindungsstilen (basierend auf Ainsworth)	Erleben aktueller emotionaler Beziehungen (romantische Liebe)
Adult Attachment Scale	Collins u. Read (1990)	Fragebogen mit den Skalen Vertrauen, Nähe und Angst	Erleben emotionaler Beziehungen
AVN-Fragebogen	Balck (2001)	Fragebogen mit den Skalen Abhängigkeit und Vermeiden von Nähe	Nachweis von Bindungssicherheit , Bewältigungsstil und Bindungsstil (sicher, abweisend, ängstlich vermeidend, anklammernd)
Dimensionen enger Beziehungen	Bierhoff u. Grau (1995, 1997)	5 Dimensionen (Liebesstile, Bindungsstile, soziale Orientierung, Investment in Beziehungen, Gemeinsamkeiten und Konflikte, Nähe und Einfluss in der Beziehung)	Die 10 Items der Skala Sicherheit vs. Vermeidung können auch unabhängig zur Bindungsdiagnostik eingesetzt werden
Beziehungsspezifische Bindungsskalen	Asendorpf et al. (1997)	Der Fragebogen wurde ausgehend von Bartolomews kategorialem Modell der 4 Bindungsstile entwickelt	Es werden die Dimensionen „sicher-ängstlich " und „abhängig-unabhängig" erfasst
Bindungsfragebogen	Grau (1999)	Der Fragebogen basiert auf den Modellvorstellungen von Bartholomew	Es werden 2 Dimensionen unsicherer Bindung erfasst: „Angst vor Trennung und Distanz" sowie „Vermeidung von Nähe"
Bielefelder Fragebogen zu Partnerschaftserwartungen	Buschkämper (1998)	Versuch , kategoriale Bindungsmuster durch faktorenanalytische Dimensionen von Bindung abzulösen	Dimension „Misstrauische Ängstlichkeit" und „Bedürfnis nach vs. Vermeiden von Nähe"
Client Attachment to Therapist Scale (CATS)	Mallinckrodt et al. (1995)	Verfahren zur Betrachtung der therapeutischen Beziehung	Beziehungsmuster: sicher, vermeidend, Verschmelzungswünsche

Fragebogenmethoden

Egal welcher Interviewmethode man sich bedient, der Arbeitsaufwand für die Erhebung und Auswertung der Daten ist als sehr hoch zu veranschlagen, so dass der Wunsch, ökonomischere Verfahren zur Datengewinnung heranzuziehen, nur zu verständlich ist. Aus diesem Grunde wurden viele Versuche unternommen, aus den Befunden von Ainsworth, Main und anderen Fragebögen zur Selbst- und Fremdeinschätzung der Bindungsqualitäten abzuleiten. Tab. 1.7 informiert über einige Verfahren dieser Gruppe von Erkenntnismethoden.

Neben Interviews und Fragebögen werden auch Versuche unternommen, mittels projektiver Verfahren Bindungsqualitäten zu diagnostizieren. Als Beispiel ist das Adult-Attachment-Projektiv-Verfahren (AAP) von George und West (1996) anzuführen. Es ermöglicht die Klassifikation der Bindungsqualitäten nach sicher-autonom, unsicher-distanziert, unsicher-präokkupiert und nach unverarbeitet.

Der AVN-Fragebogen

Der AVN-Fragebogen von Balck (2001) beinhaltet die Skalen „Abhängigkeit/Angst vor Trennung" und „Vermeidung von Nähe". Er soll als Prototyp eines Verfahrens zur Bindungsdiagnostik etwas ausführlicher besprochen werden. Das Verfahren umfasst nur 27 Items, wobei 12 Items zur Untersuchung von „Abhängigkeit/Angst vor Trennung" und 13 Items zur Analyse von „Vermeidung von Nähe" dienen, 2 Items haben für den Untersucher rein informativen Charakter. Durch jeweils 2 Beispiele soll der Inhalt der Skalen verdeutlicht werden:

„Abhängigkeit/Angst vor Trennung":

- 14. Wenn ich allein vor einem Problem stehe, fühle ich mich häufig hilflos.
- 25. Manchmal wünsche ich mir jemanden, der mich an die Hand nimmt.

„Vermeidung von Nähe":

- 04. Von anderen abhängig zu sein, ist mir unangenehm.
- 16. Es lohnt sich nicht, andere um Hilfe zu bitten. Was man erreicht, hängt schließlich von einem selbst ab.

Den Items ist ein fünfstufiges Antwortmodell zugeordnet, das die Urteile der Befragten im Spektrum von „stimmt gar nicht" (1) und „stimmt völlig" (5) erfasst. Die Zwischenstufen sind verbal definiert und lauten „stimmt kaum" (2), „stimmt teilweise" (3) und „stimmt weitgehend" (4).

Nach Balck (2001) besitzen beide Skalen eine gute Messgenauigkeit; sie ist mit jeweils $\alpha = 0{,}81$ angegeben.

Der AVN-Fragebogen basiert auf dem Modell von Bartholomew und Horowitz (1991), wobei sich diese Autoren auf Bowlby (1980, 1988) beziehen. Sie gehen mit Bowlby davon aus, dass sich in der frühen Kindheit interne Arbeitsmodelle entwickeln, die das Bindungsverhalten auch im Jugend- und Erwachsenenalter weitgehend leiten. In Anlehnung an die Persönlichkeitsforschung unterscheiden sie bei den internen Arbeitsmodellen zum einen ein bindungsspezifisches Selbstmodell und zum anderen ein Modell des Betroffenen von der Bindungsfigur. Beide Modelle sind im Interaktions- und Kommunikationsprozess von Bedeutung, so dass sie im diagnostischen Prozess nur sehr schwer zu trennen sind und im relevanten Itempool berücksichtigt werden müssen (vgl. vorstehende Beispiele).

Unter Berücksichtigung der relevanten Literatur werden folgende Bindungsstile erfasst:

- *Sichere Bindung:* Sie ist gekennzeichnet sowohl durch ein positives Selbstmodell als auch ein positives Modell der Bindungsfigur.
- *Anklammernde oder besitznehmende Bindung:* Dieses Verhalten ist durch ein positives Modell der Bindungsfigur und ein negatives Selbstbild bestimmt.
- *Ängstlich-vermeidende Bindung:* Neben dem negativen Selbstbild beherrscht die Angst vor der Zurückweisung und Verletzung durch andere das Handeln und Denken (also negatives Modell der Bindungsfigur).
- *Abweisende Bindung:* Bei diesem Bindungstyp dominiert das positive Selbstmodell, durch das Vermeiden enger Beziehungen zu anderen wird ein Unverwundbarkeits- und Unabhängigkeitsgefühl bei gleichzeitiger negativer Bewertung anderer aufrecht erhalten.

Das in Abb. 1.2 dargestellte 4-Felder-Schema veranschaulicht die diagnostischen Folgerungen. Die kategoriale Klassifikation der Bindungsqualitäten erfolgt unter Berücksichtigung der oben erwähnten Dimensionen, wobei einer ausgeprägten Angst vor Trennung ein negatives Selbstmodell und einer starken Vermeidung von Nähe ein negatives Modell der Bindungsfigur zugrunde liegt.

Aus dem AVN-Fragebogen sind folgende Kennwerte ableitbar:

- *Abhängigkeit/Angst vor Trennung:* Summe der Rohwerte dividiert durch die Anzahl der Items:

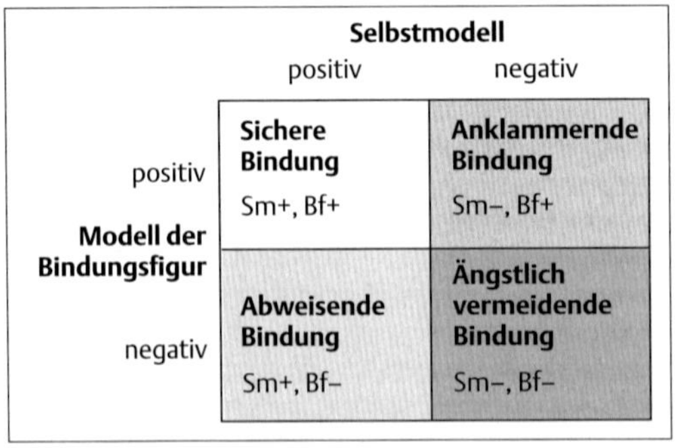

Abb. 1.**2** 4-Felder-Schema zur Auswertung der ermittelten Bindungsstile.

- nach Balck (2001): 309 Befragte M = 2,68, s = 0,72;
- nach Eczko (2003): 324 unauffällige Jugendliche M = 2,73, s = 0,62;
- nach Leschke (2003): bei 51 drogenabhängigen jungen Erwachsenen M = 2,75, s = 0,75.

• *Vermeidung von Nähe:* Summe der Rohwerte dividiert durch die Anzahl der Items:
  - nach Balck (2001): M = 2,87, s = 0,65;
  - nach Eczko (2003): M = 2,64, s = 0,57;
  - nach Leschke (2003): M = 3,18, s = 0,54.
• *Bindungssicherheit vs. Bindungsunsicherheit:* Summe der Rohwerte beider Skalen dividiert durch die Anzahl der Items:
  - nach Eczko (2003): M = 2,68, s = 0,48;
  - nach Leschke (2003): M = 2,97, s = 0,47.
• *Bewältigungsstil:* Die Items der Skala „Abhängigkeit" werden umgepolt und zu den Werten der Skala „Vermeiden von Nähe" addiert sowie durch die Anzahl der Werte dividiert:
  - nach Eczko (2003): M = 2,94, s = 0,34;
  - nach Leschke (2003): M = 3,22, s = 0,31.

Leschke ermittelte an seiner Stichprobe von 51 drogenabhängigen jungen Erwachsenen folgende Kennwerte der internen Konsistenz:

• Abhängigkeit/Angst vor Trennung 0,74
• Vermeidung von Nähe 0,77
• Bindungssicherheit vs. Bindungsunsicherheit 0,81
• Bewältigungsstil 0,52

Wie ersichtlich, fällt die Reanalyse der Messgenauigkeit der Skalen etwas ungünstiger aus als beim Primärautor. Allerdings erwiesen sich die faktoriellen Zuordnungen zwischen den analysierten Stichproben als hinreichend stabil.

Für die kategoriale Zuordnung der Befragten empfiehlt Balck die Untergliederung der Probanden anhand der Mittelwerte der Referenzstichprobe. Dieses Vorgehen ist aus meiner Sicht nicht unproblematisch, da die Mittelwerte unauffälliger Probanden aus unterschiedlichen Stichproben erwartungsgemäß, wie anhand eigener Ergebnisse gezeigt, variieren. Aus diesem Grunde ist die Suche nach geeigneten Cut-off-Werten eine noch zu leistende Aufgabe.

Mittels einer Clusteranalyse konnte Leschke (2003) in seiner Diplomarbeit eine nach Bartholomew und Horowitz gut interpretierbare 3-Cluster-Lösung vorlegen, die in Tab. 1.**8** aufgeführt ist.

1.3 Weiterführende Überlegungen

1. Die Bindungstheorie liefert die Grundlage dafür, dass wir das Kind als aktives Wesen begreifen, das mit einer Verhaltensausstattung geboren wird, die es ihm von Anfang an ermöglicht, sein Leben mitzugestalten. Bindungssystem und Explorationssystem des Kindes müssen sich für eine gedeihliche Entwicklung in Balance befinden. Diese wichtige Erkenntnis gilt es bei der Gestaltung von Förderprogrammen im Kindesalter stärker als bisher zu nutzen. Hieraus leitet sich auch die Notwendigkeit der Gestaltung von präventiven Maßnahmen zum Aufbau optima-

Tabelle 1.**8** 3-Cluster-Lösung der Bindungsqualitäten im AVN bei 51 drogenabhängigen jungen Erwachsenen (Mittelwerte) (nach Leschke 2003)

Bindungsqualität	Skala Abhängigkeit	Skala Vermeidend	Skala Bindungsunsicherheit	Skala Bewältigungsstil
abweisend (n = 16)	2,45	3,42	2,95	3,48
sicher (n = 13)r	2,30	2,57	2, 45	3,13
ängstlich-vermeidend (n = 22)	3,22	3,35	3,28	3,07
gesamt (n = 51)	2,75	3,18	2,9 7	3,22

ler Bindungsstrategien bzw. interner Arbeitsmodelle von Bindung her.

2. Für die Entwicklungspsychologie besteht eine permanente Aufgabe darin, den Prozess der interpersonellen Interaktion und Kommunikation über die gesamte Lebensspanne zu untersuchen, da sich Bindungsmuster über durchlebte Beziehungen verändern.
3. Die Bindungsforschung hat bereits wesentliche Beiträge zur Entstehung psychischer Störungen geleistet, diese Forschungen sind noch dahingehend zu intensivieren, als nicht nur die Qualität einer unsicheren Bindung nachzuweisen ist, sondern auch deren quantitativer Anteil an einer spezifischen Bindungsstörung eine Rolle spielt, wenn Bindung als kausaler Faktor und nicht nur als Schutz- und Risikofaktor verstanden werden soll.
4. Allgemeine Einigkeit scheint darüber zu bestehen, dass in jeder Form von Psychotherapie auch die Bindungserfahrungen des Patienten genutzt werden müssen (und können). In der Therapie sammelt der Patient auch immer neue Bindungserfahrungen, werden frühere Bindungsmuster wieder aktiviert und heute auch schon von Therapeuten gezielt korrigiert. Es ist eine Aufgabe der Zukunft, hierfür die geeigneten spezifischen Strategien zu finden.
5. Ein Hauptproblem der gegenwärtigen Bindungsforschung liegt in der noch zu dünnen Datenlage über die Validität der eingesetzten Forschungsinstrumente. Hierzu sind weitere Untersuchungen dringend erforderlich.

2 Organisationsebenen des Bindungssystems

Oskar Frischenschlager

2.1 Einbindung in den Kanon wissenschaftlicher Disziplinen

In der Bindungsthematik überschneiden sich einige Wissenschaftszweige; vor allem zu nennen sind
- die Ethologie im Hinblick auf angeborene Verhaltensmuster und Motivationen,
- die Entwicklungspsychologie,
- die Klinische Psychologie,
- die Psychoanalyse, die deren Überformung im Sozialisationsprozess untersucht, und
- die Psychotherapie.

Insbesondere die Psychoanalyse müsste der Bindungsforschung eigentlich mit offenen Armen begegnen, liefert ihr diese doch empirisch fundierte Daten über frühe, im Dienste der Anpassung an die gegebenen Sozialisationsbedingungen erfolgende (Ver)formungsprozesse, die jene seit ihren Anfängen behauptete, aber nicht durchgehend nachweisen konnte. Ganz im Gegenteil jedoch haben 1960 Max Schur, Anna Freud und Rene Spitz die Ansicht vertreten, die damals noch sehr junge Bindungsforschung sei mit Psychoanalyse grundsätzlich nicht kompatibel, und dies im Sinne einer offiziellen Stellungnahme publiziert. Aus heutiger Sicht war dies ein Schritt, der eher der Psychoanalyse als der Bindungsforschung zum Nachteil gereichte.

Die Psychoanalyse bzw. ihre zu dieser Zeit höchst einflussreichen Proponenten hatten damit (wie auch hinsichtlich anderer Forschungsbereiche) entschieden, sich von Nachbarwissenschaften abzukoppeln.[1]

[1] Den Leserinnen und Lesern ist sicher bekannt, dass seitens der Psychoanalyse eine Öffnung in Richtung Empirie nur sehr zögerlich erfolgte. Auch die Affektforschung oder systemische Ansätze sowie generell ein Denken im Rahmen einer „2-Personen-Psychologie", in dem nicht nur intrapsychische Vorgänge, sondern auch der Austausch zwischen Subjekt und Anderem untersucht wird, sind in dieser Hinsicht zu erwähnen.

2.2 Psychotherapierelevante Konzepte der Bindungsforschung

Tab. 2.1 informiert über 6 bedeutsame Elemente der Bindungsforschung für die Psychotherapie, die im Folgenden noch näher ausgeführt werden.

Tabelle 2.1 Bedeutung der Bindungsforschung für die Psychotherapie

1.	Bindung als genetisch determiniertes Grundbedürfnis
2.	Sichere Basis – Exploration
3.	Feinfühligkeit
4.	Verinnerlichung bindungsbezogener Erfahrungen
5.	Inneres Arbeitsmodell
6.	Transgenerationale Dimension

1. Bindung bezieht sich auf einen Bereich der Organisation menschlichen Erlebens und Verhaltens, der eng mit dessen sozialer Orientierung verbunden ist. Sie wird von manchen mittlerweile als ein basales Regulationssystem erachtet. So hat z. B. Lichtenberg (1989) das Bindungsbedürfnis in die von ihm angenommenen 5 *Grundbedürfnisse* (sog. „motivationale Systeme") aufgenommen. Einerseits hat er dadurch, wie auch in gewisser Hinsicht schon vor ihm Kohut, das Bedürfnis nach Bindung und späterer Verbundenheit als ein grundlegendes und lebenslanges hervorgehoben und andererseits der Psychoanalyse eine neue Perspektive eröffnet. Diese verfügt ja nur über ein sehr karges Vokabular zur Beschreibung von affektiver Bezogenheit, Verbundenheit, Bindung o. ä. Sie kennt eigentlich nur den Abhängigkeitsbegriff, weshalb in der psychoanalytischen Literatur behelfsmäßig mit „positiver Abhängigkeit" oder „Fähigkeit zur Abhängigkeit" operiert wird.
2. Bindung steht in polarem Verhältnis zur *Exploration*. Verfügt ein Kind über eine sichere emotionale Basis, hat es die Sicherheit, in einer Gefahrensituation nicht allein zu sein, dann kann

es sich der Exploration widmen. Diese dimensionale Polarität gilt lebenslang. Auf die therapeutische Situation gemünzt bedeutet es, dass die Selbstexploration in der Psychotherapie einer *sicheren Basis* (Bowlby 1988) innerhalb der therapeutischen Beziehung bedarf.

3. In der Kindheit wird diese Sicherheit durch die *Feinfühligkeit* der primären Bezugspersonen vermittelt (Grossmann u. Grossmann 1991). Feinfühligkeit beinhaltet
   - die Wahrnehmung der Signale des Kindes,
   - deren richtige Interpretation sowie
   - eine (vor allem anfangs) prompte und
   - angemessene Reaktion.

   „Feinfühligkeit" ist ein wichtiges, nichtsdestotrotz relativ grobes Operationalisierungskonzept. Das Problem steckt wie immer im Detail der Beurteilung von Angemessenheit. Von den Messproblemen abgesehen sagt das Konzept, dass, wenn Feinfühligkeit ausreichend häufig und regelmäßig gelingt, sich im Kind Gedächtnisspuren von gelungenen Bindungserfahrungen bzw. etwas allgemeiner: von gelungenen heteroregulatorischen Interaktionssequenzen etablieren.
4. Je nachdem, in welchem Ausmaß es den Betreuungspersonen gelingt, feinfühlig auf die Signale des Kindes einzugehen (Tab. 2.2), entwickelt dieses einen spezifischen und identifizierbaren *Bindungsstil*, der als das Ergebnis der bindungsbezogenen Erfahrungen mit den Betreuungspersonen angesehen werden kann.

Tabelle 2.**2** Verinnerlichung heteroregulatorischer Interaktionssequenzen

Spannungszustand des Kindes
↓
Schreien
↓
Wahrnehmung durch die Betreuungsperson
↓
Interpretation
↓
Angemessene elterliche Reaktion
↓
Entspannung

Viele solcher Sequenzen führen aufgrund der sich etablierenden Gedächtnisspuren zuerst zum Aufbau von „Erwartbarkeiten" (= noch nicht subjektiv repräsentiert), später zu Erwartungen (= auf unterschiedlichen Niveaus subjektiv repräsentiert) und damit zur Verinnerlichung der Sequenzen (= Repräsentanzen, innere Arbeitsmodelle). Sie sind als Kern der psychischen Struktur zu erachten und organisieren damit Erleben und Handeln der Person.

5. Intrapsychisch entspricht dem das *„innere Arbeitsmodell"* (Bowlby 1975, Main et al.1985), in dem die bindungsbezogenen Erfahrungen repräsentiert sind und Erleben und Handeln steuern. Bei dieser Gelegenheit möchte ich anmerken, dass der Vorgang der Wahrnehmung heute generell als ein Erstellen einer Hypothese über die Wirklichkeit verstanden wird. Wir operieren also vermutlich immer mit Arbeitsmodellen.
6. Schließlich möchte ich noch auf die *transgenerationale* Dimension verweisen. Es scheint, dass das Betreuungsverhalten von Müttern, gerade weil frühe Bindungserfahrungen zu relativ stabilen Haltungen kondensieren, dazu führt, dass sie das von ihnen entwickelte Bindungsmuster ihren Kindern weitergeben, was sich in einer beträchtlichen Vorhersagbarkeit niederschlägt. Dies gilt jedoch nicht nur für bindungsbezogene Haltungen, sondern ganz allgemein. Die Interaktionserfahrungen werden in durchschnittlichen Episoden bzw. Szenen gespeichert. Diese Szenen enthalten zumindest einen Aspekt des Selbst, des Anderen sowie Handlung und Affekt. Erfahrungen des Selbst werden daher meist mit Erfahrungen des Anderen gekoppelt verinnerlicht.

Das Bindungskonzept erfüllt die wesentlichen Kriterien einer tiefenpsychologischen Theorie der normalen und pathologischen Entwicklung und verfügt darüber hinaus über ein breites empirisches Fundament. Hinsichtlich einiger bindungstheoretischer Konzepte lassen sich auch unschwer Querverbindungen zu Konzepten etablierter psychotherapeutischer Methoden feststellen. Dabei soll man aber nicht übersehen, dass die Bindungstheorie nicht beansprucht, eine *allgemeine* Entwicklungstheorie zu sein. Überschneidungen und Parallelen mit anderen Konzepten werden sich folglich nur auf den Sektor, der vom Bindungskonzept abgedeckt wird, beschränken können, nichtsdestoweniger stellen sie meines Erachtens eine bedeutende Bereicherung der Psychotherapieforschung dar.

2.3 Relevanz der Bindung für die Psychopathologie

Lotte Köhler hat 1992 die Verknüpfungen zwischen den bindungsbezogenen Beziehungserfahrungen in der Kindheit und Haltungen, die Erwachsene im „Adult Attachment Interview" (deutsche Übersetzung in Brisch 1999) zeigen, dargestellt. (Ich beschränke mich aus Platzgründen auf die Unterschiede zwischen „sicher“ und „unsicher vermeidend“.)

Kinder mit *vermeidendem* Bindungsverhalten „*haben eine durchgängige Zurückweisung ihres Anlehnungsverhaltens erfahren. Infolge der ausbleibenden Beruhigung steigert sich die Aktivierung des Bindungssystems. Das Kind wendet sich erst recht ängstlich an die Mutter. Da diese aber das Kind nicht an sich herankommen lässt, oft buchstäblich den Hautkontakt verweigert, bleibt das auf Schutzsuche ausgerichtete Bindungssystem weiter aktiviert. Diese Frustration löst schließlich Wut aus. Da aber die Wut wirkungslos bleibt, fühlt sich am Ende das abgewiesene Kind furchtsam und ängstlich in jeder Situation, in der normalerweise Liebe und Sehnsucht entstehen*“ (Köhler 1992, S. 273 f.).

Die späteren Erwachsenen (die im AAI als *distanziert, beziehungsablehnend* eingestuft werden) „*haben wenige Erinnerungen an ihre Kindheit, das heißt, sie haben viel verdrängt. Sie neigen dazu, die Eltern und deren Erziehungsmethoden zu idealisieren, ohne dass sie konkrete Begebenheiten erzählen könnten, die dies rechtfertigen. Vielmehr berichten sie womöglich im gleichen Atemzug mit der Verherrlichung ihrer Eltern über Erfahrungen fehlender Nähe und Unterstützung, versteckter oder offener Abweisung, die gelegentlich den Anstrich von Grausamkeit haben können. Dem Bericht fehlt es an Kohäsion, da die eher abstrakte Idealisierung den wenigen konkreten Erinnerungen widerspricht*“ (Köhler 1992, S. 272 f.). Diese Personen setzen alles daran, nicht abhängig zu sein.

Ein sicher gebundenes Kind hat hingegen erfahren, „*dass es offen Furcht, Missbehagen oder Wut, aber auch Eigeninitiative und Autonomiewünsche ausdrücken kann, ohne Zurückweisung oder Ignorierung durch die Bindungsperson befürchten zu müssen*“ (Köhler 1992, S. 277). Erwachsene, die man dementsprechend dem autonomen Typ zuordnen würde, „*haben eine gute Erinnerungsfähigkeit an ihre Kindheit und sind sich in realistischer Weise ihrer positiven und negativen Emotionen gegenüber ihren Eltern bewusst. Sie können liebevolle und belastende Erinnerungen mit adäquatem Affekt erzählen, so dass der Eindruck einer kohäsiv integrierten Kindheitsgeschichte entsteht, in der sich eine starke persönliche Identität entfalten konnte*“ (Strauß u. Schmidt 1997, S. 5).

Soweit eine kurze Darstellung der grundlegenden psychotherapierelevanten Konzepte. Im Folgenden möchte ich auf das Validitätsproblem näher eingehen, das sich bei der Entwicklung von Instrumenten zur Erfassung des Bindungssystems stellt.

2.4 Das „Schicksal“ des Bindungssystems, Bindung beim Erwachsenen, methodische Probleme

Wenn wir uns mit dem Schicksal des in der frühen Kindheit etablierten Bindungsverhaltens befassen, so sind 2 Aspekte hervorzuheben:

- Zum einen können wir, ich wiederhole mich, eine beträchtliche Stabilität des einmal etablierten Bindungsverhaltens über die Lebensspanne feststellen. Das Bindungsverhalten scheint ein Bestandteil der Organisation der Person zu sein.
- Andererseits werden jedoch vom heranwachsenden Kind und später vom jungen Erwachsenen laufend neue Beziehungsdimensionen erschlossen, neue, zum Teil auch korrigierende Beziehungserfahrungen gemacht, und es werden individuelle kognitive Konstruktionen, Bewältigungsmuster, Kompensationen, Abwehrstrukturen usw. über mehr oder weniger förderlichen Bindungserfahrungen errichtet, die die Erfassung des Bindungsverhaltens und bindungsrelevanter Aspekte methodisch erschweren.

Beim *Kleinkind* zeigt sich die Suche nach Nähe noch vorwiegend als Suche nach *physischer Nähe*, beim Erwachsenen hingegen kann sie sich ganz anders manifestieren. *Physisch* kann sie sich möglicherweise in jugendlicher Rauflust verbergen, sie kann sich in der Sexualität ausdrücken, aber auch hinter dieser verborgen sein. Sie kann sich in Bünden und Vereinen, in Religiosität, aber auch in krankheitswertigen Symptomen manifestieren. Auch der für das Gesundheitsverhalten, das Konsultationsverhalten relevante Begriff der Klagsamkeit ist hier zu erwähnen.

Auch L. Köhler hat in dem bereits zitierten Artikel das Problem der kognitiven Überformungen des Erlebten angesprochen: „*Die in der präverbalen Entwicklung erlebten Zurückweisungen und traumatischen Ereignisse können dem Kind nach dem Spracherwerb von den Eltern in einer den Tatsachen nicht entsprechenden Weise reinterpretiert werden oder sie werden überhaupt aus der Diskussion verbannt. Das Kind kann mit den Widersprüchen nur durch Verdrängung seiner eigenen Interpretation des Erlebens aus dem Bewusstsein einerseits und Idealisierung andererseits umgehen. Dann hat es zwei miteinander nicht kompatible Repräsentanzen von Selbst und Pflegeperson. Davon ist eine, nämlich die verbal von den Eltern übermittelte, dem Bewusstsein leicht zugänglich, die andere, auf der ursprünglichen Erfahrung basierende, wird verdrängt, beeinflusst aber nach wie vor das Verhalten"* (Köhler 1992, S. 274).

Es erscheint mir daher hilfreich, in diese Richtung noch einen Schritt weiter zu gehen und über die Unterscheidung *verbal-präverbal* hinausgehend zusätzliche Organisationsebenen zu unterscheiden. Wir haben beim Erwachsenen damit zu rechnen, dass sich das bindungsbezogene Erleben auf verschiedenen Ebenen organisiert und manifestiert. Dies ist solange unproblematisch, solange die Ebenen miteinander verbunden sind, solange also über die Sprache weniger hoch organisierte Ebenen wie etwa die affektive zugänglich sind. Wenn dies jedoch nicht der Fall ist und Bereiche des Erlebens desintegriert sind, dann ist auch die Verbindung zur Sprache eingeschränkt. Das desintegrierte Erleben manifestiert sich dann vielleicht mehr im Handeln oder auch in körperlichen Symptomen, es ist aber über die sprachliche Kommunikation nicht oder nur eingeschränkt zugänglich.

2.5 Organisationsebenen der Kommunikation

Im Folgenden möchte ich mich mit den Überlegungen zur Desintegration bestimmter Bereiche des Erlebens näher befassen. Zu diesem Zweck gehe ich davon aus, dass das bindungsbezogene Erleben wie das Erleben generell auf 5 Ebenen organisiert ist (Tab. 2.3). Dies entspricht den Befunden der Säuglingsforschung über die Entwicklung der Mutter-Kind-Interaktion (Stern 1985, Lichtenberg 1992). Diesen wäre noch die Ebene der Selbstreflexion (vgl. Daudert und Eckert in diesem Band) hinzuzufügen. Dementsprechend erfolgt auch die Kommunikation auf diesen Ebenen (Tab. 2.4).

In der normalen Entwicklung ist davon auszugehen, dass die Symbolebene erreicht wird, später auch die reflexive Ebene, und die nicht symbolisierten Ebenen zwar aktiviert und integriert sind, jedoch im Hintergrund bleiben. Die Kommunikation auf Symbolebene ermöglicht eine ungleich differenziertere Kommunikation, weil sie die Probleme direkten, impulsgesteuerten Handelns überwindet, aber trotzdem die Möglichkeit schafft, über die Sprache alle anderen Ebenen – Gefühle, Affekte, das Handeln und physische Prozesse – zu mobilisieren. Über sprachliche Kommunikation kann deshalb ein sehr weit- und tiefgehender Einfluss auf den Kommunikationspartner erfolgen (beglücken, demütigen, verletzen, krankmachen, heilen...).

Nicht immer aber gelingt es im Laufe der kindlichen Entwicklung, dass alle Bereiche des Erlebens die Symbolisierungsfähigkeit erreichen, oft müssen bestimmte Sektoren im Sinne der Anpassung desintegriert werden. Sie funktionieren dann auf einer präsymbolischen Ebene. Ich nehme an, dass dies auch für den bindungsbezogenen Bereich des Erlebens gilt (siehe auch Frischenschlager 1999).

Einige Beispielen sollen dies verdeutlichen.

1. Spangler und Schieche (1995) haben gezeigt, dass bei einjährigen Kindern im Fremde-Situation-Test physiologische Prozesse und Affekte bzw. Verhalten auseinanderdriften können.
2. In einem der Beiträge dieses Bandes wird auch das widersprüchliche Verhalten von Kindern erwähnt, die sich anklammern und zugleich mit Füßen auf die Bindungsperson eintreten. In diesem Fall sind 2 Verhaltensaspekte (und vermutlich auch die affektiven Komponenten) desintegriert.
3. Bei Patienten mit somatoformen Schmerzen sind physische, affektive und kognitive Prozesse in einer spezifischen Weise desintegriert. In einem integrierten Lehr-, Patientenbetreuungs- und Forschungsprojekt stießen wir fast durchweg auf eine ablehnende Haltung der Patientinnen und Patienten gegenüber einer konsiliarischen psychologischen Untersuchung. Wurde jedoch eine sehr ausführliche strukturierte Anamnese durchgeführt, ohne das Wort „Psycho" zu erwähnen, so stießen wir auf eine Akzeptanz von 95%, die Patienten öffneten sich, immerhin waren noch 2 Drittel von ihnen an weiterführenden Betreuungsangeboten interessiert; ab und zu bekamen wir sogar zu hören: „Endlich bin ich an

Tabelle 2.3 Ebenen wechselseitiger Regulation

1.	Physiologische Regulation
2.	Regulation auf Verhaltensebene
3.	Regulation auf affektiver Ebene
4.	Regulation auf Zeichenebene (vorsprachlich)
5.	Regulation auf symbolischem Niveau (sprachliche Kommunikation)

Tabelle 2.4 Ebenen der Kommunikation

1.	Physiologische Ebene
2.	Verhaltensebene
3.	Affektive Ebene
4.	Zeichenmodus
5.	Symbolebene
6.	Reflexionsebene

der richtigen Stelle!" (Frischenschlager et al. 1998). Hier ist zu vermuten, dass der körperliche Anteil bestimmter Affekte sowie die Erfahrungen von Schmerzen desintegriert sind.

4. Ein anderes Beispiel stammt aus der Psychoonkologie. In den 80er Jahren haben sich mehrere Studien (in verschiedenen Ländern) mit der Klagsamkeit, wie man heute sagen würde, befasst, also mit dem subjektiven Beschwerdeausmaß und dem Bedarf an Betreuung und Begleitung. Dabei wurde eine extreme Diskrepanz offenbar. Die Werte, die für die Beschwerden und die Befindlichkeitsbeeinträchtigung erhoben wurden, lagen zumeist im Bereich Gesunder, waren hochsignifikant geringer als selbst die der am geringsten belastete Vergleichsgruppe. Die Patienten gaben an, dass es ihnen höchst wichtig sei, niemanden zu belasten und mit allen Schwierigkeiten alleine zurecht zu kommen. Ich brauche nicht hinzuzufügen, dass die Befunde in krassem Widerspruch zu den tatsächlichen Belastungen stehen, die nach allgemeinem Empfinden mit einer Krebserkrankung einhergehen. Man ist aus diesem Grunde dazu übergegangen, die Patienten nicht zu fragen, ob sie sich als betreuungsbedürftig erleben, sondern man betreut sie, und in aller Regel nehmen sie die Betreuung dankbar an. In diesem Beispiel scheint das Erleben von Bedürftigkeit massiv abgewehrt und oft ins Gegenteil verkehrt zu sein, so dass es von kognitiven und affektiven Ebenen völlig abgeschnitten ist. Man muss auf Handlungsebene kommunizieren, das heißt, man muss das, was sie brauchen, tun, um die Patienten zu erreichen.
5. Eine Analysandin zeigte alle Züge eines distanzierten, beziehungsablehnenden Verhaltens. Ihre Mimik war verschlossen, die durchgehende Haltung, mit der sie mir begegnete, war bisweilen offen aggressiv, entwertend, ablehnend bis hasserfüllt, oft auch neidisch, weil mir, wie sie meinte, alles gelänge, was ihr versagt bliebe. Gleichzeitig versäumte sie keine Stunde und kam fast immer pünktlich. Phasen vorsichtiger Annäherung wechselten mit erneuten Hassattacken, sie schwieg, um mich zu quälen, mir sollte, wie sie u.a. sagte „total langweilig" werden, in der Therapie mit ihr würde ich sicher keinen Erfolg haben usw. Im Erstgespräch war ihr aber etwas von Bedeutung passiert. Sie hatte sich am Ende des Gesprächs aus ihrem Stuhl erhoben und war der Länge nach vor meine Füße gefallen. Dem Ereignis durfte zu diesem Zeitpunkt – und, wie Sie sich vorstellen können, noch lange Zeit danach – keine Bedeutung zukommen, über die wir uns hätten verständigen können. Zu sehr waren alle Wünsche und Sehnsüchte nach Unterstützung, Geborgenheit, nach Nicht-allein-gelassen-Werden abgewehrt und wurden nur zeitweise, in kleinen Dosen bewusst; und dann dafür unter enormen Schamgefühlen und reaktivem Hass auf mich oder sich selbst. Der Therapieverlauf war im Wesentlichen ein in kleinsten Schritten erfolgendes sich Annähern an ihre bindungsbezogenen Wünsche. Dabei bin ich heute noch nicht sicher, inwieweit meine mir ursprünglich antrainierte analytische Zurückhaltung diese Annäherung behindert hat, worauf Lotte Köhler aufmerksam machte: *„Man muss an die Möglichkeit denken, dass die Abstinenzhaltung eines Analytikers für solche Patienten eine genaue Wiederholung der früher erlittenen Prägung bedeutet"* (Köhler 1992, S. 274), oder ob meine Haltung die Annäherung erst ermöglichte. Denn mit Krause und Merten ist zu fragen: *„Wie viel von welcher Art von Beziehung braucht der jeweilige Patient, um die Behandlungstechnik ertragen zu können, wobei es natürlich Teil einer Behandlungstechnik sein kann, ein Beziehungsniveau herzustellen, das so niedrig ist, dass es ein bestimmter Typ von Patient eben noch ertragen kann"* (Krause u. Merten 1996, S. 264). Die Analyse ist also trotz oder wegen meiner damals sicherlich ausgeprägteren Zurückhaltung gut verlaufen.

Ich bringe dieses Beispiel, weil ich den Eindruck gewann, dass die Patientin in einer Querschnittsuntersuchung wohl dem vermeidenden Typ zuzuordnen wäre. Im Längsschnitt einer Langzeitpsychotherapie zeigte sich, dass sich Zeiten, in denen bindungsbezogene Wünsche dem Erleben der Patientin völlig unzugänglich waren, mit Zeiten abwechselten, in denen sie sich dieser Wünsche sehr wohl bewusst war, sie jedoch äußerst aggressiv bekämpfte. Das ging immer wieder bis zu suizidalen Gedanken und Episoden völliger Verzweiflung. Einhergehend mit dem therapeutischen Fortschritt konnten nach und nach auch bindungsbezogene Wünsche besser ausgehalten und in der Folge „zur Sprache gebracht werden" werden. Es scheint also, als würde das Bindungssystem genauso wie andere Bereiche des Erlebens der Psychodynamik unterworfen sein.

Die habituelle Deaktivierung des Bindungssystems – oder wie ich es zu nennen vorziehe: seine Desintegration – würde ich bei dieser Patientin als der Symbolisierung nahe oder sogar im Symbolischen ansiedeln. Immerhin erscheinen auch Abwehrmechanismen, die ja die Symbolisierungsfähigkeit voraussetzen, zur Beschreibung dieser Desintegration als ganz gut brauchbar, obwohl es auch Bereiche des Erlebens gab, die nur auf Verhaltens- und affektiver Ebene organisiert waren.

Sie werden nun vielleicht meiner Vermutung zustimmen, dass es Formen von Desintegration auf tieferen Stufen geben müsste, auf Ebenen also, die vom Symbolniveau weiter entfernt sind. Auch dazu möchte ich ein Beispiel bringen:

In den frühen 80er Jahre habe ich am Institut für Medizinische Psychologie der Universität Wien eine Krebsberatungsstelle eingerichtet. Es war geplant, mit den uns aufsuchenden Patienten ein klärendes Erstgespräch zu führen und dabei abzuschätzen, ob Beratungs-, Informations- oder Psychotherapiebedarf besteht. Aus Kapazitätsgründen war es erforderlich, die Patienten im Falle eines Wunsches nach Psychotherapie an niedergelassene Kolleginnen und Kollegen weiterzuverweisen, was durch finanzielle Zuschüsse seitens der Österreichischen Krebshilfe sehr erleichtert wurde. Diese niedergelassenen Kolleginnen und Kollegen, in verschiedenen Psychotherapiemethoden ausgebildet, fanden sich regelmäßig zu einer interdisziplinären Fallbesprechung zusammen. Zu unserer anfänglichen Überraschung stellte sich heraus, dass ein beträchtlicher Teil der Patienten, die im Erstgespräch gute Voraussetzungen für Psychotherapie zeigten, bei den Kolleginnen und Kollegen, an die sie überwiesen worden waren, nicht ankamen. Wir erklärten uns dies damit, dass bereits im Erstgespräch eine Art (unbewusster) Adoption des Therapeuten erfolgt war und angesichts der Weiterüberweisung eine unaushaltbare Kränkung erfolgte. Die Patienten sahen keine andere Möglichkeit, darauf zu reagieren, als sich aus dem Feld zur Gänze zurückzuziehen. Da diese Vorgänge von jeder Besprechbarkeit weit entfernt waren, entschlossen wir uns, eine Änderung der Rahmenbedingungen vorzunehmen: Die niedergelassenen Kolleginnen und Kollegen, die über freie Therapieplätze verfügten, führten nun die Erstgespräche und übernahmen die Patienten im Falle eines Wunsches nach einer weiterführenden Psychotherapie in die Praxis, so dass eine Überweisung vermieden werden konnte. Wir machten damit gute Erfahrungen, was unsere Interpretation der Situation bestätigte.[2]

In diesem Beispiel würde ich vermuten, dass die Desintegration des Bindungssystems zumindest auf Verhaltensebene erfolgt ist. Ich hatte damals auch nicht den Eindruck, dass die Patienten irgendwelche affektiven Signale aussendeten, die Rückschlüsse auf ein Trennungserlebnis zugelassen hätten.

Nach diesen kurzen Fallbeispielen zu verschiedenen Desintegrationsebenen nun wieder zurück zu den methodischen Problemen. Die Probleme sind natürlich nicht neu: So ist es ein Charakteristikum des AAI, dass es die Aufmerksamkeit auch auf Widersprüche zwischen verschiedenen Organisationsebenen richtet. Ich bin aber nicht sicher, wieweit dem bei Fragebögen, die ja nur die kognitiv-sprachlichen Ebene erreichen, überhaupt Rechnung getragen werden kann. Inwieweit es auch möglich ist, desintegrierte Bereiche des Erlebens zu erfassen, oder ob dazu bestimmte Hilfsmittel entwickelt werden müssen, ist noch unklar. In der klinischen Praxis bedarf es solcher, wie ich in den Fallbeispielen zu zeigen versuchte. In manchen Fällen war es erforderlich, sich auf die Handlungsebene zu begeben und einfach etwas zu tun, statt zu fragen, um den abgespaltenen/desintegrierten oder sonst wie nicht dem reflexiven Erleben zugänglichen Bedürfnissen der Patienten gerecht zu werden.

Eine Bemerkung sei noch zur Funktion der Sprache angefügt. Die sprachliche Übermittlung des Erlebens ist nicht nur im pathologischen Fall unvollständig, sondern grundsätzlich. Denn das Erleben ist ganzheitlich und kann nur jeweils in Teilen in Sprache gefasst werden. Daher sind wir in der Alltagskommunikation meist darauf angewiesen, sprachliche Mitteilungen mit einer Reihe von zusätzlichen Informationen zu versehen. Wir verwenden paraverbale Signale wie Melodie, Rhythmus, Mimik, Gestik usw. Auf sprachlicher Ebene selbst werden Metaphern, dramatische Elemente usw. herangezogen, um die Verständigung zu optimieren. Diese Beschränkung liegt gewissermaßen in der Natur der Sprache. Darüber hinaus kann Sprache auch aus dem bereits angeführten Grund deformiert sein, weil Bereiche des Erlebens desintegriert sind. Es kann dann z. B. dazu kommen, dass sprachliche Äußerungen sich nicht in Übereinstimmung mit affektiven Äußerungen befinden oder dass wesentliche Bereiche des Erlebens auf Verhaltensebene organisiert sind und keinen Zugang zur Sprache haben.

Es ist unschwer nachvollziehbar, dass es enorme methodische Probleme bereitet, desintegriertes Erleben mit Hilfe von Fragebögen, also über einen kognitiv-sprachlichen Zugang zu erfassen.

---

2 In einer Studie, die internistische Kolleginnen und Kollegen Mitte der 90er Jahre starteten und in der eine nahezu idente Vorgangsweise geplant war, prognostizierte ich eine ähnliche Rate an Dropouts. Ich behielt leider Recht: Nur ein marginaler Prozentsatz kam bei den niedergelassenen Therapeuten an, obwohl auch bei diesem Projekt den Patienten keine finanziellen Kosten entstanden.

Im AAI werden zwar Diskrepanzen als Hinweise auf desintegrative Prozesse gewertet. Es werden aber darüber hinausgehend nicht Organisationsebenen unterschieden. Diesbezüglich könnte noch einiges an Differenzierung geleistet werden, insbesondere dort, wo über die Diagnostik Hinweise auf die therapeutische Arbeit gesammelt werden.

3 Einfluss von präpartalem Bindungsverhalten auf die Mutter-Kind-Bindung im Alter von 0,6 bzw. 6,0 Jahren und seine Objektivierung anhand intrauteriner Fetalbewegungen

Helmut Niederhofer und Alfons Reiter

3.1 Notwendigkeit des Einbezugs der vorgeburtlichen Zeit in die Bindungsforschung

In der ausgewerteten Literatur (Niederhofer 1999) finden sich spärliche Hinweise darauf, dass mütterliche Stresssituationen besonders in der Frühschwangerschaft fatale Auswirkungen auf die kindliche psychische Entwicklung haben können. Gut belegt ist allerdings die weitere Bindungsentwicklung erst ab der Peripartalphase. Diesbezüglich müssen gewiss die Verdienste der Bindungsforschung, die einerseits punktuell durch Langzeitbeobachtungen (Bowlby 1988), andererseits in systematischen Längsschnittstudien (Grossmann 1993) die funktionale Verknüpfung von frühester Geborgenheitserfahrung (innere Arbeitsmodelle) und späterer Selbstsicherheit (Bindungsrepräsentationen) empirisch gesichert nachwiesen, hervorgehoben werden. Weiterführende systematische Beobachtungen des frühen Entwicklungsraumes (Dornes 1997a) zeigten, dass in der Frühzeit für die uns so wichtigen Themen wie Selbstsicherheit, Selbstvertrauen, Selbstliebe und Selbstachtung der Grund gelegt wird und deren Entwicklung sich im jeweiligen Bindungsverhalten ausdrückt. In der aktuellen Bindungsforschung wie gerade in den Studien von Grossmann (1993) wurde die vorgeburtliche Zeit jedoch nicht berücksichtigt. Die revolutionären Erkenntnisse der pränatalen Psychologie und Medizin der letzten Jahrzehnte verweisen auf die Dringlichkeit, diese Erkenntnisse auch in der Bindungsforschung zu berücksichtigen, da der nachgeburtliche Dialog zwischen Mutter und Kind schon längst vorgeburtlich begonnen hat. Dies ergibt zunächst Schwierigkeiten für die Bindungsforschung, weil sie standardisierte Methoden erarbeitet hat (Direktbeobachtung, Konstruktvalidierung). Wir haben seitens der Pränatalen Psychologie wohl gesicherte Daten, wie zwingend sowohl bewusste als auch unbewusste Einstellungen auf das Wohl des Fetus und dessen spätere Bindung zur Mutter wirken. Es ergeben sich aber Schwierigkeiten, das Konstrukt Bindung, wie wir es nachgeburtlich operationalisieren können, bereits für den vorgeburtlichen Raum anzuwenden bzw. Daten dazu zu erfassen.

Diese grundsätzlichen methodischen Unterschiede können unserer Meinung nach nur in der Weise egalisiert werden, dass wir uns auf die Fremdeinschätzung eines Bindungsverhaltensäquivalentes im Sinne eines Nähe-Distanz-Verhaltens vorrangig durch die Kindesmutter beschränken. Dabei erscheint es uns besonders wichtig, Beeinträchtigungsfaktoren ausfindig zu machen. Diese Beurteilung kann in ähnlicher Weise prä- wie auch postpartal angewandt werden und ermöglicht so eine Datenvergleichbarkeit.

Es ist außerdem bekannt, dass die weitere kindliche Entwicklung bis hinein ins Schulalter auch entscheidend durch Umwelteinflüsse geprägt wird. Inwieweit diese langfristigen Einflüsse jedoch bereits präpartal speziell durch die präpartale Bindung zu den Eltern determiniert werden, ist der ausgewerteten Literatur nicht eindeutig zu entnehmen. Die vorliegende Arbeit soll daher ein Beitrag zur Differenzierung dieses Sachverhaltes sein. Untersucht soll werden, inwieweit die präpartale Eltern-Kind-Bindung und der Versuch ihrer Objektivierung anhand der intrauterinen Fetalaktivität die weitere Entwicklung eben dieser Bindung beeinflusst respektive determiniert. Um dies herauszufinden, wurden 121 Eltern präpartal, knapp postpartal und nach 6 Jahren über ihre Bindung zu den Kindern und auf diese Weise indirekt zum Bindungsverhalten ihrer Kinder befragt. Mit dem Hintergedanken der möglichen Etablierung als Screeningprogramm wurde versucht, bereits präpartal möglichst konkrete determinierende Belastungsfaktoren zu erfragen. Aus diesem Grunde wurde die präpartale Bindung indirekt über mütterliche Stressfaktoren, die postpartale indirekt über das kindliche Temperament erfragt.

3.2 Probanden und Methoden

Mit der vorliegenden Studie soll versucht werden, einen negativen Effekt ambivalenter Mutter-Kind-Bindung während der Schwangerschaft auf das postpartale kindliche Attachment, insbesondere was die von den Eltern erlebte „Loslösung" affiziert, nachzuweisen.

Befragt wurden 121 Mütter im Alter von 18–38 Jahren und deren Kinder (Erstgeburten, APGAR mindestens 9/9/9). Vor der Komplettierung des Fragebogens führte der Untersuchungsleiter ein kurzes Interview durch, in dessen Rahmen der soziale Status exploriert wurde. Dabei zeigte sich, dass alle sozialen Schichten gleichmäßig in der Stichprobe vertreten waren. Es erfolgte keine Selektion bezüglich sozialem Status, Einkommen oder dergleichen, so dass die Stichprobe als für diesen Lebensraum repräsentativ angesehen werden kann.

Die Erhebung der präpartalen Bindung erfolgte mittels eines selbst erstellten Fragebogens mit 26 Items, die mit „ja" bzw. „nein" zu beantworten waren und präpartale Bindungsbeeinträchtigungsfaktoren der Mutter erfassten (z. B. kausal für die ambivalente Bindung: Haben Sie derzeit seelische Probleme? Faktorenladung .70; kausal für die sichere Bindung: Haben Sie jemanden, der Sie unterstützt? Faktorenladung .42; kausal für die Bindungsvermeidung: Ist dies ein ungewolltes Kind? Faktorenladung .55). Die prozentuale Verteilung dieser Bindungsmuster ist in Tab. 3.**1a** dargestellt.

Auf dieses einfache und an keiner größeren Stichprobe validierte Erhebungsinstrument wurde aus 2 Gründen zurückgegriffen: Einerseits konnte in der Literatur kein derartiges Erhebungsinstrument ausfindig gemacht werden, und andererseits sollte versucht werden, pathologisches Bindungsverhalten indirekt über bindungsbeeinträchtigende Faktoren der Mutter zu erheben. Es wurde davon ausgegangen, dass das fetale Beziehungs- und Bindungsverhalten stark mit dem der Mutter zusammenhängt. Nicht zuletzt biologische Korrelationen, wie z. B. der Anstieg des mütterlichen und gleichzeitig auch des fetalen Adrenalinspiegels in einer maternalen Stresssituation, legen diese Vermutung nahe. Gedacht wird an eine mögliche Etablierung eines derartigen Erhebungsinstrumentes als „Bindungsscreening" mit der Idee der Möglichkeit einer Frühintervention, welche dann speziell auf die angegebenen Belastungsfaktoren Bezug nehmen könnte.

Zur selben Zeit wurden die im Rahmen der Routine-Ultraschalluntersuchung beobachteten Kindsbewegungen auf Video aufgezeichnet und auf einen Beobachtungszeitraum von 5 Minuten in Hinblick auf die angestrebte Praxisrelevanz hochgerechnet. Die Aufnahmen wurden unabhängig voneinander von 3 Ärzten ausgewertet und die Kindsbewegungen nach Kopf- (durchschnittlich 25,7/5 min), Arm- (durchschnittlich 28,4/5 min)

Tabelle 3.**1** Bindungsmuster der Mütter präpartal und der Kinder im Alter von 6 Monaten sowie im Alter von 6 Jahren (n = 121)

Bindungsmuster	a) präpartal	b) im Alter von 6 Monaten	c) im Alter von 6 Jahren
sicher	58,7%	61,2%	66,7%
ambivalent	11,6%	15,7%	13,3%
vermeidend	29,8%	23,1%	20,0%

Tabelle 3.**2** Intrauterine Fetalbewegungen und fetale Herzfrequenz

a) Bewegungshäufigkeit	Kopf (n)	Arm (n)	Bein (n)	b) Herzfrequenz	Anzahl (n)
16–20/min	8	7	5	120–130/min	13
21–25/min	25	25	17	131–140/min	32
26–30/min	51	52	63	141–150/min	43
31–35/min	30	31	30	151–160/min	25
36–39/min	7	16	6	161–180/min	8

und Beinbewegungen (durchschnittlich 31,1/5 min) differenziert (Tab. 3.**2a**). Außerdem wurde automatisch die fetale Herzfrequenz gemessen (Tab. 3.**2b**).

6 Monate nach dem errechneten Geburtstermin ihrer Kinder wurde den Müttern abermals ein selbst erstellter Fragebogen zum Bindungsverhalten im Kleinkindesalter zugesandt, der neben der Erhebung deskriptiver Variablen (Geschlecht, Geburtsgröße, Geburtsgewicht) 29 Items umfasste. Die Statements waren durchweg auf einer fünfstufigen Skala („trifft sehr oft zu" bis „trifft nie zu") zu beantworten (bedeutsame Faktorenladung für ambivalente Bindung: Mein Kind wird leicht wütend [.42]; für sichere Bindung: Mein Kind lächelt oft [.52]; für Bindungsvermeidung: Mein Kind spielt nie nach dem Wickeln [.58]). Die prozentuale Verteilung dieser 3 Bindungsmuster ist in Tab. 3.**1b** dargestellt.

Ein auffälliges frühkindliches Temperament dürfte nach Belsky et al. (1991) mit einem pathologischen Bindungsverhalten nur schwach assoziiert sein, nach Goldsmith et al. (1987) allerdings signifikant, wenn auch nur schwach signifikant. Es wird somit versucht, abermals indirekt Rückschlüsse auf frühkindliches Bindungsverhalten zu ziehen. Der Grund für dieses Vorgehen ist wiederum die geplante Etablierung einer derartigen Erhebung als Screening, verbunden mit der Notwendigkeit der Erfragung konkreter Belastungsfaktoren mit der Intention, möglichst spezifische Interventionen setzen zu können.

Im Alter der Kinder von 6 Jahren wurde deren Müttern abermals ein Erhebungsbogen zur Bindung zugesandt. Dieser Fragebogen basiert auf einer – bislang noch nicht validierten – Übersetzung des von Marcus 1997 publizierten Fragebogens, der nach Marcus eine ausreichend hohe Reliabilität und Validität bezüglich der „Fremde Situation" (Ainsworth 1978) aufweist. Er enthält 20 Items, die sichere (Mein Kind kommt nahe zu mir; Faktorenladung .69), ambivalente (Mein Kind wirkt unreif; Faktorenladung .57) und vermeidende Bindung (Mein Kind ignoriert mich; Faktorenladung .71) voneinander abgrenzen (Tab. 3.**1c**). Nach den Ergebnissen von Marcus (1997) korreliert dieses Erhebungsinstrument hoch mit der „Strange-Situation"-Standarderhebungssituation von Ainsworth (1978).

In die Auswertung gingen nur diejenigen Versuchspersonen ein, die alle Fragebögen vollständig ausgefüllt hatten. Die 3 erhobenen Datengruppen wurden schließlich regressionsanalytisch miteinander in Beziehung gesetzt (Schubö et al. 1991).

3.3 Ergebnisse zur Vorhersage der Bindungsmuster im Alter von 6 Jahren

Das Bindungsverhalten der Altersstufen präpartal, 0;6 Jahre und 6;0 Jahre konnte jeweils in 3 Kategorien, nämlich „ambivalente Bindung", „stabil-sichere Bindung" und „Bindungsvermeidung" zusammengefasst werden, wobei ein hoher Score eine besonders starke Ausprägung dieser Bindungsmuster darstellt. Um Antworten gemäß der sozialen Erwünschtheit auszuschließen, wurden einige Items bewusst umgekehrt gepolt vorgegeben. Die Häufigkeit der fetalen Bewegung wurde in Kopf-, Arm- und Beinbewegungen unterteilt. Zusätzlich wurde die fetale Herzfrequenz erhoben.

Anhand multipler Vergleiche dieser Datengruppen können bezüglich der Auswirkungen präpartaler Bindungsmuster auf das postpartale Verhalten folgende Aussagen gemacht werden: Es zeigt sich, dass eine präpartal sichere Bindung und in gerin-

Tabelle 3.**3** Einfluss der prä- und peripartalen Bindung auf die Bindungsmuster im Alter von 6 Jahren (Beta-Gewichte der Regressionsanalyse; n = 121)

6 Jahre	sicher	vermeidend	ambivalent
R2	0,70*	0,66*	0,79*
präpartal sicher	0,16	–0,02	–0,98**
präpartal vermeidend	–0,83	0,51*	–0,97
präpartal ambivalent	–0,16	–0,28	0,06
postpartal sicher	0,12	–0,09	–0,16
postpartal vermeidend	–0,17	0,74*	–0,12
postpartal ambivalent	0,01	0,02	0,01

*p<0,05; **p>0,01

gerem Ausmaß auch die postpartale zu einer sicheren Bindung im Alter von 6 Jahren beitragen. Ähnliches trifft für die Bindungsvermeidung und auch für die ambivalente Bindung zu. Außerdem legen unsere Ergebnisse den Schluss nahe, dass eine präpartal sichere Bindung das Risiko einer späteren Bindungsvermeidung oder gar Bindungsambivalenz verringern kann und umgekehrt (Tab. 3.3).

Zwischen der prä- und der knapp postpartalen Bindung und der intrauterinen Fetalaktivität ergaben sich keinerlei signifikante Zusammenhänge, ebenso nicht zwischen der intrauterinen Fetalaktivität und der Bindung im Alter von 6 Jahren. Die absichtlich im Hinblick auf die angestrebte Möglichkeit der Implementierung in ein breit angelegtes Screeningprogramm kurze Beobachtungszeit schließt jedoch entsprechende Zusammenhänge bei längeren Beobachtungszeiten nicht aus (Prechtl 1992).

3.4 Diskussion und Folgerungen

Mit einer über 7 Jahre durchgeführten Längsschnittuntersuchung versuchen wir, die Zeitkonstanz von ambivalentem, sicherem und vermeidendem Bindungsverhalten von der Pränatalperiode bis ins Schulalter darstellen zu können.

In unserer Untersuchung wurde auf das präpartale Beziehungs- und Bindungsverhalten indirekt über Beeinträchtigungsfaktoren der Mutter und auf das postpartale indirekt über die Wahrnehmung der Mutter rückgeschlossen. Es lag jedoch zu allen 3 Zeitpunkten jeweils die Einschätzung ein und derselben Person vor, was eine Datenvergleichbarkeit ermöglichte. Die moderne Bindungsforschung (Grossmann 1993) postuliert die Notwendigkeit einer – möglichst objektiven – Beobachtung. Dadurch wird zwar die möglicherweise falsche Einschätzung durch die Eltern vermieden, es stellt sich jedoch die Frage, inwieweit die Reaktion auf eine standardisierte Trennungssituation als pathognomonisch für das Konstrukt „Bindung" angesehen werden kann bzw. inwieweit diese Standardsituation Rückschlüsse auf die Eltern-Kind-Beziehung im Alltag zulässt. Neuere Verfahren (Crittenden 1995) postulieren die Beobachtung in einer „alltagsähnlichen" Situation, wobei aber auch hier die Interpretation des Beobachters als potenziell modifizierende Variable angesehen werden muss.

Alle diese Erhebungsinstrumente sind jedoch in der Präpartalperiode nicht anwendbar. In diesem Abschnitt bleibt nur die Möglichkeit einer Fremdeinschätzung durch die Mutter, verbunden mit der Verfälschungsgefahr, oder rudimentärer Rückschlüsse auf die kindliche Bindung mittels biologischer Parameter. Erstere sagt unserer Meinung nach aber mehr über die präpartale Bindung aus und kann zudem auch postpartal in identischer Form fortgesetzt werden.

Auch wenn gemäß den Ergebnissen der vorliegenden Untersuchung eine weitere Objektivierung mittels Quantifizierung der intrauterinen Aktivität (allerdings unter Verweis auf eine nur sehr kurze Beobachtungszeit, prospektiv auf ein eventuelles breites Screeningprogramm!) nicht sinnvoll erscheint, sollte dem Bindungsverhalten in der Pränatalperiode (erhoben mittels Fremdeinschätzung durch die Eltern) und in der frühesten Kindheit (aus Gründen der Datenvergleichbarkeit wiederum mittels Fremdeinschätzung durch die Eltern) besonderes Interesse zukommen.

Die Zeitkonstanz bezüglich des Bindungsverhaltens wird in der ausgewerteten Literatur kontrovers diskutiert. So stellten Adler et al. (1991) einen diesbezüglichen Zusammenhang eher in Abrede, Egeland et al. (1979), Quinton et al. (1984) und Altemeier (1979) konnten ihn jedoch bestätigen. Die wenn auch nur geringe und somit quasi bloß als „Tendenz" beurteilbare Stabilität sicheren, ambivalenten und vermeidenden Bindungsverhaltens in Verbindung mit doch recht deutlichen Hinweisen auf die protektive Funktion prä- und peripartalen stabilen Bindungsverhaltens (Verhinderung von späterer Bindungsvermeidung) legt den Verdacht auf eine nicht zu unterschätzende Einflussnahme der frühen Kindheit auf die weitere Entwicklung nahe (vgl. Ziegenhain et al. 1996).

Subjektiv erlebte Probleme im unmittelbaren sozialen Umfeld der Schwangeren können, wie die Ergebnisse unserer Studie zeigen, ein ambivalentes Verhalten der Mutter dem sich entwickelnden Kind gegenüber bedingen, da sie die Mutter massiv von der Zuwendung zu ihrem Kind ablenken. Multiple Hilfestellungen bei der Alltagsbewältigung der Mutter können zu einer stabilen Mutter-Kind-Beziehung beitragen, und eine generelle emotionale Ablehnung kann als Kennzeichen für eine Bindungsvermeidung gewertet werden. Leichte Irritier- und Ablenkbarkeit, Schreien und generelle Ablehnung in frühester Kindheit könnten Ausdruck kindlichen Protestverhaltens infolge einer ambivalenten Mutter-Kind-Beziehung sein, Regelmäßigkeit, als durchschnittlich bezeichnete Aktivität und Freundlichkeit im frühen Kindesalter sind Ausdruck einer sicheren Bindung (Bowlby 1988: A secure base. Clinical applications of attachment theory). Schließlich könnte die Bindungsvermeidung im Alter von 6 Monaten durch Rückzug, Interessenlosigkeit und mangelnde Kontaktaufnahme mit der Umwelt gekennzeichnet sein.

Die diese Kategorien generierenden Items bekräftigen diese Interpretation. Sowohl die cluster- als auch die faktorenanalytische statistische Aufbereitung der Daten führen zu diesem Ergebnis. Der korrelationsanalytische wie auch der regressionsanalytische Vergleich der präpartalen Situation mit der Bindung im Alter von 6 Jahren liefert dasselbe Resultat: Alle präpartalen Bindungstypen scheinen sich bis ins Schulalter fortzusetzen.

Eine sichere präpartale Bindung bleibt mit größerer Wahrscheinlichkeit bis ins Schulalter hinein sicher. Sie dürfte ferner im Alter von 6 Jahren die Gefahr einer Bindungsvermeidung verringern. Offenbar kommt hier besonders der Bindungsmodifikation in der späteren Kindheit eine große Bedeutung zu. Allerdings kann eine sichere präpartale Bindung zur Verringerung der Ambivalenz im Schulalter beitragen. Umgekehrt könnte eine bereits präpartal beobachtbare Bindungsambivalenz dazu beitragen, spätere Bindungsvermeidung bis hinein ins Schulalter zu fördern.

Auch die präpartale Bindungsvermeidung kann zur Stabilitätsreduktion im Alter von 6 Jahren beitragen; tritt sie erst knapp nach der Geburt auf, dürfte sie auch über einen längeren Zeitraum bestehen bleiben, was wiederum mit der Konstanz elterlichen Bindungsverhaltens erklärt werden könnte. Sie weist kaum eine Besserungstendenz auf und sollte früh erkannt werden, um ihr gegenzusteuern. Das Schwergewicht der diagnostischen, prophylaktischen und schließlich auch therapeutischen Bemühungen sollte daher eindeutig auf diesen Bindungstyp fokussiert werden.

Die vorliegende Pilotstudie sollte aber noch durch weitere Arbeiten ergänzt und die Ergebnisse verifiziert werden, nicht zuletzt im Hinblick auf ein eventuell zu etablierendes Bindungsverbesserungsprogramm nach Feststellung pathologischer Bindungsmuster in Form eines Screenings. Spezielle derartige Programme konnten nicht ausfindig gemacht werden, jedoch eines, das einer ambivalenten oder vermeidenden Bindung zumindest bei selbst missbrauchten Müttern vorbeugt, nämlich STEEP (Egeland et al. 1990). Auf seiner Grundlage könnten dann weitere spezifische Programme entwickelt werden.

Die Zusammenhänge weisen aber auch darauf hin, dass viele andere postpartal wirksame Faktoren auf dieses Verhalten modulierend wirken. Diese Faktoren zu differenzieren, würde den Rahmen dieser Arbeit sprengen. Sie wurden zudem im Gegensatz zum Einfluss der präpartalen Phase, bereits mehrfach untersucht.

Es würde jedoch das Ergebnis der vorliegenden Arbeit inkomplett erscheinen lassen, würde nicht abschließend zumindest anhand der vorliegenden Literatur eine Übersicht über die erwähnten modulierenden Faktoren gegeben werden. Entwicklung (auch des Bindungsverhaltens) kann annäherungsweise wie ein Reifungsprozess aufgefasst werden, treffen doch bestimmte Charakteristika auf beide Abläufe zu (Mussen et al. 1981): Sie verlaufen (bei ähnlichen äußeren Bedingungen) in zeitlich relativ eng begrenzten Schüben. Das bedeutet, dass die oben erwähnten und vorrangig durch Beobachtung zu identifizierenden Einflussfaktoren stets in bestimmten Entwicklungsphasen (bei ähnlichen Erziehungsstilen und -zielen; Nickel et al. 1980) besonders zum Tragen kommen. Dieser Umstand soll im Folgenden näher erläutert und dann die einzelnen Einflussfaktoren beschrieben werden.

Mütterliche Sensitivität ist zu jeder Zeit – entwicklungsphasenimmanent – mit recht großer Wahrscheinlichkeit als Garant für eine sichere Bindung zu sehen, wie deWolff et al. (1997) in einer Meta-Analyse, die 66 Studien umfasste, zeigen konnten. Ferner entscheidet zu jeder Zeit das spontane, echte, unreflektierte mütterliche Verhalten über die wahre Bindungsqualität zum Kind (Kroonenberg et al. 1977). Überdies ist eine möglichst stressfreie Umgebung einer sicheren Bindung stets förderlich (Main 1996). Umgebungsbedingter Stress kann zumindest marginal anhand der erhöhten Cortisolspiegel des Kindes objektiviert werden (Hertsgaard et al. 1995, Gunnar et al. 1996, Nachmias et al. 1996), einfacher jedoch anhand des kindlichen Gewichtes (jedoch nur bei extrem über- oder untergewichtigen Kindern (Valenzuela 1990). Die elterliche Stressintoleranz und die Unsicherheit auch in der Testsituation (vgl. auch die Meta-Analyse der Arbeiten über die Sicherheit der Eltern in der Testsituation [van Ijzendoorn et al. 1995]) bewirkt scheinbar besonders in der frühen Kindheit unsichere Bindung (Ziegenhain et al. 1996, Smith 1988). Sicherheit ist demnach besonders in der peripartalen Phase von großer Wichtigkeit.

Junge Mütter laufen gemäß den Ergebnissen von Broussard (1995) eher Gefahr, unsicher gebundene Kinder zu haben. Derselbe Autor gibt aber auch zu, dass dieser Umstand bei Schwarzen weniger bedeutsam sein dürfte. Sich bereits früh manifestierende und allgemein wenig bekannte Erbleiden wie z. B. das Moebius-Syndrom können schon sehr früh zur Bindungsunsicherheit, vermutlich durch eine Verunsicherung der Eltern bezüglich des weiteren Krankheitsverlaufes, beitragen (Szainberg 1994). Bekannte Erbkrankheiten wie z. B. das Down-Syndrom zeigen diesen Effekt allerdings nicht (Vaughn et al. 1994), wobei hier offenbar größere methodische Probleme vorliegen dürften (Stahlecker et al. 1985). Bekannt beziehungsbeeinträchtigende Erkrankungen wie z. B. der frühkindliche Autismus nehmen diesbezüglich eher eine Mittelstellung ein (Rogers et al. 1993).

Väterliche Dominanz wirkt sich, so die Ergebnisse von Fagot et al. (1993), negativ auf die Bindung ihrer Töchter aus, Söhne werden erst bei 2 dominanten Elternteilen bindungsvermeidend. Die elterlichen Objektrepräsentationen (s. o.) sind hingegen besonders in frühester Kindheit eminent wichtig für eine sichere Bindung (Levine et al. 1991).

Soziale und intrafamiliale Unterstützung hat besonders in der frühen Entwicklungsphase eine bindungsstabilisierende Wirkung (Adler et al. 1991), gibt sie doch der Mutter nicht zuletzt Zeit für mehr förderlichen physischen Kontakt (Anisfeld et al. 1990). Mütterliche Berufstätigkeit macht dies oft unmöglich und trägt so besonders in der frühen Kindheit stark zu unsicherer Bindung bei (Barglow et al. 1987, widerlegt von Owen et al. 1984), besonders wenn sie nicht gewollt, aber im Hinblick auf den ökonomischen Status unvermeidbar ist (Vaughn et al. 1980) und in Verbindung mit Geldproblemen, Familienproblemen, Gesundheitsproblemen und welchen mit der Nachbarschaft auftritt (Vaughn et al. 1979). Speziell Defizite in der physischen Kontaktaufnahme können schwere Verhaltens- und Temperamentsstörungen zur Folge haben (Fagot et al. 1990, Tracy et al. 1981, widerlegt von Belsky et al. 1984). Diese können sogar zu vermehrten Krankenhausaufenthalten führen (Harris et al. 1989, Brinich et al. 1989, Goldberg et al. 1986). Allerdings üben diese Störungen, entgegen den vorliegenden Ergebnissen, wie Vaughn et al. (1989) und auch Sroufe (1985), angeben, wenig Einfluss auf die Bindung aus.

4 Bindung, motorische Entwicklung und das Erleben der familiären Situation durch die Eltern im 12. Monat des Kindes

Rüdiger Kißgen

4.1 Bindungsforschung bei Kindern mit Behinderungen oder Entwicklungsverzögerungen

Die Bindungsforschung steckt in den Anfängen, wenn es darum geht, die Relevanz von Faktoren wie Behinderung oder Entwicklungsverzögerung für die Bindungsentwicklung eines Kindes zu untersuchen. Ein Grund hierfür liegt sicherlich in der fraglichen Anwendbarkeit der für normale Stichproben entwickelten Inventare der Bindungsforschung. Für motorisch entwicklungsverzögerte Kinder konnte Stahlecker (1983, Stahlecker u. Cohen 1985) in einer Untersuchung mit 24 neurologisch auffälligen Kindern nachweisen, dass die „Fremde Situation" nach Ainsworth und Wittig (1969) ohne Modifikationen durchgeführt und nach dem Standardprozedere gemäß Ainsworth et al. (1978) ausgewertet werden kann. In der damaligen Untersuchung zeigte sich, dass das Ausmaß der motorischen Beeinträchtigung nicht signifikant mit der Qualität der Mutter-Kind-Bindung korrelierte. Seither war die Auseinandersetzung mit dem Thema motorische Entwicklungsverzögerung nicht mehr Gegenstand von Studien in der Bindungsforschung. Die Sorge um die Entwicklung des Kindes in motorischen Belangen ist aber einer der Hauptgründe, aus dem Eltern mit ihren Kindern professionelle Hilfsangebote in Anspruch nehmen. Eltern vergleichen die Fähigkeiten des eigenen Kindes unbewusst wie auch bewusst mit denen anderer Kinder. Besonders augenfällig werden Unterschiede dann, wenn Kinder in das sog. Krabbelalter gelangen. Im Alter zwischen 4 und 9 Monaten beginnen Kinder sich fortzubewegen. Der Zeitpunkt und die Fortbewegungsart variieren von Kind zu Kind. Aus bindungstheoretischer Sicht ist diese Phase insofern von Bedeutung, als dass Kinder mit der Möglichkeit, sich selbst fortzubewegen, in die Lage versetzt werden, eigenständig die Nähe und die Distanz zu ihren Bindungspersonen zu regulieren. Zuvor waren sie davon abhängig, dass bei aktiviertem Bindungsverhaltenssystem ihre Signale zur Herstellung von Nähe durch ihre Umwelt im Sinne des Feinfühligkeitskonzeptes (Ainsworth 1967) wahrgenommen und richtig interpretiert werden und dass die Personen ihrer Umwelt auf diese Signale auch angemessen und prompt reagieren. Nun können sie selbst die Ebene der Signalverhaltensweisen verlassen und damit die Qualität der Bindungsbeziehungen zu ihren Bezugspersonen qualitativ anreichern (Bowlby 1969, 1982).

Wie aber gestaltet sich dieser Entwicklungsprozess bei eingeschränkter lokomotorischer Fähigkeit? Kinder mit Beeinträchtigungen in ihren Fortbewegungsmöglichkeiten werden für die Anwendung des Annäherungsverhaltens im Vergleich mit normal entwickelten Kindern mehr Zeit benötigen, größere Unsicherheiten an den Tag legen, möglicherweise professionelle Hilfe benötigen, um Lokomotion zu erlernen, oder sich im Extremfall nicht fortbewegen können. Damit verlängert sich nicht nur die Zeit des Angewiesenseins auf Signalverhaltensweisen zur Erlangung von Schutz, sondern auch die Zeit der Hilflosigkeit und des Angewiesenseins auf andere. Je länger sie in der Umsetzung des Annäherungsverhaltens Probleme haben, desto länger sind die Kinder auf den Einsatz ihrer Signalverhaltensweisen angewiesen und desto größer wird die Kluft zwischen altersangemessenen Bindungsverhaltensweisen und den tatsächlich abrufbaren. Die besondere Problematik dieser Situation liegt darin begründet, dass auch motorisch beeinträchtigte Kinder über die kognitive und physiologische Bereitschaft verfügen, Annäherungsverhalten praktizieren zu wollen. Allerdings werden sie in der Umsetzung dessen an ihre Grenzen stoßen. Das Erleben der Diskrepanz zwischen einer Verhaltensbereitschaft und ihrer Umsetzungsfähigkeit wird um eine Dimension erweitert, wenn diese Kinder im Alltag auf normal entwickelte Kinder treffen, die keine Umsetzungsprobleme haben, mit denen sie sich aber möglicherweise vergleichen (Kißgen 2002).

Eltern motorisch entwicklungsverzögerter Kinder beobachten, dass ihre Kinder langsamer sind, unsicherer wirken, eine geringere Bandbreite motorischer Aktivitäten an den Tag legen oder auch erheblich mehr Hilfe benötigen, wenn sie diese mit normal entwickelten Kindern vergleichen. Die Diskrepanz zwischen dem Potenzial ihrer und dem anderer Kinder wird Anlass zur Sorge um die Entwicklung ihres Kindes geben. Diese belastet nicht nur die individuelle Beziehung des Elternteils zum Kind, sondern wirkt sich insgesamt auf die familiäre Situation und damit auch auf die Partnerschaft aus. Das subjektive Erleben der familiären Situation durch die Eltern ist als distale Einflussgröße in der Entwicklung der Bindungsorganisation des Kindes wirksam. Die Betrachtung des distalen Aspektes führt auf Seiten der Eltern zu Faktoren, die deren psychische Ausstattung, oder wie Belsky es nennt, ihr „psychological make up" (1997, S. 45) beeinflussen. Das psychische Befinden der Eltern wirkt sich über die Einflussnahme auf deren Pflegeverhalten indirekt auf die Entwicklung der kindlichen Bindungsqualität aus. Wie Befunde aus normalen und aus klinischen Stichproben belegen, besteht zwischen dem psychischem Wohlbefinden der Eltern und der Bindungssicherheit der Kinder ein positiver Zusammenhang (Belsky 1999). Querschnitt- (Benn 1986, Ricks 1985) und Längsschnittstudien an unauffälligen Stichproben (Belsky u. Isabella 1988) belegen, dass die Wahrscheinlichkeit für die Entwicklung einer sicheren Mutter-Kind-Bindung erhöht ist, wenn über Persönlichkeitsskalen für die Mutter hohe Werte hinsichtlich des emotionalen Wohlbefindens dokumentiert sind. Auch ohne Heranziehung wissenschaftlicher Daten kann davon ausgegangen werden, dass eine von den Partnern als zufriedenstellend oder gar bereichernd erlebte Ehe- oder Paarbeziehung positiven Einfluss auf das gesamte Familienklima nimmt. Belsky (1997) geht sogar von klaren Gesetzmäßigkeiten zwischen der Qualität der Ehebeziehung und der Qualität der Eltern-Kind-Bindung aus. Seinen Standpunkt begründet er mit Studien, die für Familien mit gut funktionierenden Ehebeziehungen eine höhere Wahrscheinlichkeit für das Entstehen einer sicheren Eltern-Kind-Bindung nachwiesen als für Familien, in denen die Ehepartner angaben, eher unzufrieden mit ihrer Ehe zu sein. Solche Studien liegen sowohl im Querschnittdesign (Crnic et al. 1986, Durrett et al. 1984, Goldberg u. Easterbrooks 1984, Howes u. Markman 1989, Jacobson u. Frye 1991) als auch unter längsschnittlicher Planung vor (Belsky u. Isabella 1988, Lewis et al. 1988, Owen u. Cox 1997, Spieker 1988, Teti et al. 1995).

Die besondere Problemlage motorisch entwicklungsverzögerter Kinder und ihrer Familien lässt vermuten, dass sich diese negativ in der Bindungsentwicklung dieser Kinder im ersten Lebensjahr auswirkt. Dies berücksichtigend wurde 1998 an der Heilpädagogischen Fakultät der Universität zu Köln eine Studie konzipiert, in der erstmals die Bindungsentwicklung motorisch entwicklungsverzögerter Kinder – unter Berücksichtigung proximaler und distaler Einflussfaktoren – im Längsschnitt untersucht wird (Kißgen 2000).

4.2 Zielsetzung der Studie/ Fragestellungen

Das Ziel ist die Gewinnung neuer (bindungs-)forschungsgeleiteter Erkenntnisse, die in die Arbeit mit motorisch entwicklungsverzögerten Kindern und ihren Familien zurückfließen sollen. Zur Generierung der Daten wurde ein längsschnittliches Design gewählt. Im 12. Monat der Kinder wurde u.a. untersucht,

- ob sich motorisch entwicklungsverzögerte Kinder von normal entwickelten Kindern hinsichtlich der Mutter-Kind-Bindung unterscheiden,
- ob sich Mütter und Väter motorisch entwicklungsverzögerter Kinder hinsichtlich ihres subjektiven Erlebens der familiären Situation (distale Faktoren) von Müttern und Vätern normal entwickelter Kinder unterscheiden.

4.3 Stichprobe und Methodik

4.3.1 Stichprobe

Von den angemeldeten und untersuchten 74 Familien des Regierungsbezirks Köln konnten zum ersten Untersuchungszeitpunkt im 12. Monat der Kinder nach Berücksichtigung der folgenden Auswahlkriterien 61 Familien der Untersuchungsgruppe (n = 27) oder der Kontrollgruppe (n = 34) zugeteilt werden:

- Das Kind ist in der Lage, sich selbstständig fortzubewegen.
- Es besteht keine körperliche, geistige oder sonstige Behinderung des Kindes.
- Es bestehen keine schwerwiegenden neurologische Schädigungen, Defizite oder Auffälligkeiten.
- Das Geburtsgewicht betrug über 1500 Gramm.
- Im ersten Lebensjahr gab es keine außergewöhnlichen oder schwerwiegenden Erkrankun-

gen oder längeren Krankenhausaufenthalte des Kindes.
- Die Eltern leben mit ihrem Kind in einem gemeinsamen Haushalt.
- Bei den Eltern liegt keine psychische Störung vor.
- Der familiäre Unterhalt ist über die Berufstätigkeit mindestens eines Elternteils gewährleistet.
- Deutsch ist Hauptumgangssprache in der Familie.

Das Kriterium für die Zuweisung in die Untersuchungsgruppe war ein mittels Bayley Scales of Infant Development (Bayley 1993) ermittelter Psychomotor Development Index (PDI) von < 85. Ein größerer PDI führte zur Aufnahme in die Kontrollgruppe. Bei den 13 nicht zugeteilten Kindern lagen die in den Auswahlkriterien formulierten Bedingungen nicht vor. Aus diesem Vorgehen resultieren 2 Gruppen, die sich lediglich durch die motorische Entwicklungsverzögerung der Untersuchungsgruppenkinder unterscheiden. Diese ist so diskret ausgeprägt, dass alle diese Kinder über individuelle Möglichkeiten der Fortbewegung verfügen.

4.3.2 Verwendete Inventare

Im Einzelnen wurden im 12. Monat der motorische und der kognitive Entwicklungsstand der Kinder (Bayley Scales of Infant Development-II/BSID-II: Bayley 1993), die Bindungsqualität[3] (Ainsworth u. Wittig 1969) sowie als distale Einflussgrößen das subjektive Erleben der familiären Situation durch die Eltern (Soziale Orientierung von Eltern behinderter Kinder – SOEBEK: Krause u. Petermann 1997) untersucht. Hinsichtlich der Mental und der Motor Scale der BSID-II und der „Fremden Situation" sei auf die einschlägigen Publikationen verwiesen. Im Folgenden soll der Fragebogen „Soziale Orientierungen von Eltern behinderter Kinder" kurz erläutert werden.

Soziale Orientierungen von Eltern behinderter Kinder (SOEBEK) von Krause und Petermann (1997)

Ziel dieses Verfahrens ist die Beurteilung von Bewältigungsreaktionen, wie sie sich in der subjektiven Wahrnehmung der in ihren sozialen Kontext eingebundenen Elternperson abbilden. Der SOEBEK beinhaltet eine Bewältigungsskala mit 4 Dimensionen mit jeweils sechsstufigen Antwortskalen, eine Stressbelastungsskala mit einer fünfstufigen Antwortskala sowie 2 Pools mit Zusatzfragen, die zur Validierung eingesetzt wurden. In der *Bewältigungsskala* stehen folgende Dimensionen zur Verfügung:
- *Intensivierung der Partnerschaft* (EHE): Diese Dimension schließt das Suchen nach emotionaler Unterstützung in der Partnerschaft und Merkmale der Akzentuierung der Ehebeziehung ein. Es wird die Nutzung der sozialen Unterstützung durch den Partner und die emotionale Hinwendung zu ihm erhoben.
- *Selbstbeachtung und Selbstverwirklichung* (SEL): Diese Dimension unterstreicht die Bedeutung des sozialen Ausgleichs sowie des Ernstnehmens persönlicher Interessen als Kompensations- bzw. Bewältigungsfaktor bei Eltern behinderter Kinder.
- *Fokussierung auf das behinderte Kind* (FBK): In diesem Faktor zeigt sich eine gewisse Tendenz zur sozialen Isolation und zur Grübelei. Die psychische Ausrichtung scheint ausschließlich auf das Kind zu erfolgen.
- *Nutzung sozialer Unterstützung* (NSU): Hier wird die aktive Suche nach Verständnis und Unterstützung außerhalb des engeren Kreises der Kleinfamilie erfasst. Ein aktiver und expressiver Kommunikationsstil sowie die Suche nach Verständnis zeichnen diese Komponente aus.

Die *Stressbelastungsskala* (STR) basiert auf der Selbsteinschätzung der befragten Person, so dass ein Maß subjektiv empfundener Stressbelastung resultiert. Diesbezüglich wird differenziert zwischen individuellen Stressoren (Krankheiten und Symptome, allgemeiner Gesundheitsstatus, Stress im Haushalt), familiären Stressfaktoren (kindunabhängige Belastungen, Problem mit Geschwisterkindern, Spannungen in der Partnerschaft) und sozialen Belastungen (Stress durch Familie, Verwandtschaft, Bekannten- und Freundeskreis). Die einzelnen Items stammen zwar aus unterschiedlichen Bereichen, erfassen aber einen konnotativ gemeinsamen Inhalt auf additive Weise.

---
[3] Das Training zur Durchführung und Auswertung der „Fremden Situation" wurde am Lehrstuhl für Psychologie IV (Prof. Dr. Klaus E. Grossmann) an der Universität Regensburg unter der Leitung von PD Dr. Karin Grossmann absolviert. Die Reliabilitätskriterien der Regensburger Forschergruppe wurden erfüllt. Für die Auswertung gilt der Dank des Autors den Kolleginnen Frau Dr. S. Müller und Frau Dipl.-Päd. D. Heinrich.

Aus dem Pool der *Zusatzfragen* wurde die Frage nach dem *Umfang des sozialen Netzwerks* (USN) in der hier beschriebenen Untersuchung mit berücksichtigt.

Die in der Folge referierten Ergebnisse beziehen sich auf den ersten Untersuchungszeitpunkt im 12. Monat (korrigiertes Alter) der Kinder.

4.4 Ergebnisse

4.4.1 Mutter-Kind-Bindungsqualität

Beachtenswert sind die Unterschiede zwischen der Untersuchungs- und Kontrollgruppe (Tab. 4.1) hinsichtlich der 3 Hauptbindungsstrategien (A, B, C). In der Untersuchungsgruppe ist der Anteil der A-Kinder etwa 2,5-mal so hoch wie in der Kontrollgruppe. Die C-Strategie ist in der Untersuchungsgruppe fast um das Vierfache im Vergleich zu den Kindern der Kontrollgruppe erhöht. Dieses Verhältnis kehrt sich bei Betrachtung der sicheren Bindungsstrategie ins Gegenteil: Der Anteil sicher gebundener Kinder liegt in der Kontrollgruppe bei 82,4% und damit fast 30% über dem Anteil für dieses Muster in der Untersuchungsgruppe (55,6%). Während demnach in der Untersuchungsgruppe nahezu jedes zweite Kind eine unsichere Bindungsstrategie im ersten Lebensjahr entwickelt hat, trifft dies in der Kontrollgruppe nur auf jedes fünfte Kind zu.

Zur Überprüfung des Gruppenunterschiedes bezüglich der Hauptbindungsstrategien wurden diese in *sichere Bindung* und *unsichere Bindung* dichotomisiert. Unter *unsichere Bindung* wurden die unsicher-vermeidend gebundenen, die unsicher-ambivalent gebundenen Kinder, das als desorganisiert/desorientiert bewertete und das nicht klassifizierbare Kind zusammengefasst. Der Unterschied zwischen der Untersuchungs- und der Kontrollgruppe hinsichtlich des Auftretens sicherer und unsicherer Bindung erweist sich als statistisch signifikant (Chi-Quadrat-Test nach Pearson: $\chi^2 = 5{,}195$; $p = 0{,}023$).

Tabelle 4.1 Verteilung der Hauptbindungsstrategien in absoluter und relativer Häufigkeit

Bindungsstrategien	Untersuchungsgruppe (n=27)		Kontrollgruppe (n=34)	
	n	%	n	%
A	8	29,6	4	11,8
B	15	55,6	28	82,4
C	3	11,1	1	2,9
D	–	–	1	2,9
NTC*	1	3,7	–	–

* nicht klassifizierbar

4.4.2 Subjektives Erleben der familiären Situation durch die Eltern

Eltern der Untersuchungsgruppe im Vergleich zu Eltern der Kontrollgruppe

Für die 4 Dimensionen der Bewältigungsskala, für die Stressbelastungsskala und für die Frage nach dem Umfang des sozialen Netzwerks der Eltern sind die deskriptiv statistischen Kennwerte in Tab. 4.2 aufgelistet.

Mit Ausnahme der Dimension EHE (Intensivierung der Partnerschaft) fallen die Mittelwerte der Kontrollgruppenmütter stets höher aus als die der Mütter der Untersuchungsgruppe. Bei den Vätern zeigt sich ein heterogeneres Resultat: Väter der Untersuchungsgruppenkinder geben durchschnittlich höhere Werte in den Dimensionen EHE und SEL (Selbstachtung und Selbstverwirklichung) und der Zusatzfrage zum Umfang des sozialen Netzwerks (USN) an als die Väter der Kontrollgruppenkinder. Bei den Dimensionen FBK (Fokussierung auf das Kind) und NSU (Nutzung sozialer Unterstützung) sowie bei der Stressbelastungsskala (STRB) geben die letztgenannten Väter im Durchschnitt höhere Werte an.

Die Unterschiedstestungen für die Mittelwerte in der Untersuchungs- und der Kontrollgruppe wurden mit dem t-Test durchgeführt. Diesbezügliche Resultate sind neben dem Levene-Test auf gleiche Varianzen (F-Wert) Tab. 4.3 zu entnehmen. Zwischen den Fragebogenangaben der Untersuchungsgruppeneltern und denen der Kontrollgruppeneltern zum subjektiven Erleben der familiären Situation ergibt sich kein statistisch bedeutsamer Unterschied.

Angaben der Mütter im Vergleich zu Angaben der Väter

Tab. 4.4 ist zu entnehmen, dass sich die Mütter von den Vätern hinsichtlich der Dimension Nutzung sozialer Unterstützung (NSU) tendenziell unterscheiden. Sowohl in der Untersuchungs- als auch in der Kontrollgruppe ist der Mittelwert der Mütter höher als der der Väter. Hochsignifikant unterscheiden sich die Kontrollgruppenmütter (M = 18,03) von ihren Partnern (M = 15,30) in den

Tabelle 4.**2** Statistische Kennwerte zu den SOEBEK-Angaben der Mütter und Väter der Untersuchungs- (UG) und der Kontrollgruppe (KG)

SOEBEK-Dimension	Eltern	N		M		SD	
		UG	KG	UG	KG	UG	KG
EHE	Mütter	27	34	27,30	26,03	5,66	6,25
	Väter	27	33	27,33	26,61	3,08	4,67
SEL	Mütter	27	34	16,37	18,03	4,49	4,20
	Väter	27	33	15,63	15,30	3,93	3,69
FBK	Mütter	27	34	20,41	20,56	5,35	5,68
	Väter	27	33	19,52	19,94	4,96	4,93
NSU	Mütter	27	34	19,93	21,09	5,40	5,38
	Väter	27	33	17,44	18,67	5,45	4,63
STRB	Mütter	27	34	34,78	35,24	11,29	7,22
	Väter	27	33	31,63	32,18	8,69	9,24
USN	Mütter	27	34	4,74	5,12	4,31	3,24
	Väter	27	33	6,07	5,67	5,23	4,36

EHE: Intensivierung der Partnerschaft, SEL: Selbstbeachtung und Selbstverwirklichung,
FBK: Fokussierung auf das behinderte Kind, NSU: Nutzung sozialer Unterstützung,
STRB: Stressbelastung, USN: Umfang soziales Netzwerk;
N = Anzahl, M = Mittelwert, SD = Standardabweichung

Tabelle 4.**3** Unterschiede in den SOEBEK-Angaben zwischen Müttern der Untersuchungs- und Müttern der Kontrollgruppe sowie zwischen Vätern der Untersuchungs- und Vätern der Kontrollgruppe (t-Test für unabhängige Stichproben)

SOEBEK-Dimension	Eltern	Levene-Test		t	df	p
		F	p			
EHE	Mütter	0,076	0,783	0,819	59	0,416
	Väter	4,374	0,041	0,723	56	0,473
SEL	Mütter	0,375	0,543	−1,487	59	0,142
	Väter	0,246	0,622	0,331	58	0,742
FBK	Mütter	0,096	0,758	−0,106	59	0,916
	Väter	0,000	0,995	−0,328	58	0,744
NSU	Mütter	0,190	0,664	−0,836	59	0,406
	Väter	2,309	0,134	−0,939	58	0,352
STRB	Mütter	1,673	0,201	−0,192	59	0,848
	Väter	0,212	0,647	−0,236	58	0,814
USN	Mütter	0,572	0,452	−0,390	59	0,698
	Väter	0,320	0,574	0,329	58	0,743

EHE: Intensivierung der Partnerschaft, SEL: Selbstbeachtung und Selbstverwirklichung,
FBK: Fokussierung auf das behinderte Kind, NSU: Nutzung sozialer Unterstützung,
STRB: Stressbelastung, USN: Umfang soziales Netzwerk

Angaben zur Dimension Selbstbeachtung und Selbstverwirklichung. In der Untersuchungsgruppe ist der diesbezügliche Mittelwertunterschied zwischen Müttern (M = 16,37) und Vätern (M = 15,63) statistisch ohne Bedeutung.

Angaben der Mütter sicher gebundener im Vergleich zu Angaben der Mütter unsicher gebundener Kinder in der Untersuchungs- und in der Kontrollgruppe

Zur genaueren Analyse des signifikanten Gruppenunterschiedes hinsichtlich der Bindungsqualität der Kinder (Kap. 4.4.1) wurden für die Elternvari-

Tabelle 4.4 Unterschiede in den SOEBEK-Angaben zwischen den Müttern und Vätern der Untersuchungsgruppe sowie zwischen den Müttern und Vätern der Kontrollgruppe (t-Test für unabhängige Stichproben)

SOEBEK-Dimension	Gruppe	Levene-Test		t	df	p
		F	p			
EHE	UG	6,385	0,015	0,030	40	0,976
	KG	1,113	0,295	0,427	65	0,671
SEL	UG	0,898	0,348	–0,645	52	0,522
	KG	0,770	0,384	–2,822	65	0,006***
FBK	UG	0,050	0,758	–0,63 3	52	0,530
	KG	0,353	0,555	–0,476	65	0,636
NSU	UG	0,193	0,662	–1,681	52	0,099*
	KG	2,549	0,115	–1,970	65	0,053*
STRB	UG	0,268	0,607	–1,148	52	0,256
	KG	0,074	0,786	– 1,510	65	0,136
USN	UG	0,603	0,441	1,023	52	0,311
	KG	1,455	0,232	0,587	65	0,559

EHE: Intensivierung der Partnerschaft, SEL: Selbstbeachtung und Selbstverwirklichung,
FBK: Fokussierung auf das behinderte Kind, NSU: Nutzung sozialer Unterstützung,
STRB: Stressbelastung, USN: Umfang soziales Netzwerk
$^{*}p < 0{,}10$, $^{***}p < 0{,}001$

Tabelle 4.5 Statistische Kennwerte zu den SOEBEK-Angaben der Untersuchungsgruppenmütter (UG) und der Kontrollgruppenmütter (KG) unter Berücksichtigung der Mutter-Kind-Bindung im 12. Monat

SOEBEK-Dimension	Mutter-Kind-Bindung	N		M		SD	
		UG	KG	UG	KG	UG	KG
EHE	sicher	15	28	2 7,47	27,07	6,86	5,39
	nicht sicher	12	6	27,08	21,17	3,94	8,18
SEL	sicher	15	28	16,20	17,93	3,57	4,26
	unsicher	12	6	16,58	18,50	5,60	4,23
FBK	sicher	15	28	21,13	20,14	5,85	5,16
	unsicher	12	6	19,50	22,50	4,74	7,97
NSU	sicher	15	28	19,80	21,07	5,99	5,62
	unsicher	12	6	20,08	21,17	4,81	4,54
STRB	sicher	15	28	36,13	33,93	12,05	6,20
	unsicher	12	6	33,08	41,33	12,52	9,05
USN	sicher	15	28	5,20	5,64	4,80	3,22
	unsicher	12	6	4,17	2,67	3,74	2,07

EHE: Intensivierung der Partnerschaft, SEL: Selbstbeachtung und Selbstverwirklichung,
FBK: Fokussierung auf das behinderte Kind, NSU: Nutzung sozialer Unterstützung,
STRB: Stressbelastung, USN: Umfang soziales Netzwerk
N = Anzahl, M = Mittelwert, SD = Standardabweichung

ablen weitere Unterschiedstestungen in der Untersuchungs- und der Kontrollgruppe unter Berücksichtigung der Qualität der Mutter-Kind-Bindung durchgeführt. In einem ersten Schritt wurde sowohl in der Untersuchungs- als auch in der Kontrollgruppe geprüft, ob sich die Mütter der sicher gebundenen Kinder von den Müttern der unsicher gebundenen Kinder in ihren Fragebogenangaben unterscheiden. Mittelwerte und Standardabweichungen sind in Tab. 4.5 erfasst.

Während die Mittelwerte zu den Angaben der Untersuchungsgruppenmütter keine statistisch bedeutsamen Unterschiede aufweisen, unterscheiden sich Mütter sicher gebundener Kinder von jenen

Tabelle 4.6 Unterschiede in den SOEBEK-Angaben zwischen den Müttern sicher und den Müttern nicht sicher gebundener Kinder in der Untersuchungsgruppe und in der Kontrollgruppe (t-Test für unabhängige Stichproben)

SOEBEK-Dimension	Gruppe	Levene-Test		t	df	p
		F	p			
EHE	UG	2,038	0,166	−0,172	25	0,496
	KG	3,028	0,091	−2,220	32	0,034**
SEL	UG	4,396	0,046	0,206	18	0,839
	KG	0,181	0,673	0,299	32	0,767
FBK	UG	0,099	0,755	−0,782	25	0,441
	KG	3,147	0,086	0,920	32	0,364
NSU	UG	0,646	0,429	0,133	25	0,895
	KG	0,642	0,429	0,039	32	0,969
STRB	UG	0,055	0,816	−0,691	25	0,496
	KG	0,843	0,365	2,448	32	0,020**
USN	UG	1,214	0,281	−0,611	25	0,546
	KG	1,816	0,187	−2,154	32	0,039**

EHE: Intensivierung der Partnerschaft, SEL: Selbstbeachtung und Selbstverwirklichung,
FBK: Fokussierung auf das behinderte Kind, NSU: Nutzung sozialer Unterstützung,
TRB: Stressbelastung, USN: Umfang soziales Netzwerk
**p < 0,05

Tabelle 4.7 Statistische Kennwerte zu den SOEBEK-Angaben der Untersuchungsgruppenväter (UG) und der Kontrollgruppenväter (KG) unter Berücksichtigung der Mutter-Kind-Bindung im 12. Monat

SOEBEK-Dimension	Mutter-Kind-Bindung	N		M		SD	
		UG	KG	UG	KG	UG	KG
EHE	sicher	15	28	27,07	26,69	3,31	4,38
	unsicher	12	5	27,67	24,60	2,87	6,27
SEL	sicher	15	28	16,07	15,89	4,03	3,54
	unsicher	12	5	15,08	12,00	3,92	2,83
FBK	sicher	15	28	20,73	19,61	5,39	4,74
	unsicher	12	5	18,00	21,80	4,09	6,14
NSU	sicher	15	28	18,00	18,82	4,54	4,41
	unsicher	12	5	16,75	17,80	6,57	6,30
STRB	sicher	15	28	31,00	35,24	9,47	6,66
	unsicher	12	5	38,80	32,18	7,54	17,87
USN	sicher	15	28	7,20	5,96	6,22	4,62
	unsicher	12	5	4,67	4,00	3,37	1,87

EHE: Intensivierung der Partnerschaft, SEL: Selbstbeachtung und Selbstverwirklichung,
FBK: Fokussierung auf das behinderte Kind, NSU: Nutzung sozialer Unterstützung,
STRB: Stressbelastung, USN: Umfang soziales Netzwerk
N = Anzahl, M = Mittelwert, SD = Standardabweichung

unsicher gebundener in der Kontrollgruppe in der Dimension EHE, der Stressbelastungsskala (STRB) und den Angaben zum Umfang des sozialen Netzwerks (USN) auf dem 5%-Niveau (Tab. 4.6). Die Mütter der sicher gebundenen Kinder (n = 28) geben im Durchschnitt in der Dimension EHE und in der Einzelfrage zum Umfang des sozialen Netzwerks höhere Werte an als die Mütter der unsicher gebundenen Kinder (n = 6). Letztere nennen bedeutsam höhere Werte in der Stressbelastungsskala. Einschränkend zu diesem Befund ist auf die große Differenz der beiden getesteten Gruppen hinzuweisen.

Tabelle 4.**8** Unterschiede in den SOEBEK-Angaben zwischen den Vätern sicher und den Vätern nicht sicher gebundener Kinder in der Untersuchungsgruppe und in der Kontrollgruppe (t-Test für unabhängige Stichproben)

SOEBEK-Dimension	Gruppe	Levene-Test		t	df	p
		F	p			
EHE	UG	0,013	0,908	0,496	25	0,624
	KG	0,567	0,457	−1,044	31	0,304
SEL	UG	0,140	0,712	−0,638	25	0,529
	KG	0,714	0,405	−2,319	31	0,027**
FBK	UG	1,634	0,213	−1,452	25	0,159
	KG	0,891	0,353	0,914	31	0,368
NSU	UG	4,333	0,048	−0,561	19	0,581
	KG	0,315	0,579	−0,448	31	0,657
STRB	UG	0,262	0,614	−1,052	25	0,303
	KG	7,732	0,009	0,964	4	0,387
USN	UG	4,359	0,047	−1,349	22	0,191
	KG	2,160	0,152	−0,927	31	0,361

EHE: Intensivierung der Partnerschaft, SEL: Selbstbeachtung und Selbstverwirklichung,
FBK: Fokussierung auf das behinderte Kind, NSU: Nutzung sozialer Unterstützung,
STRB: Stressbelastung, USN: Umfang soziales Netzwerk
**p < 0,05

Angaben der Väter sicher gebundener im Vergleich zu Angaben der Väter unsicher gebundener Kinder in der Untersuchungs- und in der Kontrollgruppe

Auch die Angaben der Väter wurden genauer analysiert. Es wurde überprüft, ob sich Väter sicher gebundener Kinder im subjektiven Erleben der familiären Situation von Vätern unsicher gebundener Kinder unterscheiden. Die t-Tests wurden sowohl in der Untersuchungs- als auch in der Kontrollgruppe durchgeführt. Tab. 4.7 enthält die deskriptiv statistischen Angaben, Tab. 4.**8** sind die Ergebnisse der Unterschiedstestungen zu entnehmen.

Analog zu den Ergebnissen der Mütter der Untersuchungsgruppe unterscheiden sich auch die Väter der Untersuchungsgruppenkinder nicht in ihren Fragebogenangaben auf einem statistisch bedeutsamen Niveau. Ein signifikanter Unterschied zeigt sich in der Dimension Selbstbeachtung und Selbstverwirklichung (SEL) für die Kontrollgruppenväter. Dort geben die Väter der sicher gebundenen Kinder signifikant höhere Skalenwerte hinsichtlich der Bedeutung des sozialen Ausgleichs oder auch des Ernstnehmens persönlicher Interessen an als die Väter der unsicher gebundenen Kinder. Auch hier ist wie bei den Kontrollgruppenmüttern einschränkend auf die große Gruppendifferenz hinzuweisen.

4.5 Diskussion

4.5.1 Mutter-Kind-Bindung im 12. Monat

Die Verteilung der Bindungsstrategien in der Untersuchungsgruppe ist nicht ungewöhnlich und entspricht in etwa einer Verteilung, wie sie nach einer Meta-Analyse von van Ijzendoorn und Kroonenberg (1988) oder auch nach einer Übersichtsarbeit von Goldberg (1995) in nichtklinischen Stichproben zu finden ist. Ungewöhnlich ist – wegen des hohen Anteils sicher gebundener Kinder (82,4%) und dem vergleichsweise geringen Auftreten der unsicher-vermeidenden Bindungsstrategie – die Verteilung in der Kontrollgruppe.

Es liegt nahe, den statistisch bedeutsamen Unterschied zwischen der Untersuchungs- und der Kontrollgruppe hinsichtlich der Bindungsqualität der Kinder im Zusammenhang mit deren motorischem Entwicklungsstand zu diskutieren. Sollte es tatsächlich so sein, dass ein PDI ≥ 85 im 12. Monat gehäuft mit einer sicheren Bindung kovariiert, müssten generell Ergebnisse aus Studien der Bindungsforschung mit „normalen" Stichproben hinterfragt werden. Dies ist zu empfehlen, da die hier selektierte Kontrollgruppe aus „besonders normal" entwickelten Kindern zusammengesetzt ist, in der Untersuchungsgruppe aber Kinder aufgenommen wurden, die aufgrund ihrer sehr milden motorischen Entwicklungsverzögerung durchaus in normalen Samples der Bindungsforschung zu finden sein dürften. Insofern stellt der referierte Befund ein Plädoyer dafür dar, künftig auch in normalen Stichproben eine differenzierte Entwicklungsdiagnostik zu betreiben.

4.5.2 Das Erleben der familiären Situation durch die Eltern und die motorische Entwicklung des Kindes im 12. Monat

Im Überblick zu den durch den SOEBEK erhobenen distalen Einflussfaktoren lässt sich sagen, dass sich Mütter und Väter motorisch entwicklungsverzögerter Kinder statistisch nicht bedeutsam von Müttern und Vätern motorisch altersgemäß entwickelter Kinder unterscheiden (vgl. Tab. **4.3**). Es fanden sich keine Hinweise dafür, dass Mütter und Väter motorisch entwicklungsverzögerter Kinder eine durchschnittlich höhere Stressbelastung (STRB) empfinden als Mütter und Väter motorisch altersgemäß entwickelter Kinder. Letztere Eltern wiederum sind nicht weniger stark auf ihr Kind fokussiert (FBK) oder suchen nicht intensiver nach Rat oder Unterstützung in ihrem sozialen Umfeld (NSU) als die Eltern der motorisch entwicklungsverzögerten Kinder. Die Mütter und Väter beider Gruppen gleichen sich des Weiteren in ihren Angaben zum Umfang ihres sozialen Netzwerks (USN), zur Suche nach emotionaler Unterstützung in der Partnerschaft (EHE) und hinsichtlich ihrer Angaben zur Bedeutung des sozialen Ausgleichs und des Ernstnehmens persönlicher Interessen (SEL). Offensichtlich spielt also die Tatsache, Mutter oder Vater eines motorisch entwicklungsverzögerten oder eines motorisch altersgemäß entwickelten Kindes zu sein, hinsichtlich der erhobenen Variablen beim Vergleich der beiden Gruppen keine große Rolle.

Vergleicht man jedoch die Angaben der Mütter mit denen der Väter in den beiden Gruppen, so stellen sich bedeutsame Unterschiede heraus (vgl. Tab. **4.4**). Sowohl in der Untersuchungs- als auch in der Kontrollgruppe ist hinsichtlich der Dimension Nutzung sozialer Unterstützung (NSU) der Mittelwert der Mütter tendenziell höher als der der Väter. Die hier befragten Mütter suchen demnach öfter als ihre Partner nach Verständnis und Unterstützung außerhalb des engeren Kreises der Kleinfamilie. Vermutlich lässt sich dieser Befund auf die Situation zurückführen, dass in allen Fällen die Mütter die Erzieherinnen im ersten Lebensjahr der Kinder waren, während die Väter für das Einkommen der Familie sorgten und einer beruflichen Tätigkeit nachgingen. Somit ergab sich allein durch die Anzahl der von den Müttern wahrgenommenen Außenkontakte durch Arztbesuche, Teilnahme an Krabbel-, Spiel- oder Therapiegruppen eine Vielzahl an Möglichkeiten, Fragen und Probleme rund um das Aufwachsen der Kinder in einem dafür sensibilisierten Umfeld ansprechen zu können. Trotzdem sollten geschlechtsspezifische Unterschiede als Ursache dieser Tendenzen nicht ausgeschlossen werden.

Ein weiterer Befund liegt in dem hochsignifikanten Unterschied ($p = 0{,}006$) zwischen den Müttern ($M = 18{,}03$) und Vätern ($M = 15{,}30$) der Kontrollgruppenkinder bezüglich ihrer Angaben zur Dimension Selbstbeachtung und Selbstverwirklichung. Im Vergleich mit ihren Partnern entscheiden sich die Mütter normal entwickelter Kinder für deutlich höhere Skalenwerte bei der Frage nach der Bedeutung des sozialen Ausgleichs und der Umsetzung persönlicher Interessen im Rahmen von Freundschaften oder auch Hobbys. Da dieser Unterschied nicht bei den Eltern (Mütter $M = 16{,}37$; Väter $M = 15{,}63$) der motorisch entwicklungsverzögerten Kinder zu Tage tritt, die Ausgangslagen der Familien bis auf die motorische Entwicklung der Kinder in beiden Gruppen aber nahezu identisch sind, lässt sich die Ursache dieses Unterschiedes in der motorischen Entwicklung der Kinder vermuten. Verläuft diese normal, dann haben die Mütter im Vergleich zu ihren Partnern offensichtlich mehr Spielraum, ihren eigenen Interessen nachzugehen und außerfamiliäre Kontakte zu pflegen, als dies bei Müttern motorisch entwicklungsverzögerter Kinder der Fall ist. Auch dort verfolgen die Mütter öfter ihre eigenen Interessen als die Väter, der Unterschied zwischen den Partnern nivelliert sich aber. Die Daten lassen keinen Rückschluss darüber zu, ob dies an einem möglicherweise höheren Zeitaufkommen für die Betreuung der entwicklungsverzögerten Kinder liegt, ob sich diese Mütter aufgrund der besonderen Situation ihrer Kinder stärker in der Berücksichtigung eigener Interessen zurücknehmen, oder ob es ihnen gar schwer fällt, die Betreuung des Kindes zeitweise anderen Personen zu überlassen.

4.5.3 Das Erleben der familiären Situation durch die Eltern unter Berücksichtigung der motorischen Entwicklung und der Mutter-Kind-Bindung im 12. Monat

Mütter

Die Frage, ob sich die Mütter der sicher gebundenen Kinder von den Müttern der unsicher gebundenen Kinder in ihren Fragebogenangaben statistisch bedeutsam unterscheiden, kann für die Untersuchungsgruppe verneint werden. Anders verhält es sich, wenn man die Angaben zum subjektiven Erleben der familiären Situation der Kontrollgruppenmütter betrachtet. Die Mütter der sicher gebundenen Kinder unterscheiden sich dort signifikant von denen der unsicher gebundenen in der Dimension Intensivierung der Partnerschaft (EHE), der Stressbelastungsskala (STRB) und in ihren Angaben zum Umfang des sozialen Netzwerks (USN). Der Unterschied besteht darin, dass die Mütter der sicher gebundenen Kinder angeben, intensiver in ihrer Partnerschaft nach emotionaler Unterstützung zu suchen, als dies die Mütter der unsicher gebundenen Kinder tun. Letztere erleben nach den Fragebogendaten die familiäre Stressbelastung signifikant höher als die Mütter der sicher gebundenen Kinder. Auch geben die Mütter der unsicher gebundenen Kinder in der Kontrollgruppe einen kleineren Umfang ihres sozialen Netzwerks an als die Mütter der sicher gebundenen Kinder.

Diese Ergebnisse legen folgenden Schluss nahe: Ist die motorische Entwicklung eines Kindes verzögert, dann scheint die Tatsache, ob dieses Kind im 12. Monat an die Mutter sicher oder unsicher gebunden ist, nicht bedeutsam im Zusammenhang mit deren Angaben zum psychischen Wohlbefinden zu stehen. Zwar gibt es zwischen den SOEBEK-Angaben der Mütter sicher gebundener und jenen der Mütter unsicher gebundener Kinder Mittelwertunterschiede, allerdings sind diese nicht signifikant. Dies trifft nicht mehr zu, wenn die motorische Entwicklung eines Kindes normal verlaufen ist. In diesem Fall treten signifikante Unterschiede zu Tage (s. o.). Fallen die Belastungen, die mit der motorischen Entwicklungsverzögerung eines Kindes einhergehen weg, gewinnen offensichtlich andere intrafamiliäre Faktoren für das psychische Wohlbefinden an Bedeutung und dokumentieren sich im Unterschied zwischen Müttern sicher und Müttern unsicher gebundener Kinder. Motorische Entwicklungsverzögerung scheint also auch hier zu nivellieren, diesmal bezüglich der Unterschiede der Fragebogenangaben von Müttern sicher und Müttern unsicher gebundener Kinder. Die normale motorische Entwicklung eines Kindes scheint größere individuelle Unterschiede im Erleben der familiären Situation zwischen Müttern sicher und Müttern unsicher gebundener Kinder zuzulassen. Sollte sich, wie es Belsky (1997) postuliert, das psychische Wohlbefinden der Eltern über die Einflussnahme auf deren Pflegeverhalten indirekt auf die Entwicklung der kindlichen Bindungsqualität auswirken, so ließe sich nach den hier referierten Ergebnissen folgern: Sind Kinder motorisch normal entwickelt, so kovariiert dieser Umstand signifikant häufiger mit sicherer Mutter-Kind-Bindung im 12. Monat als bei Kindern mit motorischer Entwicklungsverzögerung. Mütter normal entwickelter Kinder sind im Erleben der familiären Situation nicht durch eine beeinträchtigte motorische Entwicklung ihrer Kinder beeinflusst und haben somit mehr Kapazität, sich auf andere Entwicklungsaspekte ihrer Kinder zu konzentrieren. Dies könnte zu einer Koppelung von größerem psychischem Wohlbefinden und höherer Feinfühligkeit auf Seiten der Mütter führen und öfter als bei motorischer Entwicklungsverzögerung in sicherer Bindung resultieren. Hier haben dann die sicher gebundenen Kinder im Vergleich mit unsicher gebundenen Kindern weniger gestresste Mütter mit mehr Sozialkontakten, die in der Partnerschaft emotionale Unterstützung suchen und finden. Wie bereits im Ergebnisteil angeführt, bezieht sich die Diskussion zu den Kontrollgruppenmüttern auf einen Vergleich von 6 mit 28 Müttern der Probanden. Insofern sind diese Ausführungen mit der gebotenen Zurückhaltung zu interpretieren.

Väter

Wie die Mütter unterscheiden sich auch die Väter sicher gebundener Kinder in der Untersuchungsgruppe nicht von jenen der unsicher gebundenen. In der Kontrollgruppe findet sich ein signifikanter Unterschied. Die Väter der sicher gebundenen Kinder ($n = 28$) geben in der Dimension Selbstbeachtung und Selbstverwirklichung signifikant höhere Skalenwerte an als die Väter der unsicher gebundenen Kinder ($n = 5$). Letztgenannte messen Aktivitäten zum sozialen Ausgleich und persönlichen Interessen erheblich weniger Bedeutung bei, als dies bei den Vätern der sicher gebundenen Kinder der Fall ist, oder sie bringen weniger Zeit für diese Aktivitäten auf. Eine normal verlaufende motorische Entwicklung im ersten Lebensjahr des Kindes und sichere Mutter-Kind-Bindung scheinen demnach zu begünstigen, dass Väter in einem familiär vertretbaren Ausmaß ihren eigenen Interessen nachgehen und sich damit einen Ausgleich zum Berufs- und Familienleben schaffen. Wäre das Ausmaß ihrer Aktivitäten nicht mehr vertretbar, dann ließe sich annehmen, dass sich dies negativ auf das subjektive Erleben der familiären Situation ihrer Partnerinnen niederschlägt. Dass dem nicht so ist, belegen eindrucksvoll die Angaben der Mütter der sicher gebundenen Kinder in der hier berücksichtigten Kontrollgruppe. Auch für diese Ausführungen gelten die Einschränkungen bezüglich der Interpretation, die sich aufgrund des großen Gruppenunterschiedes ergeben.

4.5.4 Schlussfolgerungen

Abschließend lässt sich folgendes Resümee ziehen: Eine normal verlaufende motorische Entwicklung kovariiert im 12. Monat des Kindes signifikant häufiger mit sicherer Mutter-Kind-Bindung, als dies bei motorischer Entwicklungsverzögerung des Kindes der Fall ist. Auch scheint die normal verlaufende Entwicklung des Kindes auf Seiten der Eltern mehr Unterschiede im Erleben der familiären Situation und in der Umsetzung persönlicher Interessen zuzulassen, als dies bei Eltern motorisch entwicklungsverzögerter Kinder der Fall ist. Dort gleichen sich die Angaben der Mütter und Väter zum Erleben der familiären Situation an. Dies trifft auch zu, wenn man in der Untersuchungsgruppe die Angaben der Mütter und Väter sicher gebundener Kinder mit denen der Eltern unsicher gebundener Kinder vergleicht. Demgegenüber unterscheiden sich in der Gruppe der normal entwickelten Kinder sowohl Mütter als auch Väter der sicher gebundenen Kinder in einigen ihrer Fragebogenangaben zum Erleben der familiären Situation signifikant von den Müttern und Vätern der unsicher gebundenen Kinder. Wie bereits in Anlehnung an Belsky (1997) ausgeführt wurde, kann sich das psychische Wohlbefinden der Eltern über die Einflussnahme auf deren Pflegeverhalten indirekt auf die Entwicklung der kindlichen Bindungsqualität auswirken. Für die hier referierte Studie ließe sich demnach einerseits ableiten, dass die normal verlaufende motorische Entwicklung eines Kindes derart stark zum psychischen Wohlbefinden der Eltern beiträgt, dass im 12. Monat signifikant häufiger eine sichere Mutter-Kind-Bindung resultiert als bei motorischer Entwicklungsverzögerung. Zum anderen ließe sich mutmaßen, dass psychisches Wohlbefinden in einer Partnerschaft stärker mit der Möglichkeit zum Ausleben individueller Bedürfnisse und Interessen einhergeht als mit der Angleichung der Bedürfnisse und Interessen der Partner (Kißgen 2003).

Wenn dem so ist, dann gilt es im Rahmen von familienbegleitenden Maßnahmen in erster Linie dafür zu sorgen, dass die Partner ihre Bedürfnisse und Interessen artikulieren und prüfen, inwieweit sich diese im familiären Alltag umsetzen lassen. Wie es scheint, haben Familien mit Kindern, deren Entwicklung normal verläuft, hier mehr Ressourcen als Familien, deren Kinder im ersten Lebensjahr motorisch entwicklungsverzögert sind. Im Kontext von Früherkennung und Frühfördermaßnahmen sollte folglich bei motorischer Entwicklungsverzögerung nicht nur die Beeinträchtigung des Kindes Berücksichtigung erfahren. Es scheint, als würde die Zufriedenheit der Eltern hinsichtlich des Erlebens der familiären Situation die Entwicklung einer sicheren Bindung des Kindes im ersten Lebensjahr unterstützen.

5 Bindungstheoretische Betrachtung des „Lust-und-Laune"-Phänomens (LLP)

Mechthild Saupp, Michael Müller und Wolf-Rüdiger Minsel

5.1 Beziehungen zwischen Bindungsqualitäten und dem LLP

Was bringt Kinder und Jugendliche dazu, scheinbar nach Lust und Laune Leistung zu erbringen oder zu verweigern? Gemeint ist nicht eine gelegentliche, weit verbreitete Unlust im Umgang mit Anforderungssituationen, sondern ein persistentes, in hohem Maße selbstschädigendes Verhalten. Die betroffenen Kinder und Jugendlichen wären aufgrund ihrer intellektuellen Fähigkeiten durchaus imstande, die geforderten Leistungen zu erbringen. Allerdings kommen sie dieser Aufforderung nicht kontinuierlich nach. Regelmäßigkeiten bezüglich des Leistungsverhaltens sind nur äußerst schwer auszumachen. Nicht selten werden in Arbeitsbereichen, in denen kurz zuvor noch konsequent verweigert wurde, unerwartet Bestleistungen gezeigt, und dies sowohl aufgefordert als auch unaufgefordert (Müller 2000). Dieses „launische" Verhalten hat nicht nur gravierende Konsequenzen für den weiteren schulischen und beruflichen Werdegang, die Betroffenen handeln sich auch den Unmut der Lehrer und Eltern ein, da ihnen oftmals Böswilligkeit unterstellt wird.

Bekannte Phänomene wie die Leistungsverweigerung, die Anstrengungsvermeidung oder das Leistungsaufschieben (Procrastination) werden der vorherrschenden Problematik nicht gerecht, da sie den zentralen Aspekt des Erscheinungsbildes – die Unstetigkeit im Lern- und Arbeitsverhalten – außer Acht lassen (Müller 2000).

Welche Motivation hinter dem besagten Verhalten steckt, das heißt, weshalb die Betroffenen in vergleichbaren Situationen sehr unterschiedlich reagieren, ist bisher weitgehend ungeklärt. Aus der Sicht außenstehender Betrachter (Eltern, Lehrer, Pädagogen) erfolgt die Leistungsverweigerung willkürlich. Erst nach eingehender Verhaltensbeobachtung lassen sich bestimmte Muster erkennen. Voraussagen hinsichtlich einer Leistungsverweigerung bzw. Leistungserbringung in konkreten Situationen bleiben jedoch schwierig.

In vorangegangenen Arbeiten wurden verschiedene Faktoren, wie Leistungsmotivation, Selbstkonzept und elterlicher Erziehungsstil, als mögliche Einflussgrößen untersucht. Dabei zeigte sich wiederholt, dass die Problematik im Lebenslauf und -umfeld der Betroffenen begründet liegt. Neben dem Lehrerverhalten stellte sich vor allem die elterliche Haltung dem Kind gegenüber als bedeutsam heraus. Aus diesem Grund wurde die Aufmerksamkeit über den elterlichen Erziehungsstil hinaus auch auf die Qualität der Bindung und den Einfluss derselben auf die Persönlichkeit des Kindes gelenkt.

Die Bindungsforschung untersucht die Auswirkungen konkreter Interaktionserfahrungen mit den primären Bezugspersonen auf die Entwicklung des kindlichen Selbstkonzepts und liefert Befunde zum Explorations- bzw. Leistungsverhalten sowie zum Umgang mit Anforderungen. In verschiedenen Studien (Lütkenhaus et al. 1985, Schildbach 1992) kristallisieren sich 2 Faktoren, die eng mit dem Erleben elterlicher Feinfühligkeit verknüpft sind, als bedeutsam für das kindliche Explorations- und Leistungsverhalten heraus: zum einen die bereits im Säuglingsalter einsetzende Erfahrung, Einfluss ausüben zu können, und das damit verbundene Gefühl der eigenen Wirksamkeit im Gegensatz zur Hilflosigkeit, zum anderen ein gewisses Sicherheitsgefühl, resultierend aus der Möglichkeit des Rückzugs bzw. der Erwartung von Hilfe und Unterstützung bei Überforderung.

Ausgehend von der Annahme, dass das „Lust-und-Laune"-Phänomen bei Kindern und Jugendlichen mit einer unsicheren Bindung in Zusammenhang steht, wurde geprüft, ob die Symptomträger eine *spezifische* Bindungsqualität zu ihren Eltern aufweisen. Dabei wurden 2 verschiedene Vorgehensweisen eingesetzt. Zum einen wurden – basierend auf bindungstheoretischen Erkenntnissen sowie Ergebnissen bisheriger Forschungen zum „Lust-und-Laune"-Phänomen – die Merkmale der einzelnen Bindungstypen (sicher, unsicher-vermeidend, unsicher-ambivalent und unsicher-desorganisiert) und die des „Lust-und-Laune"-Phänomens miteinander verglichen und auf etwaige Zusammenhänge hin untersucht. Zum anderen wurde das Adult Attachment Interview (AAI) (George et al. 1985) mit 3 Probanden durchgeführt, die als „Lust-und-Laune"-Verweigerer diagnostiziert und im Rahmen einer Einzelfallanalyse (Müller 2000) betreut worden sind.

5.2 Methodisches Vorgehen

5.2.1 Merkmale der Bindungstypen und des „Lust-und-Laune"-Phänomens im Vergleich

Um Zusammenhänge zwischen den einzelnen Bindungstypen und dem „Lust-und-Laune"-Phänomen zu verdeutlichen, wurde für jedes Muster eine Auflistung charakteristischer Merkmale angefertigt. Ausgehend von diesen Merkmalslisten wurde Tab. 5.1 erstellt. Hierfür wurden übergeordnete Merkmale zusammengetragen und deren Vorkommen bzw. Ausprägung für jeden Bindungstyp sowie für das „Lust-und-Laune"-Phänomen vermerkt. Bei der Betrachtung der Tabelle ist zu berücksichtigen, dass es sich beim desorganisierten Muster nicht um einen eigenständigen Bindungstyp handelt, sondern dass dieses Muster stets einem der 3 übrigen zuzuordnen ist. Dies erklärt die geringe Anzahl eingetragener Merkmale bei diesem Bindungstyp.

Im Anschluss daran wurde für jeden Bindungstyp die Anzahl der Übereinstimmungen mit dem „Lust-und-Laune"-Phänomen ermittelt. Es zeigte sich eine negative Korrelation zu einer sicheren Bindung. Von den 25 gefundenen Merkmalen war keine Übereinstimmung mit dem „Lust-und-Laune"-Phänomen auszumachen. Demgegenüber korrelierte das „Lust-und-Laune"-Phänomen mit *beiden* unsicheren Bindungstypen positiv, wobei eine geringfügige Dominanz des vermeidenden Musters (90% Übereinstimmung) gegenüber dem ambivalenten Muster (83% Übereinstimmung) festzustellen war.

Beim desorganisierten Muster lassen sich ebenso wie beim sicheren Muster keine Übereinstimmungen verzeichnen. Dies mag zum einen an der geringen Anzahl angeführter Merkmale liegen, zum anderen handelt es sich um überwiegend in der frühen Kindheit auftretende Charakteristika. Die Merkmale des „Lust-und-Laune"-Phänomens beziehen sich jedoch auf die mittlere Kindheit und das Jugendalter, wodurch Vergleiche erschwert werden. Forschungen zum „Lust-und-Laune"-Phänomen sind noch nicht hinreichend fortgeschritten, um zuverlässige Aussagen über frühkindliche Verhaltensweisen der Betroffenen machen zu können.

5.2.2 Qualitative Datenanalyse unter Einbezug des AAI

Zur ersten Überprüfung der gefundenen Korrelationen zwischen Bindungstyp und „Lust-und-Laune"-Phänomen wurde das Adult Attachment Interview (AAI) mit 3 Probanden erprobt. Es ist zu beachten, dass aufgrund der geringen Anzahl befragter Probanden keine allgemeingültigen Schlüsse gezogen werden können. Mit den Interviews sollten lediglich Tendenzen aufgezeigt werden.

Das bereits in Kap. 1.2 beschriebene AAI (George et al. 1985) erfasst die Bindungsrepräsentation erwachsener Personen. Es handelt sich um ein halbstrukturiertes Interview, basierend auf der Annahme, dass die Art, über bindungsrelevante Themen zu sprechen, Rückschlüsse auf die zugrunde liegende mentale Repräsentation von Beziehungen erlaubt. Die Fragen beziehen sich sowohl auf Kindheitserlebnisse als auch auf die Beurteilung derselben aus heutiger Sicht. In Bezug auf letzteres ist von Interesse, ob Bindungsbeziehungen wertgeschätzt werden und welche Bedeutung den gemachten Erfahrungen für die eigene Persönlichkeitsentwicklung beigemessen wird. Fragen zu Kindheitserlebnissen gehen in erster Linie auf empfundene Zurückweisung oder emotionale Verfügbarkeit der Eltern ein.

Zur Auswertung des AAI existieren zurzeit 3 Methoden (Fremmer-Bombik et al. 1992, Main u. Goldwin 1985–1993, Kobak 1993). Bei der originären Mainschen Auswertungsmethode werden folgende 4 Muster unterschieden:

- sicher-autonome Bindungsrepräsentation,
- unsicher-distanzierte Bindungsrepräsentation,
- unsicher-verwickelte Bindungsrepräsentation sowie
- unverarbeiteter Bindungsstatus.

Charakteristisch für Personen mit sicher-autonomer Bindungsrepräsentation ist neben einem offenen Antwortverhalten und einem guten Erinnerungsvermögen die Integration negativer Erfahrungen in ein kohärentes Gesamtbild, das eine Wertschätzung von Beziehungen erkennen lässt. Demgegenüber zeichnen sich Personen mit unsicherer Bindungsrepräsentation durch einen eingeschränkten Zugang zur Bindungsthematik aus. Ihre

Tabelle 5.**1** Merkmale der Bindungstypen und des „Lust-und-Laune“-Phänomens im Vergleich (**x** = Merkmal vorhanden, **+** = Merkmal stark ausgeprägt, – = Merkmal schwach ausgeprägt)

Nr.	Merkmal	sicher	unsicher-vermeidend	unsicher-ambivalent	desorganisiert	Lust- und-Laune
1	Erfahrung feinfühliger und unterstützender Bezugspersonen	x				
2	Empfundene Zurückweisung/Ablehnung		x			x
3	Ignoranz seitens der Bezugsperson			x		x
4	Erfahrung elterlicher Inkonsistenz			x		x
5	Orientierungslosigkeit			x		x
6	Beängstigende Wirkung der Bezugsperson				x	
7	Bezugsperson vermittelt Sicherheit und Geborgenheit	x				
8	Erfahrene Wertschätzung	x				
9	Vertrauen in Verfügbarkeit der Bezugsperson	x				
10	Bindungsverhalten bei emotionaler Belastung	x		x		
11	Vermeiden von Kontakt und Nähe bei emotionaler Belastung		x			
12	Konflikt zwischen Annäherung und Vermeidung				x	
13	Mitteilung negativer Gefühle	x		x		
14	Vertrauen in Hilfsbereitschaft anderer Personen	x				
15	Entspanntes Verhältnis zur Bezugsperson	x				
16	Vorsichtig-distanziertes Verhalten gegenüber Bezugsperson		x			
17	Verstrickte/verwickelte Beziehung zur Bezugsperson			x		
18	Kontrollierendes Verhalten gegenüber Bezugsperson				x	
19	Erhöhtes Ausmaß an Ärger in Bezug auf die Bezugsperson			x		
20	Passivität			x		x
21	Aufgeschlossenheit gegenüber anderen Personen	x				
22	Feindseliges Verhalten		x			x
23	Spontane Aggressionen/unangemessene Wutausbrüche		x			x
24	Stimmungsschwankungen			x		x
25	Kompetentes Konfliktmanagement	x				
26	Kooperationsfähigkeit	+	–	–		–
27	Eingeschränktes Explorationsverhalten		x	x		x
28	Leistungsmotivation	+	–	–		–
29	Erfolgszuversicht	x				
30	Internale Attribuierung bei Misserfolg		x	x		x
31	Selbstwirksamkeitserwartung und Kontrollüberzeugung	+	–	–		–
32	Positives Selbstkonzept	x				
33	Gutes Zurechtkommen mit Leistungsanforderungen	x				
34	Bereitschaft, eigene Fähigkeiten zu erproben/auszuloten	+	–	–		–
35	Konzentrationsfähigkeit	+	–	–		–
36	Ausdauer	+	–	–		–
37	Aufgabenbezogenheit	x				
38	Ausweichendes Verhalten		x	x		x
39	Schnelles Aufgeben/Rückzug bei Misserfolg		x	x		x
40	Bevorzugung aktiver Bewältigungsstrategien	x				
41	Nutzung sozialer Ressourcen	x				
42	Fehlen geeigneter Problemlösungsstrategien/ Handlungsmaßnahmen		x	x		x
43	Hilflosigkeit	–	+	+		+
44	Geringe Frustrationstoleranz		x	x		x
45	Ängstlichkeit	–	+	+		+
46	Ich-Flexibilität	+	–	–		–
47	Verdrängen bzw. Bagatellisieren unangenehmer Begebenheiten		x			x
	Summe der Merkmale	**25**	**21**	**24**	**3**	**24**
	Anzahl übereinstimmender Merkmale, verglichen mit dem „Lust-und-Laune“-Phänomen	**0**	**19**	**20**	**0**	**–**
	Angaben in Prozent	**0**	**90**	**83**	**0**	**–**

Angaben sind geprägt von Inkohärenzen – entweder in Form von Widersprüchen bzw. Ungereimtheiten oder aber konfusen, schwer nachvollziehbaren Darstellungen –, weshalb sie wenig überzeugend wirken. Sowohl Personen mit unsicher-verwickelter als auch Personen mit unsicher-distanzierter Bindungsrepräsentation weisen eine verminderte Fähigkeit zur Reflexion bzw. zur Neubewertung von Beziehungen auf: erstere aufgrund von intensivem, gegen die Bezugsperson gerichtetem Ärger und einer Überbewertung elterlicher Handlungen und Äußerungen, letztere aufgrund von Verschlossenheit bzw. Abwehr gegenüber bindungsrelevanten Themen und der Neigung zur Idealisierung.

Da die Originalversion des AAI, inklusive Interviewleitfaden und Auswertungsmethode nach Main und Goldwyn, nicht verfügbar war, wurde eine alternative Vorgehensweise gewählt: Der AAI-Leitfaden für Jugendliche wurde der Dissertation von Zimmermann (1994) entnommen und der Wortlaut den kognitiven Voraussetzungen der Probanden entsprechend verändert. Jedes Interview wurde nach dem System von Kallmeyer und Schuetze (1976, zit. nach Mayring 1996) wortwörtlich transkribiert. Dieses System ermöglicht anhand von Sonderzeichen die Markierung sprachlicher Auffälligkeiten wie Pausen, Betonungen, Drucksen, Lachen, Seufzen u.ä., was angesichts der Intention des AAI – der Erfassung emotionaler Integrität und Kohärenz im Hinblick auf bindungsrelevante Themen – unerlässlich war.

Ausgewertet wurden die Interviews mit Hilfe von WINMAX (Kuckartz 1997), einem Computerprogramm zur qualitativen Datenanalyse. Hierzu wurde zunächst in Anlehnung an die oben skizzierte Mainsche Unterscheidung der Bindungsrepräsentationen in sicher-autonom, unsicher-distanziert, unsicher-verwickelt und unverarbeitet-traumatisiert ein hierarchisches Kategoriensystem erstellt. Anschließend wurden den einzelnen Kategorien relevante Textpassagen zugeordnet (Codierung). Dabei waren Mehrfachcodierungen möglich, das heißt, dieselbe Textstelle konnte mehreren Kategorien zugeteilt werden.

In einem nächsten Schritt wurden für jedes Interview die Häufigkeiten sämtlicher Kategorien – einschließlich der Subkategorien – ermittelt. Die Ergebnisse sind in Tab. 5.2 zusammengefasst. In der linken Spalte befinden sich die Kategorien samt den durch Einrückung gekennzeichneten Subkategorien, die restlichen Spalten stehen für die einzelnen Probanden (C, M und S). Die Ziffern geben stets die Anzahl der codierten Textstellen wieder, sie sind nicht auf die Kategorie selbst bezogen.

Fettgedruckte Stellen markieren die Aufsummierung von Subkategorien, wobei eine Codierung der übergeordneten Kategorie ebenfalls möglich ist. Dies ist bei den Kategorien „eingeschränkter Zugang zu Gefühlen" (Punkt 45) und „Unterstützung durch Bezugsperson" (Punkt 20) der Fall.

Punkt 1 und Punkt 2 spiegeln die Enge der Beziehung wider. Die Punkte 4–11 beziehen sich auf die Bewertungsebene, während die Punkte 12–19 die Art der Berichterstattung betreffen. Das Ausmaß an elterlicher Unterstützung wird durch die Punkte 20–29 wiedergegeben. Die Punkte 30–32 liefern Aufschlüsse über Verhaltensweisen bei emotionaler Belastung. Besonders interessant sind die Punkte 33–47: Sie erfassen den Zugang zur Bindungsthematik. Die Kategorie „Idealisierungen" (Punkt 15) wurde nur dann vergeben, wenn im Text Passagen existierten, die eindeutig auf gegenteilige Sachverhalte hinwiesen.

Das Kategoriensystem wurde so konzipiert, dass die einzelnen Kategorien jeweils bestimmten Bindungsrepräsentationen zuzuordnen sind. Hierbei ist zu beachten, dass einige Kategorien mehreren Bindungsrepräsentationen zugerechnet werden, demnach nicht spezifisch sind. Die Punkte 48–50 sind als Zusatzinformation zu betrachten, sie werden keiner bestimmten Bindungsrepräsentation zugeteilt.

5.3 Ergebnisse der Datenbewertung und ihre Absicherung

Zur Klassifikation der Bindungsrepräsentation der einzelnen Probanden wurde die Anzahl der codierten Textpassagen aufsummiert und normiert. Die getroffenen Klassifikationen – zweimal unsicher-distanziert, einmal sicher-autonom – wurden kritisch überprüft. Dazu wurde untersucht, bei welchen Themen Anzeichen emotionaler Belastung deutlich wurden. Zur Vervollständigung des Gesamteindrucks wurden Hintergrundinformationen in Form von vorangegangenen Interviews und Protokollen eingeholt und in die Auswertung mit einbezogen. Hierdurch wurde die Klassifikation des einen Probanden als sicher-autonom relativiert, zumal der Proband bei der unsicher-distanzierten Bindungsrepräsentation ähnlich hohe Werte erreichte wie bei der sicher-autonomen.

Tabelle 5.**2** Häufigkeiten der Kategorien (Einrückung = optisches Hervorheben von Subkategorien; Fettdruck = Aufsummierung von Subkategorien, wobei Codierungen der übergeordneten Kategorie ebenfalls enthalten sein können)

Nr.	Kategorie	C	M	S
1	Erfahrene Zurückweisung	0	1	3
2	Verstrickt/verwickelt in Beziehung	0	0	0
3	Rollentauscherfahrungen	0	0	0
4	Wertschätzung von Bindungsbeziehungen	1	0	1
5	Geringschätzung von Bindungsbeziehungen	0	1	1
6	Bindungserlebnisse werden als bedeutsam erachtet	0	2	2
7	Abwerten subjektiver Bedeutsamkeit von Bindungserlebnissen	1	0	0
8	Passivität gegenüber gemachten Erfahrungen	0	0	0
9	Übermäßige Aufmerksamkeit gegenüber Äußerungen und Handlungen der Bezugsperson	0	0	0
10	Reflexion/Neubewertung erkennbar	2	2	2
11	Reflexion/Neubewertung nicht erkennbar	0	5	5
12	**Inkohärenzen**	5	3	6
13	Konfusion	0	0	0
14	Widersprüche/Ungereimtheiten	5	3	6
15	Idealisierungen	4	3	5
16	Mangel an Belegen	2	0	5
17	Irrelevante Details	0	7	0
18	Ärger	0	6	0
19	Auffälligkeiten bei spezifischen Themen	0	0	0
20	**Unterstützung durch Bezugsperson**	6	1	8
21	Erfahrung liebevoller, einfühlsamer Umgangsweise	2	0	4
22	Emotionale Verfügbarkeit der Bezugsperson	1	0	2
23	Physische Verfügbarkeit der Bezugsperson	2	0	2
24	**Mangelnde Unterstützung durch Bezugsperson**	2	19	5
25	**Erfahrung liebloser Umgangsweise**	1	12	1
26	Abwertung/Geringschätzung	0	5	0
27	Härte/Strenge	1	7	1
28	Mangelnde emotionale Verfügbarkeit der Bezugsperson	1	3	3
29	Mangelnde physische Verfügbarkeit der Bezugsperson	0	4	1
30	Bindungsorientierte Strategien bei Belastung	4	0	2
31	Bindungsvermeidende Strategien bei Belastung	0	1	3
32	Unklare Äußerungen hinsichtlich Bewältigungsstrategie	1	2	1
33	Offenes Antwortverhalten	1	0	0
34	**Abwehrendes Antwortverhalten**	10	25	9
35	Abblockend	0	10	0
36	Ausweichend	3	6	3
37	Themenwechsel	0	2	0
38	Pauschale Belobigungen ohne nachvollziehbare Details	2	3	1
39	Knappe, indifferente Antworten	3	3	5
40	Keine Antwort	2	1	0
41	Gutes Erinnerungsvermögen	0	4	0
42	Unvermögen, sich zu erinnern	1	2	3
43	Beharren auf mangelndes Erinnerungsvermögen	1	4	1
44	Integration unterschiedlicher Gefühle	2	0	1
45	**Eingeschränkter Zugang zu Gefühlen**	1	5	2
46	Ausblenden negativer Gefühle	0	2	1
47	Schwierigkeiten, unterschiedliche Gefühle zu integrieren	0	2	0
48	Verlust nahestehender Personen	1	1	0
49	Weitere Bezugspersonen	1	2	1
50	Aktuelle Beziehung	2	2	3

5.4 Diskussion der Ergebnisse

Die Befunde der beiden Vorgehensweisen entsprechen sich weitgehend: In beiden Fällen war eine deutliche Korrelation zwischen einer unsicheren Bindung und dem „Lust-und-Laune“-Phänomen erkennbar, auch wenn sich negative Zusammenhänge zu einer sicheren Bindung bei der Auswertung der Interviews nicht derart drastisch zeigten wie bei dem Vergleich der Merkmale. Das desorganisierte Muster bzw. die unverarbeitet-traumatisierte Bindungsrepräsentation erwies sich als unbedeutend für das „Lust-und-Laune“-Phänomen.

Diskrepanzen traten allerdings hinsichtlich der Verteilung der beiden unsicheren Bindungstypen auf: Dem Vergleich der Merkmale zufolge sollten beide unsicheren Bindungstypen gleichermaßen bei „Lust-und-Laune“-Verweigerern vertreten sein. Die Auswertung der Interviews ergab allerdings eine Dominanz der unsicher-distanzierten Bindungsrepräsentation, was dem vermeidenden Muster entspricht. Lediglich bei Proband M waren auch ambivalente Tendenzen auszumachen. Aufgrund der geringen Anzahl durchgeführter Interviews bleibt strittig, ob die festgestellte Dominanz der distanzierten gegenüber der verwickelten Bindungsrepräsentation generell gültig ist. Um konkrete Aussagen hinsichtlich der Prävalenz eines Bindungstyps zu erhalten, sind zusätzliche Interviews erforderlich.

Bindungstheoretisch lässt sich mit dem Konzept der elterlichen Feinfühligkeit und Unterstützung begründen, weshalb Kinder ein eingeschränktes Explorations- bzw. Leistungsverhalten entwickeln und zur Bevorzugung meidender oder evasiver gegenüber aktiven Bewältigungsstrategien neigen. Nicht erklären lässt sich indes die für „Lust-und-Laune“-Verweigerer bezeichnende Unstetigkeit im Verhalten. Der Aspekt der gelegentlichen Leistungserbringung bleibt somit weiterhin offen.

Einen möglichen Ansatzpunkt zur Erklärung des Verhaltens nach „Lust und Laune“ bietet der ambivalente Bindungstyp. Bereits die Bezeichnung ambivalent lässt einen Zusammenhang vermuten, da es sich beim „Lust-und-Laune“-Phänomen offensichtlich um ein sehr widersprüchliches Verhalten handelt. Es ist denkbar, dass die Ambivalenz des gleichnamigen Bindungstyps nicht nur auf dessen Bindungsverhalten beschränkt bleibt, sondern sich auch auf das Leistungsverhalten bzw. den Umgang mit Problemen überträgt. Demzufolge müsste der ambivalente Bindungstyp bei „Lust-und-Laune“-Verweigerern überwiegen, was anhand der Interviews jedoch nicht bestätigt werden konnte. Dies steigert nochmals das wissenschaftliche Interesse an der Durchführung weiterer Interviews.

5.5 Ausblick

Die Bindungstheorie geht davon aus, dass sich die inneren Arbeitsmodelle von den Bezugspersonen in Abhängigkeit von der empfundenen Verfügbarkeit derselben – positiv wie auch negativ – verändern lassen. Da solche Arbeitsmodelle wiederum in erheblichem Maße das Verhalten, besonders das Interaktionsverhalten, einer Person beeinflussen, kann eine Zunahme der elterlichen Verfügbarkeit eine Verbesserung der Eltern-Kind-Beziehung bewirken. Eine bewährte Möglichkeit, die elterliche Haltung dem Kind gegenüber positiv zu verändern, stellen Elterntrainings dar. Ein solches wurde bereits im Rahmen einer parallelen Arbeit geplant und durchgeführt. Die dabei erzielten Ergebnisse empfehlen die Durchführung weiterer Elterntrainings als erfolgversprechenden Interventionsansatz.

6 Bindungsentwicklung und Bindungsstörung unter besonderer Berücksichtigung des „Parental-Alienation-Syndroms" (PAS)*

Werner Leitner

6.1 Bindung und Lebensereignis

Manchmal entwickeln sich die Bindungen zu beiden Elternteilen völlig unauffällig bis zu einem Punkt, an dem eine exogene Bindungsstörung im Zusammenhang mit einem kritischen Lebensereignis eintritt. Besonders einschneidend ist heute für viele Kinder die Trennung und Scheidung ihrer Eltern. Ganz besonders schmerzlich und gravierend für die weitere Bindungsentwicklung ist dieses kritische Lebensereignis dann, wenn es im Zusammenhang mit einer exogenen Bindungsstörung auftritt, dem erstmals von dem am 25.05.2003 verstorbenen amerikanischen Kinder- und Jugendpsychiater Professor Dr. Richard A. Gardner beschriebenen „Parental-Alienation-Syndrom", abgekürzt PAS.

Parental-Alienation-Syndrom (elterliches Entfremdungssyndrom oder induzierte Eltern-Kind-Entfremdung) entwickelt sich durch eine bewusste oder unbewusste Beeinflussung und Beeinträchtigung der Bindungen zu einem Elternteil durch den anderen Elternteil. In diesem Beitrag soll nach einer kurzen Einleitung zunächst auf die gängige Diagnostik bei PAS-Fällen eingegangen werden. In einem zweiten Schritt werden wir uns mit der Ätiologie dieses Syndroms beschäftigen. In einem dritten Schritt geht es dann schließlich vor allem um die Intervention.

6.2 Grundsätzliche Vorüberlegungen im Blickfeld einer in der bisherigen Praxis üblichen Diagnostik

192.416 Scheidungen mit 159.298 betroffenen Kindern im Jahre 1998 in Deutschland (Willutzki 2000) sprechen eine deutliche Sprache. Schneewind (1998) bzw. Schneewind et al. (1998) verweisen auf Befunde von Guidubaldi et al. (1983), Hetherington et al. (1985) und Wallerstein und Kelly (vgl. auch Napp-Peters 1995), wonach betroffene Kinder und Jugendliche mehr mit sozialen Problemen und Problemen ihrer psychischen Gesundheit zu kämpfen haben als Nichtbetroffene. Kinder aus Trennungs- und Scheidungsfamilien sind nicht selten in emotionaler, sozialer und auch gesundheitlicher Hinsicht erheblich benachteiligt. Nach Häcker und Stapf (1998) handelt es sich bei einer Entwicklungsstörung u.a. um ein „Hindernis oder Ergebnis einer Behinderung... während der lebenslangen Entwicklung", z.B. durch „unzureichende emotionale Geborgenheit". Ein solches Hindernis haben heute sehr viele Kinder während ihrer lebenslangen Entwicklung zu bewältigen. Mit dem Gesundheitsbegriff der World Health Organization (WHO), der Gesundheit als „Zustand... körperlichen, geistigen, seelischen und sozialen Wohlbefindens" beschreibt, werden Aspekte des Wohlbefindens angesprochen, die bei Kindern und Jugendlichen in Trennungs- und Scheidungssituationen besonders bei der PAS-Problematik sehr häufig in Mitleidenschaft gezogen sind (vgl. auch Oerter 1998, Oerter und Dreher 1998, Hörmann 1997). In vielen Fällen verlieren sie im Verlauf der Zeit auch den Kontakt zu einem Elternteil vollends. Dies sind bisweilen Fälle, in denen der Elternteil, zu dem letztlich der Kontakt abbricht – in der Regel der Elternteil, bei dem das Kind nach der Trennung nicht lebt – sich entweder relativ wenig oder relativ stark in seiner Elternrolle engagiert (Fthenakis et al. 1999).

6.2.1 Begriffliche Vorüberlegungen

Wenn ein Trennungs- oder Scheidungskind von sich aus jeden Kontakt zum anderen Elternteil abbricht, dann ist in der Regel ein Fehlverhalten auf Seiten eines oder beider Elternteile im Spiel. Das Fehlverhalten kann auch in einer Programmierung

* in memoriam Professor Dr. Richard A. Gardner (28.04.1931–25.05.2003)

durch den betreuenden Elternteil bestehen. Erstmals wurde dieses Phänomen von dem amerikanischen Kinder- und Jugendpsychiater Richard A. Gardner (1985) von der Columbia University als Parental Alienation Syndrome (PAS) oder induzierte Eltern-Kind-Entfremdung in seinem Artikel „Recent Trends in Divorce and Custody Litigation" und 1992 ausführlich in seinem Buch „The Parental Alienation Syndrome. A Guide for Mental Health and Legal Professionals" (Gardner 1992, 1998) beschrieben. Deutschsprachige Literatur gab es explizit zu diesem Syndrom lange Zeit nicht (vgl. auch Gardner 2001).

PAS ist eine bewusst oder unbewusst hervorgerufene externale Bindungsstörung im Sinne einer Störung der weiteren Bindungsentwicklung zwischen dem Kind und einem Elternteil durch den anderen Elternteil. Insbesondere handelt es sich hierbei um eine bewusste oder unbewusste Programmierung von Kindern im Rahmen von Umgangs- und Sorgerechtskonflikten. Eine Darstellung des Syndroms, einer Differenzialdiagnose und entsprechender Interventionsmöglichkeiten in Anlehnung an Gardner findet sich bei Leitner und Schoeler (1998). Auf den Begriff PAS und auf diese Veröffentlichung wird erstmals im „Palandt Bürgerliches Gesetzbuch", Ausgabe 2000 (§ 1626 – Elterliche Sorge – Randnummer 29), hingewiesen (Bassenge et al. 2000).

Dem Palandt-BGB ist unter dem Stichwort „Umgangsverweigerung im Verhältnis der Eltern untereinander" folgendes zu entnehmen: *„Die Entziehung der elterlichen Sorge wegen Erziehungsunfähigkeit kann ultima ratio sein, wenn der sorgeberechtigte Elternteil dem anderen Elternteil den Kontakt zu dem Kind unmöglich macht (...) oder erheblich und immer von neuem unzumutbar erschwert und dabei durch Übertragung der eigenen Motive das Kind schweren Belastungen bei der Verarbeitung des zwischen den Eltern bestehenden Konflikts aussetzt."* Mit Verweis auf frühere anderslautende Grundsatzentscheidungen, bei denen solches Verhalten weitgehend toleriert wurde, wird angemerkt: „Dies wird so nach neuem Recht kaum mehr zutreffen. (...). Vergleiche im Übrigen zur modernen Diskussion zur reaktiven Elternablehnung infolge Entfremdung des Kindes von einem Elternteil (Parental Alienation Syndrome – PAS): Bakalar ZfJ 98, 268; Rummel ZfJ 97, 202; Leitner/Schoeler DAV 98, 849; Koedjoe/Koeppel KiPrax 98, 138; Salzgeber u.a. sowie Rexilius KiPrax 99, 107 u. 149."

PAS ist nach Gardner (1992/1997) anhand folgender Hauptmanifestationen zu erkennen: Verunglimpfungskampagne, banale oder absurde Begründungen für die Verunglimpfung, Fehlen von Ambivalenz, das Phänomen der „eigenständigen Meinung", reflexive Unterstützung des entfremdenden Elternteils, Fehlen von Schuldgefühlen gegenüber dem entfremdeten Elternteil, entliehene Szenarien sowie Ausweitung der Feindseligkeit auf Freunde bzw. Verwandte des entfremdeten Elternteils.

Leitner und Schoeler (1998) haben in Zusammenarbeit mit Gardner versucht, leichte, mittlere und schwere Ausprägungsformen von PAS differenziert zu berücksichtigen. Bei leichten Formen kooperieren die Kinder bei Umgangskontakten, zeigen jedoch Verstimmungen. Bei mittleren Formen sind deutlich störendes und respektloses Verhalten und auch verbale Herabsetzung des entfremdeten Elternteils in dessen Anwesenheit zu beobachten. Bei schweren Ausprägungsformen von PAS wird der Umgang mit dem entfremdeten Elternteil nahezu unmöglich, da auch massive Wutanfälle und Gewalttätigkeiten auftreten. Gardner sieht PAS nicht nur unter dem Blickwinkel der bewussten und vorsätzlichen Programmierung, sondern bisweilen auch als unbewussten Prozess, bei dem sich Täterinnen und Täter mitunter keiner Schuld bewusst sind. Durch Mimik, Gestik und mehr oder weniger deutliche Bemerkungen kann eine solche Programmierung aber sehr nachhaltig hervorgerufen, aufrechterhalten oder verstärkt werden. Jopt (1999) betont, dass dieser Prozess mitunter auch „subtil und verdeckt" abläuft und der entfremdende Elternteil „nicht immer merkt, was er – oder sie – ‚anrichtet'" oder dies bewusst und vorsätzlich tut. Insofern ist sich der entfremdende Elternteil nicht in allen Fällen einer Schuld bewusst, was nach der Auffassung von Jopt „am Ergebnis allerdings nichts ändert: Jedes PAS-Kind ist Opfer eines psychischen Missbrauchs".

Für unzutreffend hält es Jopt, wenn mitunter versucht wird, „das PAS-Syndrom ... zu bagatellisieren und ... den Eindruck zu erwecken, als handle es sich hierbei um ein Problem, das man seit langem erkannt und gebannt hat". Neben physischen Formen des Missbrauchs und der Misshandlung von Kindern handelt es sich auch Jopts Auffassung nach ganz eindeutig um eine Form der Misshandlung – um eine psychische Misshandlung. Jopt vergleicht diese psychische Misshandlung von den Folgen her mit Formen der physischen Misshandlung oder des Missbrauchs: Auch hier schaue das Kind lebenslang auf eine dramatisch und irreversibel beeinträchtigte Kindheit und Bindungsentwicklung zu wichtigen Bezugspersonen zurück. Die das ganze Leben fortbestehende Ambivalenz zum Täter führe dazu, dass es dem

Kind meist kaum gelingt, sich jemals „intrapsychisch" zu befreien. Lebenslange seelische Belastungen, die sich auf zahlreiche Aspekte der Persönlichkeit auswirken, wie Identität, Vertrauen, Liebes- und Beziehungsfähigkeit zählen „auch in Bezug auf die grundlose Ablehnung eines Elternteils zu den fast sicher vorhersagbaren Folgen".

6.2.2 Implikationen einer Bestandsaufnahme

Künneth (2002) kam im Rahmen ihrer Magisterarbeit zu PAS an der Fernuniversität Hagen in einer Befragung von Jugendamtsmitarbeitern und Verfahrenspflegern/Anwälten des Kindes zum Ergebnis, dass PAS durchaus vielen professionellen Helfern in Deutschland bekannt ist. In ihrer Studie arbeitete sie auf der Grundlage vorliegender Erkenntnisse zur Psychodynamik der Kinder nach Gardner und der Feldtheorie Lewins unter anderem auch sozialpsychologische Einflüsse heraus, die bei PAS wirksam werden können.

Mit welcher diagnostischen Strategie oder Intervention versuchte man bisher, Kindern und Jugendlichen in Trennungs- und Scheidungssituationen – darunter den vielen PAS-Fällen – zu helfen? Vereinfacht gesprochen, überlegte man sich, welches Erziehungsumfeld die besten Bedingungen bot, und sprach in der Regel einem Elternteil das Sorgerecht und dem anderen ein Umgangsrecht zu. Als Entscheidungshilfe zusätzlich zu den Berichten der Jugendämter ordneten die Familiengerichte vor allem in strittigen PAS-Fällen häufig familienpsychologische Gutachten an. Die Diagnose und Intervention beschränkten sich vor allem auf die Wahl des Settings, also auf die mit der Umgangs- und Sorgerechtsregelung getroffene Auswahl des künftigen Erziehungsumfeldes und Entwicklungsumfeldes. Viele der eingeholten familienpsychologischen Gutachten erwiesen sich aber als nicht unproblematisch.

Bei einer eigenen Studie (Leitner 1998, 2000) wurde die Methodik von 52 familienpsychologischen Gutachten aus verschiedenen Bundesländern untersucht. Die meisten Gutachten der Stichprobe wurden Mitte der 90er Jahre erstellt. Es wurde insbesondere ermittelt, ob die eingesetzten Tests, die Verhaltensbeobachtung und die Exploration sowie die Transparenz von Theorien und Befunden insbesondere auch zur Bindungsforschung grundlegenden wissenschaftlichen Erfordernissen entsprechen. In vielen PAS-Fällen bezogen sich die Fragestellungen der Gerichte beispielsweise auf die Ablehnung eines Elternteiles durch das Kind, wo-

Tabelle 6.**1** Methodik bei 52 familienpsychologischen Gutachten mit insgesamt 117 Testanwendungen. Beurteilung der Gütekriterien nach Brickenkamp (1997)

1. Familie in Tieren (Brem-Gräser 1995), 16 Anwendungen
Gütekriterien nach Brickenkamp:
- Objektivität: nein
- Reliabilität: nein
- Validität: nein
- Normierung: teilweise

2. Family-Relations-Test (Bene u. Anthony 1985), 16 Anwendungen
Gütekriterien nach Brickenkamp: nicht verzeichnet

3. Fabeltest (Düss 1942), 13 Anwendungen
Gütekriterien nach Brickenkamp:
- Objektivität: nein
- Reliabilität: nein
- Validität: nein
- Normierung: ja

4. Satzergänzungstest, 11 Anwendungen
Gütekriterien nach Brickenkamp: nicht verzeichnet

5. Kinder-Apperzeptions-Test (Bellak u. Bellak 1955), 8 Anwendungen
Gütekriterien nach Brickenkamp:
- Objektivität: nein
- Reliabilität: nein
- Validität: nein
- Normierung: nein

6. Mann-Zeichen-Test (Ziler 1996), 7 Anwendungen
Gütekriterien nach Brickenkamp:
- Objektivität: ja
- Reliabilität: teilweise
- Validität: ja
- Normierung: ja

7. Schloss-Zeichen-Test, 7 Anwendungen
Gütekriterien nach Brickenkamp: nicht verzeichnet

8. Scenotest (von Staabs 1992), 7 Anwendungen
Gütekriterien nach Brickenkamp:
- Objektivität: teilweise
- Reliabilität: teilweise
- Validität: teilweise
- Normierung: nein

bei laut gerichtlichem Auftrag sehr häufig explizit die Bindungen zu den Elternteilen untersucht werden sollten. Auch bei dieser sehr klaren Auftragserteilung waren unter diesen insgesamt 117 Testdurchführungen bei der vorliegenden Stichprobe praktisch keine hinreichend validen, reliablen und objektiven bindungsspezifischen Verfahren zu finden. An der Spitze der Häufigkeitsrangskala lag der Test „Familie in Tieren" (Brem-Gräser 1995) zusammen mit dem Family-Relation-Test (Bene u. Anthony 1985) mit jeweils 16 Anwendungen (Tab. 6.1).

Der Test „Familie in Tieren" eignet sich nach Hermann (2001) – wenn überhaupt – allenfalls zur Hypothesengenerierung, aber keineswegs für entscheidungsorientierte Befunde im engeren Sinne. Hermann plädiert dafür, die Informationen aus diesem Verfahren zunächst nur als vieldeutige Hypothesen zu sehen, die mittels weiterführender Explorationen und psychometrischer Verfahren zu prüfen sind. Bei den vorliegenden Gutachten war ein solcher Umgang mit den Befunden bei diesem Verfahren jedoch kaum zu erkennen.

Was den Family-Relations-Test betrifft, so kann auch nach den Befunden, die Beelmann u. Schmidt-Denter (2001) referieren, die Gültigkeit dieses Verfahrens für entscheidungsorientierte Kontexte bis heute nicht als hinreichend gesichert gelten. Beelmann (1995) sprach bereits bei der Tagung der Fachgruppe Entwicklungspsychologie der Deutschen Gesellschaft für Psychologie e.V. in Leipzig über „neuere Untersuchungen mit dem Family-Relations-Test". Im Rahmen seines Vortrages und der anschließenden Diskussion bezeichnete Beelmann den Umgang mit diesem Verfahren in der diagnostischen Praxis sogar als „haarsträubend". Er verwies in diesem Zusammenhang unter anderem darauf, dass aus ökonomischen Gründen bei der praktischen Durchführung häufig instruktionsinadäquate Modifikationen vorgenommen werden.

Insgesamt fällt auch auf, dass die am häufigsten eingesetzten Tests die Gütekriterien unzureichend erfüllen. Auch auf anderen Ebenen ergaben sich gravierende Defizite (z. B. fehlende systematische Verhaltensbeobachtung, unzureichende Exploration und fehlender Bezug zur Bindungsforschung). In keinem der untersuchten familienpsychologischen Gutachten wurde PAS explizit und differenzialdiagnostisch berücksichtigt.

6.2.3 Weiterführende Aspekte

Jopt (1999) kritisiert die bisherige Praxis des Umgangs mit dem PAS-Problem, die sehr häufig darauf hinauslief, den entfremdeten Elternteil durch Umgangseinschränkung oder gar Umgangsausschluss noch weiter aus dem Leben des Kindes auszugrenzen. Nur so glaubte man, das Kind bestmöglich aus dem Konflikt heraushalten zu können. Gerade dadurch verstärkte man jedoch diese Form des Fehlverhaltens. Diese positive Verstärkung hatte wiederum zur Folge, dass sich das Fehlverhalten in seiner Auftretenshäufigkeit erhöhte und als „quasi erfolgversprechendes Rezept zur Ausgrenzung" ausbreitete. Jopt merkt an: „Die Standardempfehlung für diese Fälle lief regelmäßig darauf hinaus, dem kindlichen Willen uneingeschränkt zu folgen und deshalb das Umgangsrecht des abgelehnten Elternteils auf unbestimmte Zeit auszuschließen (Lempp 1972, 1984, Ullmann 1985)." Jopt spricht hierbei von einer „faktische(n) ‚Kapitulation' vor den Verhaltensfolgen eines missbrauchten Kindes". Er betont, dass „diese Einschätzung ... auch dadurch nicht fraglicher (werde), dass auch heute noch die meisten psychologischen Sachverständigen den Gerichten diese Lösung ausdrücklich empfehlen". Logischerweise haben solche Gutachten die Folge, „dass auch nur ganz wenige Gerichte den extremen Grad an Kindeswohlgefährdung erkennen, der mit dem PAS-Syndrom verbunden ist". Da dieses Problem aber „der interdisziplinären Kooperation des gesamten Helferapparates bedarf, ist es... für die Zukunft von ausschlaggebender Bedeutung, dass sich alle Verfahrensbeteiligten des hohen Gefährdungsgrades für die Kinder sowie des unverzüglichen Handlungsbedarfs bewusst sind" (Jopt 1999). Um die Mechanismen besser zu durchschauen, die der PAS-Problematik zugrunde liegen, ist es sinnvoll, sich näher mit der Entstehung, Aufrechterhaltung, Manifestierung und Stabilisierung dieses Syndroms – also mit seiner Ätiologie – zu beschäftigen.

6.3 Zur Ätiologie des PAS-Syndroms

6.3.1 Entstehung und Aufrechterhaltung von PAS

Zunächst erscheint es nach Jopt (1999) „überhaupt nicht überraschend, wenn Kinder auf die Turbulenzen elterlicher Trennungsauseinandersetzungen mit psychischen Auffälligkeiten reagieren". In der Regel sind dies alles keine unmittelbaren Reaktionen auf den besuchten Elternteil, sondern eher auf die Gesamtsituation, die das Kind spürt und erlebt. Dass die Symptome oft verschwinden, wenn Umgangskontakte eingeschränkt oder ausgesetzt werden, begünstigt eine eher naive Kausalzuschreibung, wonach die Besserung des kindlichen Befindens als Beweis dafür gilt, dass der Kontakt mit dem anderen ihm ganz offensichtlich schade (Jopt 1999). Dies führt häufig zu Beziehungsabbrüchen und dem Aufbau eines Vermeidungsverhaltens, das gravierende Langzeitfolgen nach sich ziehen kann. Jopt betont, dass bei diesem Syndrom die Altersabhängigkeit etwas sehr Typisches sei, das bisher verkannt oder zumindest unterschätzt wurde und unterstreicht damit die Bedeutung der entwicklungspsychologischen Perspektive im Zusammenhang mit PAS. Um einen so komplexen wechselseitigen Handlungsverlauf wie Erwachsenenreaktionen auf Elterntrennung in „verlassen" und „verlassen werden" differenzieren zu können, müssen Kinder erst einmal von der Entwicklung her überhaupt in der Lage sein, „Trennung als intentionalen Akt des Partners zu verstehen" (a.a.O): Erst wenn es nicht nur global auf psychosoziale „Veränderungen" im Familiensystem reagiert (z. B. Vorschulkinder), sondern fähig ist, sich auf einen „Schuldigen" festzulegen, lässt es sich in eine moralische Urteilswelt einbinden. Die „Interpretation von Wirklichkeit", z. B. „unschuldig" oder „schuldig", wird dabei vor allem von dem Elternteil vorgegeben, bei dem es lebt (a. a. O.). Zur moralischen Perspektivenübernahme sind Kinder erst ab dem 9 – 12 Lebensjahr in der Lage. Erst während der Grundschulzeit lösen Konzepte wie „Gerechtigkeit" bzw. „Statthaftigkeit" eine bis dahin vorliegende Orientierung an einer selbstverständlichen und nicht näher hinterfragten Befolgung vorgegebener Gebote oder Verbote ab. Dementsprechend vollzieht sich ein allmählicher Übergang vom Stadium der Heteronomie (alle Regeln werden von Autoritäten, insbesondere den Eltern vorgegeben) zur Autonomie (zunehmend selbstständige Entscheidungen). Nach Piaget (1954) beginnt dieser Wandel um das zehnte Lebensjahr (vgl. Montada 1998, Jopt 1999). Gerade in dieser Zeit wird (nach Jopt, a. a. O.) ein verstärktes Auftreten von PAS berichtet. Vor diesem Hintergrund könnte eine bereits begonnene, aber noch unabgeschlossene moralische Entwicklung (noch nicht vollständig vollzogener Übergang vom Stadium der Heteronomie zur Autonomie) eine Voraussetzung dafür sein, dass sich Kinder vor allem auf die Wahrnehmung des betreuenden Elternteils fixieren (vgl. a. a. O.). Jopt regt an, dass zukünftige Forschung zum Stand der moralischen Urteilsbildung PAS-Kindern helfen sollte, „diesen erstmals nicht nur ‚zuzuhören', sondern sie auch besser zu verstehen". Zu beachten ist auch die Tatsache, dass Kinder verschiedene Stufen der Moralentwicklung durchlaufen, jedoch auch auf unterschiedlichen Niveaus stehen bleiben können. Vor dem Hintergrund der Theorie zur moralischen Entwicklung Kohlbergs (1974, Jopt 1999) erscheint die altersspezifisch zunehmende „Absicht bzw. Intention des Handelnden" besonders bedeutsam: „Moralische Entrüstung und Schuldvorwürfe werden mit dem Alter immer weniger mit dem Resultat der Tat verknüpft, sondern davon abhängig gemacht, ob diese in guter oder böser Absicht begangen wurde" (Jopt 1999). Bei einer Übertragung dieses Prinzips auf PAS-Kinder ist festzustellen, dass sie sich entwicklungsbedingt noch überwiegend auf dem „konventionell-konformistischen Niveau bewegen" (Kohlberg 1974, Montada 1998). Kohlberg unterscheidet (insgesamt 6 Stufen) zwischen präkonventionellem (1 und 2), konventionellem (3 und 4) und postkonventionellem Niveau (5 und 6). Auf dem konventionell-konformistischen Niveau orientiert sich das moralische Urteil noch überwiegend an bedeutsamen Personen der Primärgruppe, insbesondere den Eltern. Insofern sei es gut nachvollziehbar, wenn ein PAS-Kind zunehmend die Position des betreuenden Elternteiles übernimmt und den anderen Elternteil schließlich ganz ablehnt. Kommen hierzu noch spezifische Interpretationsangebote des betreuenden Elternteiles, werden diese vor diesem Hintergrund in der Regel sehr schnell aufgegriffen und in moralische Entrüstung und Verurteilung übersetzt. Wenn dies dann von diesem Elternteil als Loyalitätsbekundung oder eigenständiger Willensausdruck aufgefasst wird, so ist diesem nach Jopts (1999) Auffassung in gewisser Hinsicht die elterliche Verantwortung verloren gegangen. Das Kind wird in diesem Falle als solidarisch-gleichwertiger Partner angesehen. In der Regel entstehen bei diesem Elternteil dabei auch keinerlei Zweifel an der Eigenständigkeit der kindlichen Willensäußerung. In einem nächsten Schritt ist der Betreuende dann allerdings wiederum fest überzeugt, den nun wieder als Kind gesehenen Scheinpartner vor dem anderen Elternteil schützen zu müssen. Er setzt sich nun mit großer Vehemenz dafür ein, dass dem scheinbaren Kindeswillen Rechnung getragen wird (a. a. O.)

Appelle an die Vernunft des Betreuenden oder die Geduld des Abgelehnten können nach Jopts Auffassung (a. a. O.) wenig bewirken. Solche Ratschläge verfestigen eher die Ablehnung und halten letztlich einen regelrechten „Teufelskreis der Entfremdung" in Gang.

6.3.2 Stabilisierung und Manifestierung

Eigentlich könnte man annehmen, dass sich eine PAS-Haltung gegenüber dem abgelehnten Elternteil wieder auflöst, wenn die Kinder älter werden. Dies ist aber leider nicht der Fall (Jopt 1999). Einerseits ist die Programmierung – wie bereits angeführt – mitunter sehr subtil. Andererseits kommt die Dauerhaftigkeit – oft ein ganzes Leben lang – (analog zur 2-Faktoren-Theorie Mowrers) dadurch zustande, dass PAS-Kinder für die konsequente Vermeidung jedes Zusammentreffens bekräftigt werden. Auf diese Weise werden Vermeidungsverhalten und Beziehungsabbruch positiv verstärkt. Das Kind lernt dabei aber auch Vermeidungsverhalten als generalisierte Problemlösungsstrategie. In vielen Situationen des Lebens erweist sich ein solches generalisiertes Fehlverhalten zudem als ausgesprochen hinderlich, z. B. wenn schulischen Problemen analog der Umgangsverweigerung durch Schulverweigerung begegnet wird. Dass verständlicherweise bei Verhaltensproblemen wie der Schulverweigerung allerdings kaum jemand auf die Idee käme, dem kindlichen Willen so einfach Rechnung zu tragen wie bislang bei der Umgangsverweigerung, kann für das Kind wiederum Dissonanzen zwischen diesen beiden Kontexten mit sich bringen.

Schleiffer (2000) thematisierte in seinem Vortrag bei der Internationalen Konferenz in memoriam Heinz Neukäter die „desorganisierte Bindung" auch als einen „gemeinsamen Risikofaktor für Dissozialität und Lernbehinderung" (vgl. auch Schleiffer 1988, 1994, 1998). Die Manifestierung und Stabilisierung von Trennungserfahrungen und Entfremdung auch im Rahmen schulischer Kontexte beleuchten Bäuerle und Moll-Strobel (2001).

Insgesamt gesehen erhöht sich lernpsychologisch die Auftretenswahrscheinlichkeit für diejenigen Verhaltensweisen, die zu psychischer Entlastung geführt haben. Dies gilt natürlich auch und nicht zuletzt ebenso für den entfremdenden Elternteil, der seine Programmierung bei entsprechender Bekräftigung der Ausgrenzung noch forciert, oder auch für den entfremdeten Elternteil, der sich mitunter im Sinne „gelernter Hilflosigkeit" (Seligman 1979) manchmal auch resignierend zurückzieht. Zur Abklärung langfristiger Auswirkungen auf die Bindungsentwicklung wären empirische Studien mit reliablen und validen bindungsspezifischen Verfahren wünschenswert (vgl. auch Kelly u. Johnston 2001, Warshak 2001).

6.4 Interventionsmöglichkeiten

6.4.1 Grundsätzliches zur Intervention

Wenn man sich vergegenwärtigt, dass Beschneidung oder Aussetzung des Umgangsrechts den wahren Bedürfnissen des Kindes letztendlich nicht entspricht, sondern den ohnehin bereits ausgegrenzten Elternteil nun noch ein weiteres Mal bestraft und das programmierende Verhalten des anderen Elternteils – die psychische Misshandlung eines Kindes – zudem auch noch positiv verstärkt bzw. belohnt, wird deutlich, dass eine solche Intervention bei PAS nur kontraindiziert sein kann. Ein vorrangiges Interventionsziel muss vielmehr darin bestehen, den programmierenden Elternteil zu befähigen, seine Trennung zu verarbeiten, und ihm sein Fehlverhalten bewusst zu machen und dies sukzessiv abzubauen. Somit geht es bei PAS keineswegs um eine isolierte Hilfe für das Kind allein, das aus systemischer Sicht lediglich Symptomträger ist (Jopt 1999). Sinnvoll kann es sein, wenn die Eltern im Rahmen einer Trennungsberatung an einer Verabschiedung arbeiten. Eine entsprechende Einsicht und Bereitschaft ist allerdings oft nicht zu erwarten (a. a. O.). Wichtig ist, dass sich alle Verfahrensbeteiligten darüber im Klaren sind, „dass PAS keinen ‚freien Willen' ... widerspiegelt, sondern Signal für einen psychischen Missbrauch und damit für eine erhebliche Kindeswohlgefährdung ist". Oft ist leider festzustellen, dass ein Konsens zwischen den Elternteilen nicht herzustellen ist und der Widerstand des Kindes sich aus den vorgenannten Gründen eher manifestiert und stabilisiert hat. Jopt (1999) betont bei Härtefällen die Notwendigkeit eines spezifisch auf PAS zugeschnittenen therapeutischen Rahmens, da das Verhalten eines PAS-Kindes hochgradig kontextabhängig ist. Hier wären auch erweiterte differenzialdiagnostische Zugänge erforderlich.

6.4.2 Spezifische Interventionen

Jopt merkt an, dass es bei schweren PAS-Fällen vor allem darauf ankommt, den Programmierenden und Entfremdenden – natürlich nur für kurze Zeit – aus der Lebenswelt des Kindes auszublenden, aber nicht den ohnehin bereits Entfremdeten. Einen solchen Weg geht unser „Programm der Übergangsörtlichkeiten" in Anlehnung an Gardner (Leitner u. Schoeler 1998). Hier wird zunächst von einer Differenzialdiagnose bei PAS ausgegangen, die – wie bereits eingangs erwähnt – zwischen leichten, mittleren und schweren Ausprägungsformen bei PAS unterscheidet. Das Programm der Übergangsörtlichkeiten in Verbindung mit einer Abänderung der elterlichen Sorge ist nur in schweren und mitunter auch mittelschweren Fällen bei begleitender systemischer Intervention indiziert. Bei leichterer und mittlerer Ausprägung erfolgt lediglich eine systemische Intervention bei unveränderter Sorgerechtsregelung. Beim Programm der Übergangsörtlichkeiten wird je nach Erfordernis zwischen 3 Stufen des vorübergehenden Ortswechsels unterschieden:

- Stufe 1: Wohnung eines Freundes oder Verwandten als minimale Form der Kontrollierbarkeit der Situation,
- Stufe 2: Internat oder Heim mit integrierter Schule als mittlere Form der Kontrollierbarkeit der Situation,
- Stufe 3: Klinik mit angegliederter Schule als maximale Form der Kontrollierbarkeit der Situation.

Der Neuaufbau der Beziehungen zu beiden Elternteilen vollzieht sich in insgesamt 6 Phasen:

1. Eingewöhnung am Übergangsort,
2. Besuche beim entfremdeten Elternteil,
3. Umzug zum entfremdeten Elternteil,
4. begleitend überwachter Kontaktaufbau mit dem entfremdenden Elternteil,
5. Besuche des entfremdenden Elternteils am Übergangsort,
6. Besuche beim entfremdenden Elternteil.

6.4.3 Verfahrenspflegschaft als flankierende Maßnahme

Bei der Begleitung dieses Programms kommt dem mit der Novellierung des Familien- und Kindschaftsrechts zum 1.7.1998 neu institutionalisierten Kontext der Verfahrenspflege gemäß § 50 FGG eine flankierende Funktion zu (vgl. u.a. Simons 2000, Burkhardt 1998, Weber u. Zitelmann 1998). Nach § 50 FGG wird die Bestellung von Verfahrenspflegern durch das Gericht als erforderlich angesehen bei Interessenkonflikten, bei der Gefährdung des Kindeswohls oder bei der Wegnahme des Kindes. Verfahrenspfleger sind Interessenvertreter des Kindes im Verfahren und andererseits Verfahrensbeteiligte. Als Interessenvertreter des Kindes im Verfahren geht es um den Aufbau einer Vertrauensbeziehung, die Begleitung durch das Verfahren und um die unmittelbare verfahrensrechtliche Vertretung. Als Verfahrensbeteiligte kooperieren sie mit dem Gericht, mit den Eltern und mit weiteren Institutionen. Insgesamt ist davon auszugehen, dass dieser neue Kontext eine wichtige Funktion bei der Prävention und Intervention von PAS einnehmen kann. Verfahrenspfleger sollten einen Hochschulabschluss in Psychologie, Pädagogik oder Sozialpädagogik vorweisen und eine zusätzliche Weiterbildung absolvieren. Solche Weiterbildungen werden für diesen Personenkreis vor allem auch über Landesverbände des Deutschen Kinderschutzbundes angeboten.

6.5 Ausblick

Diskutiert man mit Vertreterinnen und Vertretern beteiligter Professionen aus dem medizinischen, psychologischen und pädagogischen bzw. sozialpädagogischen Bereich, so stößt man hier auf breiten Konsens, dass es sich bei der Induktion von PAS um eine Form des psychischen Kindesmissbrauchs handelt, gleichzeitig aber auch auf eine ebenso verbreitete Resignation und Hilflosigkeit.

Ein „Geschehenlassen" führt hier häufig zu Langzeitfolgen. Trennungsschmerz wird dabei auch vor dem Hintergrund von Festingers (1978) kognitiver Dissonanztheorie und Anna Freuds (1973) Theorie der Abwehrmechanismen oft nur verdrängt und umgedeutet. Die Äußerungen einer solchen Verdrängung und Umdeutung schlagen sich in PAS-spezifischen Hauptmanifestationen nieder (Leitner u. Schoeler 1998) und werden beim praktischen Umgang mit PAS-Kindern oft dahingehend fehlinterpretiert, dass ein Kind den Kontakt zu einem Elternteil gar nicht wolle und demzufolge auch nicht haben solle. Insgesamt ist PAS ein Thema, das den Sachverstand und die konstruktive Zusammenarbeit interdisziplinärer Teams im medizinischen, psychologischen, sozialpädagogischen und pädagogischen Anforderungsspektrum erfordert. Trotz der Häufigkeit entfremdeter Väter ist dabei zu berücksichtigen, dass keineswegs nur Mütter als Täterinnen in Erscheinung treten. Gerade entfremdete Mütter verhielten sich – im Gegensatz zu entfremdenden Müttern – meist kooperativ und am Kindeswohl orientiert. Insgesamt wird von allen Institutionen und Professionen besonders darauf zu achten sein, dass Fehlverhalten (z. B. fehlende Kooperationsbereitschaft und/oder ein psychischer Kindesmissbrauch durch Hervorrufung von PAS) nicht operant verstärkt wird (z. B. durch „Belohnung" aufgrund der Ausgrenzung des entfremdeten Elternteils). Nicht erst seit Skinners (1969/1974) Werk über „die Funktion der Verstärkung in der Verhaltenswissenschaft" liegen differenzierte Erkenntnisse vor, wie Fehlverhalten entsteht und wodurch man es vermeiden kann. Solche Erkenntnisse bedürfen der systematischen Anwendung durch interdisziplinäre Teams unter spezifischer Berücksichtigung von Erkenntnissen und Befunden der Bindungsforschung.

7 Bindungsmuster bei psychisch auffälligen Jugendlichen

Kristin Hartwig, Klaus Udo Ettrich und Christine Ettrich

7.1 Zunehmendes Interesse an der Bindungsforschung

Im letzten Jahrzehnt ist ein deutlich gestiegenes Interesse am Thema Bindung zu verzeichnen. Insbesondere die verschiedenen psychotherapeutischen Fachrichtungen messen dieser Thematik eine immer größere Bedeutung zu.

Die wachsende Auseinandersetzung und kritische Bestandsaufnahme mit den Erkenntnissen der Bindungstheorie sowie deren Relevanz für den psychotherapeutischen Prozess schlägt sich in einer zunehmenden Anzahl klinischer Veröffentlichungen nieder. In diesem Zusammenhang sind insbesondere die Arbeiten von Spangler und Zimmermann (1999), Schmidt und Strauß (1996), Strauß und Schmidt (1997) sowie Buchheim et al. (1998) für den deutschsprachigen Raum hervorzuheben.

7.2 Historischer und theoretischer Hintergrund der Bindungstheorie

Die theoretisch-wissenschaftliche Konzeption der Bindungstheorie geht zurück auf den englischen Psychiater und Psychoanalytiker John Bowlby (1907–1990). Durch seine praktisch-klinische Tätigkeit und die dort gesammelten Erfahrungen erkannte er die besondere Bedeutung von frühen Bindungsprozessen zwischen einem Säugling und dessen primärer Bindungsperson für die psychische Entwicklung.

Bowlby formulierte die Bindungstheorie in den 50er Jahren des letzten Jahrhunderts. In seinen konzeptionellen Ausführungen gelang es ihm, entwicklungspsychologisches und psychoanalytisches Wissen mit evolutionsbiologischem Denken zusammenzuführen. Innerhalb der Bindungstheorie postuliert Bowlby, dass es ein biologisch verankertes Bedürfnis für die Entwicklung einer emotionalen Bindung an eine primäre Bezugsperson auch bei einem menschlichen Säugling gibt (Bowlby 1975, 1976, 1983). Er spricht in diesem Zusammenhang von einem Bindungs(verhaltens)system, das durch spezifische Informationen aus der Umwelt oder aus dem Organismus selbst gesteuert wird. Er postuliert, dass die Funktion eines solchen Bindungsverhaltens, das Nähe zur Mutter (oder einer anderen primären Bezugsperson) herstellt und sie aufrecht erhält, in der Gewährleistung des Schutzes vor Gefahren, die das Kind noch nicht kennt, besteht. Durch die Interaktion mit der Mutter bietet sich für das Kind die Möglichkeit, Tätigkeiten und Dinge zu erlernen, die es für sein Überleben und seine Rolle in der Gesellschaft benötigt. Auf der Grundlage des phylogenetischen Erbes eines jeden Säuglings hinsichtlich der kommunikativen Fähigkeiten (z. B. Signalverhalten, Orientierungsfähigkeit) sowie im Zusammenspiel mit dem mütterlichen Pflegeverhalten ist die Basis zur Ausbildung einer sozioemotionalen Beziehung gegeben. Bowlby geht zudem davon aus, dass die Mutter-Kind-Beziehung umweltstabil ist, das heißt, jedes Kind wird aufgrund seiner phylogenetischen Determiniertheit eine Hierarchie von Bindungen zu einer bevorzugten Bezugsperson oder zu mehreren anderen entwickeln.

Die Qualität der Bindung ist jedoch maßgeblich von den sozioemotionalen Erfahrungen des Kindes mit seinen Bezugspersonen abhängig. Das Ausmaß an Zärtlichkeit/Feinfühligkeit bzw. die Verfügbarkeit der Bezugsperson im Hinblick auf die (emotionalen) Bedürfnisse des Kindes sind maßgebliche Faktoren für den Aufbau einer sicheren Bindung. Aufgrund der erlebten Erfahrungen mit seinen Bezugspersonen entwickelt das Kind allmählich eine innere Repräsentation von Bindung, die sog. Bindungsqualität. Bowlby bezeichnet diese internalisierte Repräsentanz als „inneres Arbeitsmodell" (inner working model). Zu den wichtigsten Funktionen dieses Arbeitsmodells gehört es, einen Rahmen vorzugeben, inwiefern eine Person innerhalb zwischenmenschlicher Beziehungen Nähe und Sicherheit von einem Bindungspartner erwarten und inwieweit sie sich selbst der Zuwendung, Liebe und Aufmerksamkeit wert fühlt, oder anders ausgedrückt, Nähe zulassen kann.

Grundlegend lässt sich somit zur Bindungstheorie ausführen, dass sie eine Modellannahme darstellt, warum Menschen enge emotionale Bindungen suchen und aufrechterhalten. Die Bedeutsamkeit des Bindungssystems wird dadurch unterstrichen, dass es anderen bedürfnisregulierenden Systemen (z.B. Nahrungsaufnahme, Sexualität) als gleichwertig gegenübergestellt wird.

Ein weiteres Anliegen der Bindungsforschung besteht darin zu ergründen, inwiefern emotionale Probleme und psychische Erkrankungen (z.B. Persönlichkeitsstörungen, affektive Störungen) mit spezifischen Interaktionserfahrungen bzw. entsprechenden Risikoerfahrungen zusammenhängen, in deren Folge zwischenmenschliche Beziehungen beeinträchtigt werden. Aus dieser Problematik ergibt sich der Ansatzpunkt für die vorliegende Studie, deren Zielsetzung es ist, bindungsrelevante Beeinträchtigungen im Jugendalter sowie im frühen Erwachsenenalter zu untersuchen und Schlussfolgerungen hinsichtlich psychopathologischer Auffälligkeiten abzuleiten.

Aufgrund der Erkenntnis, dass Säuglinge bereits im Verlauf des ersten Lebensjahres durch ihre unterschiedlichen Interaktionserfahrungen mit den primären Bindungspersonen (in der Regel Mutter/ Vater) unterschiedliche Bindungsstrategien ausbilden, werden schon im frühen Kindesalter die ersten bindungsrelevanten Untersuchungen durchgeführt. Die praktische Umsetzung erfolgt mit Hilfe des von Ainsworth entwickelten und standardisierten Beobachtungsverfahrens, dem *Fremde-Situation-Test* (Ainsworth et al. 1978, Main 2001). Hierbei kann bei Kleinkindern im Alter zwischen 11 und 20 Monaten Erkundungs- und Explorationsverhalten provoziert werden. Anhand der beobachteten und im Anschluss ausgewerteten Reaktionen des Kindes wird die Qualität der Bindung den entsprechenden Bindungsklassen: A (*unsicher-vermeidend*), B (*sicher*), C (*unsicher-ambivalent*) und D (*desorganisiert*) zugeordnet.

7.2.1 Erfassung von Bindungscharakteristika im Jugendalter

Die Erfassung des Bindungsverhaltens im Jugendalter ausschließlich über Verhaltensbeobachtungen ist nicht mehr möglich, weil sich bei Jugendlichen kein offen gezeigtes Bindungsverhalten über experimentell vorgegebene Wiedervereinigungs- und Trennungsepisoden induzieren lässt. Die Bestimmung von Bindungsstrategien erfolgt deshalb im Jugendalter über die sprachliche Bewertung der bisherigen Bindungserfahrungen. Aufgrund der kognitiven Reife (Piaget 1975) kann davon ausgegangen werden, dass Jugendliche über relativ gut ausdifferenzierte innere Arbeitsmodelle verfügen, in denen die emotionale Erreichbarkeit der Bindungspersonen abgebildet ist.

Diese internen mentalen Repräsentationen, die sich anhand von speziell erarbeiteten Interviewverfahren wie dem Aduld Attachment Interview (AAI) von George et al. (1985, 2001) oder dem Erwachsenen-Bindungsprototypen-Rating (EBPR) nach Strauß und Lobo-Drost (1999) erfassen lassen, geben Hinweise auf die Bindungsorganisation der jeweiligen Person. Neben den angeführten Interviews kann die aktuelle Bindung im Jugendalter zudem anhand von Fragebögen wie dem Inventory of Parent and Peer Attachment (IPPA) von Armsden und Greenberg (1987) erfasst werden. Beim Einsatz von Fragebögen zur Erfassung von Bindungsstilen sollte aber in Betracht gezogen werden, dass die Beantwortung der entsprechenden Items ein gewisses Maß an Fähigkeit und Bereitschaft voraussetzt, die eigenen Bindungserfahrungen und Beziehungen zu reflektieren, adäquat zu beschreiben sowie zu bewerten, wodurch zwangsläufig sowohl positive als auch negative Emotionen stimuliert werden, die das Antwortverhalten beeinflussen.

Forschungsarbeiten, in denen gleichzeitig dass AAI und Bindungsfragebögen eingesetzt wurden, zeigen nur geringe bis keine positiven Korrelationen zwischen beiden erhobenen Bindungsmaßen (Zimmermann u. Becker-Stoll 2001). Kritisch merken Zimmermann und Becker-Stoll (2001) an, dass auch bei vorliegenden positiven Korrelationen nicht der einfache Umkehrschluss zulässig sei, dass ein und dasselbe Konstrukt erfasst wurde. Mit dem Übergang ins Erwachsenenalter gelingt es den Jugendlichen aufgrund der voranschreitenden kognitiven Entwicklung in zunehmendem Maße, unterschiedliche Perspektiven und Blickwinkel bei der Bewertung von Sachverhalten miteinander zu integrieren.

Gerade in diesem Lebensalter erfolgt zumeist eine grundlegende Überprüfung der bisherigen Bewertungen bezüglich der Bindungserfahrungen. Die Eltern werden von ihren Kindern nun zunehmend nicht mehr vorherrschend als „eingreifende Autoritäten", sondern als jeweils einzelne Individuen mit persönlichen Eigenheiten und Fehlern wahrgenommen. Außerdem gewinnt die Einbeziehung der jeweiligen Kontextbedingungen, wie z.B.

die finanzielle Situation der Eltern oder deren psychische Belastung, für die Bewertung immer stärker an Gewicht.

Diese Faktoren bilden die wesentliche Grundlage für Veränderungsprozesse und Umstrukturierungen innerhalb der mentalen Repräsentationen von Bindung, also innerhalb der inneren Arbeitsmodelle. Die Bindungsrepräsentation im Jugendalter spiegelt demnach die mentale Organisation an Bewertungen der bisherigen Bindungserfahrungen wider.

7.2.2 Einsatz von Bindungsinterviews

Zur Erfassung von Bindungsorganisation im Erwachsenenalter stehen eine Reihe von unterschiedlichen Methoden zur Verfügung. Dabei kann die Erhebung durch Interviewverfahren, Q-Sort-Techniken, Fragebögen oder Multi-Item-Selbstbeschreibungsskalen erfolgen. Einen differenzierten Überblick hinsichtlich der einzelnen Verfahren geben Schmidt und Strauß (1996) und Ettrich in diesem Band (Kap. 1.2).

Das Adult Attachment Interview (AAI) von George et al. (1985) zählt zu den wohl am häufigsten eingesetzten Interviewverfahren zur Erfassung von Bindungsrepräsentation im Erwachsenenalter und gilt daher als „Standardverfahren" innerhalb der Erwachsenenbindungsforschung. Seit einigen Jahren liegt im deutschsprachigen Raum mit dem Erwachsenen-Bindungsprototypen-Rating (EBPR) von Strauß und Lobo-Drost (1999) eine weitere alternative Methodik vor. Eine wesentliche Zielsetzung besteht darin, die klinische Urteilsbildung hinsichtlich der verschiedensten Bindungsqualitäten zu operationalisieren.

Da Bindungsinterviews ursprünglich für den Erwachsenenbereich konzipiert wurden, stellt sich aus methodischer Sicht die Frage, inwiefern diese Methoden überhaupt auf Jugendliche und junge Erwachsene übertragbar sind oder worin gegebenenfalls spezifische Unterschiede im Vergleich zu Erwachsenen begründet sein mögen. Aus den Erfahrungen hinsichtlich der Durchführung von Bindungsinterviews mit dem AAI im Jugendbereich lassen sich spezifische Besonderheiten und entsprechende Modifikationen ebenso für den Einsatz des EBPR in dieser Altersgruppe ableiten. Zimmermann und Becker-Stoll (2001) berichten beim Einsatz des AAI-Leitfadens keine größeren Schwierigkeiten bei der Beantwortung der Fragen durch Jugendliche im Vergleich zu Erwachsenen. Mitunter erwies es sich jedoch als günstig, Fragen umzuformulieren oder in einfachere, verständlichere Worte zu fassen. Ihrer Erfahrung nach ist die Durchführung einer Befragung mit dem AAI-Leitfaden ab einem Alter von 14 Jahren grundsätzlich möglich, angemessen erscheint ihnen der Einsatz jedoch erst ab dem 16. Lebensjahr. Diese Empfehlung begründet sich darauf, dass es einem Großteil der Jugendlichen erst in diesem Altersbereich zunehmend leichter fallen würde, sich in der Beschreibung der Beziehung zu ihren Eltern dahingehend zu distanzieren, dass sie zu einer eigenen reflektierten Einschätzung und tatsächlichen Bewertung ihrer Beziehungserfahrungen mit ihnen kommen. Ebenso weisen Zimmermann und Becker-Stoll (2001) darauf hin, dass bei vielen Jugendlichen die Neigung besteht, vermehrt die aktuelle Beziehung zu ihren Eltern zu beschreiben. Daher sollte während des Interviews darauf geachtet werden, dass Fragen, die sich auf die Kindheit beziehen, auch eine Beschreibung der damaligen Beziehung darstellen. Anderenfalls empfehlen sie eine explizite Nachfrage, welche Erfahrungen in der frühen Kindheit gemacht wurden. Innerhalb der eigenen Untersuchung unter Anwendung des EBPR ergaben sich komplementäre Erfahrungen bezüglich der Durchführung und Anwendung von Bindungsinterviews im Jugendalter.

Zusammenfassend sei an dieser Stelle betont, dass mit Hilfe eines Bindungsinterviews nicht die Erfassung der aktuellen Qualität der Bindungsbeziehung zu den Eltern erfolgt. Das erhobene Bindungsmaß ist darüber hinaus nicht beziehungsspezifisch wie in der Kindheit.

7.2.3 Bindung im Jugendalter

Bis ins Vorschulalter ist ein Kleinkind auf die unmittelbare körperliche und emotionale Verfügbarkeit der Bindungsperson angewiesen, um sich in Gefahrensituationen wieder zu beruhigen (Bowlby 1975). Mit zunehmendem Alter und dem Eintritt in die Pubertät nimmt dieses direkte Bedürfnis nach körperlicher Nähe zur Bezugsperson ab. Im Jugendalter erfolgt die Emotionsregulation verstärkt über die internalen Arbeitsmodelle, die sich auf der Grundlage der erlebten Bindungserfahrungen organisiert haben. Bindungsverhalten entäußert sich in diesem Alter über die direkte und offene Kommunikation mit den Bindungspersonen. Mit ihnen erfolgt der Austausch über negative und positive Befindlichkeiten oder Schwierigkeiten (Zimmermann 1996). Im Hinblick auf ihre vormals prominente Stellung treten die Eltern nunmehr etwas in den Hintergrund, da sie in zunehmendem Maße

Tabelle 7.1 Untersuchungen zur Bindungsrepräsentation bei Jugendlichen (nach Zimmermann u. Becker-Stoll 2001; modifiziert von Hartwig)

Untersuchung	Anzahl	Alter	Bindungsrepräsentation sicher		unsicher	
			n	%	n	%
Kobak und Sceery 1988	53	18,2	28	52,83	25	47,17
Zimmermann et al. 1992	20	14–17	15	75,00	5	25,00
Soares et al. 2000	60	16–17	47	78,33	13	21,67
Kobak et al. 1993 (Study I)	53	18,2	29	54,72	24	45,28
Zimmermann 1995	44	16	22	50,00	22	50,00
Becker-Stoll 1997	43	16	19	44,19	24	55,81
Zimmermann et al. 1996	43	16	17	39,53	26	60,47
Weinfield et al. (in Vorbereitung)*	57	18–19	18	31,58	39	68,42

Anmerkung: Nach Zimmermann und Becker-Stoll wiesen alle Stichproben eine ausgewogene Geschlechterverteilung auf.
* Risikostichprobe

nicht mehr für alle Lebensbereiche der Jugendlichen die primären Bezugspersonen darstellen. Vor allem Gleichaltrige und andere Erwachsene kommen in Freundschafts- und Intimbeziehungen als Bindungspersonen hinzu.

Ergebnisse der Bindungsforschung im Jugendalter zeigen, dass Jugendliche mit sicheren Bindungsrepräsentationen von ihren Eltern diese als aktuell sichere Basis repräsentieren und in emotionalen Belastungssituationen über häufigeres Bindungsverhalten ihnen gegenüber berichten (Zimmermann und Becker-Stoll 2001). Im Gegensatz dazu haben Jugendliche mit unsicher-distanzierender und unsicher-verwickelter Bindungsrepräsentation ihre Eltern nicht als sichere Basis internalisiert. Für Jugendliche mit unsicher-distanzierender Bindung konnte darüber hinaus ein signifikanter Zusammenhang von Vermeidung von Bindungsverhalten bei emotionaler Belastung herausgestellt werden.

Tabelle 7.1 gibt einen Überblick über Forschungsarbeiten zur Untersuchung der Bindungsrepräsentation bei Jugendlichen unter Anwendung des AAI.

Eine Reihe von längsschnittlich angelegten Untersuchungen verfolgte die Zielstellung, aufgrund der Bindungsqualität zur Mutter im ersten Lebensjahr die Bindungspräsentation im Jugendalter vorherzusagen. Zimmermann und Becker-Stoll (2001) ziehen nach einer kritischen Bewertung entsprechender Studien das Fazit, dass es überwiegend nicht gelang, die Bindungsrepräsentation im Jugendalter durch die Bindungsqualität zur Mutter mit einem Jahr vorherzusagen. Zimmermann (1995) begründet dieses Ergebnis einerseits anhand der wechselnden familiären Lebensbedingungen, die als Risikofaktoren zur Änderung in den Interaktionen der Familien führen können. Andererseits stellen die Verhaltensbeobachtungen in der Kindheit und die sprachliche Bewertung der bisherigen Bindungsgeschichte, erhoben im Rahmen eines Bindungsinterviews, keine einheitliche Datengrundlage dar.

Der betrachtete Altersbereich, also das Jugend- und frühe Erwachsenenalter, spiegelt innerhalb der menschlichen Entwicklung eine Phase erhöhter Anpassungsleistungen wider. Eine Reihe von entwicklungsbedingten Aufgaben ist im Alter zwischen 14 und 21 Jahren zu bewältigen. Fend (2001) zählt insbesondere den Erwerb von Fähigkeiten und Fertigkeiten (Kompetenzerweiterung, gelungene Individuation, d. h. die Ausformung einer autonomem und handlungsfähigen Person sowie die soziale Integration des Individuums in die ihn umgebende Gemeinschaft) dazu. Jedoch gelingt es nicht allen Jugendlichen in ausreichendem Maße, die an sie gestellten Anforderungen zu bewältigen. Die misslungenen Bewältigungsversuche können sich dann in psychisch auffälligen sowie straffälligen Verhaltensweisen äußern. Ein zweidimensionales Erklärungsmodell zur Beschreibung von Störungen im Jugendalter liefert Achenbachs Entwicklungspsychopathologie (1982). Innerhalb der einen Dimension werden internalisierende Verarbeitungsmöglichkeiten wie soziales Rückzugsverhalten, ängstlich-depressive Störungen und körperliche Beschwerden (Somatisierungszustände) zusammengefasst. Dem gegenübergestellt ist die externalisierende Verarbeitungsdimension mit aggressiven, oppositionellen und delinquenten Verhaltensauffälligkeiten. Beide Störungsmuster, externalisierende und internalisierende, treten in dem betrachteten Altersbereich gleich häufig auf. Aus entwicklungspsychologischer Sicht liefert die Bindungstheorie einen bedeutenden Beitrag zum Verständnis und Erklärung der Entstehungsbedingungen von psychopathologischen Auffälligkeiten (siehe Kap. 7.4).

7.3 Darstellung ausgewählter Forschungsergebnisse des Projektes „BiJu"

Seit einigen Jahren besteht am Lehrstuhl für Entwicklungspsychologie der Universität Leipzig die Forschungsgruppe „BiJu" („Bindungsentwicklung im Jugendalter"), deren Ziel es ist, Bindungsmuster und Persönlichkeitsmerkmale bei psychisch auffälligen und straffälligen Jugendlichen näher aufzuklären (vgl. Jünemann und Ettrich in Kap. 9). Die Fokussierung der Forschung auf Jugendliche sowie junge Erwachsene leitet sich aus einem feststellbaren Mangel an wissenschaftlichen Arbeiten in diesem Spezialbereich der Bindungsforschung ab. Nachfolgend sollen Ergebnisse, die sich auf die erhobenen Bindungsstrategien beziehen, differenziert dargestellt werden.

7.3.1 Methodisches Vorgehen

Die Datenerhebung erfolgte auf der Grundlage eines Fremd- und verschiedener Selbstbeurteilungsverfahren. Zur Erhebung der Bindungsstrategien wurde das Erwachsenen-Bindungsprototypen-Rating (EBPR) von Strauß und Lobo-Drost (1999) eingesetzt. Eine detaillierte Beschreibung des Verfahrens sowie einen Überblick über die Entstehungsgeschichte gibt Ettrich (Kap. 1.2 in diesem Band). Daher wird auf eine genauere Verfahrensbeschreibung an dieser Stelle verzichtet.

Tabelle 7.**2** Beschreibung der Patientenstichprobe (n=44) und Kontrollstichprobe (n = 44)

Eigenschaften		**Patientenstichprobe**		**Kontrollstichprobe**	
		n	**%**	**n**	**%**
Alter (Jahre)	12	2	4,55	0	0,00
	13	5	11,36	1	2,27
	14	9	20,45	8	18,18
	15	9	20,45	5	11,36
	16	6	13,64	5	11,36
	17	10	22,73	11	25,00
	18	2	4,55	9	20,45
	19	0	0,00	2	4,55
	20	1	2,27	1	2,27
	21	0	0,00	2	4,55
	M (SD)	15,2	1,80	16,6	1,95
Geschlecht	weiblich	32	72,73	29	65,91
	männlich	12	27,27	15	34,09
Lebenssituation	Eltern verheiratet/ zusammenlebend	20	45,45	27	61,36
	Eltern geschieden/ getrennt	19	43,18	16	36,36
	bei Adoptiveltern aufgewachsen	2	4,55	0	0,00
	bei Pflegeeltern	1	2,27	1	2,27
	im Heim	2	4,55	0	0,00
Bildungsstand	Gymnasium/Abitur	19	43,18	29	65,91
	Mittelschule	18	40,91	11	25,00
	Haupt- oder Förderschule	7	15,91	4	9,09

Tabelle 7.3 Häufigkeitsverteilung der psychiatrischen Diagnosen in der Patienten/innen-Stichprobe (n = 44)

Diagnose	n (%)	Anteil sicherer Bindungsklassifikation (n)
Anorexia nervosa	9 (20,45)	4
Verhaltens- und emotionale Störungen	7 (15,91)	2
Anpassungsstörung	6 (13,64)	2
Angst- und Panikstörung	6 (13,64)	3
Persönlichkeitsstörung	5 (11,36)	2
Posttraumatische Belastungsstörung	3 (6,82)	1
Affektive Störung	3 (6,82)	0
Somatisierungsstörung	2 (4,55)	0
Zwangsstörung	1 (2,27)	0
Organisches Psychosyndrom nach Schädel-Hirn-Trauma	1 (2,27)	1
Colitis ulcerosa	1 (2,27)	1

Die persönlichkeitsdiagnostische Beurteilung erfolgte anhand eines standardisierten Persönlichkeitsinventars sowie weiterer spezifischer Fragebögen. Darüber hinaus wurden von den Untersuchungsteilnehmern leistungsdiagnostische Parameter (Intelligenz- und Konzentrationsdiagnostik) erhoben. Da die Untersuchung zum gegenwärtigen Zeitpunkt noch nicht abgeschlossen ist, bezieht sich die nachfolgende Darstellung ausgewählter Ergebnisse auf den Bereich der erhobenen Bindungsstrategien bei psychisch auffälligen Jugendlichen im Vergleich zur Kontrollstichprobe.

7.3.2 Stichprobenbeschreibung

Zum gegenwärtigen Zeitpunkt besteht die Gesamtstichprobe des Projektes „BiJu“ aus 607 Versuchspersonen. Für die Ergebnisdarstellung wurde aus der Kontrollstichprobe eine Anzahl von 44 Leipziger Schülern, Berufsschülern und Studenten im Altersbereich von 13–21 Jahren ausgewählt. Die klinische Stichprobe setzt sich aus 44 psychisch erkrankten Jugendlichen zusammen, die sich zum Erhebungszeitpunkt in stationärer oder tagesklinischer Behandlung in der Klinik und Poliklinik für Psychiatrie, Psychotherapie und Psychosomatik des Kindes- und Jugendalters des Universitätsklinikums Leipzig befanden. In Tab. 7.2 sind die relevanten soziodemografischen Daten der beiden Stichproben zusammengefasst dargestellt. Sowohl in der Patienten- als auch in der Kontrollstichprobe überwog der Anteil an weiblichen Personen deutlich (72,73% bzw. 65,91%), der Unterschied zwischen den beiden Gruppen ist aber nicht signifikant ($\chi^2 = 0{,}480$, FG = 1, p = 0,488).

Etwas weniger als die Hälfte der Patienten/innen (45,45%) gab an, mit beiden Elternteilen aufgewachsen zu sein. In der Kontrollgruppe lag der Anteil bei 61,36%. Ein signifikanter Gruppenunterschied konnte aber auch hier nicht nachgewiesen werden ($\chi^2 = 1{,}110$, FG = 1, p = 0,293). Signifikante Gruppenunterschiede sind hinsichtlich der Altersverteilung und des Bildungsstandes festzustellen, wobei die Untersuchungsteilnehmer der Kontrollgruppe im Durchschnitt etwas älter sind (t-Wert = 3,35, FG = 86, p = 0,001) sowie über einen günstigeren Bildungsstand verfügen ($\chi^2 = 4{,}58$, FG = 1, p = 0,032) verfügen. Der Anteil an Gymnasiasten liegt mit 65,91% in der Kontrollstichprobe höher als in der klinischen Stichprobe mit 43,18%.

Aus Tab. 7.3 ist die Häufigkeitsverteilung der psychiatrischen Diagnosen innerhalb der Patienten/innen-Stichprobe zu entnehmen. Als Ausschlusskriterien für die Aufnahme in die Studie galten Intelligenzminderungen sowie der Altersbereich unter 12 Jahren.

7.3.3 Ergebnisdarstellung

Abb. 7.1 zeigt die prozentualen Anteile für die Kontroll- und Untersuchungsstichprobe der 4 klassifizierten Bindungsstrategien.

Um die Untersuchungshypothese einer überzufälligen Häufung von unsicheren Bindungen in der klinischen Stichprobe zu überprüfen, wurden zunächst die Verteilungen aller unsicheren Bindungsstrategien in beiden Stichproben addiert. Die statistische Auswertung zeigt im Hinblick auf die Auftrittswahrscheinlichkeit der Bindungsstrategien „sicher“ und allen „unsicheren“ Strategien (Zusammenfassung der Anteile unsicher-ambivalent, unsicher-vermeidend, unsicher-gemischt) einen hoch signifikanten Unterschied zwischen Kontroll- und klinischer Stichprobe ($\chi^2 = 10{,}280$, FG = 1, p = 0,0013).

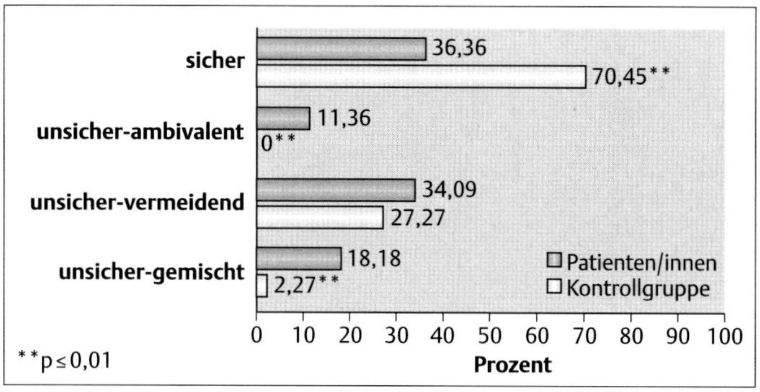

Abb. 7.**1** Prozentuale Verteilung der Bindungsmuster in der Kontrollstichprobe (n = 44) und der klinischen Stichprobe (n = 44).

Der deutlich erhöhte Anteil an sicher klassifizierten Personen in der Kontrollgruppe konnte somit erwartungsgemäß bestätigt werden. Aus Abb. 7.1 ist zu entnehmen, dass zwischen der Kontroll- und klinischen Gruppe hoch signifikante Unterschiede bezüglich der Häufigkeit an „unsicher-ambivalenten" ($\chi^2 = 8{,}17$, FG = 1, p = 0,0043) und „unsicher-gemischten" Bindungsstrategien ($\chi^2 = 9{,}28$, FG = 1, p = 0,0023) im Vergleich zur Bindungskategorie „sicher" festzustellen sind. Innerhalb der Kontrollgruppe wurden diese beiden Strategien in deutlich geringerem Umfang klassifiziert. Die Verteilung der Bindungsstrategie „unsicher-vermeidend" zeigte keinen statistisch signifikanten Gruppenunterschied ($\chi^2 = 3{,}26$, FG = 1, p = 0,071).

In Tab. 7.4 sind die klassifizierten Bindungsstrategien unter Bezugnahme zur jeweiligen Lebenssituation der Jugendlichen dargestellt. In der Konstellation einer intakten Familiensituation ergab sich ein hoch signifikanter Unterschied zwischen der Kontroll- und klinischen Gruppe bezüglich der Verteilung von „sicheren" und „unsicheren" Bindungsstrategien ($\chi^2 = 7{,}180$, FG = 1, p = 0,0074). In der Kontrollgruppe kann in einem größeren Ausmaß die Klassifikation von sicheren Bindungen im Zusammenhang mit verheirateten bzw. zusammenlebenden Elternpaaren aufgezeigt werden. Im Gegensatz dazu dominieren in der klinischen Stichprobe auch innerhalb eines nach außen intakten Familiengefüges mit zusammenlebenden Elternpaaren unsichere Bindungsstrategien bei den Jugendlichen. Dieser Befund zeigt, dass trotz einer scheinbar intakten familiären Konstellation die Bindungen offensichtlich gefährdet sind und dass die Eltern vom überwiegenden Teil der Patienten nicht als „sichere" Basis internalisiert werden. Die Gruppenunterschiede im Kontext von Trennung oder Scheidung hinsichtlich der Bindungsstrategien „sicher" vs. „unsicher" waren nicht signifikant ($\chi^2 = 2{,}480$, FG = 1, p = 0,1150). Der Vergleich zwi-

Tabelle 7.**4** Darstellung der Bindungsstrategien unter Bezugnahme zur Lebenssituation der Jugendlichen

Lebenssituation	**Kontrollstichprobe**		**Patienten/innen-Stichprobe**		**p-Wert**
	n	**%**	**n**	**%**	
Eltern verheiratet/zusammenlebend					
sichere Bindungsstrategie	20	74,07	7	35,00	
unsichere Bindungsstrategie	7	25,93	13	65,00	
gesamt	27	100,00	20	100,00	0,0074**
Eltern geschieden/getrennt					
sichere Bindungsstrategie	11	68,75	8	42,11	
unsichere Bindungsstrategie	5	31,25	11	57,89	
gesamt	16	100,00	19	100,00	0,115 n.s.
Von den leiblichen Eltern getrennt aufgewachsen					
sichere Bindungsstrategie	0	0,00	1	20,00	
unsichere Bindungsstrategie	1	100,00	4	80,00	
gesamt	1	100,00	5	100,00	0,833 n.s.

** ≤0,01

schen Kontroll- und klinischer Stichprobe im Hinblick auf „sichere" vs. „unsichere" Bindungen bei Jugendlichen, die getrennt von ihren leiblichen Eltern aufgewachsen sind, ist ebenso nicht signifikant (Fisher's exakt einseitig, p = 0,8333). Die Klassifikation einer unsicheren Bindungsstrategie überwog trotz statistischer Nichtsignifikanz in der klinischen Gruppe deutlich. Lediglich eine Patientin konnte in diesem Kontext als sicher klassifiziert werden.

7.4 Welche therapeutischen Implikationen lassen sich aus bindungstheoretischer Sicht aufzeigen?

Wie bereits dargelegt, postuliert die Bindungstheorie ein evolutionsbiologisch angelegtes Bedürfnis zur Herstellung und Aufrechterhaltung einer emotionalen Bindung an eine primäre Bindungsperson. Durch diese angelegte menschliche Verhaltensdisposition sichert das Kind sein Überleben, indem ihm Nahrung und Schutz zuteil werden. Andererseits wird der Verlust einer Bindungsperson durch Tod, ungewollte Trennung oder Zurückweisung in der frühen Kindheit als Risikovariable für die seelische Gesundheit und psychische Stabilität angesehen.

Bowlby (1995) beschreibt einige der am häufigsten auftretenden pathogenen Kindheitserlebnisse, die weitreichende negative Auswirkungen auf den späteren Entwicklungsverlauf ausüben können. Zu derartigen Erlebnissen zählt er u.a. angedrohten Liebesentzug, Verlassenheitsdrohungen, Schuldzuweisungen, Nichterwünschtheit des Kindes, Sündenbockfunktion innerhalb der Familie, elterliche Selbstmorddrohungen sowie das Leugnen und Dementieren der Eltern, bestimmte Dinge gesagt oder getan zu haben, wodurch die Wahrnehmung des Kindes bestritten bzw. in Frage gestellt wird.

Kinder mit sicheren Bindungsmustern repräsentieren in ihrem inneren Arbeitsmodell die Eltern als feinfühlige und verlässliche Bezugspersonen, die es verstehen, adäquat auf die Bindungsbedürfnisse und -wünsche ihrer Kinder einzugehen, indem sie diese in Gefahrensituationen trösten und beruhigen und ihnen emotionale Wärme und Liebe entgegenbringen. In Bindungsinterviews zeichnen diese Kinder ein realistisches Bild ihrer Eltern. In ihren Berichten sind sowohl positive als auch negative Erlebnisse kohärent integriert. Unsichere Bindungsmuster spiegeln sich in den Bindungsinterviews zumeist in überhöhten Idealisierungen oder globalen Abwertungen der Eltern wider. Oftmals hält eine derartig überzogene Darstellung wie beispielsweise der „allerbesten Mutti" einer kritischen Nachfrage nicht stand, da konkrete Erinnerungen, die diese Aussage belegen könnten, fehlen. Die Schilderungen bleiben meistenteils auf einer undifferenziert und oberflächlich wirkenden Ebene oder in extremen „Schwarzweißzeichnungen" verhaftet. Aufgrund der inkohärenten Darstellung der Beziehungserfahrungen entsteht bei unsicher-ambivalent gebundenen Personen, insbesondere durch die ungeordnete und vielfach irrelevante Informationsflut, beim Zuhörer ein verwirrendes, fast schon chaotisch anmutendes Bild. Bei Personen mit unsicher-vermeidenden Bindungsstrategien fällt es aufgrund der unvollständigen Berichte schwer, sich ein Bild aufzubauen, die Vorstellung bleibt bruchstück- und lückenhaft. Kennzeichnend für unsicher-vermeidende Bindungsmuster ist die Neigung zur Affektunterdrückung. Im Verlauf der Entwicklung führt diese Tendenz zu einer ausgeprägten Affektreduzierung. Typisch für diese Form der Affektabwehr ist eine Aufmerksamkeitsverlagerung weg von der Gefühlsebene hin zu Affektspaltung bzw. Rationalisierung (Hauser u. Endres 2000). Auf diesem Hintergrund kann sich die emotionale Erlebnisfähigkeit nur unzureichend entwickeln. Die Auseinandersetzung mit den eigenen Gefühlen oder den Gefühlen von anderen Personen wird vermieden, sie werden stattdessen „nach außen abgeführt", also externalisiert, um auf diese Weise neutralisiert und handhabbar zu werden. Auf der Grundlage derartiger Verarbeitungsstrategien können sich Externalisierungsstörungen mit psychopathologischen Symptomen ausbilden. Eine ebenso unzureichende Affektregulation ist bei Kindern mit unsicher-ambivalenten Bindungsstrategien anzutreffen. In ihren inneren Arbeitsmodellen sind die Bindungserfahrungen mit den Eltern als unzuverlässige bzw. nicht vorhersehbare Reaktionen auf Bindungsbedürfnissen repräsentiert. Infolge der inadäquaten Affektregulation durch die Eltern konnten diese Kinder keine hinreichende Selbstregulation in Bezug auf den Umgang mit Gefühlen und Affekten erlernen. Diese Kinder haben die Erfahrung gemacht, dass sie sich nur der Aufmerksamkeit und Zuwendung der Bindungsperson sicher sein können, wenn sie ihre Bindungswünsche explizit und mit gesteigerter Emotionalität zum Ausdruck bringen. Für sie selbst bleiben ihre eigenen Gefühle jedoch nicht regulierbar, sondern sie erleben sich ihnen gegenüber hilflos ausgeliefert. Diese „Verstrickung" in der eigenen Gefühlswelt führt bei vielen dieser Kinder im weiteren

Entwicklungsprozess zur Ausbildung von Internalisierungsstörungen (Hauser u. Endres 2000).

Welche Bedeutung haben nun aber die Erkenntnisse der Bindungsforschung für die (psycho)therapeutische Arbeit? Bowlby (1995) formulierte 5 Hauptaufgaben, die den Therapeuten im Sinne der Bindungstheorie zu kommen:

1. Der Therapeut fungiert als sichere Basis für die Selbstexploration des Patienten,
2. Reflexion der inneren Arbeitsmodelle hinsichtlich gegenwärtiger Beziehungen,
3. Prüfung der therapeutischen Beziehung,
4. mithilfe der aktiven Unterstützung des Therapeuten Aufarbeitung der bisherigen Bindungserfahrungen, Wiedererleben und Verarbeiten von Emotionen, Auflösung von negativen Bewertungen,
5. realitätsorientierte Bearbeitung und Modifikation von inneren Arbeitsmodellen.

Eine ausführlichere Erläuterung dieser 5 Therapeutenaufgaben sowie deren praktische Umsetzung gibt Ettrich in diesem Band (Kap. 1.1.3). Grundlegend und von unerlässlicher Bedeutung für die therapeutische Beziehung ist das Prinzip der „sicheren Basis" in Anlehnung an die „Mutter-Kind-Beziehung". Indem sich der Therapeut dem Patienten als sichere Basis zur Verfügung stellt, wird ein Rahmen geschaffen, innerhalb dessen die bisherigen Bindungserfahrung exploriert und reflektiert werden kann. Durch das feinfühlige und adäquate Eingehen des Therapeuten auf die Bindungsbedürfnisse des Patienten, wird dieser im Verlauf der therapeutischen Interaktion dazu angeregt und ermuntert, seine bisherigen Bindungserfahrungen in Form der inneren Arbeitsmodelle einer Überprüfung zu unterziehen und diese im Zuge des Voranschreitens der Therapie und den dort neu erlebten Bindungserfahrungen in angemessenere, „neue" Arbeitsmodelle zu modifizieren. Innerhalb der therapeutischen Beziehung nimmt der Therapeut somit die Funktion einer Bindungsfigur ein, wodurch die Möglichkeit des Erlebens neuartiger Bindungserfahrungen geschaffen wird. Gelingt es im Verlauf der Therapie, eine Änderung des Bindungsmodells zu erarbeiten, handelt es sich um das Phänomen der „Earned Secures", also um Menschen mit einem „verdient sicheren" Bindungsmodell. Infolge der therapeutischen Intervention ist es in diesen Fällen gelungen, dass Patienten trotz nachteiliger Erfahrungen mit ihren primären Bindungspersonen nachträglich ein sicheres Bindungsmodell entwickeln. Nach einer erfolgreichen therapeutischen Intervention sind sie in der Lage, über ihre negativen Erlebnisse und die damit verbundenen Gefühle zu sprechen. Darüber hinaus müssen sie Affekte nicht mehr abwehren oder rationalisieren, sondern können mit ihnen umgehen. Um derartige strukturelle Veränderungen hinsichtlich der Bindungsstrategie, Affektregulation und auf der Verhaltensebene zu erreichen sowie diese zu stabilisieren, sind jedoch längerfristige therapeutische Interventionen notwendig. Die Bedeutung der bindungstheoretischen Erkenntnisse für den therapeutischen Prozess liegt in der möglichen Modifizierbarkeit von inneren Arbeitsmodellen. Durch die Aufarbeitung der bisherigen Bindungserfahrungen, der Auflösung von negativen Bewertungen und den neu erlebten Bindungserfahrungen im Rahmen der Therapie kann der Aufbau „neuer" Arbeitsmodelle erfolgen.

7.5 Diskussion und Ausblick

Ziel der vorangegangenen Ausführungen war die Darstellung ausgewählter Forschungsergebnisse zur Verteilung von Bindungsstrategien innerhalb einer klinischen Stichprobe im Vergleich zu einer Kontrollstichprobe. Im Ergebnis der statistischen Auswertung sind signifikante Unterschiede hinsichtlich der Verteilung an „sicheren" und „unsicheren" Bindungsstrategien zwischen den beiden Gruppen herauszustellen. In der klinischen Stichprobe fiel der Anteil an „unsicheren" Bindungsstrategien mit 63,64% mehr als doppelt so hoch aus wie in der Kontrollstichprobe mit 29,53%. Unter Einbeziehung der spezifischen Lebenssituation konnte ein signifikanter Zusammenhang zwischen der Bindungsklassifikation „sicher" und verheirateten bzw. zusammenlebenden Elternpaaren aufgezeigt werden. Das Auftreten signifikanter Unterschiede hinsichtlich „sicherer" und „unsicherer" Bindungsstrategien im Kontext von Trennung/Scheidung der leiblichen Eltern konnte an dieser Stichprobe nicht nachgewiesen werden.

Im weiteren Verlauf der Untersuchung wird zum einen das Ziel verfolgt, differenzierte Aussagen bezüglich der Verteilung von Bindungsstrategien im Hinblick auf die unterschiedlichen psychiatrischen Diagnosegruppen vornehmen zu können. Zudem wird ein Vergleich der Untersuchungsgruppen psychisch auffälliger und straffälliger Jugendlicher angestrebt (vgl. Jünemann und Ettrich in diesem Band). Innerhalb dieser Gegenüberstellung werden interessante Ergebnisse in der vergleichenden Darstellung von Bindungsstrategien der Patienten der Kinder- und Jugendpsychiatrie bezüglich der Diagnosen mit internalisierenden Problemverarbeitungsstrategien (Angststörung, Depression/

depressive Verstimmungszustände, Somatisierungs-, Ess- und Zwangsstörungen) und straffälligen Jugendlichen mit externalisierenden Problemverarbeitungsstrategien (delinquentes Verhalten, u.a. Mord, Totschlag, Körperverletzung, Raub, räuberische Erpressung, Verstoß gegen das Betäubungsmittelgesetz) erwartet. Weiterführende Zusammenhänge zwischen Bindungsstrategien, Persönlichkeitsmerkmalen, Leistungsparametern und soziodemografischen Variablen sollen im Verlauf der Untersuchung näher herausgestellt werden.

8 Bindung und Anpassung im Erwachsenenalter: Zusammenhänge zwischen sexuellem Missbrauch, Bindungsrepräsentation und psychischer Gesundheit

Vera Brachmann, Julia Hildebrand und Katja Mackowiak

8.1 Standortbestimmung und Definitionen

Ziel dieser Untersuchung war es, mögliche Zusammenhänge zwischen sexuellem Missbrauch in der Kindheit, der Bindungsrepräsentation und der psychischen Anpassung im Erwachsenenalter aufzudecken und systematisch zu untersuchen. Theoretischer Hintergrund ist zum einen die Bindungstheorie und Bindungsforschung, zum anderen die Traumaforschung, besonders die Forschungsergebnisse zum sexuellen Kindesmissbrauch.

Bindung

Einen Schwerpunkt der aktuellen Bindungsforschung bildet die Frage nach den Auswirkungen von Kindesmisshandlung auf die Bindungsentwicklung (siehe z. B. Crittenden u. Ainsworth 1989). Eine Reihe von Untersuchungen konnte nachweisen, dass misshandelte und vernachlässigte Kinder überdurchschnittlich häufig eine unsichere Bindung an ihre Bezugspersonen entwickeln (z. B. Egeland u. Sroufe 1981, Carlson et al. 1989). Besonders das desorganisierte/desorientierte Bindungsmuster kommt häufig vor (Cicchetti u. Lynch 1995).

Es ist anzunehmen, dass sexueller Missbrauch als eine besondere Form der Kindesmisshandlung ebenfalls zur Entwicklung einer unsicheren oder desorganisierten Bindung führen kann (vgl. Main u. Hesse 1990). Dies gilt vor allem dann, wenn das Kind von einer Bezugsperson sexuell missbraucht wird: „*... sexual abuse by a parent violates the child's basic beliefs about safety and trust in relationships, disturbing both the sense of self and the ability to have satisfying relationships in which one feels loved and protected*“ (Cole u. Putman 1992, S. 175).

Der desorganisierten Bindung im Kindesalter entspricht die unverarbeitet/traumatisierte Bindungsrepräsentation im Erwachsenenalter. Alexander (1993) sowie Stalker u. Davies (1995) konnten zeigen, dass Frauen, die in ihrer Kindheit sexuellen Missbrauch erlebt hatten, überwiegend eine unverarbeitet/traumatisierte Bindungsrepräsentation aufweisen.

Sexueller Missbrauch

Unter dem Einfluss der amerikanischen Frauenbewegung vervielfachte sich in den 70er Jahren die Zahl der Forschungsarbeiten über sexuellen Missbrauch in der Kindheit. Zahlreiche Untersuchungen belegen, dass sexueller Missbrauch eine traumatisierende Erfahrung ist, die mit langfristigen Folgen einhergeht (Tab. 8.1).

Bis vor kurzem wurde dabei angenommen, dass vor allem die Merkmale der traumatischen Situation, wie die Dauer und Schwere des sexuellen Missbrauchs, das Ausmaß der Folgen bestimmen. Neuere Forschungsansätze beschäftigen sich dagegen mehr mit der Frage, warum es individuelle Unterschiede in der Reaktion auf traumatische Erfahrungen gibt. Dabei hat sich eine entwicklungspsychologische Perspektive als sinnvoll erwiesen: „*Lediglich im Einzelfall kann nachvollzogen werden, wie traumatische Ereignisse den Entwicklungsprozess beeinflusst haben. Es hängt von der Qualität und Quantität des Traumas, dem Zeitpunkt des Einwirkens, von der Konstitution des Betroffenen sowie von den Schutzfaktoren des Umfeldes ab, wie der Entwicklungsprozess beeinflusst wird*“ (Endres u. Moisl 1998, S. 18).

Besonders die Bindungstheorie und die aus ihr hervorgegangenen Methoden eignen sich für eine entwicklungspsychologische Betrachtung der Folgen früher Traumatisierungen. Dabei wird die Bindungstheorie als Risiko-Schutz-Modell verstanden. Eine sichere Bindung kann als Schutzfaktor angesehen werden, der die psychische Anpassung verbessert und den Umgang mit belastenden Ereignissen erleichtert. Dagegen werden unsichere Bindungen als Risikofaktoren eingestuft (vgl. Fremmer-Bombik u. Grossmann 1993).

Tabelle 8.1 Mögliche Langzeitfolgen von sexuellem Missbrauch

Mögliche Langzeitfolgen	Ausgewählte Studien
Psychosomatische Beschwerden	Briere u. Runtz 1987, 1988 Murphy et al. 1988 Greenwald et al. 1990
Schlafstörungen	Sedney u. Brooks 1984 Briere u. Runtz 1987 Draijer 1990 Bange 1992
Essstörungen	Bange 1992 Mullen et al. 1993
Selbstwertprobleme	Teegen 1992
Ängste	Briere u. Runtz 1987, 1988 Draijer 1990 Greenwald et al. 1990 Teegen 1992
Depressionen	Sedney u. Brooks 1984 Murphy et al. 1988 Draijer 1990 Greenwald et al. 1990
Misstrauen in sozialen Beziehungen und sozialer Rückzug	Briere u. Runtz 1987 Draijer 1990 Bange 1992
Sexuelle Probleme	Briere u. Runtz 1987 Draijer 1990 Bange 1992 Mullen et al. 1994
Reviktimisierung	Fromuth 1986 Murphy et al. 1988 Draijer 1990
Selbstverletzendes Verhalten	Sedney u. Brooks 1984 Draijer 1990 Bange 1992 Romans et al. 1995
Suizidgedanken und -versuche	Briere u. Runtz 1987 Bange 1992
Drogen- und Alkoholabhängigkeit	Briere u. Runtz 1987
Posttraumatische Belastungsstörung	Saunders et al. 1992

Im Zusammenhang mit sexuellem Missbrauch kann das Bindungsmuster als eine Moderatorvariable verstanden werden, welche die Auswirkungen des sexuellen Missbrauchs beeinflusst. In einer Studie von Alexander (1993) konnte die Bindungsrepräsentation den Umgang mit Erinnerungen an den sexuellen Missbrauch und Werte auf den Skalen für die vermeidende, dependente, selbstzerstörerische und Borderline-Persönlichkeitsstörung vorhersagen. In einer Untersuchung von Lemieux (1998) beeinflusste die Bindungsrepräsentation die Beziehung zwischen sexuellem Missbrauch und Depression, Angst und Reviktimisierung. In beiden Studien wurde jedoch zur Erfassung der Bindungsrepräsentation nur ein kurzer Fragebogen verwendet, während in der vorliegenden Untersuchung das ausführlichere Adult Attachment Interview (AAI) eingesetzt wurde.

8.2 Stichprobe und Methode

In der vorliegenden Untersuchung wurde eine klinische Stichprobe von 20 sexuell missbrauchten Frauen und eine Vergleichsstichprobe von 20 Studentinnen mit dem von George et al. (1996) entwickelten Bindungsinterview für Erwachsene (Adult Attachment Interview) befragt. Zusätzlich wurde das Ausmaß der psychischen Belastung mit der deutschen Version der Symptom-Checkliste (SCL-90-R) von Derogatis (Franke 1995) erfasst.

8.2.1 Stichprobe

Die klinische Stichprobe besteht aus 20 Frauen, die sich wegen sexuellen Missbrauchs in der Kindheit an eine spezialisierte Beratungsstelle gewendet hatten. Die Frauen waren im Durchschnitt 34,4 Jahre alt. 14 Probandinnen (70 %) befanden sich im Studium oder hatten ihr Studium bereits abgeschlossen. Zum Zeitpunkt der Untersuchung hatten 14 Frauen (70%) einen festen Partner.

Die Vergleichsstichprobe besteht aus 20 Studentinnen im Grundstudium der Psychologie. Im Vergleich zur klinischen Stichprobe waren die Frauen der Vergleichsstichprobe wesentlich jünger. Der Altersdurchschnitt lag bei 22,2 Jahren. 14 Frauen (70%) hatten zum Untersuchungszeitpunkt einen festen Partner.

8.2.2 Methode

Die Bindungsrepräsentation wurde aus dem Adult Attachment Interview von George et al. (1996) erschlossen. Es handelt sich um ein halbstrukturiertes Interview, das 20 Fragen mit vorgegebenen Nachfragen umfasst und 1–2 Stunden dauert. Im Mittelpunkt stehen die Kindheitserinnerungen der befragten Person an die Beziehung zu ihren Bindungspersonen. Die Auswertung der Interviews orientierte sich an dem Auswertungssystem von

Main u. Goldwyn (1994). Ziel der Auswertung ist die Zuordnung jedes Interviews zu einer der folgenden Kategorien:

- **Sicher-autonom (F):**
  - leichter Zugang zu Erinnerungen und Gefühlen
  - Erinnerungen können durch Beispiele belegt werden
  - Ausführungen sind klar und widerspruchsfrei
  - Wertschätzung von Bindung
- **Unsicher-distanziert (Ds):**
  - wenig Erinnerungen an Erlebnisse in der Kindheit
  - fehlender Zugang zu Gefühlen
  - idealisiertes Bild der Eltern, das im Widerspruch steht zu den berichteten Erfahrungen von Zurückweisung und Kälte
  - Abwertung von Bindung
- **Unsicher-verwickelt (E):**
  - emotionale Verstrickung in frühere Beziehungen
  - Ausführungen sind unstrukturiert, widersprüchlich und verzerrt
  - Ärger, Angst oder Hilflosigkeit bei der Schilderung negativer Kindheitserfahrungen
  - Fehlen einer eigenen, familienunabhängigen Identität
- **Unverarbeiteter Bindungsstatus (U):**
  - gedankliche und sprachliche Inkohärenzen bei der Schilderung eines bindungsrelevanten Traumas
  - Desorganisation im Verhalten

Darüber hinaus wurde die psychische Belastung der befragten Frauen mit der Symptom Checklist (SCL-90-R) erfasst. Diese erlaubt eine Einschätzung der Befindlichkeit der Person auf folgenden Skalen:

- Somatisierung
- Zwanghaftigkeit
- Unsicherheit im Sozialkontakt
- Depression
- Ängstlichkeit
- Aggressivität/Feindseligkeit
- Phobische Angst
- Paranoides Denken
- Psychotizismus

Zusätzlich werden 3 Globalwerte gebildet, die eine allgemeine Einschätzung der psychischen Befindlichkeit erlauben. Dabei liegen Werte zwischen 40 und 60 im Normbereich. Werte zwischen 60 und 70 entsprechen einer deutlich messbaren psychischen Belastung, und Werte über 70 zeigen eine hohe bis sehr hohe psychische Belastung an.

8.3 Hypothesen

Folgende Hypothesen wurden aufgestellt und nachfolgend überprüft:

1. Es gibt signifikante Unterschiede in der Verteilung der Bindungsrepräsentation in den beiden Stichproben.
   a) Sexuell missbrauchte Frauen zeigen häufiger eine unsichere Bindungsrepräsentation und einen unverarbeiteten Bindungsstatus.
   b) Frauen ohne sexuelle Missbrauchserfahrungen zeigen häufiger eine sichere Bindungsrepräsentation.
2. Sexueller Missbrauch hat einen negativen Einfluss auf die psychische Befindlichkeit im Erwachsenenalter. Sexuell missbrauchte Frauen erhalten höhere Werte in der SCL-90-R als Frauen ohne Missbrauchserfahrungen.
3. Eine sichere Bindungsrepräsentation wirkt als Schutzfaktor. Sexuell missbrauchte Frauen mit einer sicheren Bindungsrepräsentation erhalten niedrigere Werte in der SCL-90-R als missbrauchte Frauen mit unsicherer Bindungsrepräsentation.
4. In den Interviews zeigen sich zahlreiche inhaltliche Unterschiede zwischen sexuell missbrauchten Frauen und Frauen ohne Missbrauchserfahrungen.

8.4 Ergebnisse

Zu Hypothese 1:

Die Unterschiede in der Verteilung der Bindungsrepräsentationen zwischen der klinischen und der studentischen Stichprobe sind signifikant (χ^2 [2] = 20,631, $p < 0{,}001$). Der überwiegende Teil, nämlich 15 (75%) der sexuell missbrauchten Frauen wurden als unverarbeitet/traumatisiert klassifiziert, 4 (20%) als sicher-autonom und 1 (5%) als unsicher-verwickelt. Im Vergleich dazu wurden 17 (85%) der Frauen ohne Missbrauchserfahrungen als sicher-autonom klassifiziert, 2 (10%) als unsicher-distanziert und 1 (5%) als unverarbeitet/traumatisiert.

Zu Hypothese 2:

Sexuell missbrauchte Frauen haben signifikant höhere Werte in der SCL-90-R als Frauen ohne Miss-

Tabelle 8.**2** Klinische und studentische Stichprobe: durchschnittliche T-Werte (M) der Skalen und der globalen Kennwerte der SCL-90-R

Stichprobe (n=40)	**Durchschnittliche T-Werte in den Skalen 1–9 und den globalen Kennwerten der SCL-90-R**											
	1	**2**	**3**	**4**	**5**	**6**	**7**	**8**	**9**	**GSI**	**PSDI**	**PST**
Klinisch	66	70	69	69	69	62	67	66	67	73	69	71
Studentisch	54	63	56	56	58	57	55	54	59	59	59	59

1: Somatisierung
2: Zwanghaftigkeit
3: Unsicherheit im Sozialkontakt
4: Depression
5: Ängstlichkeit
6: Aggressivität/Feindseligkeit
7: Phobische Angst
8: Paranoides Denken
9: Psychotizismus
GSI: Grundsätzliche psychische Belastung
PSDI: Intensität der Symptome
PST: Anzahl der angegebenen Symptome

Tabelle 8.**3** Klinische Stichprobe: Durchschnittliche T-Werte (M) der Skalen und der globalen Kennwerte der SCL-90-R bei den Frauen, die als unverarbeitet/traumatisiert oder als sicher-autonom klassifiziert wurden

Stichprobe (n=20)	**Durchschnittliche T-Werte in den Skalen 1–9 und den globalen Kennwerten der SCL-90-R**											
	1	**2**	**3**	**4**	**5**	**6**	**7**	**8**	**9**	**GSI**	**PSDI**	**PST**
unverarbeitet/ traumatisiert	69	74	72	72	72	64	71	67	71	76	72	74
sicher-autonom	54	59	59	55	57	56	54	58	57	59	56	58

1: Somatisierung
2: Zwanghaftigkeit
3: Unsicherheit im Sozialkontakt
4: Depression
5: Ängstlichkeit
6: Aggressivität/Feindseligkeit
7: Phobische Angst
8: Paranoides Denken
9: Psychotizismus
GSI: Grundsätzliche psychische Belastung
PSDI: Intensität der Symptome
PST: Anzahl der angegebenen Symptome

brauchserfahrungen (F [1;38] = 4,033, p = 0,002; Tab. 8.**2**). Die Unterschiede sind auf fast allen Skalen signifikant. Ausnahmen bilden die Skalen „Zwanghaftigkeit" und „Aggressivität/Feindseligkeit", auf denen die Unterschiede nicht bedeutsam sind.

Zu Hypothese 3:

Innerhalb der klinischen Stichprobe unterscheiden sich die Frauen mit einer sicher-autonomen und einer unverarbeitet/traumatisierten Bindungsrepräsentation signifikant in Bezug auf ihre psychische Belastung (F [1;17] = 3,561, p = 0,036). Eine sicher-autonome Bindungsrepräsentation hängt mit niedrigen Werten auf der SCL-90-R zusammen, die unverarbeitet/traumatisierte Bindungsrepräsentation dagegen mit hohen (Tab. 8.**3**).

Zu Hypothese 4:

Eine vergleichende Analyse zeigte eine Reihe inhaltlicher Unterschiede zwischen den Interviews der sexuell missbrauchten Frauen und denen der Frauen ohne Missbrauchserfahrungen. Diese Unterschiede beziehen sich nicht nur auf die Erfahrung des sexuellen Missbrauchs, sondern zeigen sich in fast allen Fragen des Adult Attachment Interviews. Im Einzelnen konnte gezeigt werden, dass die sexuell missbrauchten Frauen insgesamt über deutlich mehr negative und weniger unterstützende Erfahrungen sowie über mehr Ablehnung und Bedrohung durch ihre Eltern berichten.

Die Frauen aus der klinischen Stichprobe berichten auch häufiger über körperliche Strafen und körperliche Misshandlung. Hinzu kommen in einigen Fällen der Verlust von engen Bezugspersonen in der Kindheit und erneute Traumatisierungen durch sexuelle Belästigung und Vergewaltigung im Erwachsenenalter.

Insgesamt schätzen die sexuell missbrauchten Frauen den Einfluss ihrer frühen Erfahrungen auf ihre Persönlichkeit sehr negativ ein. Bei den nicht missbrauchten Frauen überwiegen dagegen eher positive Erinnerungen und ein Gefühl von Sicherheit, Vertrauen und Optimismus.

8.5 Diskussion

Einer der auffälligsten Befunde in dieser Untersuchung ist der hohe Anteil von Frauen mit der Bindungsklassifikation unverarbeitet/traumatisiert in der klinischen Stichprobe (75%). Vergleichbare Studien mit sexuell missbrauchten Frauen klassifizierten etwa 60% als unverarbeitet/traumatisiert (Alexander 1993, Stalker u. Davies 1995). Der hohe Anteil der U-Klassifikation in unserer Untersuchung lässt sich darauf zurückführen, dass viele Frauen ungewöhnlich schweren und lang andauernden Traumatisierungen ausgesetzt waren, beispielsweise sexuellem Missbrauch durch mehrere Täter.

Einige Frauen (20% der klinischen Stichprobe) haben jedoch trotz schwerer traumatischer Erfahrungen eine sicher-autonome Bindungsrepräsentation entwickelt. Diese zeichnet sich durch eine tiefgreifende Verarbeitung traumatischer Kindheitserlebnisse aus.

Im Zusammenhang mit der SCL-90-R ergab sich, dass die unverarbeitet/traumatisierte Bindungsrepräsentation mit hohen Werten und die sicher-autonome Bindungsrepräsentation mit niedrigen Werten einhergeht. Das bedeutet, dass nicht allein die Erfahrung des sexuellen Missbrauchs spätere psychische Belastung vorhersagt, sondern dass auch die Bindungsrepräsentation einen Einfluss auf die psychische Gesundheit hat.

Die inhaltliche Analyse zeigte zahlreiche Unterschiede zwischen den Interviews der sexuell missbrauchten Frauen und den Frauen ohne Missbrauchserfahrungen. Viele Frauen aus der klinischen Stichprobe haben wiederholte und vielfältige Traumatisierungen erlebt: wiederholter sexueller Missbrauch durch mehrere Täter, körperliche und emotionale Misshandlung, Vernachlässigung, Verlust von Bezugspersonen durch Todesfälle. Daraus lässt sich ableiten, dass sexueller Missbrauch nicht isoliert betrachtet werden sollte, sondern im Kontext der gesamten Entwicklung der Person.

Die Verarbeitung von traumatischen Erfahrungen muss als ein langfristiger Prozess konzeptualisiert werden (Herman 1993, Maercker 1997). Dabei ist der Verlauf der Traumaverarbeitung individuell unterschiedlich. Er wird zum einen von Ereignisfaktoren (z.B. Dauer und Schwere des Traumas) und zum anderen von verschiedenen Risiko- und Schutzfaktoren beeinflusst. In Anlehnung an das Rahmenmodell zur Ätiologie von Traumafolgen (Maercker 1997) soll hier ein Modell vorgestellt werden, das sich speziell auf die Problematik des sexuellen Missbrauchs bezieht (Abb. 8.1).

Aus dem Modell wird deutlich, dass bei der Betrachtung der Folgen psychischer Traumatisierungen im Kindes- und Jugendalter eine entwicklungspsychologische Perspektive sinnvoll ist, die relevante Risiko- und Schutzfaktoren mit einbe-

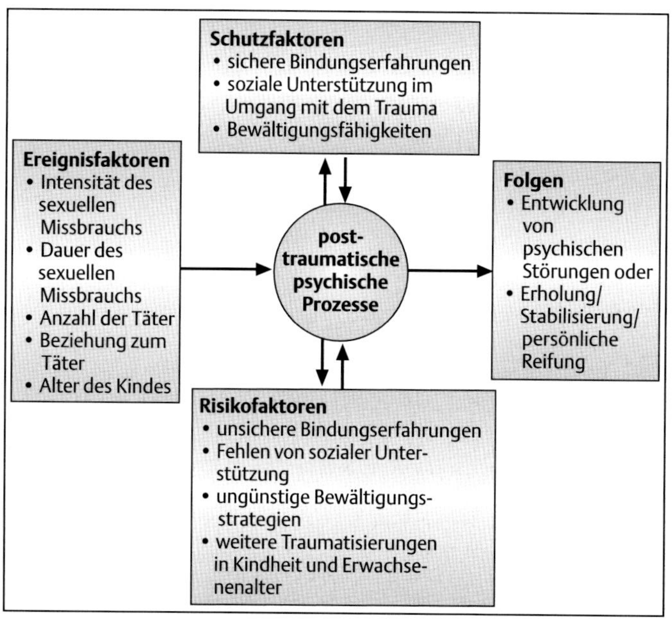

Abb. 8.1 Risiko- und Schutzfaktoren im Zusammenhang mit sexuellem Missbrauch.

zieht. Es gibt keinen linearen Zusammenhang zwischen einem traumatischen Erlebnis und seinen Folgen. Nur der individuelle Lebensweg eines Menschen kann Auskunft über die Entwicklung der Persönlichkeit und die Entstehung psychischer Störungen geben.

„... we need to picture each personality as moving through life along its own unique pathway" (Bowlby 1988, S. 6).

9 Bindungsstrategien bei jugendlichen Straftätern

Michaela Jünemann und Klaus Udo Ettrich

9.1 Zielsetzung – Analyse von Bindungen bei Straffälligen

Der Beitrag soll einen Überblick über ein laufendes Forschungsvorhaben geben. Ziel ist es, Erkenntnisse der Bindungsforschung auf den Bereich der Straffälligkeit bei Jugendlichen anzuwenden. Es soll der Frage nachgegangen werden, ob eine gestörte Bindung zwischen Hauptbezugsperson und Kind sich nachhaltig negativ auf die Entwicklung des Kindes auswirkt und abweichendes Verhalten begünstigt. Im Zentrum der empirischen Untersuchungen stand dabei die Identifikation von Bindungsstrategien jugendlicher Straftäter im Vergleich zu einer Kontrollstichprobe strafrechtlich unauffälliger Jugendlicher.

9.2 Die Grundannahmen der Bindungstheorie

Die von John Bowlby (1969, 1973, 1980) entwickelte Bindungstheorie beschreibt das universelle Bedürfnis eines jeden Menschen, enge emotionale Bindungen einzugehen, sowie die Konsequenzen, die Beeinträchtigungen dieser Bindungen auf die weitere sozioemotionale Entwicklung und Anpassung im Lebenslauf mit sich bringen. Bindung wird dabei verstanden als ein Gefühl von Sicherheit und eines wahrgenommenen Schutzes vor Gefahr in Gegenwart der Bezugsperson (Bretherton 1985, zit. nach Schmidt u. Strauß 1996).

Bowlby (1973) geht weiter davon aus, dass das Kind auf der Basis wiederholter Interaktionserfahrungen mit seinen Bindungspersonen ein sog. „internales Arbeitsmodell“ (internal working model) von sich und seinen Bindungspersonen entwickelt. Die Funktion der inneren Arbeitsmodelle besteht darin, bindungsbezogene Verhaltensweisen, Gedanken und Gefühle des Selbst und der Bindungsperson zu regulieren, zu interpretieren und vorauszusehen (Bretherton 2001). Es liefert weiterhin einen Rahmen, *„inwieweit jemand in Beziehungen Nähe und Sicherheit von einem Bindungspartner erwarten kann, und inwieweit jemand sich selbst der Zuwendung, Liebe und Aufmerksamkeit wert fühlt, also Nähe zulassen kann“* (Schmidt u. Strauß 1996, S. 141). Ein solches Arbeitsmodell ist zu Beginn der Entwicklung noch recht flexibel, im weiteren Verlauf verfestigt es sich und entwickelt sich zu einer psychischen Repräsentanz, der sog. „Bindungsrepräsentation“. Das internale Arbeitsmodell regelt so die Anpassung des Organismus an verschiedene Umwelten im Lebenslauf.

9.2.1 Charakteristik internaler Arbeitsmodelle

Bindungsmodelle lassen sich in ihren entwicklungsbedingten Facetten genau beschreiben (Fremmer-Bombik 1995). Innerhalb der verschiedenen Altersstufen lassen sich immer wieder dieselben zugrunde liegenden Strategien finden, deren Bedeutung ein Leben lang gleich bleibt. Das einjährige Kind setzt nach Fremmer-Bombik (1995) sein Arbeitsmodell direkt in seine Bindungsstrategie und damit in Verhalten um, ein sechsjähriges Kind dagegen verschlüsselt sein Arbeitsmodell in der Art des Dialogs mit der Bindungsperson. Beim Jugendlichen oder Erwachsenen lässt sich das Arbeitsmodell daran erkennen, wie er über bindungsrelevante Themen spricht, wenn er sich an Bindungserfahrungen erinnern soll. Während man im Kindesalter die Bindungsorganisation auf der Ebene des beobachtbaren Bindungsverhaltens erfasst, betrachtet man im Jugend- und Erwachsenenalter die Ebene der Bindungsrepräsentation.

Das internale Arbeitsmodell sicherer Bindung bei Jugendlichen und Erwachsenen

Im *sicheren* Bindungsmuster enthalten die internalen Arbeitsmodelle eine einheitliche, logische und organisierte Repräsentation von sich und der Bezugsperson (Liotti 2001). Für Personen mit einem sicheren Arbeitsmodell haben Bindungen einen hohen Stellenwert, und sie betrachten die mit Bindungspersonen gemachten Erfahrungen als wesentlich für ihre Entwicklung. Zu eigenen Gefühlen haben sie einen guten Zugang (Fremmer-Bombik 1995). Dabei sind sie in der Lage, positive wie auch negative Bindungserfahrungen zu integrieren. Da der Bindung an andere Personen eine erhöhte Wertschätzung hinzukommt, vermögen sie auch eher Hilfen anzunehmen sowie anderen Hilfe anzubieten und diese zu unterstützen (Wensauer u. Grossmann 1998).

Das internale Arbeitsmodell unsicherer Bindung bei Jugendlichen und Erwachsenen

Bowlby benutzt den Begriff des fehlerhaften internalen Arbeitsmodells, um unterschiedliche Muster der neurotischen Bindung zu beschreiben (Holmes 2002). Die beiden Hauptstrategien sind für ihn die der Vermeidung oder des Festhaltens, die zu vermeidender oder ambivalenter Bindung führen (Abb. 9.1).

Personen mit einem *unsicher-vermeidenden* Arbeitsmodell erinnern sich kaum an Ereignisse in ihrer Kindheit und können nicht mehr nachempfinden, was sie in den erinnerten Episoden gefühlt haben. Sie wirken als Erwachsene distanziert gegenüber Beziehungsthemen (Fremmer-Bombik 1995). Zwischenmenschliche Beziehungen werden eher gering geschätzt, und es besteht ein geringes Nähebedürfnis (Kasten u. Schauenburg 1999). Auffallend ist nach Fremmer-Bombik (1995) ein fast immer idealisiertes Bild der Eltern. Widersprüche zu dem idealisierten Bild ihrer Eltern und zu einzelnen erinnerten Episoden, die die Zurückweisung und mangelnde Nähe durchblicken lassen, werden von ihnen nicht erkannt. Sie halten sich für starke, unabhängige Menschen, für die Nähe

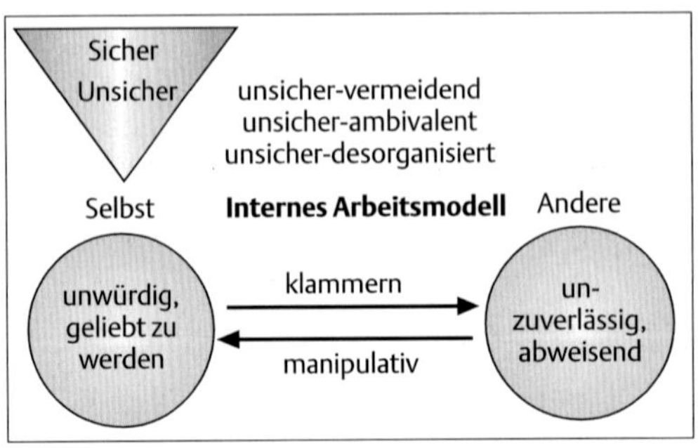

Abb. 9.1 Bindungsmuster (nach Holmes 2002).

und Bindung an andere wenig bedeuten. Auch die eigene Hilfsbedürftigkeit wird erschwert wahrgenommen.

Jugendliche bzw. Erwachsene mit ***unsicher-ambivalentem*** Arbeitsmodell wirken in ihre Beziehungsgeschichte verstrickt. Diese Personen sind nach Fremmer-Bombik (1995) verwirrt, widersprüchlich und besonders wenig objektiv, wenn sie über ihre Beziehungserfahrungen und deren Einflüsse berichten. Sie sind in ihren früheren Bindungserfahrungen gefangen, dabei aber passiv, ängstlich oder auch ärgerlich gegenüber den Bindungspersonen. Unterschiedliche Gefühle zu integrieren, stellt für sie eine kaum bewältigbare Anforderung dar. Aufgrund ihrer Lernerfahrung zeigen sie ein starkes Nähebedürfnis, bei gleichzeitig extremer Angst vor dem Verlassenwerden (Kasten u. Schauenburg 1999).

Diese Strategien haben den Zweck, beim Auftreten von Schwierigkeiten die Bindung aufrechtzuerhalten. Nach Holmes (2002) muss dafür jedoch ein Preis gezahlt werden. Die sich herausgebildeten Bindungsschemata sind eindeutig beschränkt und führen, wenn sie in allen Beziehungen wiederholt werden, zu Anpassungsschwierigkeiten.

9.3 Bindung und Delinquenz

Im Folgenden soll dargestellt werden, welchen Beitrag die Bindungstheorie zur Erklärung delinquenten Verhaltens liefern kann. Hierzu soll eine der ersten Veröffentlichungen von Bowlby (1944) dargestellt werden, die postulierte, dass eine gestörte Beziehung, insbesondere Trennungen, zwischen dem Kind und einer Bindungsperson sich nachhaltig negativ auf die Persönlichkeitsentwicklung des Kindes auswirkt und abweichendes Verhalten begünstigen kann. Weiterhin soll die Rolle der Mentalisierungsfähigkeit als Voraussetzung für eine adäquate Auseinandersetzung einer Person mit ihrer Umwelt hinsichtlich der Entstehung straffälligen Verhaltens näher beleuchtet werden (Fonagy 1996, 1997, 1999).

9.3.1 Forty-four juvenile thieves

Schon die frühesten Publikationen Bowlbys beschäftigten sich mit der Wirkung von Umwelteinflüssen, wie z. B. Trennungen in der frühkindlichen Entwicklung, auf die Entstehung abweichenden Verhaltens.

In dem Artikel „Forty-four juvenile thieves: Their characters and home life" (1944) wertete er

Fallbeschreibungen aus, die aus seiner Arbeit an der Londoner Child Guidance Clinic stammten. Dabei stellte er die Daten von 44 jugendlichen Dieben einer Kontrollstichprobe Jugendlicher ohne delinquente Züge, die sich im Untersuchungszeitraum von 1936–1939 in derselben Klinik befanden, gegenüber. Der Essenz ätiologischer Faktoren ging er unter 3 Hauptüberschriften nach: der Bedeutung genetischer Faktoren, der Umgebungsbedingungen in frühester Kindheit sowie der Bedeutung der gegenwärtigen Umwelt für die Delinquenzentstehung.

Zu den 5 ätiologischen Faktoren, die Bowlby (1944) als wesentlich für die Entwicklung abnormer Verhaltensweisen bis hin zur Delinquenz herausarbeitete, zählte er: mögliche genetische Einflüsse, frühe und länger andauernde Trennung des Kindes von der Mutter bzw. Stiefmutter, den Einfluss einer ambivalenten, feindseligen, ängstlichen Mutter in frühen Jahren, die Bedeutung eines ablehnenden Vaters sowie traumatisierende Einflüsse in späteren Jahren.

Bowlby (1944) stellte fest, dass bei der Mehrzahl der untersuchten Kinder mehr als einer der 5 Faktoren vorhanden war. 18 der jugendlichen Straftäter hatten Eltern oder Großeltern, die extrem psychisch belastet waren. Über 40 % der Straftäter hatten längere Trennungen von ihren Müttern oder Pflegemüttern während der ersten 5 Jahre ihres Lebens hinter sich gehabt, die 6 Monate oder länger dauerten im Vergleich zu nur 5% der Kontrollgruppe. Der essenzielle Faktor, der allen Trennungen zugrunde lag, war, dass das Kind während der anfänglichen Entwicklung seiner Objektbeziehungen von vertrauten Orten und Leuten, die es liebte, weggenommen und zu Leuten und in eine Umgebung gebracht wurde, die fremd und alarmierend war.

Die übrigen 27 Jugendlichen, die keine Trennung erlitten, hatten jedoch Mütter, die als extrem ängstlich und reizbar oder aber als stark rigide, herrisch bzw. unterdrückend zu beschreiben waren. In Bezug auf die Väter gibt Bowlby (1944) an, dass 6 der 27 Jugendlichen Väter hatten, die sie ablehnten, hassten und ihren Hass gegenüber den Kindern offen ausdrückten.

Der letzte der von Bowlby benannten Faktoren bezieht sich auf erfahrene traumatisierende Faktoren in späteren Lebensjahren. Hier konnte er beobachten, dass 11 der Jugendlichen Ereignisse wie die Erkrankung oder den Verlust (Tod) der Mutter bzw. eines Geschwisters erlitten hatten.

Zusammenfassend lässt sich sagen, dass Bowlby davon ausgeht, dass jugendliche Delinquenz das Ergebnis des Zusammenwirkens vieler komplexer Faktoren ist, aber insbesondere eine länger andauernde Mutter-Kind-Trennung von besonderem Gewicht für fortgesetzte Delinquenz ist, während die anderen 4 Faktoren für die Pathogenese von labilen, unangepassten Kindern eine eher allgemeine Bedeutung haben.

9.3.2 Die Rolle der Mentalisierungsfähigkeit für das Verständnis delinquenten Verhaltens

In neueren Untersuchungen wird verstärkt auf die Bedeutung metakognitiver, selbstreflexiver Fähigkeiten für die Entstehung delinquenten Verhaltens hingewiesen. Metakognitive Eigenschaften beschreiben die Fähigkeit, anderen und sich selbst mentale Zustände wie Intentionen, Wissen, Überzeugungen, Gefühle und Gedanken zuschreiben zu können. Dadurch kann das Verhalten anderer erklärt und vorhergesagt werden. Die Begriffe Metakognition (Main 1991), Theory of Mind (Astington 1991), Mentalisierung und Reflexivität (Fonagy 1996, 1997, 1999) werden hierzu in der Literatur weitestgehend synonym verwendet.

Die Entwicklung dieser Fähigkeiten stellt eine Entwicklungsleistung dar, die mit hoher Wahrscheinlichkeit im Kontext einer sicheren Bindungsbeziehung erworben werden kann (Fonagy 1996). Dabei konnte in den Untersuchungen von Fonagy (1996) festgestellt werden, dass die Fähigkeit der Eltern, eigenes und fremdes mentales Befinden zu reflektieren, ein sehr guter Prognosefaktor für die Bindungsfähigkeit des Kindes war. Das bedeutet, dass eine Bezugsperson, die in der Lage ist, die innere Befindlichkeit des Kindes wahrzunehmen und angemessen zu reflektieren, die Wahrscheinlichkeit der sicheren Bindung des Kindes erhöht. Die sichere Bindung des Kindes wiederum bildet die Basis für die Entwicklung metakognitiver Fähigkeiten beim Kind selbst. Untersuchungen von Main (1991) konnten bestätigen, dass sicher gebundene Kinder „Theory of Mind"-Aufgaben besser bewältigen konnten. Daraus schlussfolgerte sie, dass die metakognitiven Fähigkeiten sicher gebundener Kinder denen unsicher gebundener Kinder überlegen waren.

Fonagy und Mitarbeiter (1997) gehen davon aus, dass Verbrechen, zumindest in der Adoleszenz, häufig von Personen mit einer mangelhaften Mentalisierungsfähigkeit begangen werden, dies jedoch als ein eher pathologischer Versuch, sich an die soziale Umwelt anzupassen, in der „Mentalization" unverzichtbar ist. Es wird angenommen, dass diese Personen keinen Zugang zu engen Bindungsbeziehungen hatten, die ihnen die zwischenmenschliche Basis für die Entwicklung metakognitiver Fähigkeiten gegeben hätten, durch die ihre inneren Arbeitsmodelle von Beziehungen hätten organisiert und koordiniert werden können. Das Fehlen der Fähigkeit, sich aktuelle oder überdauernde mentale Zustände vorstellen zu können, ist wahrscheinlich eine Schlüsselkomponente von Gewalt gegen Personen. Gewalt gegen andere ist nach Fonagy et al. (1997) nur dann möglich, wenn das Empfinden des anderen diesen Personen nicht ausreichend repräsentiert ist, um den gewalttätigen Akt zu verhindern. Gewalt scheint die Lösung eines psychischen Konflikts zu sein. Die metakognitiven Fähigkeiten dieser Personen sind eingeschränkt, und sie erfahren Gedanken und Gefühle in erster Linie auf physischer Ebene (Fonagy et al. 1997).

Fonagy et al. (1997) führen 4 Möglichkeiten auf, wie ein Versagen der Mentalisierungsfähigkeit zu delinquentem Verhalten führen kann:

- Erstens ist davon auszugehen, dass Personen, deren Fähigkeit, sich mentale Zustände anderer vorzustellen, eingeschränkt ist, auch häufig nicht in der Lage sind, ein ausreichendes Gefühl für die eigene Identität zu haben. Sie fühlen sich für ihr eigenes Handeln nicht verantwortlich, weil ihnen das Gefühl von eigenem intentionalem Handeln fehlt. Auch das Nachdenken über andere scheint für diese Personen mit einer fragilen Selbstrepräsentation bedrohlicher zu sein als für Personen mit normalen Erfahrungen.
- Zweitens besteht die Bedeutung der Mentalisierungsfähigkeit auch darin, Konsequenzen von Handlungen zu antizipieren. Einschränkungen dieser Fähigkeit führen jedoch zur Ausblendung bzw. Missinterpretation von Konsequenzen.
- Drittens wird angeführt, dass ein weiterer damit verbundener Prozess mit der Entwertung des Opfers zusammenhängt: Es erlaubt dem Täter, andere Personen bzw. das Opfer als nicht belebtes Objekt zu sehen und zu behandeln.
- Viertens wird angemerkt, dass Einschränkungen in der metakognitiven Fähigkeit ebenfalls dazu führen, dass unangemessenes Verhalten selektiv und dem eigenen Zweck angepasst in angemessenes Verhalten uminterpretiert wird.

Wenn die Bindung an die primäre Bezugsperson eng mit der Entwicklung der Fähigkeit zur Reflexion verknüpft ist, dann hat diese wahrscheinlich eine Vermittlerfunktion, die entscheidet, ob eine Person die Disposition zur Kriminalität und insbesondere für Gewalttaten entwickelt (Fonagy 1997).

9.4 Das Projekt Bindungsentwicklung im Jugendalter (BiJu)

Im Rahmen des Projekts BiJu am Lehrstuhl für Entwicklungspsychologie der Universität Leipzig wurden seit Februar 2001 eine umfangreiche Kontrollstichprobe, bestehend aus Leipziger Studenten, Schülern und Auszubildenden, sowie 2 Untersuchungsstichproben erhoben. Eine Untersuchungsstichprobe besteht aus jugendlichen Straftätern sächsischer Justizvollzugsanstalten, die andere Untersuchungsstichprobe setzt sich aus psychisch erkrankten Jugendlichen zusammen, die sich zum Untersuchungszeitpunkt in stationärer Behandlung befanden (vgl. Hartwig, Ettrich und Ettrich in diesem Band). Als Untersuchungsinstrumente wurden standardisierte sowie sich in der Standardisierungsphase befindliche Fragebögen zur Leistungs-, Persönlichkeits- und Bindungsdiagnostik eingesetzt. Des Weiteren wurde ein Interviewverfahren zur Bestimmung von Bindungsparametern, das Erwachsenen-Bindungsprototypen-Rating (EBPR nach Strauß u. Lobo-Drost 1999), durchgeführt.

9.4.1 Stichprobe

In der vorliegenden Untersuchung sollen 2 Stichproben einander gegenübergestellt werden: straffällige Jugendliche und eine Kontrollgruppe nicht straffälliger Jugendlicher.

Straftäter

In die Untersuchungsstichprobe gehen Daten von 42 ausschließlich männlichen jugendlichen und heranwachsenden Straftätern ein, die im Zeitraum von November 2001 bis November 2002 in der Jugendstrafanstalt Zeithain sowie in der Justizvollzugsanstalt Leipzig untersucht wurden. Weibliche Untersuchungshäftlinge bzw. Strafgefangene wurden in die Untersuchung nicht mit einbezogen, da der Anteil an jugendlichen weiblichen Straffälligen im Freistaat Sachsen äußerst gering ist (ca. 6–8%).

Die Teilnahme an der Untersuchung erfolgte auf freiwilliger Basis unter Gewährung der Anonymität. Von den 42 Untersuchungsteilnehmern befan-

Tabelle 9.1 Deliktstruktur (n = 95, Mehrfachnennungen möglich)

Delikte	Relative Häufigkeit (%)
Tötungsdelikt	4,2
Körperverletzung	21,1
Raub/Erpressung	14,7
Diebstahl und Unterschlagung	26,3
Verkehrsdelikt	11,6
Betäubungsmitteldelikt	7,4
Nötigung, Geiselnahme, Freiheitsberaubung	4,2
Hehlerei	2,1
Sonstige Delikte I (Urkundenfälschung, Beleidigung, Falschaussage)	5,3
Sonstige Delikte II (Brandstiftung, Sachbeschädigung, unterlassene Hilfeleistung)	4,2

den sich 33,3% in Strafhaft, 66,7% dagegen in Untersuchungshaft. Der Altersdurchschnitt der Stichprobe lag bei 20,1 Jahren (SD = 1,28). 40,5% der jugendlichen Straftäter hatten keinen Schulabschluss. Die Hauptschule abgeschlossen hatten 33,3%, den Realschulabschluss besaßen 26,2% der Jugendlichen. Bei den Straftaten dominieren Gewaltdelikte. Die Erfassung der Straftaten erfolgte über Selbstauskünfte (Tab. 9.1). Hinsichtlich des Lebensalters und der schulischen Bildung unterscheiden sich Untersuchungs- und Kontrollgruppe signifikant.

Kontrollgruppe

Als Kontrollgruppe wurden 42 Jugendliche ausgewählt. Diese Gruppe bestand aus Studenten, Schülern und Auszubildenden. Von den 42 Untersuchungsteilnehmern waren 33,3% weiblich und 66,7% männlich.

Der Altersdurchschnitt lag bei 19,4 Jahren (SD = 1,82). Zum Untersuchungszeitpunkt waren noch 40,5% der Teilnehmer Schüler des Gymnasiums, 9,5% hatten einen Hauptschulabschluss und 9,5% hatten die Realschule abgeschlossen. 33,3% besaßen das Abitur bzw. Fachabitur. Von den Teilnehmern der Kontrollgruppe besaßen 7,1% keinen Schulabschluss.

9.4.2 Methode zur Erhebung der Bindungsstrategie

Die Bindungsstrategien wurden mit dem Erwachsenen-Bindungsprototypen-Rating (EBPR nach Strauß u. Lobo-Drost 1999; vgl. auch Kap. 1.2) erhoben. Dieses halbstrukturierte Beziehungsinterview konzentriert sich auf die Erfassung von vergangenen und aktuellen zwischenmenschlichen Beziehungen und Ereignissen.

9.5 Ergebnisse

9.5.1 Ergebnisse zur biographischen Analyse

In einem ersten Schritt sollte der Frage nachgegangen werden, ob sich der biografische Hintergrund von jugendlichen Straftätern im Vergleich zu nicht straffälligen Jugendlichen unterscheidet. Die Datenanalyse über den Chi-Quadrat-Test bzw. Fishers exakter Test im Fall kleiner Zellhäufigkeiten brachte anhand einiger ausgewählter Variablen die in Tab. 9.2 aufgeführten Ergebnisse.

Tabelle 9.2 Biografische Merkmale jugendlicher Straftäter (UG) und strafrechtlich unauffälliger Jugendlicher (KG)

Biografie	n	%	p
Tod eines Elternteils			
Untersuchungsgruppe (n = 42)	6	14,3	
Kontrollgruppe (n = 42)	1	2,4	
Heimaufenthalt			
Untersuchungsgruppe (n = 42)	7	16,7	**
Kontrollgruppe (n = 42)	0	0,0	
Scheidung/Trennung der Eltern			
Untersuchungsgruppe (n = 33)	21	63,6	*
Kontrollgruppe (n = 42)	15	35,7	

n = absolute Häufigkeit, % = relative Häufigkeit,
p = Irrtumswahrscheinlichkeit: ** $p \leq 0{,}01$ * $p \leq 0{,}05$

Der Vergleich der Gruppen zeigte deutliche Unterschiede bezüglich einiger biografischer Merkmale. Zum Untersuchungszeitpunkt waren 14,3% der Väter der jugendlichen Straftäter verstorben. In der Kontrollgruppe betraf dies lediglich einen Vater (2,4%). 16,7% der Straftäter waren ganz oder teilweise im Heim aufgewachsen. Von den Jugendlichen, die bei ihren leiblichen Eltern aufwuchsen, trennten bzw. schieden sich 63,6% der Eltern der Straftäterstichprobe im Vergleich zu 35,7% der Kontrollstichprobe. In der Stichprobe der Straftäter wuchsen 12,2% der Jugendlichen als Einzelkinder auf, 65,9% entstammen Familien mit 2–3 Kindern und 22,0% Familien mit 4 oder mehr Kindern. Innerhalb der Kontrollstichprobe fanden sich 19,0% Einzelkinder, 69,0% wuchsen im Familien mit 2–3 Kindern auf und in Familien mit mehr als 4 Kindern 11,9%.

9.5.2 Analyse der Bindungsstrategien

Die zentrale Frage der Untersuchung bezog sich auf die Identifikation von Bindungsstrategien jugendlicher Straftäter im Vergleich zu einer Kontrollstichprobe strafrechtlich unauffälliger Jugendlicher. Die Auswertung des Erwachsenen-Bindungsprototypen-Rating (EBPR) zeigte die in Abb. 9.2 gezeigte Verteilung der Bindungsstrategien in den Stichproben.

Die Daten wurden mittels Chi-Quadrat-Test einer Überprüfung auf Unterschiede zwischen den Gruppen unterzogen. Dazu wurden die unsicher-vermeidenden und die unsicher-gemischten Bindungsstrategien zu der Kategorie unsicher zusammengefasst. Unsicher-ambivalente Bindungsstrategien traten sowohl in der Kontrollstichprobe als auch in der Untersuchungsstichprobe nicht auf.

Der Chi-Quadrat-Test ergab einen signifikanten Unterschied zwischen den beiden Gruppen bezüglich der Bindungsstrategien ($\chi^2 = 19{,}09$, df = 1, p = 0,000). Die Kontrollgruppe weist häufiger sichere Bindungsstrategien auf, während in der Gruppe der Straftäter unsichere Bindungsstrategien dominieren. In der Kontrollgruppe sind weibliche und männliche Untersuchungsteilnehmer enthalten, während die Untersuchungsgruppe ausschließlich aus männlichen Teilnehmern besteht. Aus diesem Grund wurde zusätzlich verglichen, ob

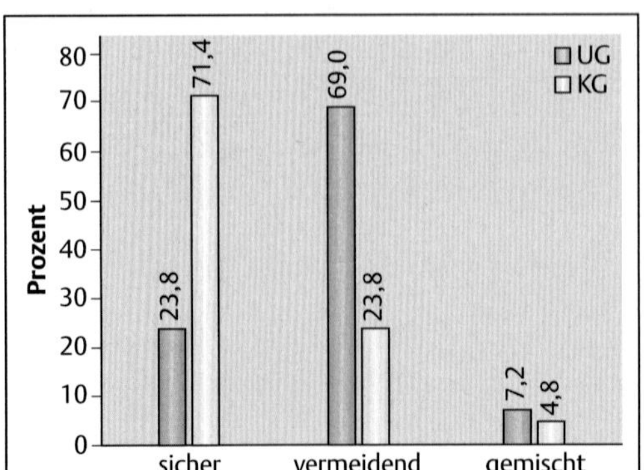

Abb. 9.2 Aufteilung der Bindungsstrategien, getrennt nach jugendlichen Straftätern (UG: n = 42) und strafrechtlich unauffälligen Jugendlichen (KG: n = 42) in Prozent.

sich die Bindungsstrategien männlicher und weiblicher Untersuchungsteilnehmer unterscheiden. Es ließ sich kein signifikanter Unterschied feststellen ($\chi^2 = 0{,}00$, df = 1, p = 1,000). Auch der Vergleich der auf männliche Untersuchungsteilnehmer reduzierten Kontrollgruppe erbrachte wie oben einen signifikanten Unterschied zwischen der Kontroll- und Untersuchungsgruppe bezüglich der Bindungsstrategien ($\chi^2 = 15{,}56$, df = 1, p = 0,000).

9.6 Diskussion und Ausblick

In diesem Beitrag sollte untersucht werden, ob sich bei jugendlichen Straftätern Bindungsstrategien identifizieren lassen, die sich von denen strafrechtlich unauffälliger Jugendlicher unterscheiden, und deren Bedeutung für die Entstehung straffälligen Verhaltens ermittelt werden. Die Ergebnisse der Untersuchungen legen nahe, dass die jugendlichen Straftäter einen signifikant höheren Prozentsatz an unsicheren Bindungsstrategien, insbesondere unsicher-vermeidenden (69,0%) Strategien, aufweisen.

Bei Betrachtung dieser Interviews fällt auf, dass sie durch wenig konkrete Erinnerungen gekennzeichnet sind. Aussagen können nicht durch Beispiele belegt werden, bzw. die Jugendlichen bestehen auf ihren fehlenden Erinnerungen. Durch das Abblocken dieser Erinnerungen kommt es häufig zu Unterbrechungen und längeren Pausen im Interviewfluss. Beschreibungen von Beziehungen werden eher global und emotionslos übermittelt. Beim Zuhörer entsteht ein unvollständiges Bild von den berichteten Kindheitserfahrungen sowie von aktuellen Beziehungen und den damit verbundenen Gefühlen und Gedanken. So wird z. B. auf die Frage nach der Beschreibung der Mutter geantwortet: „Sie ist 'ne ganz normale Mutter. Keine Ahnung. Normal sag ich mal, richtig gut, ganz normal wie jede Familie." oder „'ne Liebe, kann gut kochen, na weiß nicht". Auf die Frage nach der Beziehung zur ihr in der frühen Kindheit und nach Beispielsituationen folgen Antworten wie: „Kann ich nicht so genau sagen", „weiß nicht, kann man nicht beschreiben" oder „eigentlich gut, gut, bin viel gereist mit Mutter so aus Spaß, verschiedene Städte, mit Hotel und so." Bezüglich der Frage, wie sich die Mutter im Krankheitsfall verhalten hat, äußern einige dieser Jugendlichen: „Hat sich gleich um mich gekümmert, den Arzt gerufen und so", „weiß nicht, hat sich Sorgen gemacht wie jede Mutter" oder „bin nie krank gewesen".

In der Kontrollgruppe sind dagegen signifikant mehr Jugendliche sicher (71,4 %) gebunden. Diese Interviews zeichnen sich durch schlüssige und verständliche Darstellungen von Beziehungserfahrungen aus, die durch Beispiele belegt werden können. Diese Jugendlichen können sich sehr gut erinnern, zeigen Vertrauen in ihre Bezugspersonen, wertschätzen diese Beziehungen und sind außerdem in der Lage, sich in andere einzufühlen.

Auch die in der Arbeit aufgeworfene Fragestellung, ob sich die beiden Gruppen bezüglich soziobiografischer Daten unterscheiden, konnte weitgehend bestätigt werden. Bei der Betrachtung der Daten ließen sich folgende Unterschiede feststellen: Viele Straftäter entstammen strukturell unvollständigen Familien. Ein Großteil der Eltern trennte sich bzw. ließ sich scheiden. Ein Elternteil war bei 6 Personen der Straftäterstichprobe bereits verstorben. Auffallend ist ebenfalls, dass 16,7% der jugendlichen Straftäter teilweise im Heim aufgewachsen sind bzw. nach längeren Heimaufenthalten adoptiert wurden. Dass dem Verlust eines Elternteils eine besondere Bedeutung für die Entwicklung des Kindes beigemessen werden muss, stellte schon Bowlby (1944) fest. Auch wenn kein direkter kausaler Zusammenhang zwischen Verlust- bzw. Trennungserlebnissen und Straffälligkeit besteht, wird jedoch in verschiedenen Untersuchungen davon ausgegangen, dass kindliche Trennungserlebnisse einen Risikofaktor im Entwicklungsverlauf darstellen.

Ebenso verhält es sich mit der Bedeutung von Bindung im Lebenslauf. Die Bindungstheorie nimmt an, dass ein Kind, das feinfühlige und unterstützende Bezugspersonen erlebt, einen Entwicklungspfad einschlagen wird, der unseren kulturellen Maßstäben entsprechend als „gesund" bezeichnet werden kann (Zimmermann u. Fremmer-Bombik 2000). Kinder dagegen, die uneinfühlsame, vernachlässigende oder zurückweisende Bezugspersonen erleben, werden eher einen abweichenden Entwicklungsweg einschlagen, der sie anfälliger macht für abweichendes Verhalten. Zimmermann und Fremmer-Bombik (2000) sowie andere Autoren gegen davon aus, dass eine sichere Bindungsorganisation als Schutzfaktor zu betrachten sei, eine unsichere Bindungsorganisation dagegen einen Risikofaktor darstellt.

Um unsicher gebundenen, insbesondere unsicher-vermeidend gebundenen, straffälligen Jugendlichen korrigierende Erfahrungen zu ermöglichen, sollte in Rahmen einer therapeutischen Beziehung der Therapeut als „sichere Basis" fungieren. Auf dieser Grundlage kann er dem Jugendlichen bei der Erkundung von Gedanken und Gefühlen und beim Ausprobieren neuer Verhaltensweisen zur Verfügung stehen (Bowlby 1988). Ein grundlegendes Ziel für die Therapie sollte die Entwicklung bzw. Weiterentwicklung reflexiver, metakognitver Fähigkeiten sein, da ein Versagen der Selbstreflexivität mit der Tendenz zu Gewaltverbrechen in Verbindung gebracht werden kann. Weiterhin sollte eine Abnahme an vermeidenden Verhaltensweisen angestrebt werden. Hierzu sind Interventionen hilfreich, die auf ein Zulassen von Nähe und auf die Aktivierung von Emotionen (Strauß 2000) abzielen.

Der hier dargestellten Ergebnisse liefern einen Beitrag zur empirischen Absicherung der theoretischen Annahmen. So konnte festgestellt werden, dass die oben aufgeführten Faktoren wie Trennungs- und Verlusterlebnisse sowie eine unsichere Bindung in der Gruppe der jugendlichen Straftäter signifikant häufiger vorzufinden sind. Diese Daten liefern erste Hinweise darauf, dass diesen Risikofaktoren eine Bedeutung für die Entstehung delinquenten Verhaltens zukommt.

Abschließend ist anzumerken, dass es weiterer Untersuchungen bedarf, um die Ergebnisse abzusichern. Ebenfalls sollen auf der Basis der Bindungsprototypen des EBPR Vergleiche zwischen den Gruppen angestrebt werden. Auch Persönlichkeitsmerkmale stellen einen entscheidenden Faktor dar, wenn man das multifaktorielle Bedingungsgefüge betrachtet, das zu delinquenten Handlungen führt. Die Analyse von Persönlichkeitsmerkmalen und elterlichen Erziehungsstilen jugendlicher Straftäter im Zusammenhang mit Bindungsstrategien stellt einen weiteren Schritt der Untersuchungen dar.

Teil II:

Bindungsstörungen und ihre Behandlung unter besonderer Berücksichtigung von Persönlichkeitsstörungen vom Borderline-Typ

10 Bindungsstörungen und Möglichkeiten der therapeutischen Einflussnahme

Christine Ettrich

10.1 Einführung in die Problematik

Bei der Gestaltung zwischenmenschlicher Beziehungen wird dem Bindungsstil heute eine zentrale Rolle zugesprochen. Da dies auch – und in besonderer Weise – für die Gestaltung therapeutischer Beziehungen gilt, wendet sich die Forschung in jüngster Zeit immer wieder dem Zusammenhang zwischen Bindungsstil und therapeutischer Beziehung zu. Über die wesentlichen Bindungsmuster und ihre – mehr oder weniger – ungestörte Vernetzung bei Gesunden sowie auch bei Patienten mit spezifischen Störungsbildern (Borderline) wird in diesem Buch berichtet.

Im vorliegenden Beitrag soll insbesondere die therapeutische Beziehung bei bindungsgestörten Patienten verschiedener Diagnosen und Diagnosegruppen beleuchtet und über Möglichkeiten einer effizienten Patient-Therapeut-Beziehung diskutiert werden. Hierbei greift die Autorin auf ihre jahrzehntelangen praktischen Erfahrungen mit betroffenen Kindern und ihren Familien zurück, ohne hierzu empirische Ergebnisse oder Studienergebnisse vorzulegen.

„Grundlegend bei allen Bindungsstörungen ist, dass frühe Bedürfnisse nach Nähe und Schutz in Bedrohungssituationen und bei ängstlicher Aktivierung der Bindungsbedürfnisse in einem extremen Ausmaß nicht adäquat, unzureichend oder widersprüchlich beantwortet wurden“ (Brisch 2001).

Der Kernpunkt ist also das „extreme Ausmaß“, in dem eine Bindung bereits in ihrer Entwicklung gestört oder aber nach gelungenem Aufbau durch massive Bindungsbrüche wieder zerstört wird (Grossmann 1999).

Selbstverständlich gibt es fließende Übergänge zwischen unsicheren/desorganisierten Bindungsmustern (Main 1996) und den „echten“ Bindungsstörungen (Attachment Disorders nach DSM-IV).

In der Kinder- und Jugendpsychiatrie/Psychotherapie haben wir es sowohl mit Kindern und Jugendlichen unterschiedlicher Bindungsmuster und deren Kombinationen als auch mit bindungsgestörten Patienten zu tun (vgl. Kap. 7 in diesem Band). Es erscheint notwendig, diesen Hintergrund an Bindungs- und Beziehungserfahrungen besser als bisher zu beleuchten, um therapeutisch effizienter arbeiten zu können.

Brisch und seine Mitarbeiter haben sich in verschiedenen Projekten der Prävention von Bindungsstörungen gewidmet. Dies ist sehr notwendig, dennoch darf nicht vergessen werden, dass man auch mit besten Präventions- und präventiven psychotherapeutischen Programmen immer nur einen Teil der Bedürftigen erreicht.

Demgegenüber – und das sehen Lehrer, Jugendamtsmitarbeiter, Psychologen und Kinder-/Jugendpsychiater/Psychotherapeuten alltäglich – gibt es einen Teil (einen zu großen!) von Kindern und Jugendlichen, die „vor den Augen aller“ in die Delinquenz abgleiten bzw. freiwillig oder unfreiwillig ihr Leben beenden.

Brisch berichtet über amerikanische Längsschnittstudien an psychosozial hochbelasteten Familien, bei denen „teilweise eine Unterbrechung von Teufelskreisen… möglich ist, wenn die Interventionen sehr früh, in den ersten Lebensjahren, beginnen.“ Und er kommt zu dem Schluss: „Diese Ergebnisse beinhalten eine Botschaft mit weitreichenden politischen Konsequenzen.“

Was aber, wenn die Interventionen nicht in den ersten Lebensjahren begannen? Wenn die Kinder 9, 10, 12 Jahre oder älter sind und schon längst keine professionelle Hilfe mehr annehmen wollen oder dies ganz einfach nicht können? Eben, weil z. B. ihre Bindungsstörung sie daran hindert, eine einigermaßen aushaltbare (auf beiden Seiten) Beziehung zu einem „Helfer“ einzugehen? Hierüber existieren keine Studien, und es wird schwer sein, etwas anderes als Einzelfallanalysen zu erstellen.

10.2 Bindungsstörungen

Schauen wir uns die wesentlichen Typen gestörter Bindungen zunächst noch einmal im Überblick an.

Voraussetzungen dafür, als Bindungsstörung diagnostiziert zu werden, sind zum einen erhebliche Schwierigkeiten im Bindungs- und Explorationsverhalten bei mehreren Bezugspersonen in der frühen Kindheit oder in der Gegenwart und zum anderen die Dauer dieser Schwierigkeiten über mindestes 6 Monate.

Zwischen einer „bloßen" Bindungsunsicherheit, die aus dem Überwiegen eines der unsicheren Bindungsmuster resultiert (und ihrerseits allemal ausreicht, als Grundlage für die Entstehung psychischer Störungen zu dienen), über die klinisch sichtbare Störung in der Bindung zur Bezugsperson, die wahrscheinlich im inneren Arbeitsmodell (Bowlby 1980) des Kindes verankert ist, bis hin zu den sog. „echten" Bindungsstörungen (Attachment Disorders), die ins DSM-IV (Saß et al. 1996) aufgenommen wurden, weil sie klinische Relevanz besitzen, gibt es mitunter Schwierigkeiten der Abgrenzung.

Die „echten" Bindungsstörungen werden wiederum in 2 Typen eingeteilt. Typ 1 fasst Kinder zusammen, die übertrieben zurückhaltend und beobachtend gegenüber Erwachsenen sind, während Kinder des Typs 2 eine distanz- und kritiklose Kontaktfreudigkeit an den Tag legen, die oberflächlich und undifferenziert bleibt.

Hinzu müssen zur Diagnosefindung noch Merkmale der Eltern oder Merkmale der Bindungsgeschichte kommen.

Ein übergeordnetes Erklärungsmodell für die am Verhalten orientierte Bindungsdiagnostik existiert (noch) nicht. Für die klinische Praxis erscheint folgende Klassifikation sinnvoll, die hier am jüngeren Kind veranschaulicht wird, jedoch bis ins Erwachsenenalter hinein sichtbar sein kann:

1. Keine Anzeichen von Bindungsverhalten

Die Kinder fallen dadurch auf, dass sie gegenüber keiner Person ein Bindungsverhalten an den Tag legen. Auch nicht in Situationen der Bedrohung, in der jeder Mensch sich an eine (seine) nahe Bezugsperson wendet. Es wird auch keine Bezugsperson von ihnen bevorzugt, sie reagieren ganz undifferenziert auf die einzelnen Personen in ihrer Umgebung. Entwicklungspsychologisch ist anzumerken, dass von dieser Bindungslosigkeit zweckmäßigerweise erst nach dem 8. Lebensmonat zu sprechen ist, wo sich im Normalfall die Differenzierung von Bezugsperson und „Fremden" herausbildet. Die Kinder zeigen ein an das vermeidende Bindungsmuster erinnerndes Verhalten. Wenn Trennungsprotest auftritt, dann ist dieser undifferenziert. Die Kinder erinnern zum Teil an solche mit autistischem Verhalten. Sie sind aber in aller Regel von den Autisten differenzialdiagnostisch gut abgrenzbar. Von den Kindern mit vermeidendem Bindungsmuster unterscheiden sie sich differenzialdiagnostisch vor allem aufgrund der Veränderungen in den physiologischen Werten (Cortisol im Speichel u.ä.). Es gibt für diese Kinder keine Person, die verlässlich genug ist, in Bedrohungssituationen aufgesucht zu werden, und keinen Ort auf dieser Welt, wo sie sich wirklich sicher fühlen und den sie bei Bedrohung aufsuchen könnten.

2. Undifferenziertes Bindungsverhalten

Diesen Kindern fehlt der sog. Initialstupor. Sie zeigen ein freundliches Wesen gegenüber allen Kontaktpersonen ohne Ausnahme, unabhängig davon, ob sie ihnen bekannt sind oder nicht. Man spricht auch von einer „sozialen Promiskuität". In leidvollen oder stressvollen Situationen wenden sich diese Kinder ohne Unterschied an jede beliebige – auch fremde – Person, die sie erreichen können. Allerdings sind sie insgesamt schwer zu beruhigen, und ihr Bindungssystem kommt schwer wieder zur Ruhe, während das Explorationssystem erst sehr spät wieder aktiviert wird. Eine Untergruppe dieser Bindungsstörung wird auch als „Unfall-Risiko-Typ" beschrieben. Diese Kinder sind häufig Unfällen mit Selbstgefährdung und Selbstverletzung ausgesetzt, wobei sie diese Unfälle durch ihr ausgeprägtes Risikoverhalten selbst provozieren. Es gelingt ihnen nicht, sich bei ihrer Bezugsperson rückzuversichern, bevor sie sich in gefährliche oder fremde Situationen hineinbegeben, was Kindern im Allgemeinen bereits innerhalb des ersten Lebensjahres gelingt. Diese Kinder vom Unfallrisikotyp werden häufig in kinderchirurgischen und pädiatrischen Ambulanzen oder auch Stationen vorgestellt und medizinisch versorgt.

3. Übersteigertes Bindungsverhalten

Die Kinder reagieren in fremden Situationen ausgesprochen überängstlich, suchen die körperliche Nähe zu ihrer Bezugsperson, teilweise durch absurd anmutende Manöver des Suchens von Nähe. Auf Trennung von ihrer Bezugsperson reagieren sie übermäßig sensibel. Sie geraten in Panik und können sich lange nicht beruhigen. Sie setzen auch den kürzesten Trennungen heftigen Widerstand entgegen. Häufig vermeidet es die Bezugsperson, die Kinder auch nur kurzzeitig zu verlassen, weil sie die heftige Reaktion des Kindes fürchtet. Man findet diese Art der Störung häufig bei Kindern von Müttern mit Angststörungen, die in den Kindern ihre eigene emotionale Ruhe finden. Die Mütter geraten ihrerseits in Panik, wenn die Kinder sich von ihnen lösen (auch nur vorübergehend). Diese Störung ähnelt dem Muster von Kindern mit unsicher-ambivalenter Bindung, allerdings ist diese Störung in ihrer Ausprägung sehr viel stärker.

4. Gehemmtes Bindungsverhalten

Diese Störung finden wir häufig bei Kindern aus Gewaltfamilien. Die Kinder haben sich damit abgefunden, dass sie ihre Bindungswünsche sehr zurückhaltend äußern müssen, da sie sonst Gewalterfahrungen zu befürchten haben. Sie erfüllen Wünsche oder Befehle der Bezugsperson unmittelbar und protestlos, sie setzen vorübergehenden Trennungen geringen oder gar keinen Widerstand entgegen. Wir finden hier die ins Pathologische übersteigerte Form des vermeidenden Bindungsmusters.

5. Aggressives Bindungsverhalten

Die Kinder versuchen, sich auf paradoxe Weise die Nähe zu gewünschten Bezugspersonen zu verschaffen, indem sie diese Personen angreifen und/ oder mit aggressiven Äußerungen belegen. Hier gibt es regelmäßig – und das liegt in der Natur der Sache – Missverständnisse. Durch ihre verbalen und nonverbalen Formen des Aggressionsausdrucks vereiteln sie sich genau das, was sie sich am dringendsten wünschen – nämlich die Nähe zu Bezugspersonen. Sie sind differenzialdiagnostisch abzugrenzen von den Kindern mit dissozialen Verhaltensstörungen, bei denen die Symptomatik vielfältiger ist und nicht auf das aggressive Interaktionsverhalten beschränkt bleibt. Die Frustration, die das Kind erlebt, wenn es durch sein aggressives Verhalten von der gewünschten Bezugsperson zurückgewiesen wird, erzeugt Angst und wird wiederum mit Aggression beantwortet.

Auch hier handelt es sich um eine ins Pathologische gesteigerte Form des ambivalenten Bindungsmusters.

6. Bindungsverhalten mit Rollenumkehr

Bei dieser Bindungsform, auch Parentifizierung genannt, verhält sich das Kind überbesorgt und auch kontrollierend gegenüber der Bezugsperson. Hier zeigt das Kind die sonst von Müttern oder nahen Angehörigen beschriebene „Feinfühligkeit". Phasenweise kann das Bindungsverhalten mit Rollenumkehr an dasjenige sicher gebundener Kinder erinnern, nur mit vertauschten Rollen, was sich innerhalb der Beobachtung der Interaktion zwischen Kind und erwachsener Bezugsperson sehr rasch herauskristallisiert.

7. Psychosomatische Symptomatik im Bindungsverhalten

Wenn Kinder mit ausgeprägt emotional vermeidender, distanzierter Haltung der Bezugsperson trotz ausreichender körperlicher Pflege eine Verlangsamung oder einen Stillstand im Körperwachstum oder in der körperlichen Entwicklung zeigen (siehe frühkindliche Deprivation nach René Spitz), so ist dies nicht etwas, was sich ausschließlich im körperlichen Bereich, sondern zusätzlich im psychischen Bereich zeigt. Allerdings muss eingeräumt werden, dass, wenn dieser Weg über die psychosomatische Strecke einmal gebahnt ist, viele Dinge aus dem psychischen Bereich auch auf der somatischen Ebene ausagiert werden und sich damit dieses Muster selbst verstärkt. Wir haben es auch hier mit der ins Pathologische übersteigerten Form des vermeidenden Bindungsmusters zu tun.

Diese frühen Muster gestörter Bindungen können sich im Verlauf der Kindheit, Jugend und des Erwachsenenalters natürlich in verschiedensten kinder- und jugendpsychiatrischen oder psychiatrischen Störungsbildern manifestieren. So kennen wir aus dem Schulalter z. B. die Schulangst, die Leistungsverweigerung, die Aggressivität in der Adoleszenz, im Jugendalter die Suchtsymptomatik, die Dissozialität und Delinquenz und bei Erwachsenen, aber auch schon bei Jugendlichen, Angst, Panik und Agoraphobie, depressive Episoden, narzisstische Symptomatik, Borderline-Symptomatik bis hin zu psychotischen Reaktionen wie Depressionen und schizophrenen Verläufen und schließlich die Altersdepression.

Es ist an dieser Stelle auch hervorzuheben, dass die Diagnosen, mit denen wir die Störungsbilder der Patienten zu erfassen versuchen, Konstrukte sind, die der Vergleichbarkeit, der Überschaubarkeit, dem einheitlichen therapeutischen Vorgehen usw. dienen. Letztlich ist es aber noch immer ein Mangel auch unserer modernen Klassifikationssysteme (z. B. dem Multiaxialen Klassifikationssystem [MAS], das im Kindes- und Jugendalter auf 6 Achsen versucht, die Persönlichkeit des Kindes oder Jugendlichen umfassend abzubilden), letztlich doch an der Oberfläche zu bleiben und keine Möglichkeit zu enthalten, die „unter der Diagnose liegende" Störung abzubilden. Die Achse 5 des MAS, an der es in den vergangenen Jahren die meisten Änderungen und Verbesserungen gegeben hat (Remschmidt u. Schmidt 1996), stellt, was den familiären Bereich betrifft, einen solchen Versuch dar, geht aber über die Beschreibung des Vorgefundenen auch nicht hinaus. Hier besteht aus Sicht der Autorin ein echter Nachholbedarf. Im klinischen Alltag ist es leider auch gebräuchlich, durch eine – wie umfassend auch immer – durchgeführte Diagnostik zu Diagnosen zu kommen und diese Diagnosen dann einer möglichst ausgewählten und passenden Therapie oder mehreren Therapien zuzuführen. Es wird bereits in der Diagnostikphase zu selten gefragt, was denn zu dieser Diagnose geführt hat, das heißt, in der Diagnose ist die Ätiologie nicht ausreichend abgebildet. Es wird zwar versucht, aus der Anamnese heraus dem Patienten zu erklären, was seine Störung bedingt hat, aber im Allgemeinen bleibt man dann bei Plausibilitätserklärungen stehen.

Wir könnten als Psychotherapeuten sicher effizienter arbeiten, wenn wir in unserem psychotherapeutischen Herangehen nicht nur die Diagnosen, sondern auch die Auslösemechanismen für diese Diagnosen genauer fassen würden, und hier spielen die frühen Bindungen oder auch die späteren Beziehungserfahrungen eine große Rolle.

10.3 Möglichkeiten der therapeutischen Einflussnahme auf gestörtes Bindungsverhalten

In diesem Abschnitt soll versucht werden, mit aller gebotenen Vorsicht einige Gedanken zur möglichen therapeutischen Einflussnahme bei bindungsgestörten Patienten zu diskutieren.

Bindungsmuster bilden sich in den ersten Lebensmonaten und -jahren eines Kindes heraus. Sie erfahren, wenn sie sich einmal gebildet haben, häufig im Verlauf der Jahre immer wieder Bekräftigungen, die sie in ihrer Sicherheit oder auch Unsicherheit oder auch in ihrer Störung verstärken. Das heißt, wenn wir Kinder im Alter von mitunter 6, 7, 8 Jahren oder älter zur Therapie sehen, haben diese einen Weg an gelungener oder häufig misslungener Bindungserfahrung hinter sich (vgl. auch Minde 1995, Grossmann 1995). Es gilt als allgemein anerkannt, dass Patienten sich ihr pathogenes Milieu häufig selbst suchen bzw. selbst schaffen, weil sie durch ihre Beziehungsgestaltung die Umwelt mitunter vehement in gewisse Verhaltensweisen zwingen, die dann von ihnen wieder mit pathologischen (aber ihnen bekannten) Mechanismen beantwortet werden. Bei einem Kind mit gestörtem Bindungsverhalten wäre es vermessen zu erwarten, dass man „über den kurzen Weg" in vielleicht 2 oder 3 Monaten stationärer oder gar ambulanter Therapie diese Störung beseitigen könnte und damit die Diagnose beseitigt, mit der das Kind vorgestellt wird und die ja im Wesentlichen eine am Erscheinungsbild festgemachte ist (im vorangegangenen Abschnitt wurde darauf verwiesen). Aller Erfahrung nach sind die Wege von der gestörten Bindung in eines der als „normal" bezeichneten Bindungsmuster jahrelange Wege, mitunter Lebenswege, an denen freiwillig oder unfreiwillig sämtliche Interaktionspartner der Patienten mitwirken und diese Bindungen in die eine oder andere Richtung stabilisieren oder labilisieren. Von daher ist es besonders wichtig, wenn solche Patienten vorgestellt werden, möglichst eine fundierte Diagnostik durchzuführen, die diese Gesichtspunkte mit berücksichtigt, und darauf aufbauend eine maßgeschneiderte Therapie für den Patienten zu entwickeln.

Von vordergründiger Wichtigkeit ist es, dass der Therapeut sein eigenes vorherrschendes Bindungsmuster und die Anteile der untergeordneten Bindungsmuster ausreichend gut kennt. Dies ist häufig erst in einem längeren Prozess der praktischen Auseinandersetzung mit Patienten unter Supervision oder aber durch Selbsterfahrung zu erreichen. Denn so wie es einleuchtend und auch nachweisbar ist, dass selbst unsicher gebundene Mütter ihren Kindern keine hinreichende Bindungssicherheit vermitteln können, verhält es sich auch mit weiteren Bezugspersonen des Kindes – hier dem Therapeuten. Je sicherer er selbst gebunden ist und je mehr er im Verlauf seiner beruflichen Laufbahn lernt, sein eigenes Bindungsmuster in Richtung Sicherheit zu beeinflussen, umso weniger wird er sich von bindungsgestörten oder unsicher gebundenen Patienten in Übertragungs- und Gegenübertragungsprozessen „aushebeln" lassen und umso erfolgreicher wird er in der Therapie sein.

Es sei an dieser Stelle nochmals betont, dass es eine Illusion ist zu erwarten, 10- oder 12-jährigen Kindern mit z. B. gestörtem Bindungsverhalten im Sinne der erstgenannten Störung (der Bindungslosigkeit) bei einem stationären Aufenthalt – möge er auch ein halbes Jahr lang dauern – in einer Weise zu helfen, die diese Bindungsstörung vollständig korrigiert. Hier bedarf es immer der längerfristigen Einflussnahme und auch der Einflussnahme verschiedener Helfersysteme. Wenn es überhaupt gelingen soll, etwas zum Positiven zu verändern, müssen wir uns immer bewusst machen, dass die Entwicklung im Kindes- und Jugendalter rasch voranschreitet – so rasch, wie nie mehr im Leben – und dass neue Entwicklungsaufgaben auch neue Ausgestaltungen der vorhandenen Bindungsrepräsentation bedingen. Wir werden den multiplen Erscheinungen dieser Patienten allerdings auch nicht gerecht werden können, wenn wir ausschließlich am Erscheinungsbild bzw. an der Diagnose bleiben und nicht die tieferliegenden Beweggründe für die Ausprägung gerade dieser Diagnosen berücksichtigen. Man muss sich an dieser Stelle immer wieder bewusst machen, dass es für bestimmte Entwicklungsetappen und die Herausbildung bestimmter Fähigkeiten innerhalb des Lebens die sog. „Zeitfenster" gibt, innerhalb derer diese Entwicklung wahrscheinlich und vom Individuum leicht bewältigbar ist. Wenn dieses Zeitfenster geschlossen ist, wird es sehr schwierig, langwierig und teuer, in therapeutischen oder Übungsprozessen etwas nachzuholen, was innerhalb des Zeitfensters nicht zustande kam, durch welche Umstände auch immer.

Wie verhält es sich mit dem 2. Typ der Bindungsstörung, dem *undifferenzierten Bindungsverhalten*? Die Kinder haben im Laufe ihrer frühen Entwicklung gelernt, dass sie sich sehr schnell einen Bindungspartner suchen müssen und dafür, wenn sie überhaupt etwas Positives erreichen wollen, besonders anschmiegsam sein müssen. Deshalb sind sie unkritisch ihren Umgebungspersonen gegenüber, gehen auf jeden zu und mit jedem mit, wobei ihr Bindungssystem ständig in Aktion ist. Weil das Bindungssystem dieser Kinder ständig aktiv ist, können sie ihr Explorationssystem nicht richtig aktivieren, das heißt, sie bleiben in der Entwicklung häufig zurück. Wir finden solches Bindungsverhalten häufig bei Adoptivkindern, die erst nach Ablauf der ersten Lebensjahre adoptiert wurden und die damit dann ihrerseits die gefundenen Adoptiveltern wiederum enttäuschen, weil sie undifferenziert auch mit anderen Bezugspersonen in ähnlicher Weise wie mit den Adoptiveltern umgehen und sich nicht auf diese beziehen, was Adoptiveltern sich ja im Allgemeinen am meisten wünschen.

Die Kinder vom „Unfall-Risiko-Typ" hingegen haben (unbewusst) bereits einen Mechanismus gefunden, wie sie Zuwendung von bevorzugten Bindungspersonen bekommen können, nämlich indem sie sich in Unfälle verwickeln oder ähnliches. Dann tritt jeweils die Bindungsperson auf den Plan und versucht diese Schmerzen oder dieses Leid, das dem Kind widerfahren ist, zu beenden oder durch andere Helfersysteme beenden zu lassen.

Im therapeutischen Herangehen ist es hier zunächst einmal wichtig, überhaupt Bindungen aufzubauen, die weniger auf dem Entgegenkommen des Kindes fußen, sondern dem Kind zeigen, dass es um seiner selbst willen angenommen wird. Dies ist im stationären Alltag relativ gut zu vermitteln, wenn auch nur über eine längere Zeit. Ebenso kann dem Kind vermittelt werden, dass es nicht leiden muss, dass es keine Schmerzen haben muss, dass es keine Unfälle haben muss, um die Zuwendung seiner Bezugspersonen zu bekommen, sondern dass es so wie alle anderen Kinder um seiner selbst willen geliebt, gemocht und behandelt wird, ohne dass es dafür ein bestimmtes Verhalten an den Tag legen muss.

Beim 3. Typ der Bindungsstörung, dem *übersteigerten Bindungsverhalten*, ist den Kindern im therapeutischen und/oder pädagogischen Prozess zu vermitteln, dass die Bezugspersonen zuverlässig sind, dass sie Trennungen nicht über Gebühr ausdehnen, sondern zum vereinbarten Zeitpunkt zurückkommen, dass sie aber Trennungen stattfinden lassen und nicht aus Angst, wie die Mütter es häufig tun, Trennungen vermeiden. Hier ist dem Kind zu vermitteln: „Was immer du inszenierst, Trennungen sind im Leben notwendig und wir werden Trennungen haben, aber sie werden kurzzeitig und überschaubar sein und sie werden für dich überlebbar sein." Damit kann über einen längeren Weg bei dem Kind das Muster der ständigen Bereitschaft des Bindungssystems doch etwas verändert werden im Hinblick auf „normalen Wechsel von Aktivität des Bindungs- und Explorationssystems". Es ist immer wieder beachtlich, wie von jungen unerfahrenen Erziehern und Therapeuten dieses übersteigerte Klammern von Kindern auch als „dieses Kind mag mich" missgedeutet wird und damit auch eigene Ängste ausgelebt werden. Erst der souveräne Therapeut/Erzieher kann mit diesen Ängsten umgehen und das oben Gesagte verwirklichen, indem er ganz klar und transparent ohne Angst seine Rolle lebt und damit auch die Angst beim Kind reduziert.

Der 4. Typ, das *gehemmte Bindungsverhalten*, ist im stationären Setting oder auch in ambulanten Therapien der zunächst „pflegeleichte" Typ. Hier müssen Erzieher und Therapeuten gut aufpassen, dass sie dieses pflegeleichte Verhalten des Kindes nicht zu sehr genießen, sondern als etwas Pathologisches erkennen und ihm auch gegensteuern, indem sie altersgerechte Forderungen des Kindes annehmen und eher fördern, indem sie akzeptieren, dass Trennungen Schmerz verursachen und dass dieser Schmerz mit Widerstand vor der Trennung oder mit Protest nach erfolgter Trennung vom Kind, je jünger es ist, umso mehr, beantwortet wird.

Die Kinder mit *aggressivem Bindungsverhalten* (Typ 5) müssen in Therapie und im erzieherischen Alltag lernen, dass es nicht nötig ist, Personen anzugreifen, um deren Zuwendung zu erhalten, sondern dass Zuwendung auch (oder gerade dann) gegeben wird, wenn das Kind nicht in seiner paradoxen Weise danach „schreit". Und vor allem müssen die Kinder lernen, dass sie das, was sie sich am meisten wünschen, die Nähe zur Bezugsperson, sich auf eine völlig verquere Art und Weise versuchen zu holen, indem sie nämlich die Bezugsperson attackieren. Das ist ein Prozess, den man in verhaltenstherapeutischen und Übungssequenzen den Kindern sehr gut veranschaulichen kann und bei dem es möglich ist, ein anderes Verhaltensmuster zu trainieren. Hier kommt es auch darauf an, dass das Kind lernt, je nach Alter die Ängste, die hinter diesen aggressiven Äußerungen stehen, zu benennen und damit die aggressiven Äußerungen entbehrlich zu machen.

Typ 6, das *Bindungsverhalten mit Rollenumkehr*, erfordert, dass die Kinder zunächst einmal von ihrer Funktion des Überlegenen, der Funktion des parentifizierten Kindes, entlastet werden, dass Helfersysteme sich um die primären Bezugspersonen der Kinder, nämlich die Eltern, kümmern, dass die Kinder es lernen, altersgemäß ihre Spielpartner zu suchen und zu finden und es einen Elternersatz gibt, der sich um die Kinder kümmert. In einem zweiten Schritt wäre es wünschenswert, wenn die Eltern wieder oder überhaupt ihrer Funktion als Eltern gerecht werden könnten. Das heißt, im ersten Schritt müssen die Eltern „Eltern" und die Kinder Ersatzeltern bekommen, und in einem zweiten Schritt wäre die Wiedereinsetzung oder überhaupt die Einsetzung der eigentlichen Eltern als Eltern in ihrer Funktion denkbar. Manchmal kommt es in der Realität leider nicht so weit.

Bei dem 7. Typ, der *psychosomatischen Symptomatik im Bindungsverhalten*, muss in der Therapie und in der Erziehung – beides geht ja immer zusammen – versucht werden, die in die körperliche Ebene verdrängten psychischen Missbehagenszustände wieder oder überhaupt auf der psychischen Strecke zu erleben, auszudrücken und auszuagieren, so dass die Schiene über den Körper entbehrlich wird. Die Kinder müssen lernen, ihre Emotionen zunächst wieder zu fühlen und auch auszusprechen oder auszuagieren. Das impliziert, dass die Umwelt auf diese psychischen Signale der Kinder auch entsprechend reagieren muss (vgl. auch Ainsworth et al. 1978), also nicht erst wartet, bis wieder körperliche Symptomatik gezeigt wird.

Es ist klar, dass diese hier aufgezeigten Gesichtspunkte am besten in einem multiprofessionellen Team mit ständiger externer Supervision zu bewältigen sind, da es im alltäglichen Umgang mit diesen Patienten eine Fülle von Problemen gibt, an denen einzelne Helfer, aber auch ganze Teams zerbrechen können. Die Erfahrung lehrt aber auch, dass – ähnlich wie bei der systemischen Sicht- und Denkweise – diese Beachtung der Bindungs- und Beziehungserfahrungen des Patienten in der praktisch-psychotherapeutischen Arbeit so hilfreich ist, dass der Therapeut, der sie einmal in seine therapeutischen Überlegungen und sein praktisches Handeln einbezogen hat, dieses Herangehen nie wieder verlässt (Bowlby 1980).

Im Folgenden sollen einige Punkte aufgezählt werden, die sich in der Vergangenheit und Gegenwart immer vielfältiger und häufiger in therapeutischen Einrichtungen durchsetzen und die ganz gezielt auf die Sicherung von Beziehungen und Bindungen ausgerichtet sind. So wird an vielen Kliniken – wie auch der unseren – seit Jahren schon das Bezugstherapeutensystem angewandt. Dieses ermöglicht zum einen eine relativ rasche Beziehungsgestaltung zwischen Patient und Therapeut und zum anderen eine Wahrnehmung des Therapeuten als verfügbares Objekt, das sowohl positive als auch negative Anteile in sich vereinigt. Das ist für den Patienten einerseits vorteilhaft, mitunter aber auch schwer aushaltbar, je nach erfahrenen Bindungsgestaltungen in der Anamnese. Schließlich können dadurch aber immer wieder an derselben Person (dem Therapeuten) Erfahrungen gesammelt werden und sich die Bindung schließlich differenzieren und optimieren. Da es viele Patienten gibt, die einerseits Angst vor der Nähe zum Therapeuten haben, andererseits aber auch dessen Abwesenheit nicht aushalten können – zumindest anfangs nicht – ist es unumgänglich, dass der Therapeut in seinem Vorgehen sehr transparent ist, dass er Therapiestunden möglichst nicht verschiebt, dass er für den Patienten zu ganz bestimmten Zeiten erreichbar ist und dass er rechtzeitig dem Patienten sagt, wann er z. B. ein verlängertes Wochenende oder Urlaub haben wird. Es hat sich bewährt, in diesen Fällen, z. B. bei längerer Abwesenheit, dem Patienten sog. „Übergangsobjekte" zu geben, so dass er sich durch diese „Stellvertreterobjekte" doch mit dem Therapeuten verbunden fühlt, auch wenn dieser einmal nicht anwesend ist. Je nach Störungsbild wird mit diesen Dingen natürlich unterschiedlich umgegangen, ebenso je nach Schwere der Störung.

Während eines stationären Aufenthaltes oder eines Aufenthaltes in der Tagesklinik sollte möglichst kein Therapeutenwechsel stattfinden. Wenn das doch sein muss, etwa bei Übergängen von stationärer in tagesklinische Behandlung oder umgekehrt, hat es sich als zweckmäßig erwiesen, diese Übergänge durch sog. Übergabe-Übernahme-Kontakte gemeinsam mit bisherigem und neuem Therapeut und dem Patienten vorzubereiten.

Ebenfalls hat sich seit längerer Zeit das sog. Bezugsbetreuersystem in Kliniken und Tageskliniken bewährt, bei dem jeder Patient einen spezifischen Ansprechpartner im pflegerisch-erzieherischen Bereich hat, der für seine Sorgen und Nöte im Alltag da ist und an den er sich immer wenden kann. Da die Schwestern und Pfleger im Schichtdienst arbeiten, ist es zweckmäßig, jeweils auch einen Stellvertreter dafür zu benennen. Ebenso sollten die komplementären Therapieformen wie Physiotherapie, Ergotherapie, Musiktherapie, Körpertherapie usw. möglichst immer mit demselben Therapeuten durchgeführt werden, was in den meisten Kliniken nicht schwierig ist, da es ohnehin von den verschiedenen Berufsgruppen jeweils nur einen oder sehr wenige Mitarbeiter gibt.

Weiterhin ist es wichtig, Abschiede von Seiten des Patienten (Entlassung) bzw. auch von Seiten des Therapeuten (wenn dieser z. B. die Station oder die Klinik wechselt) ausreichend lange vorzubereiten. Was „ausreichend" ist, richtet sich dabei jeweils nach dem Schweregrad und der Art der Störung sowie dem bisherigen Genesungsverlauf. Bei bestimmten Störungen, denen sehr unsichere oder gestörte frühkindliche Bindungserfahrungen zugrunde liegen, hat es sich in den letzten Jahren in unserer Klinik bewährt, auch nach Entlassung von der Station oder aus der Tagesklinik, dem Patienten noch Besuchskontakte in der Klinik zu ermöglichen. Es ist außerordentlich interessant, wie die Patienten nach einer gewissen Zeit nicht mehr ausschließlich auf den Therapeuten oder die Therapeutin fokussiert sind, sondern die gesamte Institution „Klinik" als Bezugsobjekt angenommen haben, das heißt, dass sie sich in Krisen immer wieder an einen Mitarbeiter der Klinik wenden können und dies auch tun und zum Teil auch um stationäre oder tagesklinische Aufnahme bitten. Es gibt Patienten in unserer Klinik, die über Jahre ihre Persönlichkeit über sehr weitmaschig stattfindende Beziehungsangebote schließlich stabilisieren und damit im Leben gehalten werden.

10.4 Ausblick

„Was Hänschen nicht lernt, lernt Hans nimmermehr" sagt ein altes Sprichwort. Wir wollen nicht therapeutischem Nihilismus das Wort reden, allerdings scheint es geboten, darauf hinzuweisen, wie blauäugig wir uns – alle Helfersysteme einschließlich Gesellschaft – mitunter verhalten, wenn wir glauben, solche schweren frühkindlichen Störungen innerhalb von Monaten behandeln oder heilen zu können (vgl. Daudert und Eckert in diesem Band). Wir müssen uns immer bewusst sein, dass das, was Hänschen nicht lernte, danach sehr viel aufwendiger an Zeit, an Kraft und letztlich auch an Geld wird und dass es vermessen ist, bei 13-, 14-jährigen oder auch älteren Jugendlichen von „Resozialisierung" zu sprechen, wenn sie noch gar keine Gelegenheit zur Sozialisierung bekommen haben.

Wenn wir uns vergegenwärtigen, wie viel Zeit, Kraft und damit auch Geld die Therapie von mitunter „nur" unsicher gebundenen Patienten vom Kindes- bis häufig ins Erwachsenenalter hinein kostet, wird im Ansatz abschätzbar, wie „teuer" die Therapie/Korrektur jedes misslungenen Lebensweges eines Menschen aufgrund einer Bindungsstörung wird. Ein weiteres Plädoyer für frühe, nicht zu kurz greifende, oder besser noch präventive Maßnahmen!

Diese präventiven Maßnahmen sollten nicht erst bei der Generation werdender Eltern ansetzen, sondern durchaus schon bei Kindern und Jugendlichen, um den Teufelskreis der Wiederholung der Störungen von Bindungsvollzügen und Bindungsentwicklungen zu durchbrechen, denn schließlich sind die Kinder und Jugendlichen von heute die Elterngeneration von morgen.

11 Borderline-Persönlichkeitsstörungen

Wolfgang Milch und Frank Leweke

11.1 Einleitung

Die Borderline-Störung weist eine Vielgestaltigkeit von Symptomen auf, die mit einem durchgängigen Muster an Instabilität im Bereich der Stimmung, der zwischenmenschlichen Beziehungen und des Selbstbildes einhergehen (DSM-IV, Saß et al. 1996). Der Beginn liegt im frühen Erwachsenenalter, obwohl auch für die Kindheit ein Borderline-Syndrom postuliert wurde (z. B. Diepold 1994).

Affektiv instabile Zustände dauern gewöhnlich einige Stunden oder in Ausnahmefällen auch länger als einige Tage an. Das Auftreten übermäßig starker Wut ist häufig mit der Unfähigkeit verbunden, diese zu kontrollieren. Es wird wiederholt mit Suizid gedroht, und es kommt zu Suizidversuchen oder anderen selbstverstümmelnden Verhaltensweisen. Eine ausgeprägte und andauernde Identitätsstörung äußert sich in Unsicherheiten des Selbstbildes, der sexuellen Orientierung, der langfristigen Ziele oder Berufswünsche, der Wahl von Freunden oder Partnern sowie der persönlichen Wertvorstellungen. Die Patienten mit Borderline-Störungen empfinden häufig ein chronisches Gefühl der Leere oder Langeweile und sind verzweifelt darum bemüht, ein reales oder phantasiertes Alleinsein zu verhindern.

11.2 Vorstellungen über die Kindheit späterer Borderline-Patienten

Viele Studien über das Borderline-Syndrom gehen davon aus, dass eine Störung in der Entwicklung besteht, die der Wiederannäherungssubphase der Separation-Individuation nach Mahler (1971, 1975) zugeordnet werden kann (Übersichten bei Grotstein 1987 und Dornes 1997a). Die Hauptbezugsperson des späteren Borderline-Patienten zieht ihre Liebe und Zuneigung zurück, wenn das Kind die Separations- und Individuationsphase durchläuft, und belohnt das Kind, wenn es in symbiotischer Verschmelzung mit ihr regrediert (Rinsley 1981). Mahler und Kaplan (1977) beobachteten Mutter-Kind-Paare, in deren Interaktion sich das Kind regelmäßig vom Körper der Mutter abstieß, wenn sie es auf den Arm nahm. Nach Ansicht von Brazelton und Cramer (1990) lässt die Mutter des späteren Borderline-Patienten das Kind emotional allein und scheint damit in der Funktion als emotionale Begleitung des Kindes und als Selbstobjekt zu versagen, so dass die psychobiologischen affektregulierenden Funktionen vom Kind nicht oder nur unzureichend erworben werden können. Das gibt zu Vermutungen Anlass, dass diese Kinder schon vor der Wiederannäherungssubphase gestört sind, so z. B. fast ständig darum bemüht sind, desorganisierende und überflutende Stimuli zu reduzieren, ein Mangel, der aus Störungen der Beziehungsregulation in den ersten Lebensmonaten resultiert.

Schore (1994) betrachtet die stark verminderte Fähigkeit der Bezugsperson, Selbstobjektfunktionen zur Verfügung zu stellen, als Ursache für die mangelnde Kapazität zur psychobiologischen Regulation des heranreifenden kindlichen Nervensystems, so dass auch das Bindungssystem nur unzureichend entwickelt werden kann. Insbesondere führt er eine Störung der Reifung im fronto-limbischen System darauf zurück, die zu einem strukturellen Defizit führt, das ab der Mitte des 2. Lebensjahres permanent nachweisbar ist. Der Mangel an Selbstobjektfunktionen für das Kind kommt auch in der Familienstruktur zum Ausdruck. Goldstein (1990) charakterisiert „Borderline-Familien" in folgender Weise: *„In einem alternierenden Wechsel von Verschmelzung und Distanzierung werden die angemessenen, altersadäquaten Bedürfnisse des Kindes nur mit Intoleranz abgehandelt. Die Kinder dagegen versuchen, das Selbstwertgefühl der Eltern zu stabilisieren und deren Stimmung zu verbessern. Mit ihrem Verhalten dämpfen sie die Angst oder Wut der Erwachsenen. Die Generationsschranken sind nur diffus, es besteht ein Mangel an Regeln und Disziplin und häufig wird Gewalt versteckt akzeptiert oder sogar begünstigt."* Nach Lichtenberg (1987/1990) suchen Patienten mit Borderline-Störungen ein Gefühl von Lebendigkeit durch Erfahrungen auf hohem Erregungsniveau. Das liegt seiner Meinung nach darin begründet, dass Kinder und Erwachsene ein gemäßigtes Interesse in ihren Familien mit einem mittleren Spannungsniveau (z.B. bei der Freude an einer spielerischen Interaktion) als nur inkonsistente oder unzuverlässige Erfahrung erleben, die in ihrer intersubjektiven Bedeutung zu vernachlässigen ist. Nur die Kommunikation intensiver und extremer Affekte wird in der Familie beachtet und beantwortet. Normalerweise können Spannungen im Vordergrund der Beziehung durch einen harmonischen Hintergrund ausgeglichen werden. Bei „Borderline-Familien" besteht ein instabiles Ambiente im Hintergrund, das unvorhersehbar von ruhiger Gutartigkeit bis irritierbarer Bösartigkeit hin und her kippen kann (vgl. das analoge Übertragungs- und Gegenübertragungsmuster bei erwachsenen Borderline-Patienten). Vor diesem Hintergrund bekommen selbst alltägliche Konflikte im Vordergrund eine besondere Dramatik.

11.3 Hauptsymptome der Borderline-Störung

Aggression

Störungen der Aggression bei Borderline-Patienten werden nach dem DSM-IV (Saß et al. 1996) als Neigung zu unangemessener Wut (besonders wenn Verlassenwerden droht), die Unfähigkeit, die Wut zu kontrollieren, und selbstschädigende Aktivitäten bis hin zu Suizidhandlungen charakterisiert. Das exzessive Ausmaß aggressiver Triebenergie wird von manchen Autoren als basaler ätiologischer Faktor angesehen (Goldstein 1999). Die Entstehung der übermäßigen Aggressionsbereitschaft wird zum einen auf angeborene Faktoren und zum anderen auf Störungen der Reifung in der Aggressionsentwicklung zurückgeführt. Nach Kernberg (1967, 1978) liegen die genetischen Wurzeln der Borderline-Struktur in ungewöhnlich intensiven und deshalb phasenadäquat nicht zu bewältigenden prägenitalen Aggressionen.

Für die „normale" Entwicklung konnte Parens (1992, 1993) in einer Jahre dauernden, präzisen Recherche anhand von Beobachtungen an Säuglingen und Kleinkindern feststellen, dass Feindseligkeit kein spontan im Körper entstehender Prozess ist, der sich aufstaut und auf Entladung drängt, sondern eine Reaktion auf exzessiv empfundene Unlust. Ärger und Wut entstehen danach situativ als Reaktionen auf unerträgliche Gefühle. Ihre Verlaufsgestalt hängt vom Verhalten der Bezugspersonen ab, so dass Beruhigung und das Aushalten aggressiver Affekte zunächst von der Bezugsperson ausgeht und schrittweise zu einer Selbstregulation aggressiver Spannungen führt. McDevitt (1985) vertritt nach seinen Beobachtungen die Ansicht, dass Kinder bis zum 16. Lebensmonat reaktiv ärgerlich sind und erst danach absichtlich andere verletzen, sich also nicht mehr lediglich instrumentell-aggressiv verhalten, wie z.B. im Kampf um ein Spielzeug (Dornes 1997a). Später kann mit dem Auftreten feindseliger Handlungen Aggressionslust verbunden sein in Form von lustvollem absichtlichem Verletzen, so dass die Aggressionsäußerung für den äußeren Beobachter eine „sadistische" Qualität bekommt. Auch Hass auf ein Objekt kann erst ab diesem Alter entstehen, da die Voraussetzungen für Hassgefühle die Fähigkeit ist, ein Objekt von sich getrennt wahrzunehmen (Lichtenberg et al. 1992, 1989, 2000).

Nach Lichtenberg (1999) ist für das Verständnis aggressiven Verhaltens bei Säuglingen und Erwachsenen zwischen 2 essenziell unterschiedlichen Motivationssystemen zu differenzieren: Das Motivationssystem der Exploration und Selbstbehauptung einerseits und das aversive Motivationssystem andererseits. Das Bedürfnis nach Exploration und Selbstbehauptung zeigt sich beim Säugling in affektbetontem Interesse und der lebendigen Neugier an der Umgebung, der Freude, Neues auszuprobieren, besonders wenn sich Säuglinge als Urheber eigener Handlungen empfinden. Im Wachzustand ist das Kind fast ständig motiviert, die Umwelt zu explorieren, indem es Dinge verändert und beeinflusst, wobei es sichtlich Vergnügen empfindet. Ermutigung durch eine Bezugsperson unterstützt dieses Verhalten. Die andere Qualität dieses Motivationssystems, die Selbstbehauptung, kommt dann ins Spiel, wenn Widrigkeiten beim spielerischen Umgang mit der Umgebung auftreten, so dass das eigene Effektanzerleben beeinträchtigt wird. Störungen in diesen Motivationssystemen können durch zu häufiges, steuerndes oder unsensibel eingreifendes und aufdringliches Verhalten entstehen. Im Unterschied zum Bedürfnis nach Exploration und Selbstbehauptung ist das aversive Motivationssystem nicht ständig motiviert, sondern wird nur dann aktiviert, wenn die Selbstbehauptung bedroht und aversives Verhalten notwendig wird. Es äußert sich in negativen Affekten wie Zorn, Wut, Ärger, Verzweiflung, Furcht, Ekel, Angst, Schrecken, Scham und Schuld. In solchen Zuständen des Selbst braucht das Kind besondere regulierende Hilfen durch die einfühlsame und den Affektzustand akzeptierende responsive

Bezugsperson, damit es sich beruhigen, seinen Ärger zunehmend als instrumentelle Kraft einsetzen und seinen Handlungen Nachdruck verleihen kann; somit wird sein aversives Motivationssystem belastbarer, integrationsfähiger und damit reifer.

Es liegt nahe, dass Eltern von späteren Borderline-Patienten zum regulierenden Verhalten nur unzureichend in der Lage sind, weil sie die vom Kind hervorgerufenen Affekte selbst nicht aushalten können und innerlich panisch reagieren. Aversive Reaktionen können beim Kind Angst und Rückzug auslösen und leiten selbstzerstörerisches Verhalten ein, wenn weder Kampf noch Flucht möglich ist und der innere Zustand förmlich „einfriert", wie es später erwachsene Borderline-Patienten beschreiben, wenn sie sich von Konflikten überfordert fühlen und sich ohnmächtig erleben. In solchen Fällen verlieren aversive Reaktionen ihren Signalcharakter, um auf die Notwendigkeit der Veränderung von interaktiver Regulation und Selbstregulation hinzuweisen und zu ermutigen, sich in Kontroversen auseinanderzusetzen, den eigenen Standpunkt zu behaupten oder auch sich aus dem Konfliktfeld zu lösen und sich so von anderen abzugrenzen. Durch Traumatisierungen der Mutualität kann das aversive Motivationssystem so weit gestört werden, dass Hass und Destruktivität zum vorherrschenden Motiv werden, um den erlittenen, erniedrigenden und beschämenden Verletzungen des Selbst eine kompensatorische Vitalisierung im Erleben von eigener Macht entgegensetzen zu können.

Borderline und Spaltung

Während der Behandlungen erwachsener Borderline-Patienten werden regelmäßig Spaltungsmechanismen als vorherrschende Abwehr beobachtet. In ambulanten Therapien beschreiben Borderline-Patienten ihre Therapeuten zu gewissen Zeiten als nur gut oder nur schlecht, und in stationären Behandlungen wird ein Teil der Behandler als nur positiv und andere als nur negativ von den Patienten erlebt, ähnlich einem Schwarzweißbild. Beispielsweise können sie einzelne Therapeuten ganz für sich einnehmen unter der Bedingung, dass das Aggressive und Destruktive auf andere Mitglieder des therapeutischen Teams verschoben wird. Diese permanente Spannungssituation lässt ein labiles Gleichgewicht entstehen, so dass die Suche nach Nähe mit Gefahr und Bedrohung aufgewogen wird und insgesamt die Wünsche und Ängste gegenüber der Welt der Objekte an Gefährlichkeit verlieren.

Die Neigung zu Spaltungsmechanismen bei Borderline-Patienten wird von vielen Therapeuten, vor allem kleinianisch-orientierten, als ein psychischer Mechanismus aufgefasst, der auf eine normale Säuglings- oder Kleinkindphase zurückgeht, in der das Kind wegen seiner starken libidinösen und destruktiven Triebimpulse das Objekt aufspalten muss, wie z. B. in der Metapher der guten, lustspendenden und der bösen, versagenden Brust. Es ist aber zu bezweifeln, dass diese bei erwachsenen Patienten durchaus zu beobachtende Spaltungstendenz auf eine normale Entwicklung in der frühen Kindheit zurückgeführt werden kann (Lichtenberg 1987, Stern 1985/1992). Empirische Ergebnisse scheinen zu belegen, dass Kinder von Anfang an ihre Bezugspersonen als ganzheitlich wahrnehmen. Spaltung tritt folglich erst dann auf, wenn eine ganzheitliche Objektwahrnehmung wieder gespalten wird als Zeichen einer Störung in der Beziehung. Wie Untersuchungen aus der Arbeitsgruppe von Fonagy (1991) nahelegen, fühlt sich der prämorbide Erwachsene durch die Impulse des Kindes bedroht und kann die davon ausgehende innere Spaltung nicht halten. Die intersubjektive Übereinstimmung kippt dann in einen Zustand intersubjektiver Spaltung als Ausdruck völliger Widersprüchlichkeit der Selbstzustände, um dann wieder zurück zu kippen in einen Zustand intersubjektiven Einvernehmens (Verschmelzung). Aus selbstpsychologischer Sicht bedeutet das, dass die Selbstobjektfunktionen als für das kindliche Selbst essenzielle Erfahrungen nur zeitweise erfüllt, dann abrupt entzogen werden. Das Kind kann deshalb keine stabilen und integrierenden inneren Repräsentanzen aufbauen, sondern diese sind in Extremvarianten gespalten. Die Regulation des inneren Zustandes des Kindes (und Erwachsenen) wird störanfällig, und das Selbst als inneres, sinngebendes System ist immer in Gefahr zu fragmentieren.

Als Beispiel für Spaltungsprozesse in der frühkindlichen Interaktion kann der Blickkontakt zwischen Mutter und Säugling angesehen werden. Der Blickkontakt stellt das erste Interaktionsverhalten dar, mit dem das Kind lernen kann, soziale Kommunikation zu initiieren oder zu regulieren (Stern 1985/1992). Schon Säuglinge können von ihrer Mutter eine Antwort bekommen, wenn sie diese anschauen und dann den Kontakt auch wieder durch bloßes Wegschauen beenden. Lässt die Mutter das Wegschauen nicht zu, indem sie das Kind mit ihren Blicken oder mit Kopfbewegungen verfolgt, führt dies zu aversiven Reaktionen beim Kind, die sich in heftigen Protesten äußern. Werden diese traumatisch durchbrochen, kann dies auch zu autistischem Rückzug (z. B. Einschlafen) führen. Auf der anderen Seite empfinden manche Mütter den Blick ihres Kindes als unerträglich und versuchen ihm zu entgehen, so dass das Kind in seiner Suche nach Blickkontakt das Gesicht der Mutter „verfolgt". In einer spielerischen Interaktion kann das Kind dagegen lernen, dass die Mutter es anblickt und zurück lächelt, wenn es selbst sie ansieht und lächelt (besonders während des Stillens), aber auch die Erfahrung machen, dass es ohne besondere Konsequenzen wegblicken kann. Stern (1985/1992) geht davon aus, dass der interaktive Blickkontakt den Vorläufer für spätere Entwicklungen darstellt und das Verhaltensmuster von Begegnung und Entfernung später wieder aufgenommen wird, z. B. beim Wegkrabbeln und Zurückkehren.

Abrahms (1991) beschreibt ein taubes Kind, dessen Mutter extrem empfindlich auf plötzliche Zurückweisungen reagierte. Das Kind selbst konnte wegen seiner Gehörlosigkeit nicht auf die verbalen Äußerungen der Mutter antworten. Dem Autor fiel auf, wie empfindlich die Mutter auf das Verhalten des Kindes reagierte, das von ihr als Zurückweisung empfunden wurde. Dazu gehörte Blickabwendung beim Stillen, später Entfernung und Wegkrabbeln sowie Weglaufen und plötzlicher Wechsel von Verschmelzung und Zurückweisung. Die visuelle Interaktion war durch die starke Ambivalenz der Mutter geprägt; diese konnte die motorische Entwicklung nur ungenügend spiegeln, so dass das Kind nicht „emotional auftanken" konnte, wenn es nach einer Entfernung wieder auftauchte. Es schien, als ob die Mutter nicht tolerieren konnte, dass das Mädchen sich von ihr ablösen wollte. Das führte schließlich sogar dazu, dass die Mutter sie ganz verließ. Da die Mutter bereits zuvor ein Kind ebenfalls in diesem Alter in Pflege gegeben hatte, war anzunehmen, dass vor allem die Wiederannäherungsphase (Mahler 1975) für diese Borderline-Mutter wegen der eigenen Lebensgeschichte besonders konfliktreich erlebt wurde. Die schwere Störung der Kommunikation mit seiner Mutter – in Verbindung mit der Gehörlosigkeit – führte zu Spaltungsphänomenen des Kindes wie z. B. libidinöses Anschauen und aggressives Blickabwenden, die sich im Laufe der Behandlung in eine natürliche visuelle Aufeinanderbezogenheit verwandeln konnte. Es handelt sich um ein Beispiel dafür, wie die intersubjektive Regulation zu entsprechenden interaktiven Erwartungen und gespaltenen Objektrepräsentanzen führen kann.

Auch die Wahrnehmung disparater Selbstzustände bei der primären Bezugsperson hat ihre Entsprechung in den inneren Zuständen des Kindes, die zur Spaltung führen. Es handelt sich aber wiederum nicht um eine normale Entwicklung, wie sie z. B. von Dornes (1997a) zusammengefasst wird. Danach hat der Säugling die Fähigkeit, verschiedene Wahrnehmungsmodalitäten von Objekten miteinander abzugleichen. Er nimmt einen identischen Ort wahr, indem er z. B. Kopf und Augen in Richtung einer Schallquelle dreht, um dabei offensichtlich einen einheitlichen Ort für unterschiedliche Sinnesmodalitäten zu erwarten. Seh- und Hörreize gehen nicht von zwei disperaten, sondern von einem kohärenten Objekt aus.

Die Spaltung kann somit als Ausdruck einer gestörten Beziehung aufgefasst werden und hält durch ihre besondere Natur diese Störung weiter aufrecht. In Therapien erschwert sie eine empathische Responsivität, wenn sie dazu führt, dass die potenziell verändernden Erfahrungen abgewehrt und Therapeuten als potenziell bedrohliche Objekte kontrolliert werden müssen. Unterbrechungen in der therapeutischen Beziehung können die Zusammenarbeit gefährden. Die Beziehung muss aktiv durch die Bemühung des Therapeuten wiederhergestellt werden (siehe Unterbrechungs-Wiederherstellungs-Prozess).

Störungen der Mutualität bei Borderline-Patienten

Grotstein (1991) beschreibt die Borderline-Pathologie als einen schweren Mangel („The hole"), der von einer tiefen inneren Wunde herrührt und sich in unzureichender affektiver Kontrolle und Impulsivität äußert. Borderline-Patienten beziehen daraus, dass sie Beziehungen in Extremen erfahren, eine gewisse Sicherheit, die auch als Stabilität in der Instabilität (Schmideberg 1967) bezeichnet werden kann. Dazu gehören die Kommunikation von extremen Affekten, Grenzerfahrungen süchtiger, krimineller oder perverser Art und das Agieren unbewusster Wünsche. Charakteristisch ist die Suche nach intensiven Beziehungen mit starken Bedürfnissen nach Nähe, die bald in heftige, Distanz schaffende (z. B. wütende) Affekte umschlagen. Trotz der dramatischen Handlungen und der offen gezeigten Affektstürme klagen diese Patienten über innere Leere, Bedeutungslosigkeit, Gefühllosigkeit und Angst. Es scheint ihnen ein innerer Kern zu fehlen, der ihnen authentische Gefühle eines „wahren" Selbst ermöglicht und zur Selbstberuhigung beiträgt. Diese Fähigkeiten werden vom „auftauchenden Selbst" (Stern 1985/1992) in der gegenseitigen Bezogenheit von der Mutter und ihrem Kind erworben und sind später für die innere Stabilität und deren Wiederherstellung („self righting", Lichtenberg 1989) essenziell. Winnicott (1970, 1974) ging davon aus, dass ein Kind nicht für sich allein ohne den Kontext mit der Bezugsperson verstanden werden kann und bezeichnete die Gegenseitigkeit von Mutter-Kind-Paaren als *Mutualität*. Die Kommunikationsstörung, die sich im sog. „Borderline-Dialog" äußert, kann als eine Störung der mutuellen Bezogenheit zwischen zwei Menschen verstanden werden (Milch 1998). Neben diesen frühen Störungen werden in den Diskussionen der letzten Jahre zunehmend Realtraumatisierungen, sexueller und narzisstischer Missbrauch als Ätiologie für Borderline-Störungen diskutiert (Herman et al. 1989, Sachsse 1995, van der Kolk 1999).

Meares (1992) beschreibt bei Borderline-Patienten eine *Störung der Gegenseitigkeit*, wobei ihm das kindliche Spiel und dessen Störung als Bild für das Erleben dieser Patienten dient. Das Spiel des Vorschulkindes ist notwendig für die Entwicklung eines gesunden Selbst und hat eine ähnliche Bedeutung wie die geistige Aktivität für den Erwachsenen. Störungen der Fähigkeit zum Spiel können aus einem bloßen Mangel an Gelegenheit oder aus der Unfähigkeit resultieren, in Anwesenheit der Mutter alleine spielen zu können, ohne dass beide ständig miteinander verwickelt sind (Winnicott 1973, 1974, 1976). Eine Fragilität des inneren oder äußeren „Spielraums" kann darüber hinaus durch überfallsartige alarmierende Stimuli und nicht responsive Antworten der Umgebung entstehen (Meares 1992). Für ein Kind, das die Fähigkeit zum Spiel nicht herausbilden konnte, bestehen später wenig Möglichkeiten, sich äußeren und inneren Raum für das Spiel zu nehmen; damit sind auch seine Chancen begrenzt, jene Erfahrungen in sich aufzunehmen, die ein Kernselbst konstituieren (Stern 1985/1992). Der spätere Erwachsene hat dann das Gefühl, dass sein Inneres nicht viel Bedeutsames enthält, leer ist oder nicht lebendig existiert. Therapeutisch halten es Meares und Lichtenberg (1995) für die wesentliche Aufgabe, in einem übertragenen Sinne bei Borderline-Patienten einen „Spielraum" in der therapeutischen Situation zu ermöglichen, ähnlich wie das bereits Winnicott (1973) angeregt hatte.[4] Ein Beispiel für die typische Störung der Gegenseitigkeit schildert Lichtenberg (1987/1990, S. 881):

> „Die 13 Monate alte Dorothy greift nach einem farbigen Ball, während ihre Mutter eine Kasperle-Puppe vor ihrem Gesicht hin und her bewegt. Der Ball rollt fort. Dorothy beginnt den Ball zu verfolgen; die Mutter stoppt diese Bewegung mit einem Arm, während sie ihr mit der anderen die Puppe zeigt. Dorothy fällt unglücklich hin, wobei ihr Kopf auf Mutters Bein aufschlägt. Die Mutter wird ungehalten, und Dorothy beginnt wütend zu schreien. ‚Nein, du böses Mädchen!', ruft die Mutter aus. Dorothy schwankt nun zwischen flehentlichem Weinen und wütendem Blick hin und her. Als die Mutter ihr den Ball jetzt überreicht, lässt Dorothy ihn fallen, ihre Augen sind dabei zu Boden gerichtet, ihr Körper zeigt keine Bewegung. Darauf rollt die Mutter ihr den Ball zu, den Dorothy ärgerlich wegstößt. In den folgenden 2 Minuten schauen sich Dorothy und ihre Mutter immer wieder prüfend an, jeder mit finsterem Gesichtsausdruck."

Die Qualität des affektiven Austausches zwischen dem Mädchen und ihrer Mutter überrascht durch ihre Ähnlichkeit mit „Borderline-Dialogen". Zunächst fällt der schnelle Umschwung von einer interessierten spielerischen Stimmung in mittlerem Spannungsniveau zu einer verwickelten, konflikthaften und verzweifelten Gemütsverfassung von hohem Spannungsniveau auf. Das gilt sowohl für die Mutter als auch für das Kind, das im Anschluss an die Unterbrechung der Beziehung mit einer Mischung von appellativem Verhalten und Gereiztheit reagiert. Lichtenberg (1987/1990) spricht von einem „Zirkel von Frustration und Gegenfrustration" zwischen zwei Menschen, die in ihrem Zusammenspiel „in einem Kampf gefangen sind". Ein normales, von mäßiger Spannung getöntes Interesse wird durch einen Zustand hoher Spannung abgelöst, in dem keiner der Beteiligten in der Lage ist, eine Befriedigung zu erlangen oder auf den anderen empathisch einzugehen und dessen Bedürfnisse zu erfüllen. Keiner kann Liebesgefühle zulassen, ohne von Ärger überwältigt zu werden, keiner auf den anderen eingehen, ohne sich gleichzeitig verletzt und verlassen zu fühlen. Bezugsperson und Kind sind in einem Zustand gefangen, der von der Unfähigkeit des Erwachsenen bestimmt wird, auf das Bedürfnis des Kindes nach narzisstischer Spiegelung (Selbstobjekt) einzugehen.

Die Unfähigkeit, Affekte innerlich halten zu können, führt dazu, dass diese auch nicht genutzt werden können, um Informationen über den eigenen Selbstzustand oder denjenigen eines anderen sowie über den Stand der jeweiligen Kommunikation zu erhalten. Patienten mit Borderline-Störungen, ebenso wie mit Psychosen und schweren De-

---

[4] Auch für andere Patientengruppen ist die geistige Begegnung und Mutualität im Übertragungs- und Gegenübertragungsprozess ein notwendiger Bestandteil jeglichen therapeutischen Arbeitens (Aron 1995).

pressionszuständen, sind deshalb in der Regel nicht in der Lage, eine Vorstellung vom eigenen Inneren oder von demjenigen anderer Menschen verlässlich auszubilden. Ihnen fehlt eine Intimität und innere Abstimmung mit sich selbst, weil der frühkindliche intersubjektive Austausch gestört war (Lichtenberg 1999, Stolorow et al. 1987/1996). Die Instabilität der Affekte äußert sich in einem abrupten Wechsel des affektiven Zustandes. In Behandlungen führt der Stimmungswechsel zu erheblichen Problemen, weil das Umschlagen der Stimmungslage für den Therapeuten empathisch schwer nachzuvollziehen ist. Die Patienten scheinen immer wieder durch zu große Nähe und phantasierte oder reale Verlusterfahrungen bedroht. So berichtet ein erwachsener Borderline-Patient davon, sich bei Nähe immer wieder von seiner Freundin angegriffen zu fühlen, obwohl sie „bei nüchterner Betrachtung sehr liebevoll" mit ihm sei. Manche der Patienten klagen über chronische Gefühle von Leere, andere über Schwierigkeiten, ihre Wut zu kontrollieren. Eine Mutualität der therapeutischen Beziehung im Sinne einer beruhigenden Gegenseitigkeit und eines sich miteinander Einstimmens, Einlassens und Fokussierens eines gemeinsamen Gesprächsgegenstandes ist oft nicht möglich. Die Stabilität scheint auch in der therapeutischen Beziehung mehr in der Instabilität zu liegen. Gerade das Unberechenbare wird für Patienten (und Therapeuten) zum Erwarteten. So kann es vorkommen, dass sich der Therapeut auf ein Thema einstellt, der Patient sich jedoch gerade dadurch missverstanden fühlt, dass dieser nicht ein anderes Thema ansprach. Die Bedürftigkeit und Wünsche nach Selbstobjekterfahrungen sind häufig bei Borderline-Patienten einer Verleugnung anheim gefallen und werden erst im Verlauf einer langen Therapie als Hintergrund deutlich. Vordergründig stellen sich Borderline-Patienten leicht auf einen Kampf ein, sie fühlen sich genötigt zu verletzen, um nicht selbst verwundet zu werden. Denn in ihrer Erwartung gehen sie primär davon aus, dass andere sie zurückstoßen, ihre Bedürfnisse ablehnen oder eindringend und verletzend sind. Durch die wiederholte Aktivierung aversiver Reaktionen werden normale Reaktionsmuster gestört, und die Kompetenzlust, wie sie aus Bindung und Selbstbehauptung resultiert, wird auf ein Minimum reduziert. Mit der wiederholten Frustration werden „normale" Selbstbehauptungsstrebungen als übliche Erfahrungen durch hochspannungsgeladene Zustände von offener oder latenter Wut und Destruktivität ersetzt. Die andauernden Zustände hoher Spannung (Lichtenberg 1987/1990) tragen dazu bei, dass Objektbilder nur in Extremen konstruiert werden. Sobald diese Interaktionserfahrungen sich psychisch strukturiert haben, bekommen wir es mit jenem Phänomen zu tun, das wir als „Borderline-Spaltung" bezeichnen.

Bindung und Mentalisierung

In den ersten Lebensmonaten entstehen basale Grundmuster der Interaktion und Affekte, die sich in der Behandlung von Borderline-Patienten wiederfinden und die an die nächste Generation weitergegeben werden. Eltern mit Borderline-Symptomatik können u.a. auffällige Probleme mit der Grundregulation ihrer Kinder in diesem Alter haben, so dass es in Therapien notwendig werden kann, sie beratend zu unterstützen, um die basale Versorgung ihres Kindes zu gewährleisten. Schwierigkeiten dieser Eltern mit der eigenen Grundregulation (z. B. Ernährung, Wärme) weisen auf frühe Störungen in diesem Alter hin. In manchen Interaktionen sind auf einer mikroskopischen Ebene Inszenierungen mütterlicher Konflikte enthalten, welche die pathologischen Inhalte der Beziehungsrepräsentanzen aus der Kindheit zeigen. Sie können aus Internalisierungen der Interaktion mit den Bezugspersonen hergeleitet werden (Beebe u. Lachmann 1994). Wegen eigener Befangenheit können diese Eltern dann negative Affektsignale des Kindes nicht wahrnehmen. Oder der Erwachsene erkennt zwar die Ursache des kindlichen Unglücks, aber er kann die Qualität der Affektäußerung nicht abschätzen, so dass seine Antwort keine Verbindung von passendem Affekt und dessen Bewältigung enthält. Häufig können die Bezugspersonen auch den „intentionalen Standpunkt" des Kindes nicht intuitiv verstehen, z. B. wird die „normale" Erforschung von Spielzeug als deren Destruktion missverstanden. Im Allgemeinen haben Erwachsene und besonders Eltern die Tendenz, unbestimmten Gesten und Lautäußerungen von Säuglingen eine Bedeutung zuzuschreiben, die aller Wahrscheinlichkeit nach so vom Säugling nicht intendiert ist (Kaye 1982, Newson 1977). Nach Dornes (1995) wird die gesunde Fähigkeit des Kindes, etwas zu intendieren und zu lernen, dadurch gefördert, dass es auf etwas zeigen kann, um es zu erlangen. Dieser Entwicklungsschritt ist störanfällig und kann bei groben Missverständnissen zur späteren Entstehung einer Borderline-Symptomatik beitragen.

Da die Grundmuster der Interaktion in den ersten Lebensmonaten die Qualität der Bindung (ab ca. 6. Lebensmonat) bestimmen, wirken sich Störungen der Mutualität auf die Qualität der Bindung aus. Kinder mit nur unsicheren oder abrupt wechselnden Interaktionserfahrungen sind im späteren Leben nicht sicher gebunden. Erwachsene Borderline-Patienten weisen im Adult Attachement Interview (AAI) einen Bindungstyp E auf, das heißt, sie sind in Beziehungen verwickelt (Hobson 1997). Entsprechend haben Kinder nach Fonagy (1995) mit späterer Borderline-Symptomatik einen Bindungstyp C (im Fremde-Situation-Test unsicher-ambivalent gebunden). Ihre Mütter können zwar gut einen Affekt spiegeln, sind aber nur unzureichend in der Lage, ihnen zu vermitteln, wie sie mit dem Affekt umgehen sollen. Den Müttern fehlt ein „emotional containment". Wenn Eltern nur über unzureichende innere Repräsentanzen der Beziehung verfügen, so ist ihre Kapazität begrenzt, den momentanen Zustand des Kindes innerlich zu halten und zu reflektieren. So kann z.B. eine Mutter sich vor eigenen Affektstürmen schützen, indem sie auf das Kind aversiv reagiert. Ein Beispiel aus der Behandlung einer 30-jährigen Borderline-Patientin:

> Die Mutter habe einen „Ordnungs- und Sauberkeitsfimmel" gehabt. Ihr fällt zu diesem Thema eine ihrer frühesten Erinnerungen ein, als sie 3 Jahre alt war: Die Mutter steht an der Waschmaschine, hält ein Wäschestück hoch und beschimpft das Kind, wobei sie sich immer aufs Neue ereifert. Als das Kind anfängt zu weinen, wird die Mutter erst richtig wütend und ihre Worte werden vernichtend. Das ist für das Kind so unerträglich, dass es fortan keine Träne mehr zeigt.

Obwohl kein Zweifel darin besteht, dass Borderline-Patienten unsicher gebunden sind, reicht diese Kategorisierung für klinische Zwecke aus verschiedenen Gründen nicht aus (Fonagy et al. 2000): In bestimmten Schichten der Bevölkerung ist ängstliches Bindungsverhalten häufig. Ängstliches Beziehungsverhalten in der Kindheit kann zu relativ stabilen Bindungsstilen bei Erwachsenen führen, die Borderline-Persönlichkeitsstörung ist aber gerade durch die Instabilität gekennzeichnet. Darüber hinaus ist die Borderline-Persönlichkeitsstörung häufig durch Gewalttätigkeit gegenüber anderen Menschen, aber auch dem eigenen Körper gekennzeichnet. Die Anfälligkeit für Gewalt muss andere psychische Komponenten mit einschließen, die über das unsichere oder ängstliche Bindungsverhalten hinausgehen. Auch die Sensitivität der Bezugspersonen kann die transgenerationale Weitergabe von Beziehungsstilen nur ungenügend erklären (van Ijzendoorn 1995, Fonagy et al. 2000). Die Arbeitsgruppe um Fonagy beschrieb deswegen eine besondere Qualität im Bindungsverhalten, die sie *Mentalisierung* oder *reflektive Funktion* nannte und mit der sie die Fähigkeit bezeichnen, das eigene Verhalten und das von anderen Menschen in Begriffen von psychischen Zuständen zu verstehen (Fonagy u. Target 1997). Diese Funktion geht auf Vorstellungen von Main und Bretherton zurück, die im Bindungsverhalten die Aufmerksamkeit auf den *intentionalen Standpunkt* lenkten. Der intentionale Standpunkt wurde bereits von dem Philosophen Dennett (1987) beschrieben, der damit die menschliche Fähigkeit bezeichnete, sich selbst oder andere Menschen in Vorstellungen von mentalen Zuständen, Gedanken und Gefühlen, Überzeugungen und Wünschen zu verstehen und sie antizipieren zu können. Wenn ein Kind das abweisende Verhalten der Mutter auf ihre Trauer über einen Verlust zurückführen kann, muss es sich angesichts dieses Zusammenhanges nicht mehr grundlos hilflos fühlen und wird dadurch vor Konfusion und einer negativen Selbstsicht geschützt. Ein wesentlicher Wendepunkt in der Entwicklung des intentionalen Standpunktes ist die Fähigkeit des Kindes mit ungefähr 3 oder 4 Jahren herauszufinden, dass ein Verhalten auf eine falsche Vorstellung zurückgehen kann. In diesem Alter scheinen Kinder nicht nur auf das Verhalten einer anderen Person zu reagieren, sondern auch auf die Vorstellungen, Gefühle, Einstellungen, Wünsche, Hoffnungen, Wissen, Intentionen und Pläne anderer Menschen. Dadurch, dass dem psychischen Zustand Eigenschaften zugeschrieben werden können, erhält das Kind eine zweifellos nützliche Strategie, um menschliches Verhalten mit Bedeutung zu belegen und vorherzusagen. Dahinter steht aber die Fähigkeit des Kindes, eigenem psychischem Erleben eine Bedeutung zu geben und zu beschreiben. Abschließend soll das bisher Gesagte in einem Fallbeispiel verdeutlicht werden:

> Ein dreieinhalbjähriger Junge zeigt schon deutlich Verhaltensauffälligkeiten, die eine Nähe zur Borderline-Symptomatik aufweisen. In der Beziehung kippt Nähe unmittelbar in sehr aggressives Schlagen und Destruktivität um, ohne dass ein Auslöser nachvollziehbar wäre. Der Junge spannt mit aller Kraft eine Spielarmbrust und schießt auf eine Scheibe. Er ist dabei sehr stolz und genießt die Bewunderung der Analytikerin. Er fragt dann den anwesenden Vater, ob dieser auch einmal schießen möchte. Als der Vater zustimmt, zeigt ihm der Sohn das Spannen der Armbrust und weist ihn in das Schießen ein. Als der Vater geschossen hat, fragt ihn der Sohn voll Stolz, ob er dem Vater noch einmal das Spannen der Armbrust zeigen solle, offensichtlich in

dem emotionalen Bedürfnis, wiederum Bewunderung zu erfahren. Wie auf einer anderen Ebene und ohne das gefühlsmäßige Bedürfnis des Kindes zu spüren, erklärt der Vater schroff, das könne er nun selber. Damit geht er überhaupt nicht auf die narzisstischen Bedürfnisse seines Sohnes ein. Das kleine Gesicht, das vorher noch strahlte, fällt in sich zusammen und wirkt nun leer, fahl und grau. Es dauert lange Momente, bis der Junge sich wieder innerlich fängt und ein neues Spiel beginnen kann.
Der Mangel an spielerischem inneren Beteiligtsein zeigt sich auch in einem anderen Beispiel des gleichen Vater-Sohn-Paares: Auf Wunsch des Kindes soll die Analytikerin so tun, als schlafe sie. Der Junge weckt sie auf, indem er so tut, als ob er anriefe, verbunden mit der Erwartung an die Analytikerin, dass diese sich ärgere. Mit offensichtlichem Wohlgefallen und Freude an der eigenen Macht und Kompetenz wiederholt er dieses Spiel. Bei der dritten Wiederholung hält der Vater, der das Spiel bisher beobachtete, dieses nicht mehr aus und unterbricht mit der schroff wirkenden Aufforderung, der Sohn solle aufhören, die Analytikerin zu ärgern. Das spielerische Ausprobieren von Interaktion ist für ihn zum bitteren Ernst geworden.

11.3 Schlussfolgerungen

Implizit oder auch explizit wurden Bowlbys Vorstellungen, dass frühe Erfahrungen mit den Bezugspersonen die späteren Bindungen maßgeblich beeinflussen für die Erklärung der Psychopathologie von Borderline-Störungen herangezogen. So wurde angenommen, dass Erfahrungen von Angriff, Vernachlässigung und Androhung von Verlassen in den frühen Beziehungserfahrungen im späteren Leben dazu führen, dass die späteren Borderline-Patienten selbst in ihren Objektbeziehungen angreifen, vernachlässigen oder mit Beziehungsabbruch drohen. Erfahrungen von Trauma oder Missbrauch scheinen sie nicht bewältigt zu haben. In ihrem Bindungsverhalten suchen sie Nähe, signalisieren ihre Kontaktwünsche, indem sie dringend Hilfe suchen oder sich an andere Menschen anklammern. Alleinsein ist für sie nicht auszuhalten, und der Terror des Verlassenwerdens erklärt viele der klinischen Auffälligkeiten dieser Patientengruppe. Übereinstimmend sind das Fehlen einer stabilen Repräsentation von anderen und eine Suche nach einem Übergangsobjekt oder Selbstobjekt im Therapeuten, der nur als Erweiterung des Patienten ohne eigene Identität und Gefühle empfunden wird.

12 Theory of Mind und die Fähigkeit zur Selbstreflexion: Der Beitrag entwicklungspsychologischer und bindungstheoretischer Konzepte zum Verständnis der Emotionsregulationsstörung bei Borderline-Patienten

Elke Daudert, Jochen Eckert und Josef Aldenhoff

12.1 Einleitung

In den letzten 10 Jahren ist die ursprünglich empirisch-entwicklungspsychologisch ausgerichtete Bindungsforschung zunehmend auch für das Verständnis von psychopathologischen Störungen und psychotherapeutischen Behandlungskontexten herangezogen worden – bietet sie doch ein Paradigma, den Einfluss repräsentationaler Strukturen auf zwischenmenschliche Prozesse verstehen, belegen und auch messen zu können. So ist das zentrale Konstrukt der Bindungstheorie – das innere Arbeitsmodell (Bowlby 1969) als zeitstabiles kognitiv-affektives Schema, in dem (frühe) Interaktionserfahrungen repräsentiert sind, – hoch kompatibel mit psychoanalytischen (insbesondere objektbeziehungstheoretischen) und gesprächspsychotherapeutischen Konstrukten. Die schulenübergreifend große Attraktivität der Bindungsforschung kam mit dadurch zustande, dass sie beobachtbares Verhalten und Annahmen über innere Repräsentanzen und Strukturen theoretisch und empirisch konsistent zueinander in Beziehung setzen konnte und so Verhaltens- und Gesprächstherapeuten sowie Psychoanalytikern ermöglichte, sich zu identifizieren.

Als klinisch besonders relevant hat sich das Konzept der sog. „metakognitiven Steuerung" erwiesen, das von Mary Main in den 90er Jahren formuliert wurde – ursprünglich in der Absicht, das verhaltensnahe Feinfühligkeitskonzept der Bindungstheorie durch dynamischere Modelle zu erweitern und zu differenzieren. Sie berichtete über empirische Zusammenhänge zwischen der Qualität der Metakognition (bzw. der Selbstreflexivität) der Mutter, also der empathischen Fähigkeit, sich in das eigene seelische Befinden und das eines anderen einzufühlen, und der Entwicklung von Bindungsstrukturen des Kindes.

Untersuchungsbefunde über Zusammenhänge zwischen der reflexiven Kapazität und psychopathologischen Auffälligkeiten existieren zurzeit für die Disposition zu neurotischen Erkrankungen. Ein massives – häufig traumainduziertes – Versagen des reflexiven Vermögens bzw. der psychischen Integrationsfunktion konnte empirisch von der Londoner Arbeitsgruppe um den Psychoanalytiker Peter Fonagy mit schweren Persönlichkeitsstörungen und der Tendenz zu mitleidloser Aggressivität und Gewaltbereitschaft bei Jugendlichen in Verbindung gebracht werden. Einen besonders hohen Erklärungswert hat das Konzept der Reflexivität für das Verständnis der borderlinespezifischen Affektregulations- und Beziehungsstörung. Es erweitert das Verständnis der Genese und der Symptomatologie der Borderline-Persönlichkeitsstörung damit um eine entwicklungspsychologische Perspektive.

Zunächst möchten wir im Rahmen dieses Beitrages auf die Borderline-Persönlichkeitsorganisation als nosologische Einheit eingehen und das Konzept der Theory of Mind (bzw. der Fähigkeit zur Selbstreflexivität) detaillierter beleuchten. Im Anschluss werden ein deutschsprachiges Erhebungsverfahren zur Erfassung der reflexiven Fähigkeiten sowie erste Ergebnisse einer Kieler Psychotherapiestudie vorgestellt, in deren Rahmen u.a. borderlinetypische Reflexivitätsstörungen untersucht wurden. Abschließend werden wir die Implikationen des Konzeptes für die psychotherapeutische Behandlung diskutieren.

12.2 Die Borderline-Persönlichkeitsstörung

12.2.1 Symptomatik

Lange Zeit wurde die Borderline-Störung lediglich als Verlegenheitsdiagnose herangezogen. Erst seit 1980 wird sie in den gebräuchlichen deskriptiv-phänomenologischen Diagnosesystemen (DSM-III bzw. ICD-10 ab 1992) als psychopathologisches Syndrom beschrieben, das charakterisiert ist durch Instabilität im affektiven Bereich, Impulsivität, ein Muster instabiler, aber intensiver Beziehungen, die Neigung zu unangemessenen und unkontrollierbaren Wutausbrüchen, das verzweifelte Bemühen, Alleinsein zu vermeiden, chronische suizidale und parasuizidale Gedanken bzw. Verhaltensweisen, selbstverletzendes bzw. selbstschädigendes Verhalten (z. B. schwere Essstörungen, Anfälligkeit gegenüber Drogen- und Alkoholmissbrauch) sowie anhaltende Gefühle von Leere und Langeweile. Patienten mit einer Borderline-Persönlichkeitsstörung zeigen als Folge der Identitätsdiffusion und des Vorherrschens „unreifer" Abwehrmechanismen (vor allem der Spaltung und der projektiven Identifikation) zusätzlich spezifische Beeinträchtigungen: Es fehlt ihnen häufig an tiefergehender Empathie und an einer differenzierten Wahrnehmung anderer Menschen, die von ihnen entweder als idealisierte, verfolgende und/oder entwertete Personen erlebt werden. Für diese Patienten ist es schwierig, intime Beziehungen einzugehen und vor allem aufrechtzuerhalten. Die zwischenmenschlichen Beziehungen sind oft chaotisch und leiden unter dem Mangel an Affekttoleranz und Impulskontrolle sowie der eingeschränkten Symbolisierungsfähigkeit. Angesichts der häufig wechselnden und unvorhersehbaren Reaktionen scheint „Instabilität" der einzig stabile Parameter zu sein. Das wurde bereits von Melitta Schmideberg (1947) so gesehen, die in Anbetracht des durchgängigen Musters von Inkohärenz hinsichtlich des Selbstbildes, der zwischenmenschlichen Beziehungen und der Stimmung von der „Stabilität der Instabilität" sprach.

Versuche, die Entwicklung der Borderline-Persönlichkeitsstörung zu verstehen, gehen auf die 40er und 50er Jahre zurück, doch erst mit der Konzeptionalisierung des amerikanischen Psychoanalytikers Otto Kernberg (1967) stand ein strukturelles Modell der zugrunde liegenden Pathologie zur Verfügung einschließlich einer integrierenden Beschreibung der Symptome und charakterlichen Auffälligkeiten. Obwohl sich die Diagnose „Borderline-Störung" angesichts der Kontroverse zwischen Psychiatrie und Psychoanalyse nur langsam durchgesetzt hat, ist keine andere Persönlichkeitsstörung ähnlich umfangreich beforscht worden (vgl. z. B. Eckert et al. 2000). Mittlerweile werden die Perspektiven des theoretischen Verständnisses in der Fachliteratur in Form von psychodynamischen, interpersonalen und kognitiv-behavioralen Konzepten beschrieben.

Innerhalb der psychodynamischen Modelle gilt der oben erwähnte Otto Kernberg bis heute als einer der führenden Forscher und Theoretiker in diesem Bereich. Seine in einer objektbeziehungstheoretischen Fachterminologie gefassten komplexen Befunde zur Diagnostik und Therapie der Borderline-Pathologie sind in mittlerweile sehr umfangreichen Veröffentlichungen nachzulesen (Kernberg 1967, 1978, 1981, 1988, Kernberg et al. 2000, Clarkin et al. 2000). Kernberg vertritt eine mittlere Position zwischen einer operational-phänomenologischen und einer klassisch psychoanalytischen Definition des Störungsbildes; er versteht die Borderline-Störung als ein spezifisches Niveau psychischen Funktionierens, das charakterisiert ist durch unspezifische Manifestationen von Ich-Schwäche, eine Tendenz zu primärprozesshaftem Denken, Neigung zur Identitätsdiffusion unter Belastung und durch spezifische Abwehrmechanismen. Vor dem Hintergrund dieses Rahmenmodells beschreibt der Kernbergsche Borderline-Begriff eine psychische Organisationsform, die sich bei einer Reihe von Persönlichkeitsstörungen finden lässt und mit einer sehr heterogenen Symptomatologie verbunden ist.

Kernberg (1996) subsummiert in seinem hierarchischen Modell schwerer Persönlichkeitsstörungen unter dem nosologischen Begriff *Borderline-Persönlichkeitsorganisation* folgende Diagnosen (im DSM-IV werden die aufgeführten Persönlichkeitsstörungen weitgehend in den Clustern A und B zusammengefasst):

- Borderline-Persönlichkeitsstörung,
- schizoide Persönlichkeitsstörung,
- schizotypische Persönlichkeitsstörung,
- paranoide Persönlichkeitsstörung,
- histrionische Persönlichkeitsstörung,
- narzisstische Persönlichkeitsstörung,
- antisoziale Persönlichkeitsstörung,
- abhängige Persönlichkeitsstörung.

Im Gegensatz zu den weniger schweren Persönlichkeitsstörungen im Bereich der neurotischen Persönlichkeitsorganisation (also die hysterische, die zwanghafte und die depressiv-masochistische Persönlichkeitsstörung) wird die Borderline-Persönlichkeitsorganisation durch 3 diagnostische Charakteristika definiert, die allen genannten Persönlichkeitsstörungen gemeinsam sind:

- das Syndrom der Identitätsdiffusion (im Sinne eines Mangels an Integrationsfähigkeit),
- das Vorherrschen „unreifer" (d.h. „früher") Abwehrmechanismen, in deren Zentrum die Spaltung (die zu Idealisierung und Entwertung führt) sowie projektive Identifikation stehen,
- das Aufrechterhalten der Fähigkeit zur Realitätsprüfung.

12.2.2 Epidemiologie

Wird die Borderline-Störung den DSM-Kriterien gemäß auf der Ebene der Psychopathologie diagnostiziert, so weist sie eine hohe Komorbiditätsrate auf, und zwar sowohl mit anderen Persönlichkeitsstörungen (ca. 30%) als auch mit weiteren psychischen Störungen auf der Symptom-Achse (Achse I) des DSM (ca. 24–74% für affektive Erkrankungen und 10–25% für Angsterkrankungen (Bohus u. Berger 1996).

Die Prävalenz der Borderline-Persönlichkeitsstörung wird in der Allgemeinbevölkerung gemäß DSM-Kriterien mit bis zu 2% angegeben, 70–77% davon sind Frauen; im Vergleich dazu beträgt die Prävalenz der Schizophrenie 0,2% (Eckert et al. 2000b). Im deutschen Sprachraum erfüllten 30% aller hospitalisierten psychiatrischen Patienten die DSM-III-Diagnosekriterien der Borderline-Störung (Modestin u. Toffler 1985). Stone (2000) prognostiziert anhand der epidemiologischen Daten, dass Borderline-Störungen im Begriff sind, sich zu einem Massenphänomen zu entwickeln. Während im vergangenen Jahrhundert fast alle psychiatrischen Kliniken konzeptionell und auch atmosphärisch von der Schizophrenie geprägt wurden, würden es in diesem Jahrhundert die Persönlichkeitsstörungen sein – und hierunter insbesondere die Borderline-Störungen.

12.2.3 Genese

Die Frage nach der Entstehung der Borderline-Persönlichkeitsstörungen wird in der Literatur nach wie vor kontrovers diskutiert und geht häufig einher mit einer Konfusion von deskriptiven, psychodynamischen und genetischen Perspektiven. Während Vertreter einer objektbeziehungstheoretisch-psychoanalytischen Position (Kernberg 1999) die Bedeutung des frühkindlichen Erlebens schwerer chronischer aggressiver Affekte hervorheben, die eine Integration von idealisierten und verfolgenden Objektrepräsentanzen verhinderten, weisen andere Autoren auf die Bedeutung realer – häufig kumulativer – Traumata hin (Sachsse 1995, Reddemann u. Sachsse 1997). Diese Position fand in jüngster Zeit umfassende Bestätigung durch die empirischen Studien von Judith Herman sowie Bessel van der Kolk und Mitarbeitern, in denen auf sehr überzeugende und methodisch sorgfältige Weise komplexe Zusammenhänge zwischen Traumaverarbeitung, psychopathologischen (borderlinetypischen) Beeinträchtigungen (Dissoziation, Somatisierung und Affektdysregulation), Gedächtnisstörungen und neurofunktionellen Phänomenen nachgewiesen werden konnten (Herman 1992, Herman et al. 1989, van der Kolk 1998, 1999).

Der Affektregulation und -modulation kommt auch im Modell der amerikanischen Psychiaterin Marsha Linehan (1996) eine zentrale Bedeutung zu. Sie beschreibt für Patienten mit einer Borderline-Störung 3 charakteristische ätiopathogenetische Merkmale:

- eine abgesenkte Affektschwelle im Sinne einer beschleunigten Reaktion auf innere und äußere Stimuli,
- eine erhöhte Intensität affektiver Reaktionen sowie
- eine verzögerte Rückbildung emotionaler Erregungen.

Linehan vermutet u.a. auch neurobiologische Beeinträchtigungen der Informationsverarbeitung als (mit-)verursachend. Diese ursprünglich aus affekttheoretischen Überlegungen und klinischen Beobachtungen abgeleiteten Postulate konnten inzwischen empirisch in sog. „Affektinduktionsexperimenten" weitgehend bestätigt werden (Herpertz et al. 1999); Ziel dieses experimentellen psychiatrischen Forschungsansatzes ist es, die neurobiologische Verankerung von Erfahrung (bzw. auch der psychischen Struktur) weiter aufzuklären.

Im Folgenden soll aufgezeigt werden, dass das bindungstheoretische Konstrukt der Fähigkeit zur Selbstreflexivität ein Rahmenmodell zur Verfügung stellt, das es ermöglicht, entwicklungspsychologische und affekttheoretische Befunde zur Borderline-Pathologie mit psychoanalytischen Konzepten der Objektbeziehungen zu integrieren. Zunächst wird auf die Bedeutung der Entwicklung mentaler Repräsentanzen – bzw. einer Theory of Mind – für das seelische Funktionieren näher eingegangen.

12.3 Theory of Mind und Konzept der Selbstreflexivität

12.3.1 Definition

Das Konzept der *Selbstreflexivität* (engl. reflective functioning) ist sowohl in der kognitionspsychologischen als auch in der psychoanalytischen Literatur beschrieben worden. Es bezieht sich auf die Fähigkeit, sowohl die eigene Person als auch die der anderen in Begriffen von *Intentionalität* bzw. mentalem Befinden wahrzunehmen und zu verstehen (d. h. motiviert durch Gefühle, Gedanken, Meinungen, Absichten, Wünsche) und über das Verhalten entsprechend nachzudenken. Die Begriffe *Metakognition* und *metakognitive Steuerung* (Main 1991), *Mentalisierung bzw. Reflective-Functioning* (Fonagy 1991) bzw. *Theory of Mind* (Baron-Cohen 1995) oder auch *Fähigkeit zur Symbolisierung* (semiotisches Niveau; Plassmann 1993) werden in der Literatur weitgehend synonym verwandt. Sie können betrachtet werden als aktiver Ausdruck der Fähigkeit zur Selbstreflexivität, die verantwortlich ist für die Entwicklung eines Selbst, das denkt und fühlt sowie mit der Selbstrepräsentation eng verbunden ist. Im Gegensatz zur Introspektion beinhaltet Selbstreflexivität auch die Fähigkeit, Sinn und Bedeutung herzustellen und auf diese Weise Verhalten zu regulieren (prozedurales Wissen über die Natur von Geist und Seele vs. deklarative Selbsterkenntnis; umfassende Diskussion bei Fonagy et al. 1998).

Unter *Theory of Mind* versteht man ein Gefüge von Gedanken, Wünschen und Absichten bzw. ein psychologisches Konzept, mit dessen Hilfe das Verhalten einer Person vorhergesagt bzw. erklärt werden kann. Der Begriff Theorie ist gerechtfertigt, weil – ähnlich wie wissenschaftliche Theorien – eine Theory of Mind zur Organisation zurückliegender Erfahrungen, Evaluierung neuer Beobachtungen sowie zur Antizipation zukünftiger Ereignisse dient. Experimentelle entwicklungspsychologische Studien belegen, dass die ersten Grundlagen einer „Theorie von Geist und Seele" während des dritten und vierten Lebensjahres erworben werden (Baron-Cohen et al. 1993); vorher ist das kindliche Erklärungsmodell zur Vorhersage von Verhalten teleologisch, d. h. zweck- und zielgerichtet, und noch nicht intentional. Bei autistischen Kindern, die diese reflexive Fähigkeit im Verlaufe ihrer Entwicklung nicht erwerben, spricht Baron-Cohen (1995) von „mind-blindness".

Der Wissenschaftsphilosoph Daniel Dennett (1978) bezeichnet die (symbolisierten) mentalen Repräsentationen von kognitiven und emotionalen Erfahrungen als „Meta-Repräsentanzen" oder „*Repräsentanzen zweiter Ordnung*". Erst durch das Erwerben eines mentalen Konzeptes wird es möglich, sich von der Unmittelbarkeit der „primären Repräsentationen" („*Repräsentanzen erster Ordnung*") zu distanzieren, die von direkten Sinneswahrnehmungen sowie dem ungefilterten Erleben von Phantasien und Affekten geprägt sind. Wenn ein Kind in der Lage ist, das scheinbar zurückweisende Verhalten einer nicht-responsiven Mutter auf deren aktuelle Trauer aufgrund eines Verlustes zu attribuieren, ist es der Situation nicht länger hilflos ausgeliefert; es muss nicht konfus werden und ein negatives Selbstbild entwerfen (Schutz vor narzisstischer Kränkung). Im Verlaufe der Entwicklung lernt das Kind im Kontext einer nahen Bindungsbeziehung, emotionale Zustände bei sich und anderen zu identifizieren, ihnen Bedeutung zuzumessen und dem eigenen inneren Befinden Ausdruck zu verleihen. In diesem Sinne spielt die Theory of Mind eine bedeutende Rolle für die Regulation ansonsten überwältigender Affekte. Bevor das Kind eine Theory of Mind entwickelt hat, bedeutet die Wahrnehmung von Gefühlen bei anderen auch, diese teilen zu müssen (Form der primären Identifikation). Erst mithilfe der Fähigkeit zur mentalen Repräsentation kognitiver und emotionaler Erfahrungen kann es die Affekte anderer verstehen, ohne von ihnen „angesteckt" oder überwältigt zu werden.

Fonagy und Higgitt (1990) stellen heraus, dass Repräsentanzen zweiter Ordnung es erlauben, sich auf Gefühle und innere Erfahrungen zu beziehen, als ob diese in Anführungszeichen ständen, also über sie nachzudenken, ohne sie distanzlos teilen oder empfinden zu müssen. Und um Affekte bei sich und anderen verstehen zu können, d. h. für die Entwicklung von reflexiven Fähigkeiten, ist eine repräsentationale Strukturbildung erforderlich. (In der traditionellen Psychoanalyse wird dieser Prozess als Erwerb von Symbolisierungsfähigkeit bezeichnet.) Das Entstehen der Fähigkeit zur mentalen Repräsentation ist demzufolge als ein kritischer psychologischer Entwicklungsschritt zu bewerten – ist er doch zentral für eine befriedigende Kommunikation, indem er die Möglichkeit eröffnet, emotionale Zustände zu begreifen und zu vermitteln sowie sie innerhalb einer größeren Konzeption von seelischen Vorgängen einzuordnen. Kognitive Entwicklungspsychologen (z. B. Harris et al. 1989) haben eine Reihe von „Wunsch-Überzeugungs-Tests" (false-belief-test, beliefe-desire-task) entwickelt, um bei Kindern verschiedener Altersstufen intentionale Schlussfolgerungsprozesse zu erfassen.

Die Fähigkeit, eigene Gefühlszustände zu tolerieren, ist ebenso wie die Selbst-Objekt-Differenzierung ein Ergebnis dieses Prozesses und Grundlage der Affektregulation. Ohne den Erwerb einer Theory of Mind (über seelische Phänomene wie Wünsche, Phantasien, Gefühle, Bedürfnisse) sind Kinder nicht in der Lage zu verstehen, dass das Verhalten nicht nur durch situationale Bedingungen determiniert wird, sondern auch auf die intentionale Repräsentation dieser Situation zurückgeführt werden kann.

Das Verstehen von Gefühlszuständen wiederum entwickelt sich vor dem Hintergrund einer „affektiven Resonanz" (Affect Attunement, Stern 1985) im ersten Lebensjahr und bildet die Grundlage des Begreifens von komplexen Gefühlszuständen. Ist die primäre Bindungsbeziehung wenig feinfühlig, wird sich das Kind im Verlauf seiner weiteren Entwicklung mit hoher Wahrscheinlichkeit eine empathische und gut eingestimmte andere Bezugsperson suchen, mit deren Unterstützung eine normale reflexive Funktion entwickelt werden kann. Mangelt es der Mutter an diesem Vermögen und findet das Kind auch keinen anderen interpersonalen Kontext, in dem es als denkendes und fühlendes Wesen konzeptionalisiert wird, bleibt das metakognitive Potenzial unerfüllt, das Kind trifft mit Fonagy auf eine „auf seine körperliche Realität reduzierte Version seines Selbst" und kann sich nicht „im anderen finden" (Fonagy 1998a). Dies wiederum kann zu einer umfassenden Vermeidung emotionalen und mentalen Befindens führen und verringert die Chance, sich mit einem verständnisvollen Objekt zu identifizieren und intime Beziehungen aufzubauen (Fonagy 1998a, Main 1991).

Zusammenfassend wird durch die Verfügbarkeit einer Theory of Mind das Verhalten anderer erklärbar, reflexive Fähigkeiten können so vor größeren narzisstischen Verwundungen schützen. Und vor allem gibt die Interpretation des eigenen Verhaltens als Folge innerer seelischer Zustände den Beziehungen eine Tiefe und Komplexität, die durch ein ausschließlich verhaltensorientiertes, zweckgerichtetes Rahmenmodell nicht zu erzielen wäre. Sowohl die bereits angesprochene Vulnerabilität für psychopathologische Störungen als auch die Tendenz zu destruktiver Aggressivität werden von der Londoner Arbeitsgruppe primär auf die Unfähigkeit zurückgeführt, die Realität mithilfe von psychischen (intentionalen) Konzepten zu begreifen und stattdessen physikalisch-zweckgerichtete (teleologische) Konzepte einzusetzen (s.u.).

12.3.2 Der intergenerationale Aspekt der Fähigkeit zur Selbstreflexivität

Fonagy und seine Londoner Kollegen (Fonagy et al. 1991) haben sich theoretisch und empirisch intensiv mit der Aufklärung der Mechanismen der transgenerationalen Weitergabe von Bindungssicherheit und der besonderen Bedeutung metakognitiver Fähigkeiten beschäftigt. Fonagy postuliert, die Bindung des Säuglings an die Bezugsperson(en) sei ein Niederschlag des Erlebens von Intersubjektivität, definiert als gemeinsame oder geteilte Erfahrung seelischer Prozesse zwischen Selbst und Objekt – der Säugling erkennt die Wahrnehmung seiner Gefühle im anderen. Dazu müsse die Pflegeperson genügend „eingestimmt" sein (Stern 1985) oder einen „ausreichend guten seelischen Spiegel" zur Verfügung stellen (Winnicott 1965); Köhler (1998) spricht von „Reife der Empathie". Die Welt des Kindes ist also in erster Linie eine interpersonale und damit psychologische Welt. Auch bei dem Erwerb einer Theory of Mind handelt es sich um einen dialektischen, intersubjektiven Prozess: Während sich die Mutter bemüht, die emotionale und mentale Verfassung des Kindes wahrzunehmen, zu verstehen und zu spiegeln (und zu seinem seelischen „Container" zu werden), „lernt das Kind Geist und Seele der Mutter kennen" (Fonagy 1998a). Oder in anderen Worten: Erst die Zuverlässigkeit und Sicherheit von Objektbeziehungen erlaubt es dem Kind, die Spannweite von Gefühlen und inneren Zuständen zu erfahren, und macht die Entstehung einer Theory of Mind möglich.

Das Kind nimmt im Verhalten der Mutter nicht nur deren Reflexivität wahr, auf die es schließt, um ihr Verhalten begründen zu können, sondern es nimmt zuvor in der Haltung der Mutter ein Bild seiner Selbst als mentalisierendes, wünschendes und glaubendes Selbst wahr. Das Kind sieht, dass die Mutter es als intentionales Wesen repräsentiert. Es ist diese Repräsentanz, die internalisiert wird und das Selbst bildet. „Ich denke, also bin ich" reicht also als psychodynamisches Modell für die Geburt des Selbst nicht aus. „Sie denkt mich als denkend, und also existiere ich als denkendes Wesen" kommt der Wahrheit möglicherweise näher (Fonagy 1998a).

Die Arbeitsgruppe um Fonagy konnte prospektiv zeigen, dass die Stärke der kindlichen Bindung an das Objekt eine Funktion des Grades ist, in dem es Mutter oder Vater als genauen Beobachter und Verarbeiter seines seelischen Zustandes erlebt hat. Das Ausmaß der elterlichen reflexiven Kapazität erwies sich insbesondere dann als reliabler Prädiktor der Bindungssicherheit des Kindes, wenn die Eltern selbst über Trauma- und Deprivationserfahrungen berichteten (Fonagy et al. 1991).

Zusammenfassend lässt sich aufgrund der empirischen Datenlage festhalten (Fonagy et al. 1991): Die Verfügbarkeit einer reflexiven Bezugsperson, die in der Lage ist, die innere Befindlichkeit des Kindes wahrzunehmen und angemessen zu reflektieren und dadurch über bloße Zuwendung hinauszugehen – vor allem in affektintensiven Interaktionen –, erhöht die Wahrscheinlichkeit der sicheren Bindung des Kindes, und die wiederum fördert die Ausprägung seiner metakognitiven Fähigkeiten und ist damit bedeutsam für die Weite und Reichhaltigkeit der inneren Welt. Sichere Bindung kann als Ergebnis eines erfolgreichen Containments (s.u.) von kindlichen Affekten verstanden werden und ist damit Voraussetzung für die Entwicklung der Selbstregulationsfähigkeit. Fonagy nimmt an, dass das Potenzial zur metakognitiven Steuerung biologisch angelegt ist; die Funktion der Reflexivität entstehe im Kontext einer intensiven zwischenmenschlichen Beziehung spontan, solange sie nicht durch den doppelten Nachteil einer fehlenden sicheren Bindung und einer Missbrauchserfahrung im Rahmen einer nahen Beziehung gehemmt wird.

Auf die zentrale Bedeutung der frühen emotionalen Austauschprozesse für die Entwicklung der Fähigkeit, seelische Inhalte zu erkennen und Zustände affektiver Aufruhr auszuhalten, und damit sekundär auch für die Entwicklung und Gestaltung naher zwischenmenschlicher Beziehungen möchten wir im folgenden Abschnitt noch etwas ausführlicher eingehen.

12.3.3 Die Fähigkeit zur Selbstreflexivität und das Konzept des Affekt-Containments

In der Melanie Klein-Wilfred Bion-Tradition der Psychoanalyse (Hinshelwood 1993) wird die Bedeutung der Fähigkeit der Mutter (bzw. des Therapeuten) betont, zum „psychischen Behälter" (container) ihres Babys (Patienten) zu werden. Dies impliziert vor allem die Fähigkeit, in ihren seelischen wie körperlichen Reaktionen auf das Kind unverarbeitete Affekte nicht nur zu verstehen und zu spiegeln, sondern vor allem so zu modulieren, dass sie für das Kind erträglicher werden. Bion (1962) spricht von der Transformation unverdaulicher „beta-Elemente" in denk- und dialogfähige „alpha-Elemente".

In empirischen Studien konnte mittlerweile belegt werden, dass Reflexivität im Sinne einer Pufferfunktion davor schützt, eigene traumatische Kindheitserfahrungen transgenerational weiterzugeben. Nach Fonagy (1998a) geht Containment über das Spiegeln hinaus, da die affektiv resonante Mutter dem Kind sowohl ihr Verständnis und ihre Würdigung seiner emotionalen Verfassung als auch gleichzeitig ihre erwachsene Verarbeitung/Bewältigung dieses Zustandes vermittelt, also die Fähigkeit, mit der Verstörung umzugehen, statt sich von ihr überwältigen zu lassen. Containment ist also eine Form der Regulation negativer Affekte. Bei diesem Vorgang signalisiert die Mutter dem Kind, dass sie seine Affekte wahrnimmt, versteht und (modifiziert) beantwortet (nach Bion „metabolisiert"), also in eine Handreichung (oder Sprache) übersetzt, die das Kind versteht. Vom Kind wird diese Form der Regulation negativer Affekte allmählich internalisiert und Teil seiner Selbststruktur. Angst z. B. ist für das Kind zunächst eine irritierende Mischung aus physiologischen Veränderungen, Gedanken und Verhalten. Indem die Mutter die Angst des Kindes reflektiert oder spiegelt, organisiert ihre Wahrnehmung die Erfahrung des Kindes; es weiß nun, was es fühlt. Damit kann das Erleben emotionaler Bedeutung als empathievermittelter Prozess, basierend auf den alltäglichen Interaktionserfahrungen mit den frühen Bezugspersonen, begriffen werden. Fonagy versteht die psychischen Prozesse, die zur Ausbildung der mentalen Repräsentanz führen, als Entwicklungsleistungen, die nur im Kontext einer sicheren Bindungsbeziehung umfassend möglich und durch intrapsychische Phänomene wie Konflikt, Angst und Abwehr modifiziert werden. Die mit einem erfolgreichen Affekt-Containment im Rahmen einer solchen sicheren Bindungsbeziehung einhergehende Fähigkeit zur Symbolisierung (als Vorbedingung des Erwerbs einer Theory of Mind) eröffnet die Möglichkeit, über mentale Zustände bei sich und anderen nachzudenken, sowie die Erfahrung eines intersubjektiv geteilten Verständnisses gemeinsamer Gefühle als eine Voraussetzung für befriedigende Kommunikation.

Unter einer bindungstheoretischen Perspektive wäre zu vermuten, dass feinfühlige (d. h. autonome) Mütter besser in der Lage sind, die Affekte ihres Kindes angemessen zu modulieren, als unsicher gebundene. Zur Klärung der Frage, wie die reflexive Kapazität – also das Bewusstsein über das eigene und fremde mentale Befinden – die Bindungssicherheit des Kindes fördern kann, greift Fonagy (1999a) Bions oben skizzierte Theorie des Denkens, insbesondere aber seine Container-Contained-Konzeption, auf, die als klinisch-metaphorische Analogie des Feinfühligkeitskonzeptes (z. B. Dornes 1998) der Bindungstheorie betrachtet werden kann.

Fonagy nimmt an, dass die sichere Bindung des Kindes ein Ergebnis erfolgreichen Affekt-Containments bzw. hoher reflexiver Fähigkeiten der Mutter ist, unsichere Bindung auf Defizite in diesem Prozess hinweist und einen schützenden Kompromiss darstellt, indem entweder die Intimität (A-Kinder, Ds-Mütter) oder die Autonomie (C-Kinder, E-Mütter) geopfert wird, um die physische Nähe zu einer Mutter aufrechtzuerhalten, die nicht fähig ist, ihrem Kind als (Affekt-)Behälter im Sinne Bions zur Verfügung zu stehen. Im Idealfall spiegelt die Mutter dem Kind, dass sie sowohl die Ursachen seiner Verstörung versteht als auch seine affektive Befindlichkeit würdigt. Doch abhängig von den eigenen Bindungsrepräsentanzen bzw. reflexiven Fähigkeiten unterscheiden sich Mütter möglicherweise in der Akzentuierung der verschiedenen Containment-Dimensionen (Fonagy 1998a, Dornes 1998, Überblick auch bei Daudert 2000).

Diese Hypothesen bedürfen zwar noch weiterer und detaillierterer Klärung, doch besteht Fonagys Verdienst darin, durch das Konzept der Selbstreflexivität (bzw. der metakognitiven Kontrolle; Main 1991) den zentralen Aspekt von Bions Containment-Begriff operationalisierbar und damit messbar gemacht zu haben.

12.4 Methoden zur Erfassung der Fähigkeit zur Selbstreflexivität

12.4.1 Die Skala des Reflexiven Selbst

Die von Fonagy und Mitarbeitern entwickelte Reflective Self Function Scale (RSFS) erfasst anhand der transkribierten Berichte zum Adult Attachment Interview (AAI; George et al. 1985), welche Konzeption von mentalen Vorgängen und innerem Befinden die befragte Person hat und inwieweit sie in der Lage ist, bei der Beurteilung des Inneren, der Intentionen oder des Verhaltens anderer vom eigenen Erleben zu abstrahieren, also in welchem Ausmaß Personen fähig sind, sich ihre Bezugspersonen als geistig-seelische („mentale") Wesen vorzustellen mit mehr oder weniger differenzierten Gefühlen, Gedanken, Überzeugungen und Wünschen.

In einem sehr umfangreichen und elaborierten Auswertungsmanual (Fonagy et al. 1998) werden die inhaltlichen Reflexivitätskriterien anhand von typischen Aussageformen illustriert. Die Skalierung auf einer 9-stufigen Skala erfolgt aufgrund der Häufigkeiten von Beschreibungen zu den einzelnen, sich nicht ausschließenden Kategorien von Reflective-Functioning. Mittlerweile liegt neben der englischen Originalversion eine leicht modifizierte deutschsprachige Fassung mit zufriedenstellenden Testgütekriterien vor (Skala des Reflexiven Selbst, SRS; Daudert 2000).

Folgende Beobachtungskategorien werden erfasst:

1. Spezielle Erwähnung mentalen Befindens

Das Selbst und andere werden als denkend und fühlend repräsentiert. Interpersonales Wissen wird explizit als Schlussfolgerungs-, Beobachtungs- oder Informationsvermittlungsprozess beschrieben; Antizipation der Reaktionen anderer, die gleichzeitig in Bezug gesetzt werden zum mentalen Befinden.

2. Einfühlungsvermögen in die Charakteristika mentalen Befindens

Anerkennung der fehlbaren Natur von Wissen, explizite Anerkennung der begrenzten Macht von Wünschen, Gedanken und Begehren in der realen Welt; Wissen um die Möglichkeit, das seelische Befinden zu verbergen, bei Bewahrung des Prinzips der psychischen Verursachung von Verhalten.

3. Einfühlungsvermögen in die Komplexität und Unterschiedlichkeit mentalen Befindens

Ausdrückliche Anerkennung der Möglichkeit unterschiedlicher Perspektiven und Standpunkte; Berücksichtigung eines komplexen Verursachungsprinzips in der sozialen Welt und Anerkennung, dass ein physikalisches Kausalitätsprinzip ein schlechtes Modell für die seelische Welt ist; Anerkennung, dass soziale Rollen interagieren und dieselbe Person für verschiedene Betrachter andere Eigenschaften besitzen kann.

4. Spezielle Bemühungen, beobachtbares Verhalten mit mentalem Befinden zu verknüpfen

Anerkennung, dass das beobachtbare Verhalten vom geistig-seelischen Befinden beeinflusst werden kann. Wissen um die Möglichkeit, dass andere als die tatsächlich empfundenen Gefühle ausgedrückt werden können; Wissen um die Möglichkeit einer bewussten Täuschung anderer durch eigennützige Selbstdarstellung.

5. Anerkennung der Veränderungsmöglichkeit mentalen Befindens und damit implizit auch des entsprechenden Verhaltens

Entwicklungspsychologisches Wissen um die Möglichkeit, dass das geistig-seelische Befinden sich ändern kann; In-Betracht-Ziehen intergenerationaler Zusammenhänge.

Neben einer dimensionalen Messung der metakognitiven Fähigkeiten ermöglicht die Skala zusätzlich eine deskriptive *Klassifikation der beeinträchtigten reflexiven Funktion (RF)* in folgende Kategorien:

- feindselige Ablehnung von RF,
- unintegrierte, bizarre RF,
- Vermeiden bzw. Verleugnen von RF,
- verzerrte, self-serving RF,
- naive, vereinfachende RF,
- über-analysierende, hyperaktive RF.

Empirisch konnte die Londoner Arbeitsgruppe (Fonagy et al. 1991) die Hypothese belegen, dass in den Interviews zur Bindungsgeschichte bei der abwehrenden, nicht reflexiven Gruppe verschiedene *Kategorien der Mentalisierung* weniger häufig auftauchen:

- In den Interviews, deren Werte im unteren Drittel (0–3) der Skala liegen, werden weder das Selbst noch die anderen als intentional, d. h. von Wünschen und Überzeugungen motiviert, repräsentiert. Interpersonale Ereignisse werden auf banale „soziologische" – statt auf „psychologische" – Weise beschrieben. Kommen selbstanalytische Aussagen vor, sind diese nicht überzeugend.
- In der Gruppe mit einer mittleren reflexiven Funktion (4–6) gibt es zwar tendenziell gewisse psychologische Zuschreibungen, allerdings ohne Spezifität. Wahrnehmungen der mentalen Welt wirken entweder ungenau oder gehen weit über die Verhaltensdaten hinaus, so dass projektive Zuschreibungen überwiegen.
- In den Interviews mit Werten im oberen Drittel (7–9) finden sich zahlreiche Beispiele für die Reflexion von Handlungen unter dem Aspekt geistig-seelischer Befindlichkeit sowie Annahmen über die Auswirkungen psychischer Konflikte und das Wissen, dass das Bewusstsein nicht alle Aspekte mentaler Aktivität steuern kann (Fonagy 1998a).

Zur Illustration der verschiedenen Abstufungen von Reflexivität sind im Folgenden Ausschnitte von Patientenaussagen auf der Skala des Reflexiven Selbst (SRS) exemplarisch zusammengestellt, die im Rahmen der Kieler Studie erhoben wurden (Daudert 2000):

Hat es seit Ihrer Kindheit in Ihrer Beziehung zu den Eltern (*Vater* und Mutter) irgendwelche Veränderungen gegeben?

RF = 1

fehlende reflexive Funktion

(Unterform: Vermeiden bzw. Fehlen von RF)
„Früher war es schwierig mit meinem Vater. Er hat mich oft kritisiert. Aber es waren auch keine leichten Zeiten. Heute haben wir ein gutes Verhältnis. Wir sehen uns manchmal zu den Feiertagen, dann wird gut gegessen. Es ist ziemlich locker geworden mit uns."
(konkretistische, verallgemeinernde Erklärung von Verhalten; auf geistig-seelisches Befinden wird nicht Bezug genommen)

RF = 3

fragliche bzw. niedrige reflexive Funktion

(Unterform: über-analysierende, hyperaktive RF)
„Das frage ich mich auch immer wieder. Weil, ich versuche grundsätzlich genau zu interpretieren, damit mich niemand missversteht. Mein Vater kapselt Gefühle ab, dann weiß man ja nie, wie ein Mensch wirklich ist. Und wenn Zurückweisung ein Mangel an Liebe ist oder noch eher ein Zeichen von Liebesunfähigkeit von Menschen, dann habe ich mich sicherlich seit meiner Kindheit in einem permanenten Zustand von Ablehnung erlebt. Aber heute weiß ich, ich mache das auch! Vielleicht ist es ja auch mein Problem. Mein Therapeut sagt, das ist Projektion. Sie wissen bestimmt, was das ist, das weiß nicht jeder. Aber ich finde es sehr ungerecht, dass mein Vater seine Aggression kaum gespürt hat, glaube ich jedenfalls. Er ist ziemlich

oberflächlich, aber hilfsbereit. Und weil ich jetzt gelernt habe, tiefer zu denken, ärgert mich das. Aber er hilft mir auch, denn mit dem praktischen Leben komme ich schwer zurecht. Früher habe ich mich untergeordnet, in der Psychologie nennt man sowas Täter-Opfer-Beziehung. Heute haben wir eine perfekte Kollusion."
(Bemühen um eine „mentalisierende" Sprache; trotz detaillierter Ausführungen nur klischeehafte, zu viele – aber diffuse und unintegrierte – Einsichten; fehlende affektive Signifikanz)

RF = 5

eindeutige bzw. mittlere reflexive Funktion

(Unterform: durchschnittliche RF)

„Ich glaube, mein Vater hat inzwischen verstanden, dass mein Symptom [Bulimie] dazu da war, Aufmerksamkeit und Anerkennung zu bekommen. Ich wollte damals testen, ob er mich wirklich lieb hat. Heute stehe ich, was das angeht, nicht mehr so unter Druck."
(explizites Bezugnehmen auf mentale Zustände; konsistentes Modell geistig-seelischer Zustände; Erkenntnis, dass Verhalten durch innere Zustände bestimmt wird)

RF = 7

deutliche bzw. hohe reflexive Funktion

(keine Beeinträchtigung der RF)

„Früher hat mich sein Distanz-Halten sehr verletzt, aber ich vermute, er war auch wegen seiner Krankheit mit vielen alltäglichen Dingen schon sehr überfordert. Das hat dazu geführt, dass er anderen immer das Gefühl vermittelte, dass man ihn zu etwas nötigt. Aber das musste man sehr erschließen, weil er nie darüber gesprochen hat. Doch heute traue ich mich trotzdem, etwas für mich einzufordern, was ich mich früher nicht getraut habe. Und damit er es besser verdauen kann, mache ich es nur ‚häppchenweise'. Er muss wahrscheinlich oft schlucken, aber er versucht auch, sich zu erklären. Er nimmt vermutlich wahr, dass ich ihn nicht wirklich angreifen will. Und obwohl ich nicht immer die Resonanz bekomme, die ich mir wünsche, erlebe ich unsere Beziehung als weniger distanziert. Sein Bemühen und dass ich weniger Angst habe, ihm weh zu tun, spielen eine wichtige Rolle für diese größere Nähe."
(Verbindung von Verhalten und mentalen Zuständen; differenzierte Attribution der vermuteten inneren Befindlichkeit anderer; Bewusstsein über Aspekte der Beziehungsdynamik bzw. interaktionale Perspektive; explizites In-Betracht-Ziehen der Perspektive anderer)

RF = 9

hohe bzw. außergewöhnlich hohe reflexive Funktion

(keine Beeinträchtigung der RF)

„Für meinen Vater sind seelische Dinge nach wie vor verwirrend, ich nehme an, dass er sich da nicht auf sicherem Boden fühlt. Ich glaube auch, dass mein Aufenthalt in einer psychosomatischen Klinik ihn irritiert.
Doch wenn ich jetzt darüber nachdenke, dann hat er sich in den letzten Jahren nach seiner Pensionierung doch sehr gewandelt. Ich denke, das hängt damit zusammen, dass er sich im Rentenalter sehr für die Förderung und Unterbringung meiner schwerbehinderten kleinen Schwester engagiert hat. Das war vermutlich eine harte Schule für ihn, als Admiral der Marine im Alter noch erleben und lernen zu müssen, dass Zivis mit langen Haaren wertvolle Menschen sein können. Aber es hat ihn soviel zugänglicher und menschlicher gemacht. Auch wenn wir darüber nie gesprochen haben, ist er mir innerlich viel näher gerückt. Obwohl, anfangs hat es mich auch traurig gemacht, dass ich diesen Vater nicht in meiner Kindheit schon hatte.
Doch jetzt bin ich ausgesöhnt mit ihm und habe Frieden geschlossen. Ich hab' begriffen, dass ich ihn nicht ändern kann. Vieles von dem, was in mir vorgeht, kann ich mit meinem Vater mit Worten auch heute nicht teilen. Das mag Ihnen von außen vielleicht etwas distanziert erscheinen, aber ich kann jetzt damit umgehen, weil ich erlebe, dass er sich auf seine Weise um mich bemüht und mir wohlgesonnen ist. Ich glaube, mein Vater spürt auch, dass ich ihn heute respektiere. Mir ist auch klar geworden, dass in seiner eigenen sehr preußischen Erziehung ‚Haltung bewahren' immer wichtiger war als ‚authentisch sein', aber ich selbst fühle mich dadurch nicht mehr eingeschränkt oder nicht gesehen; ich nehme ihm das nicht mehr übel. – Ich denk, deshalb muss ich auch gegen ihn nicht mehr opponieren."
(explizite, differenzierte und elaborierte Bezugnahme auf Charakteristika innerer Zustände; Beschreibung kausaler Abfolgen; interaktionale Perspektive; Anerkennung der Veränderungsmöglichkeit von inneren Zuständen und Verhalten)

In den vergangenen 10 Jahren sind von der Londoner Autorengruppe zum Teil äußerst umfangreiche und methodisch sehr sorgfältig geplante Validitätsstudien durchgeführt worden (Fonagy 1997, Fonagy et al. 1991, 1996, Levinson u. Fonagy 1997), in deren Rahmen folgende psychometrische Eigenschaften der englischen Originalskala (RSFS) untersucht wurden:

- Inter-Rater-Reliabilität,
- diskriminative Validität,
- konvergente bzw. Kriteriumsvalidität,
- prädiktive Validität.

Die berichtete Zuverlässigkeit des Verfahrens ist zufriedenstellend bis hoch, die Inter-Rater-Korrelationen betrugen in der Londoner Arbeitsgruppe zwischen ICC = 0,59 und ICC = 0,91 (Fonagy et al. 1998). Hinsichtlich der diskriminativen Validität ergaben sich keinerlei signifikante Zusammenhänge der RSFS mit gängigen Persönlichkeitsinventaren (u.a. Eysenck Personality Questionnaire, Self Esteem Inventory). Sehr gering waren ebenfalls die Korrelationen mit soziodemographischen Merkmalen; signifikante Koeffizienten ($p \leq 0{,}05$) wurden lediglich ermittelt für den sprachgebundenen IQ-Wert der Eltern ($r = 0{,}33$/Väter und $r = 0{,}27$/Mütter) sowie das Bildungsniveau des Vaters ($r = 0{,}35$). Für die Mutter lag der korrelative Zusammenhang bei $r = 0{,}19$, $p \leq 0{,}05$). Untersuchungen zur Kriteriums- bzw. Konstruktvalidität ergaben hohe korrelative Beziehungen der RF-Werte mit der Kohärenzskala sowie mit der sicheren Bindungsklassifikation im AAI ($r_{pb} = 0{,}75$).

12.5 Die Bedeutung von Traumatisierungserfahrungen für die Entwicklung metakognitiver, reflexiver Fähigkeiten

Theoretisch überzeugend wie auch empirisch gut belegt ist mittlerweile der schädigende Einfluss von Traumatisierungen auf die reflexive Funktion. In zahlreichen Studien konnte die klinische Erfahrung bestätigt werden, dass Traumatisierungserlebnisse und insbesondere sexueller Missbrauch und körperliche Misshandlung, aber auch Deprivation und Elternteilverlust die Symbolisierungsfähigkeiten schädigen (Beeghly u. Cicchetti 1994, Dornes 1998, Überblick auch bei Fonagy et al. 2000, Herman et al. 1989, Sachsse 1995). So konnte beispielsweise gezeigt werden, dass misshandelte Kinder weniger Worte für innere Zustände haben als gesunde (Fonagy et al. 1996). Sachsse (1995) spricht von einer „temporären Zerstörung der Ich-Funktionen" und des mit ihnen verbundenen guten Objektes. Auch van der Kolk (1999) weist auf den Zusammenhang zwischen traumatischen Erfahrungen und der Verwendung von Sprache hin. Traumatisches Erleben hat in der Regel keine narrative Struktur – und kann daher nicht erzählt werden –, sondern ist als präverbale, sensomotorisch-affektive Erfahrung im Gedächtnis gespeichert. „Wer keinen Zugang zur Sprache hat, um Wünsche und Bedürfnisse zu übermitteln – sich selbst oder anderen – ist darauf angewiesen, seine Affekte via Aktion auszudrücken, ohne dass ihm deutlich bewusst ist, was diese Aktionen für sein Leben bedeuten.... Diese Patienten können ihre inneren Zustände oft besser in Handlungen oder in Bildern als in Worten ausdrücken" (van der Kolk 1999, S. 26).

Fonagy (1998b) beschreibt den zugrunde liegenden psychodynamischen Mechanismus aus einer *bindungstheoretischen Perspektive* folgendermaßen: Aus Angst, in den Gedanken und Wünschen ihrer Bezugspersonen feindselige und aggressive Ablehnung bzw. das sadistische Bedürfnis, zu schädigen oder zu quälen, entdecken zu können (und daraus auf die eigene Wertlosigkeit schließen zu müssen), vermeiden es traumatisierte Kinder, sich in das innerseelische Befinden bei sich und anderen einzufühlen, um sich vor weiterem seelischem Schmerz zu schützen. Dieses (partielle) Fehlen oder defensive Ausweichen vor Reflexivität kann in Form von dissoziativen Reaktionen sichtbar werden („the symptom of dissociation as a converse of mentalisation", Fonagy 1998b) – zu verstehen als Versuch, das Trauma zu bewältigen. Aufgrund der Dissoziation als Umkehrung der Mentalisation (gemeint sind symbolische Repräsentanzen zweiter Ordnung) gehe den Betroffenen die Möglichkeit des Nachdenkens über Gedanken und Gefühle – und folglich in gewissem Sinne auch die Bedeutung und Dialogfähigkeit von Erfahrungen – verloren bzw. sie bildeten sie gar nicht aus.

Doch da körperliche oder sexuelle Misshandlung innerhalb einer Bindungsbeziehung das Bindungsverhaltenssystem aktiviert – einschließlich des Bedürfnisses nach Schutz bei einer nahen Bezugsperson – und gleichzeitig seelische Nähe unerträglich macht, wird das Bindungsbedürfnis dieser Kinder häufig auf einem körperlichen Niveau ausgedrückt, wodurch paradoxerweise die physische Nähe zu dem missbrauchenden Erwachsenen noch vergrößert wird und gerade der Rückzug aus der geistig-seelischen Welt misshandelte Kinder fatalerweise weiter an die potenziellen Täter bindet. Das Paradoxon „of proximity seeking at the physical level concurrent with psychological avoidance lies at the root of the disorganized attachment consistently seen in abused children“ (Fonagy et al. 2000). Die fehlende reflexive Funktion hat zur Konsequenz, dass die passiv erlittenen Affektzustände bei traumatisierten Patienten unbewältigt und unsymbolisiert bleiben. Sie erhalten also keine narrative Struktur, sondern bleiben in Form von sich aufzwingenden sensomotorisch-körpernahen Erinnerungen weiter bestehen. In der Hoffnung, für die oft dissoziierten Affekte noch nachträglich Empathie und Resonanz zu finden und sie so bearbeiten zu können, reinszenieren viele Patienten die traumatische Situation (s.u.). Der Psychoanalytiker und Säuglingsforscher Daniel Stern (1985) weist auf den Zusammenhang zwischen unsymbolisiert gebliebenen, konkretistischen Affektzuständen und dem Wiederholungszwang hin.

In einer Reihe von Studien erwies sich die emotionale Nähe zu dem Täter als der relevanteste Prädiktor für den Grad der Traumatisierung, denn eine Traumatisierung innerhalb einer Bindungsbeziehung vergrößert das Bedürfnis nach (Bindungs-)Sicherheit, während gleichzeitig die Mentalisierungsfähigkeit defensiv eingestellt wird. Ebenfalls konnten empirisch körperliche Misshandlungen, sexueller Missbrauch und schwere Vernachlässigung als Realtraumatisierungen in einer Reihe von Untersuchungen als bedeutende verursachende Faktoren in der Ätiologie der Borderline-Störung nachgewiesen werden (aktueller Überblick z.B. Dulz u. Jensen 2000). Durch im Rahmen des bindungstheoretischen Paradigmas erhobene Befunde (Liotti 1995) wurde ergänzend belegt, dass auch psychisch kranke Mütter, die nicht in der Lage sind zu einer genügend guten Reflexivität, Feinfühligkeit und Haltefunktion (sondern häufig selbst angsterfüllt-angsterregend wahrgenommen werden), als Quellen früher Traumatisierung angesehen werden können. Denn für Kinder bedeutet eine psychiatrische Erkrankung der Eltern häufig, dem Dilemma ausgesetzt zu sein, gleichzeitig vor dem Objekt und zu dem Objekt fliehen zu müssen.

Epidemiologische Studien sowie Untersuchungen an stabilen Kindern bzw. psychisch gesunden Erwachsenen legen nahe, dass häufig nur eine einzige sicher verstehende Beziehung für die Entwicklung reflexiver Prozesse ausreicht und das Kind „retten“ kann (Werner u. Smith 1992, Lieberz et al. 1998). In einem umfassenden Überblick zu retrospektiven und prospektiven Studien zur Deprivations- und Protektionsforschung referiert Dornes (1997) als einheitliches Ergebnis: Das Vorhandensein von mindestens einer zugewandten Beziehungsperson in der (frühen) Kindheit vermindert im Sinne eines zentralen Schutzfaktors die Wahrscheinlichkeit, später an seelisch (mit)bedingten Störungen zu erkranken, ganz erheblich. Umgekehrt steigt die Wahrscheinlichkeit dafür bei Fehlen einer solchen Person. Nur einer Minderheit von Erwachsenen (10–30%) gelingt es, eine schwierige Kindheit (relativ) problemfrei zu bewältigen.

Nach Fonagy befähigen insbesondere die folgenden 3 Aspekte Personen, sich bisweilen auch sehr belastenden sozialen Situationen stellen zu können, ohne Schaden zu nehmen (Fonagy et al. 2000):

- symbolisierte Affekt-Repräsentationen zweiter Ordnung,
- intentionale Repräsentationen der Bezugspersonen sowie
- eine intentionale Repräsentation des Selbst.

Zusammenfassend erscheinen klinisch und empirisch die wesentlichen Mechanismen der Psychodynamik und der Symptombildungen der Borderline-Persönlichkeitsstörung auch als Traumafolge verstehbar. Angesichts der hohen Prävalenz massiver Kindheitstraumata halten einige Autoren (Rohde-Dachser 1995) die Borderline-Pathologie einschließlich der charakteristischen Abwehrmechanismen für eine Überlebensstrategie; sehr überzeugend hat Sachsse (1995) dies für die Fähigkeit zur Dissoziation beschrieben. Im nächsten Abschnitt soll etwas detaillierter aufgezeigt werden, inwiefern das Konzept der Theory of Mind einen Beitrag zur weiteren Vertiefung und Differenzierung des Verständnisses der Genese und der Psychopathologie der Borderline-Störung leisten kann.

12.6 Theory of Mind als entwicklungspsychologisches Erklärungsmodell zum Verständnis der Borderline-Persönlichkeitsorganisation

12.6.1 Empirische Befunde

Metakognition und reflexive Fähigkeiten sind eng verbunden mit der Entwicklung des Selbst und seiner Störungen. Insbesondere das Selbstwertgefühl erscheint als ein Resultat des inneren Bewertungsprozesses: „Wie akzeptabel bin ich mit meinen Bindungsbedürfnissen für Bezugspersonen?“ Im Gegensatz zu Bindungscharakteristika existieren theoretische und klinische Ausführungen, vor allem jedoch empirische Befunde über Zusammenhänge zwischen Selbstreflexivität und Psychopathologie, zurzeit nur vereinzelt und stammen ausnahmslos aus der Londoner Arbeitsgruppe (Fonagy et al. 1995, 1996, Fonagy 1991, 1998). Die Autoren vermuten einen Zusammenhang zwischen dem Ausmaß der Einschränkung der reflexiven Funktion und der Disposition zu psychopathologischen Erkrankungen. Ein massives – häufig traumainduziertes – Versagen der Selbstreflexivität bzw. der psychischen Integrationsfunktion bringen sie mit schweren Persönlichkeitsstörungen in Verbindung, insbesondere mit der Genese von Borderline-Störungen. Reflective-Functioning (RF) und der entsprechende Bindungskontext werden als Basis der Selbstorganisation bzw. Selbstregulationsfähigkeit begriffen. Empirisch konnten Fonagy und Mitarbeiter sowohl zeigen, dass schwer traumatisierte Patienten nur dann eine Borderline-Persönlichkeitsstörung entwickeln, wenn gleichzeitig ihre reflexiven Fähigkeiten gering ausgeprägt sind (Cassel-Hospital-Studie; Fonagy et al. 1996), als auch nachweisen, dass ein massives Versagen der reflexiven Fähigkeiten mit einer Disposition zu destruktiver, mitleidloser Aggressivität und Gewaltdelikten bei jugendlichen Straftätern einhergeht (Prison-Health-Care-Centre-Studie; Levinson u. Fonagy 1997, Fonagy et al. 1997).

In der Cassel-Hospital-Studie untersuchte die Arbeitsgruppe 85 nicht-psychotische stationäre Psychiatriepatienten und verglich die Bindungssicherheit und RF-Ratings mit einer parallelisierten, nicht-psychiatrischen Kontrollgruppe. Die Inter-Rater-Reliabilität für die RF-Werte betrug ICC = 0,91; der Mittelwert der RF-Ratings für die psychiatrischen Patienten lag bei 3,7 (SD = 1,8), der der Kontrollgruppe bei 5,2 (SD = 1,5) (Tab. **12.1** und **12.2**). Die Reflective Self Function Scale (RSFS) differenzierte Patienten mit einer *Achse-I-Störung* (DSM-III-R/SCID-I; Symptomdiagnose) lediglich für die Gruppe der essgestörten Patienten.

Tabelle 12.**1** RF-Werte bei verschiedenen Achse-I-Diagnosen (Mittelwerte und Standardabweichungen). Ergebnisse der Cassel-Hospital-Studie (Symptomdiagnose) von Fonagy et al. (1996)

Achse-I-Diagnose			
Depression	Angst	Substanz-Missbrauch	Essstörung
3,8 (1,7) (n = 72)	3,5 (1,8) (n = 44)	3,4 (1,8) (n = 37)	2,8 (1,7) (n = 14)

Tabelle 12.**2** RF-Werte bei verschiedenen Achse-II-Diagnosen (Mittelwerte und Standardabweichungen). Ergebnisse der Cassel-Hospital-Studie (Symptomdiagnose) von Fonagy et al. (1996)

Achse-II-Diagnose			
Keine	BPD	antisozial/ paranoid	andere
4,3 (1,7) (n = 23)	2,7 (1,6) (n = 27)	3,9 (1,8) (n = 22)	3,3 (1,7) (n = 38)

Patienten ohne eine *Achse-II-Diagnose* (DSM-III-R/SCID-II; Persönlichkeitsstörung) hatten signifikant höhere RF-Werte als diejenigen mit einer diagnostizierten Persönlichkeitsstörung ($p \leq 0{,}05$); dieses Ergebnis konnte insbesondere auf die niedrigen RF-Resultate der Patienten mit einer Borderline-Persönlichkeitsstörung (BPD) zurückgeführt werden ($p \leq 0{,}001$).

In einer weiteren pfadanalytischen statistischen Auswertung wurden die Zusammenhänge zwischen körperlichem bzw. sexuellem Missbrauch, RF-Werten und einer Borderline-Diagnose untersucht. In der Gruppe ohne Missbrauchserfahrung war die Prävalenz der Borderline-Störung gleich hoch für Patienten mit hohen und niedrigen RF-Werten (Median = 3 als Cut-off-Wert). Doch wurde nur bei 4 von 24 Patienten (17%) mit einer Missbrauchserfahrung und hohen RF-Werten eine Borderline-Störung (BPD) diagnostiziert, demgegenüber aber bei 28 von 29 Patienten (97%), wenn ihr RF-Wert unter 3 lag. Niedrige RF-Werte erwiesen sich also nur dann als prädiktiv für eine Borderline-Störung, wenn gleichzeitig eine Gewalt- oder Missbrauchserfahrung in der Kindheit eruiert werden konnte.

In der „Gefängnis-Studie" betrugen die mittleren RF-Ratings für die Strafgefangenengruppe 2,5 (SD = 1,8), für die Psychiatriepatienten 3,7 (SD = 1,5) und für die normale Kontrollgruppe 5,8 (SD = 2,3). Der Anteil der RF-Werte unter 3 lag in der Gefängnisgruppe bei 64%, in der Patientengruppe bei 23% ($p \leq 0{,}01$). Borderline-Patienten hatten in der überwiegenden Mehrheit einen verwickelten Bindungsstatus (preoccupied), häufig verbunden mit einem unverarbeiteten Trauma (unresolved); die Mehrzahl der Strafgefangenen in der forensischen Stichprobe (Persönlichkeitsstörung) hatte eine vermeidende Bindungsklassifikation (dismissing). Die „Abwehr der Fähigkeit" bzw. das daraus resultierende Unvermögen, sich innerseelische Zustände vorzustellen, interpretieren die Autoren als zentralen Bestandteil von Gewalt gegen Personen. Aus dieser Perspektive wird destruktive Aggressivität gegen andere vor allem dann möglich, wenn das mentale Befinden des anderen beim Gewalttäter nicht deutlich genug kognitiv und psychisch repräsentiert ist.

In der Fachliteratur werden mit hoher Übereinstimmung die zwischenmenschlichen Beziehungen und die borderlinespezifische Erlebnisqualität der Affekte von Wut und Depression als sensitivste Bereiche der Pathologie angesehen. Fonagy hebt hervor, dass angesichts der spezifischen Symptomatik und der Natur der strukturellen Störung das skizzierte Modell einen besonderen klinischen Erklärungswert für das Verständnis erwachsener Borderline-Patienten hat (z.B. Fonagy 1991, 1998, 1999), bei denen in der Genese häufig Traumatisierungen zu eruieren sind.

Zusammenfassend führen die Autoren (Fonagy et al. 2000; Fonagy et al. 1996) einen großen Anteil der borderlinetypischen Symptomatik auf die Tendenz der Patienten zurück, das seelische Befinden ihrer Bezugspersonen zu verleugnen, sowie auf ihr Scheitern im Mentalisieren der eigenen Gefühle. Dies habe ein Defizit in der Fähigkeit, Erfahrungen symbolisch zu repräsentieren und ihnen damit Bedeutung zu verleihen, zur Folge und führe zu dem bekannten Vorherrschen sog. „unreifer Abwehrmechanismen" (Spaltung, Projektion, projektive Identifizierung). Auf die Implikationen eingeschränkter reflexiver Fähigkeiten für die borderlinetypischen Störungsbereiche möchten wir im nächsten Abschnitt ausführlicher eingehen.

12.6.2 Borderline-Symptomatik als Folge einer Schädigung der reflexiven Funktion

Aus einer bindungstheoretischen Perspektive können viele der charakteristischen Symptome von Borderline-Patienten reinterpretiert werden als Folgen von unsicheren Arbeitsmodellen bzw. als Folgen einer Schädigung der reflexiven Funktion, verbunden mit dem Scheitern im Symbolisieren der eigenen Gefühle mit dem Resultat einer Einschränkung der inneren und äußeren Dialogfähigkeit. Das bedeutet nicht, dass Borderline-Patienten keine Theory of Mind oder reflexive Fähigkeiten entwickelt haben (wie es z.B. bei schweren Formen autistischer Störungen oder hirnorganisch extrem geschädigten Menschen angenommen werden kann). Es ist wahrscheinlicher, dass diese Patienten unter Bedingungen, die unerträglich erscheinende seelische Schmerzen erwarten lassen, ihre Fähigkeit, über mentale Zustände bei sich und anderen nachzudenken, verleugnen bzw. ihr defensiv ausweichen. Diese Vulnerabilität der Theory of Mind von Borderline-Patienten entsteht als Folge von schweren Deprivations- oder Missbrauchserfahrungen. Das beschriebene (partielle) Fehlen einer elaborierten Theory of Mind, die konstituierend ist sowohl für ein integriertes Konzept des Selbst als auch für ein integriertes Konzept des anderen, macht das Reflektieren über mentale Zustände zu einem zwangsläufig instabilen (chaotischen) Abenteuer. Beispielsweise bleibt der Betreffende verwundbar für das Auftauchen von Gefühlen, die – angesichts des Fehlens mentaler Repräsentanzen zweiter Ordnung – nicht zugeordnet, lokalisiert und begrenzt werden können. Dieses Defizit der Patienten, über innere Zustände nachzudenken, sie zu verstehen und zu ertragen, entspricht Kernbergs (1978) Begriff der „unmetabolisierten Objekt-Repräsentanzen". Aus dem Bedürfnis heraus, ihr inneres Chaos, über das sie nicht reflektieren können, zu kontrollieren und die widersprüchlichen Selbstzustände zu integrieren, inszenieren sie häufig selbstschädigende Beziehungen (projektive Identifikation) mit weiteren fatalen Folgen für ihr inneres Arbeitsmodell (also ihre zukünftige Beziehungsfähigkeit). Und ohne die Fähigkeit des Nachdenkens können Borderline-Patienten „sich" in ihren affektiven Reaktionen nicht entdecken, ihre Bedürfnisse nicht verstehen und sich somit zwangsläufig auch nicht weiterentwickeln. Insbesondere scheint die Sprache nicht als Mittel der Verständigung und Kommunikation zu dienen, sondern eher als Mittel der Abwehr und Ausdruck von Verwirrung und Unverständnis. Auch mit sich allein gelassen, sind diese Patienten der verfolgenden und quälenden Nähe ihrer destruktiven Repräsentanzen ausgesetzt, denen sie nicht entfliehen können. Gleichzeitig führt das Fehlen von (bzw. das Unvermögen zur) Mentalisierung zu einem Erleben tiefer Isolation, des Verlorenseins und der Einsamkeit sowie zu einer zumindest partiellen (Selbst-)Entfremdung (von sich und dem Rest der Menschen). Denn um sich jemandem verbunden fühlen zu können, muss dieser zunächst als seelisches Wesen repräsentiert worden sein (Fonagy u. Target 1995).

Das skizzierte mangelnde Vermögen zur (Selbst-)Reflexivität wirkt sich insbesondere auf die borderlinetypischen zentralen Störungsbereiche aus: die Fähigkeit zur Emotionsregulation, das Selbstkonzept und die interpersonalen Beziehungen.

Emotionsregulationsstörung

Borderline-Patienten haben in der Regel große Schwierigkeiten, emotional ausgewogen zu reagieren, insbesondere im zwischenmenschlichen Bereich. Dabei sind sie nicht eingeschränkt im Verstehen einfacher Gefühlszustände, jedoch scheint ihr Verständnis häufig auf einfache Attunement-Prozesse der Affektabstimmung beschränkt zu bleiben. Das Phänomen der unkontrollierten und unkontrollierbaren Wut und Aggression dieser Patienten kann ebenfalls vor dem Hintergrund des Mangels an sekundärer Repräsentationsfähigkeit betrachtet werden. Indem sie nicht als seelische Wesen repräsentiert werden, können andere Personen für diese Patienten „unbelebt" werden, was sich dann u.a. in einem Mangel an Mitleid manifestieren kann. Auch inadäquate exzessive emotionale Reaktionen im Sinne eines Überwältigtwerdens durch unmodulierte Affekte sind zu interpretieren als Unfähigkeit, die anderen als Personen mit Wünschen, Gedanken und Gefühlen wahrzunehmen. Aus dieser Perspektive erscheint fremdaggressives Verhalten im Sinne einer Hemmung der Gewaltbereitschaft als Folge dieses Unvermögens. Die „Entmenschlichung" des Opfers durch fehlende reflexive Funktionen führt dazu, dass dann auch die Handlungen der Täter quasi als „seelenlos" repräsentiert werden. Neben dem Empfinden von Wut und Hass wird eine oft unerklärliche und bedrohlich erlebte diffuse (sog. freiflottierende) Angst als weiterer zentraler Leitaffekt (Dulz u. Jensen 2000) der Borderline-Störung angesehen, der vermutlich ebenfalls in engem Zusammenhang mit der inkohärenten, labilisierten Selbststruktur und der beschädigten Symbolisierungsfähigkeit steht (s.u.). Insgesamt scheint das Einfühlungsvermögen in das mentale Befinden anderer weniger stark beeinträchtigt als das reflexive Verständnis der eigenen Selbstzustände, die in der Regel externalisiert werden.

Die klinische Erfahrung lehrt aber auch, dass Borderline-Patienten geradezu seismographisch auf bestimmte innere Zustände von anderen Menschen, auch Therapeuten, reagieren. So nahm beispielsweise in einer Gruppentherapiesitzung eine Borderline-Patientin korrekt wahr, dass sich der Therapeut kurzzeitig innerlich abwendete, an einen bevorstehenden Termin nach der Gruppensitzung dachte. Obwohl diese Abwendung nur wenige Sekunden dauerte, löste sie bei der Patientin Verlassenheitsgefühle aus, die sie dadurch bekämpfte und zum Ausdruck brachte, dass sie den Therapeuten total entwertete und ihm Desinteresse und Ausbeutung von Patienten zu Forschungszwecken vorwarf. In diesem Beispiel besteht die Pathologie nicht im eingeschränkten Einfühlungsvermögen, sondern im Missverhältnis von Anlass und emotionaler Reaktion darauf.

Identität und Selbstkonzept

Das Fehlen von Mentalisierung geht mit einer Bedrohung durch Desintegration einher, denn ein Selbstgefühl zu haben, bedeutet, sich aus der Perspektive (relevanter) anderer betrachten zu können. Aufgrund ihrer Tendenz, seelische Funktionen wie Denken und Fühlen zu externalisieren, geraten die Borderline-Patienten in eine große Abhängigkeit von anderen, ohne sich angesichts ihres Mangels an Integrations- und Symbolisierungsfähigkeit von Erfahrungen in diesen Beziehungen „wiederfinden" zu können.

Bei Borderline-Patienten enthält die Selbstrepräsentanz in der Regel Repräsentationen eines nicht-reflexiven anderen. Diese werden zwar als Teil des Selbst, aber nicht als zum Selbst gehörig erlebt und je mehr der Betreffende versucht, sich von dem meist quälend und verfolgend erlebten Introjekt zu lösen, umso stärker ist das subjektive Bedrohungserleben, denn der andere ist Teil der Selbststruktur. Aus der wachsenden Verzweiflung, die fremden Anteile der Selbst-Repräsentanz anders nicht „loswerden" zu können, wird der eigene Körper häufig als Vehikel des „fremden Selbst" phantasiert. Selbstschädigende und suizidale Verhaltensweisen können in der Konsequenz begriffen werden als verzweifelter und vergeblicher Versuch, das Selbst zu befreien durch die Destruktion des anderen im Selbst (Selbstverletzung als Form der Selbstfürsorge; Sachsse 1995). „The self is freed from the other by the destruction of the other within the self" (Fonagy 1998b). Das Selbstkonzept der Patienten wird mit hoher Wahrscheinlichkeit geprägt durch ein Oszillieren zwischen diesen beiden Repräsentanzen, was in der Konsequenz zu den bekannten Dissoziationsphänomenen führt, insbesondere wenn kein anderer anwesend ist, der projektive Entlastung möglich machen könnte, indem der fremde Teil des Selbst externalisiert wird mit dem Ziel einer Konsolidierung der desorganisierten Struktur. Häufig kommt es zu einem zermürbenden Wechsel zwischen dem Kampf um Unabhängigkeit und den drängenden Wünschen nach extremer Nähe. Manchmal ist dieses Oszillieren nicht komplett, der andere wird dann evtl. „gehört". Dies ist jedoch nicht mit einer psychotischen Dekompensation zu verwechseln; es ist eher so, dass die Bewusstheit des internalisierten fremden

Anderen als ein Zeichen von verbleibender metakognitiver Funktion und daher prognostisch günstig bewertet werden kann.

Das brüchige Identitätserleben kann aber auch dazu führen, dass die Urheberschaft über Handlungen oder das Erleben der Zugehörigkeit des Körpers (vorübergehend) vollständig verloren geht, es findet keine Integration von Intention und Verhalten mehr statt. Vor diesem Hintergrund erscheinen Autoaggressionen in Form von Selbstverletzungen dann als ein Versuch, die Selbstkohärenz wiederherzustellen und das Denken zu kontrollieren.

Interpersonale Beziehungen

Die Beziehungsgestaltung stellt bekanntlich den Kernbereich der Borderline-Psychopathologie dar. Borderlinespezifische Beziehungen sind u.a. oft gekennzeichnet durch Instabilität (z. B. häufige Trennungen und Wiederversöhnungen), Angst vor dem Verlassenwerden, Entwertungen und Idealisierungen, Manipulationen und übergroße Abhängigkeit. Da der defensive Rückzug aus der Beschäftigung mit psychischen Inhalten bei Borderline-Patienten sowohl das eigene seelische Befinden als auch das der anderen betrifft, sind intime, nahe Beziehungen praktisch oft nicht zu bewältigen. Denn die Fähigkeit, die Inhalte der eigenen Seele wie auch die der anderen wahrzunehmen, ist eine wichtige Voraussetzung für normale Objektbeziehungen. Fehlt sie, ist der Patient in Situationen, die Selbstreflexion erfordern, auf die Erfahrung von Bedeutungslosigkeit und Konfusion zurückgeworfen. Sowohl seine eigenen als auch die Gefühle und Intentionen anderer sind nur auf primärem Niveau repräsentiert und können nicht reflektiert oder bedacht werden. Werden Beziehungen zu intensiv, verleugnen Borderline-Patienten in der Regel ihre Mentalisierungsfähigkeiten und sind in ihren Bewältigungsmöglichkeiten auf frühe Abwehrmechanismen (z. B. projektive Identifikation, Idealisierung und Entwertung) reduziert. Zu beachten ist, dass Borderline-Patienten nicht grundsätzlich unfähig sind, soziale Phänomene zu verstehen. Das Scheitern von Mentalisierungsprozessen ist bei Borderline-Patienten eher begrenzt auf Situationen, die charakterisiert sind durch intensive psychische Konflikte, vornehmlich interpersonaler Art. Die reflexiven Fähigkeiten variieren häufig in Abhängigkeit vom Kontext oder bestimmten Beziehungsformen; wie bereits erwähnt, haben Patienten mit einer Borderline-Persönlichkeitsstörung in der Regel größere Probleme, eigene innere Zustände zu verstehen als die der anderen. Eine inadäquate Theory of Mind kann sich beim Borderline-Patienten sowohl darin manifestieren, seelisches Erleben wie physikalische Produkte zu behandeln und zu beschreiben (zu denken ist etwa an die Unfähigkeit, körperliche Bedürfnisse oder Spannungen zu identifizieren und zu benennen), als auch in einer Überausweitung von seelischen Begriffen auf äußere Objekte. Die materiellen Dinge werden dann ebenso belebt wahrgenommen wie die Menschen. Häufig führt das Vermeiden von emotional bedeutsamen Kontakten zu seelischem Rückzug, doch dieser Entlastungsversuch wird von den Patienten in der Konsequenz mit weiterer Isolation, Stagnation und innerer Leere – und damit erneutem Leiden – bezahlt.

12.7 Die psychotherapeutische Behandlung von Borderline-Patienten

12.7.1 Ergebnisse der Psychotherapieforschung: Prognose und Verlauf der Borderline-Störung

Während die ersten klinischen Untersuchungen zum Verlauf von Borderline-Persönlichkeitsstörungen ein eher pessimistisches Bild von der Entwicklung der Störung entwerfen, lässt sich heute nach Eckert et al. (2000a) mit aller Vorsicht das folgende verdichtete Bild vom Verlauf der Erkrankung zeichnen:

Die Befunde der zahlreich durchgeführten Verlaufsstudien stützen eindeutig das Konstrukt der Borderline-Persönlichkeitsstörung als einer nosologischen Einheit. Patienten, die am Ende ihres 2. Lebensjahrzehntes oder zu Beginn ihres 3. Lebensjahrzehnts diese Störung entwickeln, bekommen 10 oder mehr Jahre später weder die Diagnose affektive noch die Diagnose psychotische Erkrankung. Der Verlauf der Störung wird heute günstiger eingeschätzt als in früheren Studien. Die psychosozialen Besserungsraten sind nach 2–3 Jahren noch nicht deutlich ausgeprägt, nach 5–7 Jahren (nicht abgebrochener) psychotherapeutischer Behandlung ergibt sich schon ein günstigeres Bild, vor allem im Hinblick auf die Borderline-Symptomatik, und nach 15 Jahren sind annähernd 60% der Patienten in den Bereichen der sozialen und beruflichen Integration und hinsichtlich ihrer psychiatrischen Symptomatik deutlich gebessert. Etwa 30–40% der Patienten stellen sich nach diesem Zeitintervall in ihrer psychosozialen Anpassung unverändert oder verschlechtert dar. Der ungleichmäßige Verlauf der Störung wird gestützt durch die Ergebnisse zur Suizidalität von Borderline-Patienten in 4 retrospektiven Langzeitstudien. Fast alle Suizide ereignen sich in den ersten 5 Jahren nach der Erstuntersuchung. Mit einer weniger günstigen Entwicklung ist bei komorbidem Substanzmissbrauch und antisozialer Persönlichkeitsstörung zu rechnen, wohingegen die sog. „natürlichen Vorzüge" wie Begabung, Attraktivität und ein hoher Intelligenzquotient als Prädiktoren für einen positiven Verlauf angesehen werden können.

Der groß angelegten Katamnese-Studie von Stone (1989) zufolge starben 9% der Borderline-Patienten an Selbstmord, das Suizidrisiko hängt von der Komorbidität mit Sucht und Depression ab und ist umso größer, je jünger die Patienten sind. Katamnestische Untersuchungen ergaben darüber hinaus als einen der wichtigsten Befunde (bei einem mittleren Nachbefragungszeitraum von 15 Jahren; vgl. z. B. McGlashan 1986; Stone et al. 1987), dass es in der untersuchten Zeitspanne keinen Borderline-Patienten gab, der nicht in irgendeiner Form psychiatrisch und/oder psychotherapeutisch behandelt wurde.

Antisoziales Verhalten bei Persönlichkeitsstörungen ist generell als besonders ungünstiger prognostischer Faktor für alle Formen psychotherapeutischer Behandlungsansätze zu bewerten. (Clarkin et al. 2000). Die hohe prognostische Bedeutsamkeit ist nur vergleichbar mit dem Vorhandensein (bzw. dem völligen Fehlen) intensiver Beziehungen zu wichtigen Bezugspersonen, wie chaotisch und gestört diese auch immer sein mögen. Je ausgeprägter das antisoziale Verhalten ist und je länger ein Patient isoliert ist, umso schlechter die Prognose. Hingegen haben schwere Formen von Persönlichkeitsstörungen ohne antisoziales Verhalten und mit konstanten zwischenmenschlichen Beziehungen durchaus eine gute psychotherapeutische Prognose; die Behandlung hilft den Patienten, die Konfusionen ihrer inneren Welt zu verstehen und das Chaos in ihrem Leben zu kontrollieren.

Folgt man mit Eckert et al. (2000a) den Ergebnissen der Psychotherapieforschung, dann wäre von folgendem auszugehen: "Psychotherapeutisch bedingte Veränderungen erfolgen stufen- bzw. phasenweise. Das heißt, in einem durch psychotherapeutische Interventionen verursachten Entwicklungsgeschehen verändern sich in einer zeitlichen Reihung zuerst die Symptome bzw. das Symptomgeschehen und danach erst das allgemeine Funktionsniveau in bestimmten Lebensbereichen", vermutlich zunächst das affektive Erleben (die Erlebnisqualitäten Wut und Depression/dysphorisches Erleben/innere Leere) und in der Folge auch das Beziehungsverhalten und die Beziehungskonflikte.

Empirische fundierte Aussagen zum Verlauf der Borderline-Pathologie sind aufgrund der Patientenklientel, der Methodik und der unterschiedlichen Katamnesezeiträume der Studien nur bedingt möglich. In einer Reihe von Kurzzeitstudien, denen ein Nachbefragungszeitraum von 1 – 3,5 Jahren zugrunde liegt, stellen sich zwischen 50 und 80% der Patienten hinsichtlich der diagnostischen Kriterien (DSM-III bzw. DIB) stabil dar. Andere Studien konnten jedoch zeigen, dass sich die Störungspathologie langfristig bei psychotherapeutisch behandelten Patienten eindrucksvoll reduziert. In der mehrfach erwähnten Studie von Eckert und seinen Hamburger Mitarbeitern (Eckert et al. 2000a) wurde nach 100 Stunden klientenzentrierter Gruppentherapie 4 Jahre nach Behandlungsbeginn nur noch bei 14% der Patienten eine Borderline-Persönlichkeitsstörung diagnostiziert.

Eine Antwort jedoch – so resümieren Eckert et al. (2000b) – habe die Forschung auf eine für die Praxis sehr wichtige Frage bereits gefunden: „Es gibt keine Kurztherapie für Patienten mit einer Borderline-Persönlichkeitsstörung. Mit welchem psychotherapeutischem Verfahren auch immer man Borderline-Patienten behandelt, die Behandlung braucht Zeit."

Klassische Maße ermöglichten bisher eine deskriptiv-operationale Beschreibung der Symptome und charakterlichen Auffälligkeiten (DSM IV/SCID I und II; ICD-10/DIPS; DIB) bzw. einen psychoanalytischen, erklärend-strukturellen Zugang zum Verständnis der zugrunde liegenden Pathologie (strukturelles Interview, Kernberg 1988). Das Konzept der Theory of Mind bzw. der Selbstreflexivität erscheint vor diesem Hintergrund nicht nur als ein geeignetes Paradigma, die Pathologie der Affektregulations- und Objektbeziehungsstörung von Borderline-Patienten zu rekonzeptionalisieren und besser zu verstehen, sondern stellt auch ein Maß zur Verfügung, um intrapsychische Veränderungen repräsentationaler Strukturen bzw. die Fähigkeit zur Affektsymbolisierung – z. B. im Verlauf von psychotherapeutischen Behandlungen – zu erfassen. Dies ist besonders bedeutungsvoll für die Psychotherapieforschung, der bisher eine Konzeption gefehlt hat, die elaboriert genug war, um diese subtilen, dynamischen Prozesse der Identitäts- und Strukturbildung differenziert und theoretisch fundiert abbilden zu können.

Tabelle 12.**3** Häufigkeitsverteilung der Unterformen von Reflexivitätsstörungen für traumatisierte und nicht-traumatisierte Patienten (Trauma-Erfahrung vor dem 12. Lebensjahr)

Skala des Reflexiven Selbst (SRS)	Untertypen von Reflexivitätsstörungen	keine Trauma-Erfahrung (n=23)	Trauma vor dem 12. Lebensjahr (n=28)	Gesamtstichprobe (n=51)
negative RF (0)	Ablehnen von RF unintegrierte, bizarre RF	0 1 (4,3%)	0 0	0 1 (2,0%)
Mangel an RF (1)	Fehlen, Vermeiden v. RF verzerrte, self-serving RF	3 (13,0%) 0	7 (25,0%) 1 (3,6%)	10 (19,6%) 1 (2,0%)
fragliche bzw. niedrige RF (3)	naive, vereinfachende RF über-analysierende, hyper-aktive RF gemischt-niedrige RF	3 (13,0 %) 1 (4,3%) 3 (13,0%)	4 (14,3%) 2 (7,1%) 3 (10,7%)	7 (13,7%) 3 (5,9%) 6 (11,8 %)
mittlere bzw. durchschnittliche RF (5)	durchschnittliche RF inkonsistente RF	3 (13,0%) 1 (4,3%)	4 (14,3%) 5 (17,9%)	7 (13,7 %) 6 (11,8 %)
deutliche bzw. hohe RF (7) außergewöhnlich hohe RF (9)	keine Beeinträchtigung von RF	8 (34,8%)	2 (7,1%)	10 (19,6%)

Im Folgenden werden wir kurz auf einige zentrale empirische Ergebnisse zur Erfassung der reflexiven Fähigkeiten bei Borderline-Patienten eingehen, die im Rahmen einer multizentrischen Gruppenpsychotherapiestudie an der Klinik für Psychotherapie und Psychosomatik der Universität Kiel erhoben wurden.

12.7.2 Ergebnisse der Kieler Psychotherapiestudie

In der vorgestellten Kieler Untersuchung wurden bei insgesamt 51 stationär behandelten Gruppenpsychotherapie-Patienten Zusammenhänge zwischen dem Niveau der Selbstreflexivität, Bindungscharakteristika und psychopathologischen Merkmalen untersucht.

Die Diagnose einer Persönlichkeitsstörung erfolgte von langjährig erfahrenen Therapeuten nach den operationalisierten Kriterien des DSM-IV in der dritten Behandlungswoche (zur ausführlichen Beschreibung des vollständigen Designs und der Stichprobe siehe Daudert 2000 sowie Strauß u. Eckert 1997, 1998). Die Stichprobe bestand zu ungefähr 70% aus Frauen, das Durchschnittsalter betrug ca. 29 Jahre. Die in Tab. 12.**3** beschriebene Fähigkeit zur Selbstreflexion wurde zu Beginn einer 3–4 Monate dauernden stationären psychotherapeutischen Behandlung erhoben.

Zunächst wollen wir kurz auf die Bedeutung von Trauma-Erfahrungen für die reflexive Funktion eingehen und dann spezifische Unterformen von Reflexivitätsstörungen für die beiden Subgruppen vorstellen.

Sowohl in der psychoanalytischen, aber auch in der bindungstheoretischen Literatur wird explizit auf die schädigende bzw. destruierende Wirkung von traumatischen Erlebnissen auf die metakognitiven bzw. die Symbolisierungsfähigkeiten hingewiesen. In Tab. 12.**3** ist die Häufigkeitsverteilung von Reflexivitätsstörungen für die jeweiligen Teilstichproben der Patienten mit vs. ohne Trauma-Erfahrung vor dem 12. Lebensjahr deskriptiv analysiert. Von den untersuchten 51 Patienten gaben in der Anamnese 28, dies entspricht ca. 55%, das Erleben einer traumatischen Situation (Misshandlung) bzw. den Verlust einer Bezugsperson in der Kindheit vor dem 12. Lebensjahr an. Die Befunde demonstrieren, dass 25% der traumatisierten Patienten (gegenüber nur 13% der Vergleichsgruppe) sich durch ein Fehlen bzw. Vermeiden von Reflexivität auszeichnen, bei 18% (vs. 4%) sind die metakognitiven Fähigkeiten inkonsistent. Mit 35% zeigte sich bei der Mehrzahl der nicht-traumatisierten Patienten eine ungestörte (d.h. hohe) reflexive Funktion, demgegenüber standen lediglich 7% in der Gruppe mit Trauma-Erfahrung.

Abb. 12.**1** und 12.**2** illustrieren die Charakteristika in den Reflexivitätsstörungen für die beiden Patientengruppen noch einmal graphisch.

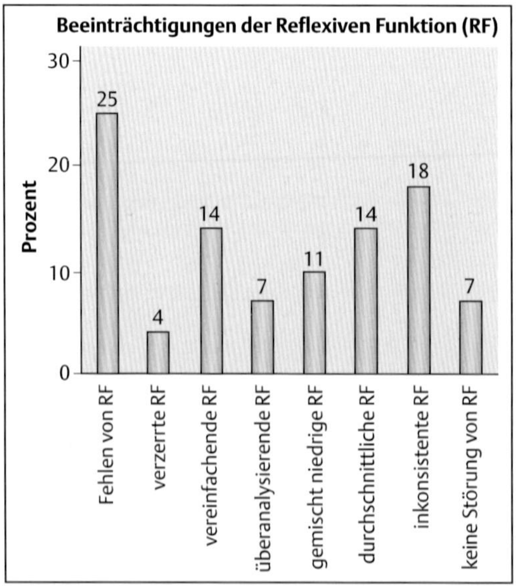

Abb. 12.**1** Häufigkeitsverteilung der Unterformen von Reflexivitätsstörungen für Patienten mit Trauma-Erfahrungen vor dem 12. Lebensjahr (n = 28).

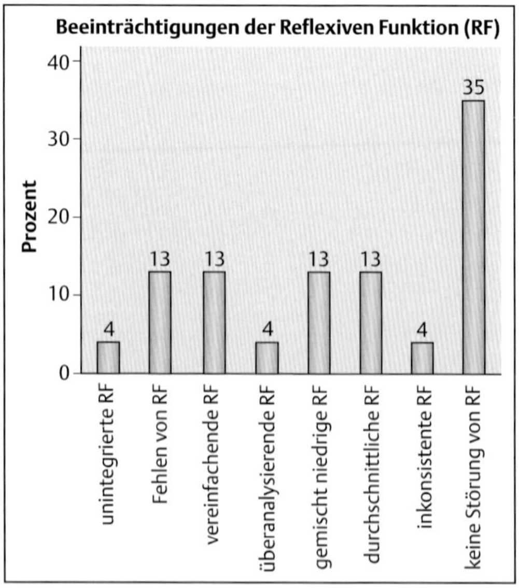

Abb. 12.**2** Häufigkeitsverteilung der Unterformen von Reflexivitätsstörungen für Patienten ohne Trauma-Erfahrungen vor dem 12. Lebensjahr (n = 23).

In der Literatur wird häufig auf den Zusammenhang zwischen traumatischen Erfahrungen und der Entwicklung von Persönlichkeitsstörungen hingewiesen. Tab. 12.**4** beschreibt die Zusammenhänge zwischen der Variable „Trauma-Erfahrung" und der Diagnose einer Persönlichkeitsstörung zunächst deskriptiv.

Wie aus Tab. 12.**4** ersichtlich, ergaben sich sehr deutliche Kontingenzen der dichotomisierten Variable „Trauma-Erfahrung" mit der Diagnose einer Persönlichkeitsstörung; bei 74% der Patienten ohne traumatisches Erleben in der Anamnese wurde auch keine Persönlichkeitsstörung diagnostiziert, jedoch bei 21% der traumatisierten Patientengruppe. 75% der Borderline-Patienten und 80% der Patienten mit anderen Persönlichkeitsstörungs-Diagnosen berichteten über eine traumatische Erfahrung. Aus einer klinisch-entwicklungspsychologischen Perspektive lässt sich formulieren: 79% der traumatisierten Patienten entwickelten auch eine Persönlichkeitsstörung. Der statistische Zusammenhang der Variablen war auf dem 0,1-%-Niveau

Tabelle 12.**4** Zusammenhänge zwischen der Variable „Trauma-Erfahrung" und der Diagnose einer Persönlichkeitsstörung nach ICD-10 (Kreuztabelle)

		Persönlichkeitsstörung			
Trauma-Erfahrung vor dem 12. Lebensjahr		**keine Persönlichkeitsstörung**	**Borderline-störung**	**andere Persönlichkeitsstörung**	**Gesamtstichprobe**
keine Trauma-Erfahrung	n (%, Trauma) (%, Persstörg.)	17 (73,9%) (73,9%)	2 (8,7%) (25,0%)	4 (17,4%) (20,0%)	23 (45,1%)
Trauma-Erfahrung	n (%, Trauma) (%, Persstörg.)	6 (21,4%) (26,1%)	6 (21,4%) (75,0%)	16 (57,2%) (80,0%)	28 (54,9%)
Gesamtstichprobe	n (%)	23 (45,1 %)	8 (15,7%)	2 0 (39,2%)	51 (100%)

$\chi^2 = 14{,}11^{***}$ (df = 2); Kontingenzkoeffizient = 0,47*** (Effektstärke = 0,53), $p \leq 0{,}001$; 2 x erwartete Zellenhäufigkeit < 5 (33,3%)

Tabelle 12.**5** Verteilung der Reflexivitätsstörungen für einzelne Diagnosegruppen

Skala des Reflexiven Selbst (SRS)	Untertypen von Reflexivitätsstörungen	Persönlichkeitsstörung nach ICD-10			Gesamtstichprobe (n=51)
		keine Persönlichkeitsstörung (n=23)	Borderline-störung (n=8)	andere Persönlichkeitsstörung (n=20)	
negative RF (0)	Ablehnen von RF	0	0	0	0
	unintegrierte, bizarre RF	0	1 (12,5%)	0	1 (2,0 %)
Mangel an RF (1)	Fehlen, Vermeiden v. RF	4 (17,4%)	3 (37,5%)	3 (15,0%)	10 (19,6%)
	verzerrte, self-serving RF	0	0	1 (5,0%)	1 (2,0 %)
fragliche bzw. niedrige RF (3)	naive, vereinfachende RF	4 (17,4 %)	0	3 (15,0%)	7 (13,7%)
	über-analysierende, hyper-aktive RF	0	3 (37,5%)	0	3 (5,9 %)
	gemischt-niedrige RF	3 (13,0%)	0	3 (15,0%)	6 (11,8 %)
mittlere bzw. durchschnittliche RF (5)	durchschnittliche RF	2 (8,7%)	0	5 (25,0%)	7 (13,7%)
	inkonsistente RF	2 (8,7%)	1 (12,5%)	3 (15,0%)	6 (11,8 %)
deutliche bzw. hohe RF (7)	keine Beeinträchtigung von RF	8 (34,8%)	0	2 (10,0%)	10 (19,6 %)
außergewöhnlich hohe RF (9)					

hoch signifikant ($\chi^2 = 14{,}11^{***}$, df=2), die Effektstärke der Kontingenz ist nach Cohen mit 0,53 als mittelstark bis hoch zu bewerten.

Die Kategorie „über-analysierende, hyperaktive RF" trat nur bei Borderline-Patienten auf (38%) und scheint eine für diese Erkrankungsgruppe spezifische Störung der metakognitiven Fähigkeiten zu beschreiben; ebenso war eine besonders schwere (grenzwertig psychotische) Beeinträchtigung in Form einer unintegrierten, bizarren Reflexivität nur in dieser Patientengruppe zu konstatieren. Patienten ohne Persönlichkeitsstörung hatten den relativen Gipfel der Häufigkeitsverteilung in der Kategorie „keine Beeinträchtigung der Reflexivität" (35%). Die heterogene Patientengruppe mit „anderen Persönlichkeitsstörungen" zeigte relativ am häufigsten eine durchschnittliche Reflexivität (25%), ungestört waren die metakognitiven Fähigkeiten bei ca. 10% dieser Patienten.

In Tab. 12.**5** ist die Verteilung der Reflexivitätsstörungen für die einzelnen Diagnosegruppen (Persönlichkeitsstörung nach DSM-IV) im Überblick zusammengestellt.

Abb. 12.**3** illustriert die angeführten qualitativen Unterschiede in der reflexiven Störung für die Patientengruppen noch einmal graphisch.

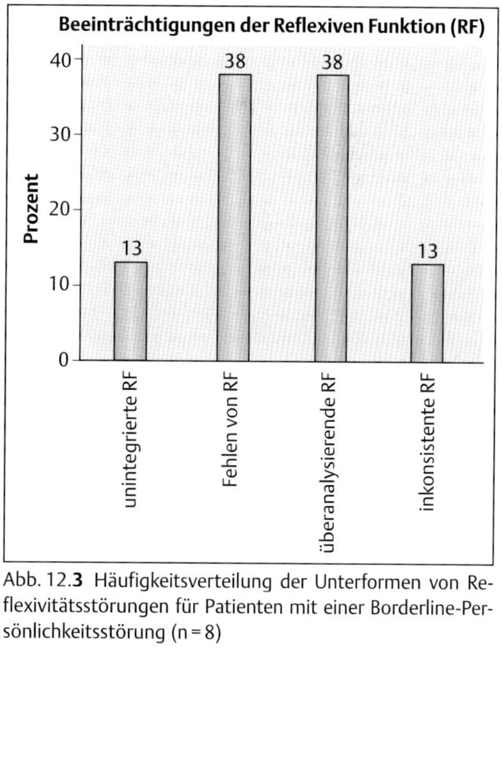

Abb. 12.**3** Häufigkeitsverteilung der Unterformen von Reflexivitätsstörungen für Patienten mit einer Borderline-Persönlichkeitsstörung (n=8)

Tabelle 12.**6** Mittelwerte und Standardabweichung der RF-Werte auf der Skala des Reflexiven Selbst für verschiedene Diagnosegruppen (Variablen „Trauma-Erfahrung", „Persönlichkeitsstörung")

			RF-Werte (SRS) Mittelwert	Standardabweichung	Signifikanztest
Trauma-Erfahrung vor dem 12. Lebensjahr	keine Trauma-Erfahrung	23 (45,1%)	4,61	2,43	t=1,88* (df=49)
	Trauma-Erfahrung	28 (54,9 %)	3,46	1,91	
Persönlichkeitsstörung	keine	23 (45,1%)	4,61	2,33	F=3,17** (df=2)
	Borderline-Störung	8 (15,7 %)	2,25	1,58	
	andere Persönlichkeitsstörung	20 (29,2 %)	3,95	1,99	
Gesamt-Stichprobe		51 (100 %)	3,98	2,21	

* t-Test für unabhängige Stichproben) ist auf dem Niveau von p ≤0,05 (einseitig) signifikant.
** F-Wert (einfaktorielle ANCOVA, kontrolliert für Bildung) sowie der Post-hoc-Mehrfachvergleich sind auf dem Niveau von p ≤0,05 signifikant.

Überprüft man die Mittelwertsunterschiede in den reflexiven Fähigkeiten für die beschriebenen Diagnosegruppen in einem varianzanalytischen Design, so resultieren erwartungskonform deutliche Differenzen in den Teilstichproben sowohl für die Variable „Selbstreflexivität" als auch den „Anteil an sicherer Bindung". Aufgrund des nachgewiesenen, konfundierenden Einflusses des Bildungsniveaus auf die SRS ($r = 0{,}37$, $p \leq 0{,}01$) wurden die Unterschiede für die abhängige Variable „Reflective-Functioning" in einer einfaktoriellen Kovarianzanalyse ausgewertet. Für den Gruppierungsfaktor „Persönlichkeitsstörung" ergab sich ein signifikanter Effekt ($F = 3{,}17$, $df = 2$), dessen Varianzaufklärung mit 12% ausgeprägter war als der Einfluss der Kovariate (10%). In der Post-hoc-Analyse (Scheffé-Test) wurde auf dem 5-%-Niveau ein signifikanter Unterschied zwischen den Borderline-Patienten und der Gruppe ohne Persönlichkeitsstörung ermittelt.

Der Mittelwertsunterschied der RF-Werte für die Gruppen der traumatisierten bzw. der nichttraumatisierten Patienten war ebenfalls auf dem 5-%-Niveau signifikant ($t = 1{,}88$, $df = 49$). Tab. 12.**6** fasst die Ergebnisse im Überblick zusammen.

Zusammenfassend belegen die Kieler Daten erwartungskonform die Hypothese, dass schwere Persönlichkeitsstörungen verbunden sind und teilweise erklärt werden können mit einer traumainduzierten Hemmung der reflexiven Fähigkeit.

Abschließend sollen noch kurz Behandlungskonzepte und Implikationen des Konzeptes der Selbstreflexivität für die psychotherapeutische Praxis angesprochen werden.

12.7.3 Traditionelle psychotherapeutische Behandlungsansätze

In der psychotherapeutischen Fachliteratur sind in den letzten Jahren eine Reihe von schulenspezifischen Behandlungsansätzen der Borderline-Persönlichkeitsstörung beschrieben worden. Eine wichtige aktuelle Ergänzung zu den traditionellen Konzepten besteht in der Entwicklung spezifischer traumazentrierter Behandlungskonzepte (z. B. Reddemann u. Sachsse 1996). Darüber hinaus sind in jüngerer Zeit sowohl im Rahmen der psychodynamischen als auch der verhaltenstheoretischen Psychotherapieschulen manualisierte psychotherapeutische Behandlungsstrategien formuliert worden (sog. „empirically supported treatments"), die sowohl eine Veränderung auf der Verhaltensebene als auch auf der strukturellen Ebene anstreben. Beide Ansätze sind theoriegeleitet und beschreiben ein Repertoire an therapeutischen Techniken, übereinstimmend betont wird die Bedeutung eines klar umrissenen und stabilen therapeutischen Rahmens (Kernberg [1999] empfiehlt eine Absicherung durch sog. Therapieverträge).

Die Bedeutung des Konzeptes der Selbstreflexivität für die psychotherapeutische Behandlung

Die Implikationen der Bindungsforschung für die psychotherapeutische Behandlung sind in den letzten Jahren an verschiedener Stelle ausführlich diskutiert worden – in der Regel unter einem diagnoseübergreifenden Aspekt. Häufig wurde die therapeutische Beziehung unter dem Aspekt der „sicheren Basis“ der Bindungstheorie betrachtet. Das Konzept der Theory of Mind bzw. des Reflective-Functioning (Fonagy et al. 1998) ist zwar weniger explizit herausgestellt und differenziell beachtet worden, implizit jedoch kommen Bowlbys (1988) Ausführungen, der Therapeut müsse die Voraussetzungen dafür schaffen, dass der Patient seinen Selbst- und Objektrepräsentanzen nachspüren und diese mithilfe der in der therapeutischen Beziehung gewonnenen Erkenntnisse und Erfahrungen neu strukturieren könne, eben diesem Konzept sehr nah.

Neben der Reflexion seiner inneren Arbeitsmodelle sollte der Therapeut nach Bowlby den Patienten bei der Verarbeitung seiner (bindungsrelevanten) Affekte behilflich sein; Fonagy umschreibt diese Aufgabe als Förderung des sekundären Repräsentationssystems, Unterstützung der Symbolisierungsfähigkeit (insbesondere für Affektzustände) oder auch Gesundung der reflexiven, metakognitiven Funktion (Fonagy 1998, 1999, Fonagy u. Target 1995, Fonagy et al. 2000). Dies erfordert nicht so sehr die Formulierung neuer Techniken, sondern ist vielmehr im Sinne einer mentalisierenden, intentionalen Haltung des Therapeuten auch im Rahmen traditioneller Therapiekonzepte möglich, zumal es deren impliziten Störungs- und Veränderungsmodellen häufig entspricht. Der Therapeut muss dazu den Patienten in seinem Bemühen unterstützen, vor allem auch durch das Verdeutlichen der eigenen mentalen – patientenbezogenen – (Gegenübertragungs-) Prozesse, seine inneren emotionalen Zustände zu benennen und zu verstehen. Wesentlich sei die Fokussierung auf die Moment-zu-Moment-Veränderungen des seelischen Befindens in der aktuellen therapeutischen Situation, damit auch die fremden Anteile in der Selbstrepräsentanz des Patienten geteilt und kommuniziert werden können. Eine mentalisierende, elaborative Haltung des Therapeuten ermöglicht dem Patienten, seine inneren Spannungszustände und projektiven Prozesse auszuhalten und allmählich sein eigenes Seelenleben zu verstehen. Die Hauptaufgabe des Therapeuten besteht – ähnlich wie die der Eltern der frühen Kindheit – darin, unbelebte und präreflexive, teleologische Konzepte innerer Befindlichkeiten in intentionale und beseelte Modelle zu transformieren. Für die Behandlung von Patienten mit schweren Persönlichkeitsstörungen und den damit einhergehenden massiven Symbolisierungsdefiziten schlagen die Autoren (Fonagy et al. 2000) daher vor, folgende Kriterien im Sinne einer förderlichen therapeutischen Haltung explizit zu berücksichtigen.

Der Therapeut sollte:

- eine (sichere) Bindungsbeziehung (Arbeitsbündnis) mit dem Patienten etablieren,
- einen zwischenmenschlichen Kontext schaffen, in dem das Verstehen von innerseelischen Zuständen zum Fokus gemacht und die Denkfähigkeit gefördert werden kann,
- eine Situation gestalten, in welcher der Patient erkennen kann, dass der Therapeut Interesse an ihm hat und ihn intentional, d. h. als denkendes und fühlendes Individuum, wahrnimmt.

Aus dieser Perspektive betrachtet soll Psychotherapie Bedingungen schaffen, die in erster Linie eine Förderung des mentalen Funktionierens und der Denkfähigkeit ermöglichen. Der therapeutische Prozess lässt sich folglich als eine Entwicklung beschreiben, bei der sich ein präreflexives psychisches Selbst, das unfähig ist, über seine Empfindungen nachzudenken, langsam wandelt zu einem reflexiven Selbst, das sich mit sich auseinandersetzen, eigene Gefühle und die der anderen verstehen sowie seine Umwelt auf eine neue Art erleben kann – manchmal glücklicher, manchmal trauriger.

Mit den Erkenntnissen darüber, welche Art von therapeutischer Beziehung förderlich und welche therapeutischen Ziele wichtig sind, kommen Fonagy et al. (2000) trotz unterschiedlicher theoretischer Grundannahmen im Wesentlichen zu den selben Ergebnissen wie die klientenzentrierte Psychotherapie (Rogers 1959): Das gesprächspsychotherapeutische Beziehungsangebot ist als therapeutische Bedingung konzipiert, um dem Patienten eine Entwicklung zu ermöglichen, die sich unter anderem dadurch auszeichnet, dass der Patient mehr „Zugang zu seinem Erleben hat und dem, was dieses für ihn bedeutet (Selbstempathie)“ (Biermann-Ratjen et al. 1997).

Behandlungsschwierigkeiten

In der Psychotherapie schwer gestörter Borderline-Patienten besteht nach Fonagy (Fonagy 1991, 1998b, Fonagy u. Higgitt 1990, Fonagy et al. 1995, 2000) eine besondere Gefahr darin, den Mangel an mentalen Funktionen dieser Patienten zu internalisieren. Dies tritt dann in Form einer sekundären (und passageren) Unfähigkeit zur Repräsentation beim Therapeuten in Erscheinung (vgl. Bions Formulierung der „attacks on linking"). Durch die Identifizierung mit der Mentalisierungsstörung kann dem Therapeuten zeitweise unwillentlich seine Fähigkeit verloren gehen, innere Zustände zu attribuieren. Anstatt des Nachdenkens über und des Verstehens von Gefühlen kommt es zu einer affektiven Resonanz: Der Therapeut ist dann „gezwungen", die Spannung und die Konfusion des Patienten zu fühlen und zu erleben.

Was macht die Therapie schwierig?

Wenn Therapeuten angesichts der projektiven, externalisierenden Prozesse zum verhassten fremden Anderen werden, dann beruhigen und stabilisieren die Patienten sich zwar, fühlen sich sicher und erleben sich in ihrer Selbstrepräsentation kohärent; doch unglücklicherweise können Therapeuten unter diesen Bedingungen keine Hilfe anbieten. Die implizite Behandlungsparadoxie besteht dann darin: Um in einen therapeutischen Dialog einzutreten, müssen Borderline-Patienten ihre fremde Selbst-Repräsentation mitteilen (und eventuell externalisieren), doch gleichzeitig sind sie – bzw. die Gesundung ihrer reflexiven Funktionen – abhängig von der Mentalisierungsfähigkeit des Therapeuten und davon, dass dieser seine Reflexionsfähigkeit auch angesichts von Unterbrechungen und Bedrohungen aufrechterhalten kann. Durch ihre Tendenz, die seelischen Funktionen zu externalisieren, entwickeln die Patienten zum Teil ein Gefühl des intensiven Angewiesenseins auf die Therapie (vielleicht mehr als auf den Therapeuten), nur unter diesem Schutz wird das Denken und Erfahren gefährlicher Gefühle möglich. Im klinischen Alltag begegnet man – prototypisch – 2 Formen der therapeutischen Beziehungsgestaltung:

- seelischer Rückzug und Isolation als Schutz gegen die Unberechenbarkeit des Therapeuten,
- verwirrte bzw. verstrickte Beziehungsgestaltung.

Häufig kommt ein Alternieren der beiden Haltungen vor, abhängig von den jeweils vorherrschenden Ängsten.

Fonagy (1998b) betont insbesondere die Bedeutung bescheidener Behandlungsziele. Nicht nur ein Strukturwandel der Patienten sei anzustreben, sondern – weniger ambitioniert – auch die Erholung ihrer reflexiven Funktion; dazu sei eine Klärung der inneren Zustände des Patienten bei einer größtmöglichen Zurückhaltung des Therapeuten mit Deutungen und Interpretationen wichtig. Inszenierungen hätten oft keine symbolische Bedeutung, außer im Therapeuten einen bestimmten inneren Zustand oder eine Reaktion zu erzwingen im Sinne eines „Ringens um Empathie". Die therapeutische Aufgabe liegt darin herausfinden, aufgrund welches inneren Zustandes das Agieren – die Inszenierung – stattgefunden hat. Dazu ist es zunächst wichtig, den Patienten und seine projektiven Prozesse auszuhalten, um ihm langsam zu ermöglichen, sein Seelenleben zu verstehen. Denn mit Fonagy ist die Erfahrung eines nahen, verbindlichen Kontaktes mit einer anderen Person, die fähig ist, den emotionalen Aufruhr zu erkennen und zu ertragen, das Wichtigste, was Borderline-Patienten zu ihrer Gesundung (d. h. zur Wiederherstellung ihrer seelischen Funktionen) brauchen.

Wir hoffen, mit unserem Beitrag gezeigt zu haben, dass das entwicklungspsychologisch begründete und in der Tradition der Bindungsforschung formulierte Konstrukt der Selbstreflexivität nicht nur helfen kann, zentrale Bereiche der Genese, der Pathologie und der Psychodynamik der Borderline-Störung in einem integrierenden Rahmenmodell besser zu verstehen, sondern dass es auch – und zwar schulenübergreifend – Anhaltspunkte zur Gestaltung des therapeutischen Prozesses bzw. der therapeutischen Beziehung bietet. Bisher hat das Konzept der Selbstreflexivität bei vielen unterschiedlich ausgebildeten Kollegen Resonanz und mitunter sogar Begeisterung erfahren. Vermutlich, weil es nicht nur theoretisch interessant, sondern auch in der Praxis nützlich ist, um Krisen und Durststrecken besser zu überstehen.

13 Bindungsentwicklung – Bindungsstörung – selbstverletzendes/suizidales Verhalten: eine Fallvignette

Christine Ettrich

13.1 Zielstellung und Vorstellung der Patientin

Obwohl die Überschrift schon recht umfangreich erscheint, soll im vorliegenden Beitrag der Bogen noch etwas weiter gespannt werden: Es wird der Versuch unternommen, anhand der Krankengeschichte einer Patientin den Verlauf von Bindungsentwicklung – Bindungsstörung – Beziehungsstörung – selbstverletzendem/suizidalem Verhalten und anderen Krankheitssymptomen bis hin zur durch Therapie initiierten Beziehungs- und Bindungsrekonstruktion zu schlagen.

Die Patientin, ihr Name sei Diana, kam in einem Alter von knapp 17 Jahren in unsere Klinik. Sie wurde zur Krisenintervention aufgenommen, und ihre Einweisungsdiagnosen waren:

- akute Suizidalität mit
- selbstverletzendem Verhalten bei
- Anorexia nervosa mit bulimischem Verhalten.

Also ein hochbrisanter Aufnahmestatus.

Die Patientin erbrach bis zu 10-mal täglich, hatte gerade einen final angelegten Suizidversuch hinter sich, und ihr Gewicht betrug bei einer Körperlänge von 1,76 m zu diesem Zeitpunkt 45 kg (BMI = 14,5).

Aus der Krisenintervention, das sei vorweggenommen, wurde ein etwa zweimonatiger stationärer Behandlungszeitraum, daran schloss sich nach einer kurzen Probeentlassung ein etwas längerer tagesklinischer Behandlungszeitraum von etwa 3 Monaten an.

13.2 Entwicklung der familiären Situation und Ausbildung der Symptomatik

Zur Familiensituation ist zu sagen, dass die Großväter beider Elternteile verstorben sind. Die Großmutter väterlicherseits lebt mit Vater und Patientin bei der Aufnahme der Patientin „unter einem Dach". Die Großmutter mütterlicherseits erfüllt Ersatzmutterfunktion, da die Mutter der Patientin verstorben ist. Beide Eltern studierten gemeinsam den Lehrerberuf, heirateten 1980, und Diana wurde 1983 als einziges und geplantes Kind geboren.

Sie selbst hatte, das zeigt die untere Linie im Genogramm (Abb. 13.1), bis einige Monate vor der stationären Aufnahme einen Freund, von dem sie sich im Verlauf der Behandlung trennte.

Im Januar 1983 erfolgte also die Geburt der Patientin als Wunschkind ihrer Eltern in einer Kleinstadt. Die frühe Bindung scheint nach allem, was wir anamnestisch wissen, „in Ordnung" gewesen zu sein. Die Bindung vor allem an die Mutter scheint sicher gewesen zu sein, wobei wir nicht wissen, welcher Bindungstyp hier vorherrschend war. Der Vater ist weniger in Erscheinung getreten, er war immer beruflich sehr engagiert. Aber wenn wir uns anschauen, was dem Kind schon frühzeitig widerfahren ist, dann lässt uns das doch auf Bindungsbrüche schließen.

Es sei hier an die Thesen von Klaus Grossmann erinnert, der u.a. sagt: „Besondere Veranlagungen und/oder Erfahrungen können zusätzlich zu den „klassischen" Bindungsmustern zu Desorganisation und Desorientierung in der Bindungsorganisation führen." Unsere Patientin erkrankte im 2. Lebensjahr an einer Hirnhautentzündung, die auf das

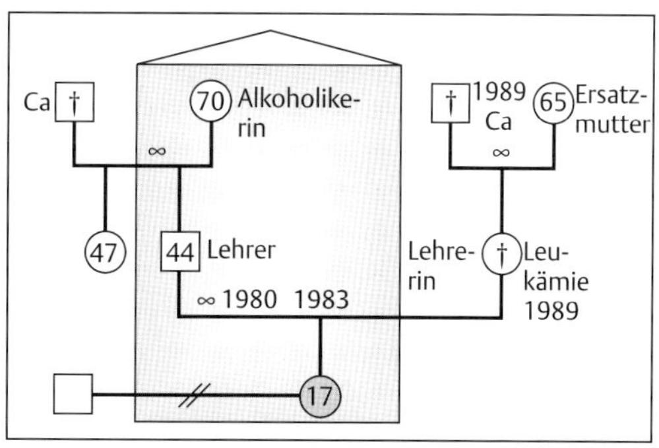

Abb. 13.1 Genogramm zum Fall D.W.

Gehirn überging, besonders das Kleinhirn in Mitleidenschaft zog und einen sechsmonatigen Krankenhausaufenthalt sowie eine mehrere Jahre dauernde ambulante Therapie u.a. mit Prednisolongaben erforderlich machte.

Im gleichen Jahr der Erkrankung unserer Patientin erkrankte auch deren Mutter an einer Leukämie; und hier meinen wir, dass Bindung und Beziehung zumindest in Frage gestellt wurden, dass Unsicherheiten und Ängste entstanden bei der Mutter im Hinblick auf die eigene Gesundheit, das eigene Leben und natürlich auch im Hinblick auf die Gesundheit und das Leben sowie die Entwicklung des Mädchens. Diana hingegen war in ihrem jungen Alter verunsichert, wie es der Mutter gehen würde, was sie ihr abverlangen dürfe, wann sie sie „in Ruhe lassen" müsse usw. Alle diese Dinge machen, um mit Grossmann zu sprechen, eine Labilisierung und möglicherweise eine frühe Bindungsstörung wahrscheinlich, die sich etwa bis zu einem Alter von 5 Jahren manifestiert und die in der ICD-10 unter 94.1 codiert wird. Diese weist folgende Leitsymptome auf:

Reaktive Bindungsstörung des Kindesalters (F 94.1)

Störung der sozialen Funktionen:
- abnormes Beziehungsmuster zu Betreuungspersonen mit einer Mischung aus Annäherung und Vermeidung und Widerstand gegen Zuspruch
- eingeschränkte Interaktion mit Gleichaltrigen
- Beeinträchtigung des sozialen Spielens
- gegen sich selbst und andere gerichtete Aggressionen

Emotionale Auffälligkeiten:
- Furchtsamkeit
- Übervorsicht
- Unglücklichsein
- Mangel an emotionaler Ansprechbarkeit
- Verlust/Mangel an emotionalen Reaktionen
- Apathie
- „frozen watchfulness"

Wenn wir jetzt Dianas Weg weiter verfolgen, sehen wir, dass die Mutter der Patientin in deren 6. Lebensjahr an ihrer schweren Erkrankung verstorben ist. Im selben Jahr gab es aber noch weitere Ereignisse im Leben der Patientin (Abb. 13.**2**).

Es war damals die Wendezeit, der Vater, der bislang parteilich sehr engagiert gewesen war, wurde als Lehrer arbeitslos. (Es kam in den nächsten Jahren zu mehreren beruflichen Umorientierungen über mehrere Zwischenetappen.)

Im selben Jahr verstarb auch der Großvater mütterlicherseits, und die Patientin wurde von da an von der Mutter der Kindesmutter erzogen, die nun wieder ihrerseits eine starke Rivalität zum Kindesvater entwickelte, so dass Diana die nächsten Jahre in diesem Spannungsfeld verbrachte.

Inzwischen war die Familie nach Leipzig verzogen, und Diana wohnte bei der Oma. Sie entwickelte im Verlauf der ersten Schuljahre ein Cushing-Syndrom. Die Patientin nahm viel an Gewicht zu. Wir wissen nicht so genau, ob es nur vom Pred-

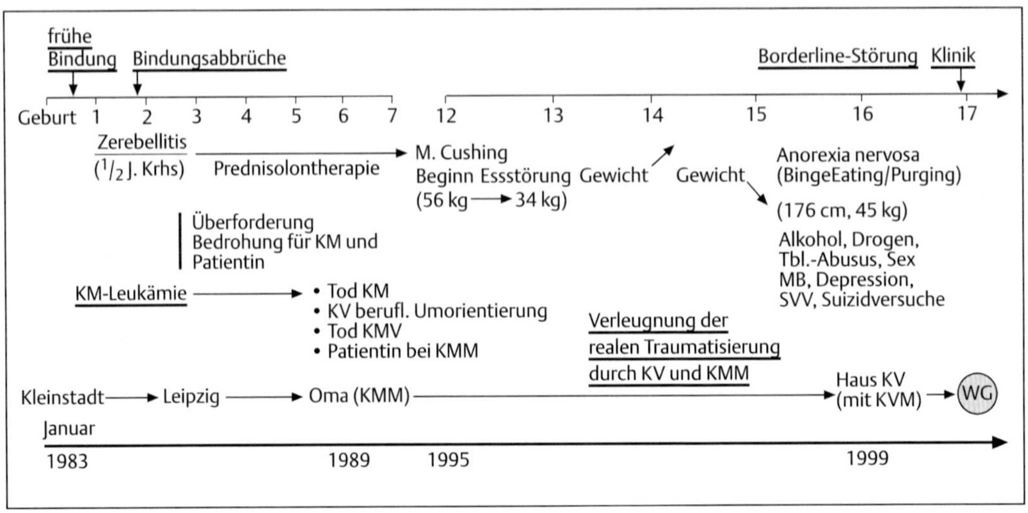

Abb. 13.**2** Daten zur Lebensgeschichte von D.W.

nisolon war, es können sich durchaus körperliche und psychische Aspekte vernetzt haben, das heißt, es kann schon zu diesem Zeitpunkt eine psychosomatische Konfliktbewältigung begonnen haben. Die Patientin wurde so dick, dass sie von den Klassenkameraden gehänselt wurde. Das war im Alter von 12 Jahren; sie hatte damals bei einer Körpergröße von 1,45 m ein Gewicht von 56 kg. Das hatte zur Folge, dass sie innerhalb von kurzer Zeit willkürlich bis auf 34 kg abnahm.

Danach gab es eine Gewichtsrekonstruktion und erneut einen restriktiven Gewichtsverlust.

Als theoretischen Hintergrund sei an dieser Stelle an die Bindungsstörung des reiferen Kindesalters mit Enthemmung erinnert:

Bindungsstörung des Kindesalters mit Enthemmung (F 94.2)

- abnormes Beziehungsmuster zu Betreuungspersonen mit einer Mischung aus Annäherung und Vermeidung und Widerstand gegen Zuspruch
- inadäquate Reaktionen auf Beziehungsangebote von Bezugspersonen
- nichtselektives Bindungsverhalten mit wahlloser Freundlichkeit und Distanzlosigkeit
- gleichförmige Interaktionsmuster gegenüber Fremden
- eingeschränkte Interaktion mit Gleichaltrigen
- Beeinträchtigung des sozialen Spielens
- gegen sich selbst und andere gerichtete Aggressionen
- emotionale Auffälligkeiten

Die Bindungsstörung mit Enthemmung entwickelt sich in der Regel aus der reaktiven Bindungsstörung nach dem 5. Lebensjahr.

Diana entwickelte die hier genannten Merkmale in unterschiedlicher Ausprägung. Es ist also ganz offensichtlich ein Übergang von der frühen Bindungsstörung in die reifere Bindungsstörung erfolgt.

Im Alter von 15 Jahren machte Diana Bekanntschaft mit Alkoholmissbrauch, nachdem sie schon vorher Alkohol getrunken hatte. Sie machte außerdem Bekanntschaft mit Missbrauch von Schmerzmedikamenten, mit Drogen, mit sexuellem Missbrauch, dem sie sich mehr oder weniger auch durch ihr Verhalten auslieferte. Sie wurde darüber depressiv, begann, selbstverletzendes Verhalten zu praktizieren, und es kam in der Folge zu mehreren Suizidversuchen (Abb. 13.**2**).

Was verstehen wir per definitionem unter selbstverletzendem Verhalten?

Selbstverletzendes Verhalten (F 68.1)

Artifizielle Störung (absichtliches Erzeugen oder Vortäuschen von körperlichen oder psychischen Symptomen oder Behinderungen, F 68.1):

Bei Fehlen einer gesicherten körperlichen oder psychischen Störung, Krankheit oder Behinderung täuscht der Patient wiederholt und beständig Symptome vor. Dabei kann es auch zu selbstverletzenden Verhaltensweisen in Form von Schnittverletzungen und anderen Selbstschädigungen kommen. Es handelt sich um eine Störung im Umgang mit Krankheit und der Krankenrolle, wobei die Betroffenen meist deutliche Symptome einer ganzen Reihe anderer Störungen ihrer Persönlichkeit und ihrer Beziehungen aufweisen.

Die Patientin zeigte zunehmend borderlinetypisches Verhalten, und hier sei an die Symptome nach Dulz und Schneider erinnert: Autoaggressivität, Sexualitätsstörung, Essstörung, Spaltung, Depression, innere Leere, Zwänge, antisoziales Verhalten, Drogenabusus, Suizidalität usw.

Schauen wir uns nachfolgend die Leitsymptome für Suizidalität an, die ja keine eigene Diagnose ist, sondern als Symptom bei verschiedenen Diagnosen auftreten kann.

Leitsymptome für suizidales Verhalten

Jede Handlung, die lebensbedrohlich sein kann:

- sog. harte Methoden (Erhängen, Erschießen, Sprung aus der Höhe, Legen/Werfen auf Bahnschienen, Erstechen)
- sog. weiche Methoden (Einnahme von Tabletten, Schnittverletzungen, Einatmen von Gas)

Es wird also deutlich, dass es in der verbleibenden Familie (nach Ausscheiden der Mutter und des Vaters der Mutter) in den Jahren nach dem 6. Lebensjahr der Patientin nicht gelungen ist, Trauerarbeit zu leisten, Bindungen zu rekonstruieren, die Patientin gesund im Leben zu halten; das heißt, es kam zu einer Verleugnung der tatsächlichen Traumatisierung durch den Mutterverlust.[5] Der Vater konnte sich nur unzureichend um seine Tochter kümmern und die Großmutter wirkte in einer Weise auf sie ein, dass die Bindung und Beziehung eher schlecht als recht war.

5 Die Darlegungen sind Auszüge aus den Leitlinien der Deutschen Gesellschaft für Kinder- und Jugendpsychiatrie und -psychotherapie von 2000.

13.3 Psychodiagnostik

Intelligenzdiagnostik

HAWIE-R: Gesamt-IQ 121, Verbal-IQ 130, Handlungs-IQ 106.
Das Ergebnis des Gesamt-IQ entspricht einer überdurchschnittlichen Leistung. Es zeigt sich allerdings eine deutliche Diskrepanz zwischen dem Verbalteil, der mit 130 IQ-Punkten insgesamt im weit überdurchschnittlichen Bereich liegt, und dem Handlungsteil, der mit 106 IQ-Punkten durchschnittlich ist. Besondere Stärken hat sie im „Gemeinsamkeiten finden".

Persönlichkeitsdiagnostik

FPI: Auffällige Werte in der Selbstbeurteilung zeigen sich in den Skalen „Depressivität" und „Nervosität" (erhöht). Im unteren Normbereich liegen die Skalen „Geselligkeit" und „Gelassenheit", das heißt, die Patientin erlebt ein geringes Kontaktbedürfnis, sie ist zurückgezogen und wenig unternehmungslustig, sie ist leicht irritierbar und pessimistisch.

Symptombezogene Diagnostik

ANIS 32, EAT 26, EDI 2, EDES, FbeK: In den aufgeführten Tests finden sich Zeichen für das Vorliegen einer schweren Anorexia nervosa vom Typ „Binge-Eating/Purging". Ausgeprägt sind Figurbewusstsein und das Erleben von negativen Auswirkungen des Essens. Die Patientin beschäftigt sich ständig gedanklich mit Nahrung. Sie erlebt sich als ineffektiv, zwanghaft, sozial unsicher.

Der Drang, dünn zu sein, ist hochgradig ausgeprägt, sie beschreibt sich als nicht attraktiv und verfügt über ein geringes körperliches Selbstvertrauen. Des Weiteren schildert sie sexuelle Unzufriedenheit und Schamgefühle.

Paraklinische Befunde

Auszüge aus den paraklinischen Befunden ergeben folgende Hinweise: dezente kortikale Atrophie, Amenorrhoe seit 1 Jahr (Menarche mit 14 Jahren), Konzentrationsstörung.

Schulische Entwicklung

Kindergarten 3–6 Jahre, unkompliziert; Schule: problemlos, derzeit 11. Klasse Gymnasium, Leistungen gut bis mittelmäßig.

Was die schulische Seite anbetrifft, war und ist Diana eigentlich immer ein problemloses Kind gewesen, und sie hat nahezu bis zur stationären Aufnahme die Schule mit relativ guten Erfolgen besucht, obgleich sie nicht besonders zielstrebig und mitarbeitsmotiviert war.

Der *Schulbericht* über die Patientin besagt Folgendes:

Lebensumstände der Familie: Diana lebt als Einzelkind bei ihrem Vater. Die Mutter ist vor 11 Jahren verstorben. Eine wichtige Bezugsperson ist die Oma, die im gleichen Ort wohnt. Offenbar ist der Vater beruflich stark engagiert, denn er konnte in diesem Jahr weder an der Elternversammlung noch an der Elternsprechstunde teilnehmen, um mit der Schule in Kontakt zu treten.

Sozialverhalten: Seit Frühjahr 1999 hat sich Diana zunehmend aus dem Klassenkollektiv zurückgezogen. Im September 1999 wird Diana in das Kurssystem integriert, was die Auflösung des bisherigen Klassenverbandes bedeutet. In diesem Kurs hat sie sich eingeordnet, ohne jedoch bisher engere Kontakte zu den neuen Mitschülern herzustellen. Sie ist zwar freundlich und höflich, wehrt aber Versuche von Lehrern oder Mitschülern ab, die auf sie zugehen, um ihr zu helfen. Angeblich hat sie keinerlei Probleme und kommt gut zurecht. So wurde auch eine Freundin im Wohnbereich zurückgewiesen. Engen Kontakt hat sie zu M. aus ihrer alten Klasse und zu ihrem Freund.

Leistungsverhalten: Der momentane Leistungsstand ist unterschiedlich. In Fächern wie Deutsch, Geschichte und Kunst erreichte sie gute Ergebnisse. Dagegen bleibt sie in Mathematik, Biologie, Geografie und Gemeinschaftskunde deutlich unter ihren Möglichkeiten. Insgesamt ist ihre Aktivität und Mitarbeit im Unterricht schwach. Sie wirkt meist lustlos, erschöpft und arbeitet nur interessenbedingt. Diana erscheint oft unvorbereitet zum Unterricht und lässt eine motivierte Lernarbeit vermissen.

Freizeitverhalten: Diana verbringt ihre Freizeit überwiegend mit ihren engsten Freunden. Sie besuchen gemeinsam Konzerte und Cafés. Außerdem kümmert sie sich liebevoll um ihren Hund.

13.4 Verlauf der Behandlung

Der Kindesvater erweist sich auch während des stationären Aufenthaltes seiner Tochter als unsicherer Bindungspartner. Er ist beruflich überlastet, hat keine Zeit, zur Elternsprechstunde in der Schule zu gehen, ist nicht in der Lage, Besuchskontakte und Gesprächskontakte in der Klinik in ausreichendem Maße wahrzunehmen. Die Beziehung zur Patientin ist eher ambivalent, und er weiß wenig über seine Tochter und ist auch nur bedingt an deren Entwicklung interessiert. Die Großmutter, also die Mutter mütterlicherseits, tritt auch in der Klinik in Erscheinung, allerdings ist auch sie keine ausreichend sichere Bindungsperson für unsere Patientin geworden.

Das Mitansehenmüssen des Verfalls der alkoholkranken Mutter des Kindesvaters, die mit im neuerworbenen Eigenheim lebt, ist ein weiterer Belastungsfaktor für unsere Patientin.

Folgende Diagnosen wurden von uns unter Berücksichtigung des „Multiaxialen Klassifikationsschemas für psychische Störungen des Kindes- und Jugendalters nach ICD-10 der WHO" gestellt:

Diagnosen nach ICD-10

Achse	Diagnose	Codierung
I	Anorexia nervosa, Typ „Binge-Eating/Purging"	F 50.01
	Bindungsstörung	F 94.2
	selbstverletzendes Verhalten	F 68.1
	Suizidalität	
	emotional instabile Persönlichkeitsstörung, Borderline-Typus	F 60.31
II	keine Entwicklungsstörung	0
III	hohe Intelligenz (IQ = 121)	2
IV	keine körperliche Symptomatik	0
V	Alleinerziehender Vater nach Tod der KM im 6. Lebensjahr der Patientin	5.1
	negativ veränderte familiäre Beziehung durch neues Familienmitglied	6.2
	Ereignisse, die zur Herabsetzung der Selbstachtung führen	6.3
VI	tiefgreifende und schwerwiegende soziale Beeinträchtigung	6

Unser therapeutisches Vorgehen umfasste folgende Maßnahmen:

- Tiefenpsychologisch fundierte Einzeltherapie 3x/Woche,
- Entspannungstherapie,
- Familientherapie (mit KV, KMM und Partner der Patientin),
- Körperwahrnehmungstherapie,
- Verhaltensmodifikation,
- Selbstsicherheitstraining,
- Ergotherapie,
- Maltherapie,
- kommunikative Bewegungstherapie,
- therapeutisches Reiten, therapeutisches Schwimmen,
- tiergestützte Therapie mit Hunden,
- Pharmakotherapie,
- kurzzeitige Infusionstherapien bei Elektrolytverschiebungen.

Dabei wurde das in unserer Klinik übliche Bezugsbetreuer- und Bezugstherapeutensystem verwirklicht und dieses auch beim Wechsel vom stationären in den tagesklinischen Bereich im Sinne der haltenden Funktion beibehalten.

Im Vordergrund der therapeutischen Bemühungen stand anfänglich die überwachte orale Nahrungszufuhr, 6 Mahlzeiten nach Plan, die Kontrolle der Vitalfunktionen, Kreislauf und Ausscheidung bei eingeschränkter körperlicher Aktivität. Zur Kreislaufkonditionierung wurden physiotherapeutische Maßnahmen eingesetzt. Unter diesen Maßnahmen sahen wir in den ersten Behandlungstagen eine ausreichend gute Gewichtsentwicklung. Ziel der einzeltherapeutischen Bemühungen war es, zunächst durch ein hochfrequentes Setting ein therapeutisches Arbeitsbündnis aufzubauen, Krankheitseinsicht zu erzeugen und Therapiemotivation zu fördern.

Diese Phase gestaltete sich aufgrund des ausgeprägten Misstrauens der Patientin gegenüber Erwachsenen aufgrund der traumatischen Vorerfahrungen, Verlust der Kindesmutter, Verlust des Großvaters als eine wichtige Bezugsperson, langwierig und problematisch.

Die Patientin prüfte wiederholt, z. B. durch Ankündigung, entlassen werden zu wollen, die Zuverlässigkeit und Tragfähigkeit des therapeutischen Rahmens sowohl bei der Einzeltherapeutin als auch beim Team. In dem Maße, wie es gelang, der Patientin Sicherheit zu vermitteln, konnte sie sich besser in die angebotenen Therapien einbringen, die eigene Person in Anfängen akzeptieren, sie war nunmehr auch in der Einzeltherapie in der Lage, über Verlustängste und die damit verbundene Nähe-Distanz-Problematik zu reflektieren.

Durch das engmaschige einzeltherapeutische Behandlungssetting gelang es, Bedingungen dafür zu schaffen, dass Diana sich sicher genug fühlen konnte, Erinnerungen an die Kindesmutter und deren Tod zuzulassen, um diese einer Bearbeitung zugänglich zu machen. Mit Hilfe einer verstärkten Realitätsorientierung, die auch durch die stundenweise Beschulung in der Heimatschule angestrebt wurde, konnte einer malignen Regression entgegengewirkt werden. Des Weiteren konnte sie an der altersspezifischen Gruppentherapie (zweimal wöchentlich) sowie der symptomorientierten Gruppentherapie (einmal wöchentlich) teilnehmen. Zunehmend besser die eigenen Möglichkeiten realistisch einschätzend, handelte Diana eigenverantwortlich. Ihren Autonomiebestrebungen entsprechend, stimmten wir ihrem Wunsch nach teilstationärer Behandlung und der sich anschließenden Entlassung zu. Diese erfolgte im stabilen Allgemeinzustand bei Besserung der Symptomatik.

Wir vereinbarten die ambulante Weiterbetreuung durch die sie bereits stationär und tagesklinisch betreuende Therapeutin. Wir beantragten weiterhin eine Reha-Maßnahme und bahnten die Übersiedlung in eine WG an.

Da wir als sehr wahrscheinlich annehmen, dass die Patientin mit diesen Interventionen noch nicht „geheilt" sein wird, boten wir ihr bei Bedarf eine erneute Aufnahme an.

13.5 Ausblick

Es kommt in der Kinder- und Jugendpsychiatrie häufiger vor, dass Patienten im Verlauf ihrer Entwicklung mehrere stationäre Aufenthalte erleben. Wir halten das bei schweren Störungen eher für günstig und finden, dass die Patienten jedes Mal auf einem reiferen Entwicklungsniveau zu uns kommen. Daher meinen wir, dass es von Vorteil ist, die Patienten professionell ein Stück in Krisen oder darüber hinaus zu begleiten, sie dann aber den nächsten Abschnitt ihres Lebens wieder allein gehen zu lassen, manchmal unter therapeutischer Beobachtung (ambulante Betreuung), um dann gezielt einzugreifen, wenn es nötig ist und die Patienten das wünschen.

So hoffen wir in Dianas Fall, dass es, wenn auch mit großem Aufwand und der Unterstützung professioneller Helfersysteme, gelingen möge, eine Rekonstruktion ihrer Bindung zu erzielen, sie zum Aufbau gelingender Beziehungen zu befähigen, sie damit im Leben zu halten und eine relativ günstige weitere Entwicklungsperspektive zu eröffnen.

14 Der Verlaufsbeobachtungsbogen – ein Instrument zur Abbildung von Bindungsprozessen bei der Betreuung von borderlinegestörten Kindern und Jugendlichen

Matthias Huth, Ronald Hofmann und Klaus Udo Ettrich

14.1 Einführung und Zielsetzung der Untersuchung

Im Folgenden berichten wir über die Entwicklung eines diagnostisches Instruments, das vor allem im pädagogisch-therapeutischen Prozess von Heimen und im stationären Betreuungsprozess eingesetzt werden soll und das die Veränderungen von Bindungsprozessen und borderlinetypischen Verhaltensweisen bei Jugendlichen näher erfasst. Das realisierte therapeutische Konzept impliziert ein haltendes Beziehungs- und Kommunikationssystem.

Bei der Konstruktion eines solchen Verfahrens hat man immer einige pragmatische und theoretische Aspekte zu beachten, auf die kurz einzugehen ist:

1. Pragmatische Aspekte

a) Es geht um die Betreuung und Behandlung einer psychisch schwer gestörten Klientel, an der neben Kinder- und Jugendpsychiatern/Psychotherapeuten Mitarbeiter von Jugendämtern, Psychologen, Sozialarbeiter und Erzieher von spezialisierten Einrichtungen beteiligt sind. Es handelt sich vor allem um solche Kinder, die familiengelöst sind und zwischen Psychiatrie und Jugendhilfe „pendeln" (sog. „Pendel"- bzw. „Drehtürkinder"), die in keiner Einrichtung für längere Zeit bleiben, in ihnen gehalten werden können. Die interdisziplinäre Betreuungssituation führt nicht selten zu Verständigungsproblemen zwischen den beteiligten Berufsgruppen hinsichtlich der Ätiopathogenese dieser Störungen und der beobachtbaren Bindungsstörungen. Es geht also darum, mit unserem Diagnostikum die Verständigung zwischen den beteiligten Personen zu verbessern und diese in die Lage zu versetzen, die Jugendlichen und ihre Probleme besser (und einheitlicher) zu verstehen. Die betroffenen Jugendlichen weisen eine Vielzahl schwerwiegender Symptome auf, wobei massive Störungen der emotionalen und formalen Eltern-Kind-Beziehung (bzw. Bezugspersonen) obligat sind. Ferner lassen sich multiple psychische Traumatisierungen (z. B. Gewalterfahrungen, Vernachlässigung, Drogenmissbrauch, sexueller Missbrauch u.v.a.m.) bei ihnen nachweisen. Bei diesen Jugendlichen haben die Störungen der Bindungsentwicklung zu Beeinträchtigungen der sozial-kommunikativen Fähigkeiten und der Identität geführt, die sie mit massiven Verhaltensauffälligkeiten (aggressiv-impulsives Verhalten mit Selbst- und Fremdgefährdung, kriminelle Karrieren) zu bewältigen versuchen. Die Erfolglosigkeit der alltagspädagogischen Betreuung resultiert in mehrfachen Aufenthalten in psychiatrischen Einrichtungen und Heimen.

b) Der häufige Wechsel in der Betreuungssituation führt insbesondere in der Übergabephase von einer Einrichtung zur anderen oftmals zu erheblichen Verlusten an erreichten therapeutischen Veränderungen und am aktuellen Therapiestand, woraus sich neue Betreuungs- und Therapiedefizite ergeben.

c) Bei der stationären Betreuung und bei der Heimbetreuung kann man heute kaum auf Verfahren der Effektkontrolle verzichten. Es ist notwendig, Veränderungen und das Ausmaß dieser Veränderungen nachzuweisen. Damit streben wir mit unserem Verfahren einen Beitrag zur Qualitätssicherung in den Bereichen Kinder- und Jugendpsychiatrie/Psychotherapie und Jugendhilfe an.

d) Gleichzeitig wollen wir mit dieser Methode supervidierte Prozesse unterstützen und damit einen Beitrag zur psychischen Gesundheit des Betreuungs- und Erzieherpersonals in der Kinder- und Jugendpsychiatrie und in Heimen der Jugendhilfe leisten.

2. Theoretische Aspekte
Aus theoretischer Sicht geht es um die Verknüpfung der Diagnose „Borderline-Syndrom" oder „Borderline-Störung" nach ICD 10, F 60.31 (DSM IV 301.83) und Bindungsstörung in einem diagnostischen Verfahren. Hierzu mussten solche typischen Symptome wie „Angst, verlassen zu werden", Kommunikation im Sinne von Spaltung, Unfähigkeit, Wut zu kontrollieren (aggressiv-impulsive Verhaltensstörungen), Selbstdestruktion (parasuizidale Handlungen, Selbstverstümmelungen, multiple Süchte), kriminelles Verhalten und Störung der Selbstwahrnehmung mit Bindungsqualitäten und Abwehrmechanismen in Beziehung gesetzt werden, was zur Annahme neuer Konstrukte zur Persönlichkeitsbeschreibung führte. Wir gingen dabei von der Annahme aus, dass bindungsstörungstypische Traumatisierungen in hohem Maße für die borderlinetypische Symptomatik verantwortlich sind.

14.2 Entwicklung des Verlaufsfragebogens zur Diagnostik von Bindungsbeziehungen und der Bindungsentwicklung bei borderlinegestörten Jugendlichen (VFB)

Wie sind wir bei der Gestaltung der Methode vorgegangen?

1. Wir haben einschlägige Verfahren aus dem Erwachsenenbereich analysiert. Für die Abbildung borderlinetypischen Verhaltens wurde der Fragebogen von Leichsenring (1996) ausgewertet und um Items, die wir in einer orientierenden Studie ermittelt hatten (Hofmann u. Otto 1997), ergänzt. Für die Abbildung der Bindungsmuster zogen wir die Items des Erwachsenen-Bindungsprototypen-Ratings von Strauß und Lobo-Drost (1999) heran. Ergänzt wurde der Itemsatz um solche der therapeutisch-pädagogischen Arbeit in Anlehnung an Dulz und Jensen (2000). Das führte zu einer Itemliste mit 90 Statements, die wir in einer Präklassifikation 5 borderlinetypischen, 7 bindungsspezifischen und 5 therapeutisch-pädagogischen Dimensionen zuordnen konnten.
2. Der Fragebogen wurde in einem ersten Analyseschritt von Krankenschwestern und Erziehern kinder- und jugendpsychiatrischer Einrichtungen auf Verständlichkeit überprüft. Es zeigte sich, dass die Items vor allem sprachlich zu überarbeiten waren. Sie waren zum Teil zu komplex gefasst und mussten deshalb eindeutiger formuliert werden.
3. Den 90 Items wurde folgendes Antwortmodell zugeordnet, das auf die Erfassung der Häufigkeit des beobachteten oder erlebten Verhaltens abzielt:
   - 1 = stimmt nicht,
   - 2 = stimmt manchmal,
   - 3 = stimmt oft,
   - 4 = stimmt sehr oft.
4. Die Methode, die wir entwickelt haben, ist sowohl ein Fremdbeurteilungsfragebogen als auch ein Selbstbeurteilungsbogen. Immer dann, wenn es um die Beurteilung der Jugendlichen geht, handelt es sich um Fremdbeurteilungen, wenn es aber um die Beurteilung der pädagogisch-therapeutischen Dimensionen geht, handelt es sich um ein Selbstbeurteilungsinventar. Die Erzieherinnen und Erzieher beurteilen dabei ihre Beziehungen zu bestimmten Jugendlichen. Dies ist bei der Auswertung des Verfahrens stets zu berücksichtigen.

14.3 Stichprobe

Die Stichprobe unserer Untersuchung umfasst 24 Erzieherinnen und Erzieher von 3 Heimen, dort wurden 24 Jugendliche im Alter von 12–18 Jahren beurteilt. Bei allen Jugendlichen lag eine Borderline-Störung nach DSM-IV (301.83) mit einer vielgestaltigen Komorbidität vor.

Wir haben die Jugendlichen über 5 Messzeitpunkte in wöchentlichen Intervallen beurteilen lassen. Pro Messzeitpunkt gingen maximal 198 Beurteilungen in die Datenanalyse ein. Wegen Abwesenheit von Erzieherinnen und Erziehern bzw. der Jugendlichen lag die tatsächliche Auslastung der Beobachtungszahlen zwischen 68 und 75% und kann damit für praktische Verhältnisse als gut eingeschätzt werden.

14.4 Ergebnisse

In einem ersten Analyseschritt haben wir versucht, die oben erwähnten 17 Dimensionen nachzuweisen, was weder itemanalytisch (Auswertung der Kennwerte für Schwierigkeit und Trennschärfe) noch faktorenanalytisch gelang. Diesen Befund hatten wir erwartet, da wir zwischen Bindungsverhalten und borderlinetypischem Abwehrverhalten einen Zusammenhang annahmen, was zur Reduzierung der

Faktorenanzahl führen muss. Die Analysen ließen auch erkennen, dass sich die Anzahl der relevanten Items des VFB auf 65 Items reduzieren ließ. Dieser Befund war im Interesse der Testökonomie zu begrüßen, weil eine Verringerung der Bearbeitungszeit die Akzeptanz des Verfahrens erhöht.

Mit der verbliebenen Itemzahl wurden zur Dimensionierung mehrere faktorenanalytische Untersuchungen durchgeführt, von denen die Analysen mit 7 Faktoren über die Messzeitpunkte die höchste Interpretationsstabilität aufwiesen, so dass diese als Strukturlösung für den VFB zu akzeptieren war.

14.4.1 Ergebnisse der Strukturanalyse

Die Bestimmung der Dimensionierung des Fragebogens erfolgte mittels explorativer Faktorenanalysen. Die aufgeklärte Varianz lag bei 5 Messzeitpunkten zwischen 49,3 und 57,8% für jeweils 7 Faktoren. Die Faktoren werden nachfolgend als Skalen interpretiert und durch entsprechende Kennwerte für Reliabilität, Iteminterkorrelation und Anzahl relevanter Items charakterisiert.

Wenden wir uns zunächst den Skalen zu, die primär der Erfassung von Bindungsqualität dienen. Mit diesen Skalen wird das beobachtete Verhalten der Jugendlichen durch die Erzieherinnen bzw. Erzieher registriert (Fremdbeobachtung):

In *Skala 1* werden sowohl Aspekte des unsicher-ambivalenten Bindungsverhaltens als auch der borderlinetypischen primitiven Idealisierung erfasst. Dies veranlasste uns, beide Aspekte durch Subskalen abzubilden, was, wie die Kennwerte zu diesen verdeutlichen, auch mit hinreichender Präzision gelang.

Charakteristik der Skala 1
Skala 1: Unsicher-ambivalente Bindungsqualität mit primitiver Idealisierung (Cronbachs $\alpha = 0{,}89$, mittlere Inter-Item-Korr. $r_{ij} = 0{,}40$, $n = 13$)
Subskala 1.1: Unsicher-ambivalente Bindungsqualität mit vordergründig übersteigert-abhängiger (ängstlich klammernder) Beziehungsgestaltung (übersteigertes Bindungsverhalten nach Brisch 1999; $\alpha = 0{,}83$; $r_{ij} = 0{,}45$)
Beispielitem: Er/sie zeigt ein anklammerndes Verhalten an andere Personen.
Subskala 1.2: „Primitive Idealisierung" der interpersonellen Wahrnehmung und Bewertung im Sinne der inadäquaten, ängstlichen Erwartungsorientierung ($\alpha = 0{,}85$; $r_{ij} = 0.46$)
Beispielitem: Er/sie verherrlicht andere, die besser sind als er/sie, unkritisch.

Auch die *Skala 2* bezieht sich auf beide Verhaltensaspekte. Den inhaltlichen Schwerpunkt dieser Skala bilden unsicher-vermeidendes und borderlinetypisches Omnipotenzerleben und Entwertungsverhalten. Auch bei dieser Skala haben wir zusätzlich eine differenzierte Erfassung beider Aspekte angestrebt, wobei letzterer Aspekt nach Brisch (1999) auch mit aggressivem Bindungsverhalten auftritt.

Charakteristik der Skala 2
Skala 2: Unsicher-vermeidende Bindungsqualität mit Omnipotenzerleben und Entwertungsverhalten (Cronbachs $\alpha = 0{,}93$, mittlere Inter-Item-Korr. $r_{ij} = 0{,}40$, $n = 20$)
Subskala 2.1: Unsicher-vermeidende Bindungsqualität mit vordergründig emotional ungebundener Beziehungsgestaltung ($\alpha = 0{,}97$, $r_{ij} = 0{,}44$)
Beispielitem: Er/sie reagiert nicht auf die Gefühlsregungen anderer Menschen.
Subskala 2.2: Omnipotenzerleben und Entwertungsverhalten ($\alpha = 0{,}87$, $r_{ij} = 0{,}52$)
Beispielitem: Er/sie meint, etwas „Besseres" zu sein als andere.

Skala 3 des VFB schließt Items zur Kennzeichnung des desorganisierten Bindungsverhaltens ein, die sich gleichzeitig auf primitive Abwehrmechanismen und Selbstdestruktion beziehen. Die Skala umfasst 8 Items, so dass hier eine Aufspaltung in Subskalen nicht mehr möglich war. Trotz ihrer Kürze weist sie eine gute interne Konsistenz auf.

Charakteristik der Skala 3
Skala 3: Desorganisierte Bindungsqualität mit primitiven Abwehrmechanismen und Selbstdestruktion (Cronbachs $\alpha = 0{,}86$; mittlere Inter-Item-Korr. $r_{ij} = 0{,}46$, $n = 8$)
- desorganisierte Bindungsqualität
- primitive Abwehrmechanismen
- Selbstdestruktion

Beispielitems:
In manchen Situationen ist er/sie plötzlich unerklärbar traurig.
Er/sie fühlt sich ganz plötzlich und unerwartet hoffnungslos oder hilflos.
Er/sie hat seine Bedürfnisse nach Zuwendung dadurch befriedigt bekommen, dass er/sie Suizidversuche unternahm.

Skala 4 ist insofern interessant, als in ihr keine abwehrtypischen Items auftreten. Sie konstituiert sich aus Statements, die auf desorganisiertes und unsicher vermeidendes Bindungsverhalten hinweisen.

Charakteristik der Skala 4
Skala 4: Gemischt-unsichere Bindungsqualität (Cronbachs $\alpha = 0{,}85$; mittlere Inter-Item-Korr. $r_{ij} = 0{,}53$; $n = 5$)
- unsicher vermeidendes Bindungsverhalten
- desorganisiertes Bindungsverhalten

Beispielitems:
Er/sie fühlt sich durch enge Beziehungen zu anderen Menschen eingeengt.
Er/sie kann sich in Gefühlsnot nicht an nahestehende Personen wenden.

Wir kommen jetzt zu den *Skalen 5–7*, die der Abbildung der pädagogisch-therapeutischen Arbeit behilflich sind. In diesen Skalen schätzen die Erzieherinnen und Erzieher ihr eigenes Verhalten gegenüber den Jugendlichen und den Teammitgliedern ein. Diese Skalen erfassen also Selbstwahrnehmungen und Selbstbewertungen des pädagogisch-therapeutischen Personals.

Skalen der therapeutisch-pädagogischen Arbeit
Skala 5: Empathisches Halten (Cronbachs $\alpha = 0{,}89$, mittlere Inter-Item-Korr. $r_{ij} = 0{,}55$, $n = 7$)
Beispielitem: Egal, was passiert, ich will ihn/sie „halten".

Skala 6: Teammotivation (Cronbachs $\alpha = 0{,}82$, mittlere Inter-Item-Korr. $r_{ij} = 0{,}45$, $n = 6$)
Beispielitem: Das Team half mir, meine Gefühle zu ihm/ihr zu erkennen.

Skala 7: Strukturierungsmotivation (Cronbachs $\alpha = 0{,}77$, mittlere Inter-Item-Korr. $r_{ij} = 0{,}37$, $n = 6$)
Beispielitem: Sein/ihr Tagesablauf kann durch Betreuungspersonen strukturiert werden.

Die Skalen 5–7 zur Beurteilung des pädagogisch-therapeutischen Geschehens haben eine ausreichende bis gute interne Konsistenz und sind damit zur Anwendung im Betreuungsprozess geeignet.

Zusammenfassend ist zur der methodenkritischen Analyse des VFB zu sagen, dass 4 Skalen zur Fremdbeobachtung des Bindungsverhaltens und des borderlinetypischen Verhaltens (Abwehrmechanismen) und 3 Skalen zur Selbstbeobachtung des Betreuungspersonals im pädagogisch-therapeutischen Prozess gefunden wurden, die eine ausreichende Konstruktvalidität und eine ausreichende bis gute Messgenauigkeit aufweisen, so dass dem Einsatz des VFB in der Behandlungs- und Betreuungssituation im stationären Bereich bzw. in Heimsituationen nichts entgegen steht.

14.4.2 Befunde aus dem pädagogisch-therapeutischen Betreuungsprozess

Nunmehr möchten wir einige mit den entwickelten Skalen erzielte Ergebnisse präsentieren, um damit zu illustrieren, wie wir uns die Nutzung des VFB im pädagogisch-therapeutischen Prozess vorstellen.

Veränderung der Skalenmittelwerte

Zunächst stellen wir eine Verlaufsanalyse mit den Skalen über 5 Messzeitpunkte dar (Tab. 14.1). Die höchsten Skalenmittelwerte beziehen sich auf die Skala „empathisches Halten" (Skala 5). Das spricht für die Verinnerlichung des therapeutischen Konzeptes durch die Erzieherinnen und Erzieher.

Ebenfalls von hoher Ausprägung sind die beiden anderen Skalen des pädagogisch-therapeutischen Prozesses, nämlich Teammotivation (Skala 6) und Strukturierungsmotivation (Skala 7). Die Erzieherinnen und Erzieher bringen damit zum Ausdruck, dass sie sich „oft" so gegenüber den betreuten Jugendlichen verhalten bzw. sie diese Verhaltensweisen an sich erleben. Dies spricht für ein engagiertes Erzieherverhalten.

Die Vergleiche im Zeitverlauf lassen erkennen, dass hinsichtlich empathischem Halten und Teammotivation ein leicht fallender Trend zu beobachten ist (siehe signifikante Unterschiede in Tab. 14.1) und Strukturierungsmotivation (Skala 7) einen eher wechselvollen Verlauf (Anstieg von MZP 1 bis 4 und dann Abfall) nimmt. Solche Veränderungen sollten Gegenstand von Teamberatungen und Supervision werden.

Unsicher-ambivalente Bindungsqualität mit primitiver Idealisierung (Skala 1) werden vom Betreuungspersonal über den Zeitverlauf in den durchschnittlichen Ausprägungen „manchmal" bis „oft" beobachtet. Hier zeigt die Verlaufsbeobachtung einen kontinuierlichen Abfall der Mittelwerte, der auch statistisch gesichert werden konnte.

Unsicher-vermeidende Bindungsqualität mit Omnipotenzerleben und Entwertungsverhalten (Skala 2), desorganisierte Bindungsqualität mit pri-

Tabelle 14.1 Verlaufsanalyse der Skalenmittelwerte und signifikante Befunde im Zeitverlauf (MZP = Messzeitpunkt)

	Skala 1	Skala 2	Skala 3	Skala 4	Skala 5	Skala 6	Skala 7
MZP 1	2,43	2,14	1,98	2,12	3,37	2,94	2,81
MZP 2	2,42	2,17	1,80	1,98	3,25	2,84	2,74
MZP 3	2,18	1,98	1,63	1,75	3,26	2,71	2,81
MZP 4	2,14	1,96	1,80	1,82	3,24	2,73	2,86
MZP 5	2,06	1,91	1,61	1,75	3,16	2,50	2,70
Alle	2,27	2,05	1,78	1,90	3,26	2,76	2,78

Einfaktorielle Varianzanalyse:

Skala 1: MZP 1 zu 3 und 4 und 5 signifikante Unterschiede
MZP 2 zu 3 und 4 und 5 signifikante Unterschiede

Skala 2: MZP 1 zu 3 und 4 und 5 signifikante Unterschiede
MZP 2 zu 3 und 4 und5 signifikante Unterschiede

Skala 3: MZP 1 zu 5 signifikanter Unterschied
MZP 2 zu 3 und 5 signifikante Unterschiede
MZP 3 zu 4 signifikanter Unterschied
MZP 4 zu 5 signifikanter Unterschied

Skala 4: MZP 1 zu 3 und 4 und 5 signifikante Unterschiede
MZP 2 zu 3 und 5 signifikante Unterschiede

Skala 5: MZP 1 zu 5 signifikanter Unterschied

Skala 6: MZP 1 zu 3 und 4 und 5 signifikante Unterschiede
MZP 2 zu 5 signifikanter Unterschied
MZP 3 zu 5 signifikanter Unterschied
MZP 4 zu 5 signifikanter Unterschied

Skala 7: MZP 4 zu 5 signifikanter Unterschied

mitiven Abwehrmechanismen und Selbstdestruktion (Skala 3) sowie gemischt-unsichere Bindungsqualität (Skala 4) werden im Allgemeinen auf dem Niveau „manchmal" registriert. Auch bei diesen Skalen ist eine fallende Tendenz der Mittelwerte im Zeitverlauf festzustellen.

Zu diesen Beobachtungen seien 2 Überlegungen gestattet:

1. Der Rückgang in den Mittelwerten der Skalen ist als positiver Befund der pädagogisch-therapeutischen Bemühungen zu verstehen.
2. Es lässt sich aber auch vermuten, dass durch die mehrfache Beobachtung der Jugendlichen leicht fallende Prozesse zustande kommen, denn die mehrfache Beschäftigung verändert auch das interne Konzept der urteilenden Personen.

Welche der beiden Vermutungen zutrifft, sollte durch weitere Langzeitbeobachtungen und im Supervisionsprozess geklärt werden.

Spezifik der Beobachtungen

Eine wichtige Frage ist, ob die mit dem VFB getroffenen Beobachtungen spezifisch sind für die beurteilten Jugendlichen bzw. ob durch dieses Vorgehen der Stereotyp des borderlinegestörten Jugendlichen erfasst wird.

Wir haben deshalb exemplarisch die Beurteilungen einer Erzieherin von 2 Jugendlichen dargestellt (Abb. 14.1). Das Beispiel belegt, dass die Erzieherin die Jugendlichen sehr differenziert einschätzt. Der Jugendliche B ist das Kontaktkind der Erzieherin. Es wird deutlich, dass bezogen auf diesen Jugendlichen die Bereitschaft der Erzieherin, die haltende Funktion auszuüben, deutlich höher ist als beim Jugendlichen A. Die unsicher-ambivalente Bindungsqualität mit primitiver Idealisierung (Skala 1) wird beim Jugendlichen B stärker als beim Jugendlichen A wahrgenommen. Beim Jugendlichen B zeigt dieses Konstrukt im Zeitverlauf eine deutlich fallende Tendenz, während es beim Jugendlichen A über den Zeitverlauf immer etwa auf dem gleichen Niveau beobachtet wird.

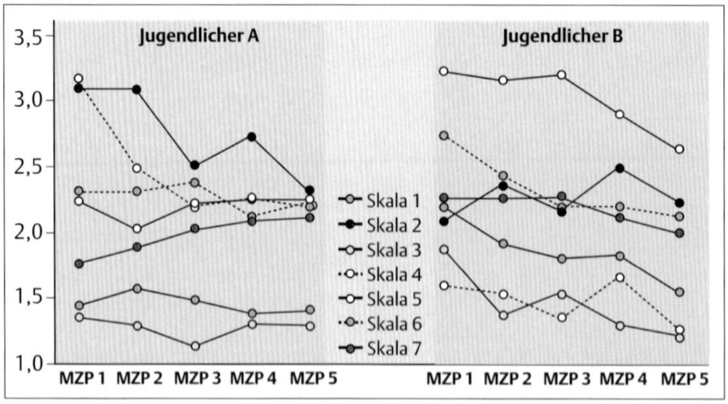

Abb. 14.**1** Verlaufsbeurteilung der Jugendlichen A und B durch Erzieherin E.

Verhaltensweisen der gemischt-unsicheren Bindungsqualität (Skala 4) werden beim Jugendlichen A zu Beginn der Beobachtungen „oft" bis „sehr oft" beobachtet und stabilisieren sich ab dem Messzeitpunkt 3, während sie beim Jugendlichen B im Intervall von „nicht" bis „manchmal" liegen. Die unsicher-vermeidende Bindungsqualität mit Omnipotenzerleben und Entwertungsverhalten (Skala 2) wird zu Beginn der Beobachtungen beim Jugendlichen B viel häufiger als beim Jugendlichen A registriert, die Werte gleichen sich aber im Beobachtungszeitraum aneinander an.

Das Beispiel verdeutlicht, das der VFB zur Abbildung der individuellen Erzieher-Kind-Beziehung geeignet ist.

Ein letztes Beispiel (Tab. 14.**2**) bezieht sich auf die Beurteilung ein und desselben Kindes durch unterschiedliche Erzieherinnen. Es ist bekannt, dass borderlinegestörte Patienten sich sehr unterschiedlich zu den einzelnen Betreuungspersonen verhalten, dass sie geradezu austesten, was der einzelne Erzieher aushält, was er mit sich machen lässt. Das spiegelt sich auch in unseren Ergebnissen wider.

Das Beispiel lässt erkennen, dass Verhaltensweisen der Skala 1 (unsicher-ambivalente Bindungsqualität mit primitiver Idealisierung) von beiden Erzieherinnen „nicht" bis „manchmal" im Beobachtungszeitraum wahrgenommen werden, dass aber Verhaltensweisen der Skala 2 (unsicher-vermeidende Bindungsqualität mit Omnipotenzerleben und Entwertungsverhalten) bezogen auf den Jugendlichen von den Erzieherinnen sehr divergent registriert werden. Während Erzieherin F diese „manchmal" feststellt, beobachtet Erzieherin G diese bevorzugt im Intervall von „oft" bis „sehr oft". Bei der Kennzeichnung der Statements zu Skala 3 (desorganisierte Bindungsqualität mit primitiven Abwehrmechanismen und Selbstdestruktion) stimmen beide Erzieherinnen bezogen auf den Jugendlichen hochgradig überein. Divergent sind die Aussagen zu Skala 4 (gemischt-unsichere Bindungsqualität). Hier sei nochmals daran erinnert, dass sich die Jugendlichen sehr unterschiedlich zu einzelnen Betreuern verhalten. Aber auch hinsichtlich der 3 Skalen zur Abbildung des pädagogisch-therapeutischen Prozesses ergeben sich deutliche Unterschiede zwischen den beiden Er-

Tabelle 14.**2** Beurteilung eines Jugendlichen durch zwei Erzieherinnen

	Erzieherin F					Erzieherin G				
	MZP 1	MZP 2	MZP 3	MZP 4	MZP 5	MZP 1	MZP 2	MZP 3	M ZP 4	MZP 5
Skala 1	1,30	1,08	1,15	1, 15	1,28	1,77	1,54	1,30	1,46	1,85
Skala 2	3,00	1,85	1,49	2,30	1,95	3,40	3,26	3,05	3,50	3,25
Skala 3	1,12	1,02	1,12	1,0	1,12	1,25	1,25	1,00	1,50	1,50
Skala 4	3,00	1,20	1,40	1,40	1,60	3,00	3,00	3,00	2,20	2,80
Skala 5	2,40	1,80	2,50	1,80	2,20	2,00	3,00	3,15	2,72	3,15
Skala 6	2,17	1,35	1,30	1,70	2,00	2,00	3,17	2,84	3,00	3,00
Skala 7	1,85	1,30	1,35	1,50	1,60	2,17	2,32	2,33	2,50	2,50

zieherinnen. Erzieherin G zeigt im Vergleich zu Erzieherin F eine deutlich höhere Beurteilung ihres Engagements. Sie sieht sich in der Ausübung der haltenden Funktion und hinsichtlich der Verhaltensstrukturierung des Jugendlichen stärker involviert als Erzieherin F, auch greift sie stärker auf Unterstützung durch das Team zurück.

15 Die Entwicklung des Bindungsverhaltens bei erwachsenen Borderline-Patienten und Schizophrenen im betreuten Wohnen

Martin Urban

15.1 Einstimmung

Zum Thema „Bindungsentwicklung und Bindungsstörung" möchte ich einen empirischen Beitrag leisten. Meine Erkenntnisse über Bindungsstörungen habe ich durch die Arbeit mit psychiatrischen Patienten – meist jungen Erwachsenen – gewonnen. Dabei war mir freilich der Zusammenhang mit der Theorie der Bindungsforschung nur vage im Bewusstsein, obwohl ich in meinem Psychologiestudium einiges darüber gehört hatte. So wird es wohl den meisten meiner Kollegen in diesem Arbeitsbereich gehen: Zu sehr ist unsere Aufmerksamkeit auf die uns vermittelte psychiatrische Krankheitslehre fixiert, als dass wir die Schätze anderer psychologischer Wissensgebiete in unsere Betrachtungs- und Handlungsweise einzubeziehen vermöchten. Dennoch vermag ich rückblickend zu erkennen, dass mir bei der Entwicklung meines Konzepts der therapeutischen Wohngemeinschaften als eines milieutherapeutischen Langzeitangebots für Menschen mit schweren psychischen Störungen die Grundvorstellungen der Bindungstheorie wegweisend waren.

15.2 Grundgedanke: betreutes Wohnen als Rahmen für eine nachholende Bindungsentwicklung

Entscheidend beeinflusst hat mich das Miterleben des Schicksals einer jungen Frau, die vor ca. 15 Jahren in der psychosomatischen Klinikabteilung, in der ich damals arbeitete, zur Behandlung war. Sie zeigte in extremem Maße jenes typische Borderline-Verhalten mit enormen Gefühlsschwankungen und hochambivalenten Reaktionen im Kontakt, in der ICD 10 unter der Ziffer F 60.31 als „emotional instabile Persönlichkeitsstörung, Borderline-Typus" beschrieben wird. Zu Anfang ihres Klinikaufenthalts bekam man oft im bloßen Vorbeigehen das Gefühl, gleich eine Ohrfeige abzukriegen, wenn man sie nur anschaute. Andererseits konnte sie wunderbar Klavier und Gitarre spielen. Ihr Verhalten änderte sich überraschend im Verlauf eines halben oder dreiviertel Jahres. Sie hatte das Glück, eine sehr einfühlsame und doch konsequente Therapeutin gefunden zu haben, unter deren Händen und Blicken sie förmlich aufblühte. Sie begann ein Studium der Sozialpädagogik (ausgerechnet – oder eben: kein Wunder!) und wohnte in einem Studentenheim. Damit war aber auch eine Trennung von ihrer Therapeutin verbunden. Die „Nachbehandlung" durfte aus formalen Gründen ein gewisses Quantum nicht überschreiten (es gab nur eine persönliche Ermächtigung des Chefarztes zur ambulanten Psychotherapie, keine Klinikambulanz). Das war für die wieder erwachten positiven Bindungsbedürfnisse der Patientin offenkundig zu wenig. Es kam zu wiederholten Rückfällen von Alkoholintoxikation und Selbstverletzung, mit denen sie in die internistische Abteilung unseres Krankenhauses eingeliefert wurde. Schließlich ist sie bei einem dieser Suizidversuche ums Leben gekommen.

Der Schock über dieses Erlebnis arbeitete in mir weiter. Könnten solche Fälle nicht vermieden werden, wenn es gelänge, eine Behandlungsform zu schaffen, die die legitimen Bindungsbedürfnisse sog. „früh gestörter" Patienten besser berücksichtigt? Dazu bedürfte es eines haltenden Milieus, das die „sichere Basis" (Bowlby) eines stabilen Beziehungsangebots über einen längeren Zeitraum bietet, welches die Ambivalenz des Patienten aushält und therapeutisch auffängt, ohne die schädliche Vollversorgung und Überprotektion der Klinik als verführerischen Nebeneffekt mitzuliefern. Das genau könnte die Chance des „betreuten Wohnens" sein, wenn man dieses nicht als rein soziale oder soziotherapeutische Einrichtung sieht, sondern als die einmalige therapeutische Chance, Menschen – vor allem jüngeren Alters – mit schweren psychischen Störungen den Bezugsrahmen für eine nachholende Bindungsentwicklung zu bieten, und damit auch für eine Stabilisierung ihrer Gesamtpersönlichkeit, vielleicht sogar für eine „Heilung" ihrer psychischen Störung, soweit eine solche überhaupt erreichbar ist.

Die theoretische Voraussetzung dieses Konzeptes liegt darin, dass Bindungsstörungen *eine*, wenn nicht gar *die* entscheidende Wurzel der schweren psychischen Störungsbilder sind. Das scheint für Borderline-Störungen evident zu sein; ob es auch für psychotische Erkrankungen gilt, möchte ich am Schluss erörtern.

Die Umsetzung dieser Idee führte zum Aufbau meiner therapeutischen Wohngemeinschaften. Das betreute Wohnen bot für ca. 2 Jahre, in einigen Fällen auch länger, die Möglichkeit, im Rahmen einer Eingliederungsmaßnahme nach § 39 f. BSHG Menschen mit schweren psychischen Störungen in einer Wohngemeinschaft oder auch im betreuten Einzelwohnen therapeutisch zu begleiten. Gerade dieses „Therapeutische" war allerdings ein ständiger Streitpunkt mit den Kostenträgern (der örtlichen oder überörtlichen Sozialhilfe), da dies eine bessere Personalausstattung als üblich erfordert, sowohl quantitativ als auch qualitativ, zumindest was die hierfür notwendige therapeutische Qualifikation des Leiters der Einrichtung betrifft. Nicht unwesentlich ist wohl noch, dass es sich um eine kleine Einrichtung von quasi familiärer Größenordnung handelt, in der wir – ich zusammen mit 1 – 2 Mitarbeiterinnen – 6 bis maximal 10 Bewohner betreut haben. Die therapeutischen Grundregeln lassen sich etwa umschreiben mit den Begriffen: Konstanz und Flexibilität eines Nähe*angebots*, das gleichermaßen von Empathie und Konsequenz geprägt ist. Im Einzelnen können wir die therapeutischen Regeln für die Therapie mit bindungsgestörten Erwachsenen, wie sie Brisch (1999) im Anschluss an Bowlby aufgestellt hat, unmittelbar auf unsere Arbeit übertragen.

15.3 Empirische Ergebnisse

Angeregt durch das Thema dieses Buches habe ich versucht, im Nachhinein die Entwicklung des Bindungsverhaltens aller Bewohner meiner Einrichtung in den letzten 8 Jahren zu beschreiben. Dabei habe ich die Patienten eingeteilt in eine Borderline-Gruppe und eine Psychose-Gruppe, wobei die erstere nicht nur die eng umschriebene Diagnosegruppe der ICD 10, F 60.31 umfasst, sondern in einem eher strukturdiagnostischen Verständnis (etwa im Sinne Kernbergs) alle „schweren Persönlichkeitsstörungen von Borderline-Niveau", d. h. mit erheblicher Beeinträchtigung der zentral-steuernden Ich-Funktionen wie z. B. Impulskontrolle, Realitätsbezug, Selbstwert-Regulation und Identität. In dieser Gruppe befinden sich also nicht nur emotional überschießend reagierende Persönlichkeiten, sondern z. B. auch eher zurückgezogene (schizoide) und überangepasste (ängstlich-vermeidende und abhängige Persönlichkeitsstörungen).

Ferner habe ich alle Personen nachträglich zu beurteilen versucht nach dem Erwachsenen-Bindungsprototypen-Rating (EBPR) von Strauß und Lobo-Drost (1999). Da ein Großteil der Bewohner nicht mehr erreichbar war bzw. inzwischen erhebliche Veränderungen erlebt hat (wie gleich noch auszuführen sein wird), habe ich anstelle eines Interviews versucht, anhand der in diesem Inventar gebotenen Items ein nachträgliches Fremdrating durchzuführen bezüglich des Bindungsverhaltens, das die Bewohner bei Aufnahme in die Einrichtung zeigten. Das ist freilich eine unbefriedigende Methode – sie zeigt die Notwendigkeit einer Begleitforschung für solche Projekte, um die wir uns seinerzeit vergeblich bemüht haben.

Zur Verbesserung der Objektivität habe ich meine bereits seit 6 Jahren bei mir tätige Mitarbeiterin gebeten, das gleiche Rating durchzuführen. Es zeigte sich, dass die Einordnung teilweise recht schwierig war und häufig mehrere Unterformen unsicheren Bindungsverhaltens alternativ in Frage kamen. Das lag häufig daran, dass unsere Bewohner ein inkonstantes Beziehungsverhalten zeigten, z. B. zwischen hoher Anhänglichkeit und plötzlichem Rückzugsverhalten schwankten. In Zweifelsfällen haben wir einen Konsens unter uns Ratern hergestellt.

Ein weiterer Grund für die Schwierigkeit der Einordnung liegt, darin, dass das EBPR Varianten *normalen* – also nicht pathologischen – Verhaltens beschreiben soll. Für die Einschätzung von Bindungsstörungen liegt offenbar bisher kein Instrument vor. Die von Brisch (1999) aufgezählten Typen von Bindungs*störungen*, die zunächst für Kinder und Jugendliche beschrieben wurden, stehen natürlich in sachlichem Zusammenhang mit bestimmten Prototypen des EBPR, z. B. „fehlendes Bindungsverhalten" mit Typ P5 (zwanghaft selbstgenügsam), oder „aggressives Bindungsverhalten" mit P3 (instabil beziehungsgestaltend). Es wäre sehr wünschenswert, wenn hierzu Schätzskalen entwickelt würden, die es ermöglichen, den Übergang vom normalen zum pathologischen Bindungsverhalten auch bei Erwachsenen nach den verschiedenen Störungsmustern zu quantifizieren.

Wie zu erwarten, haben wir bei keinem Bewohner ein „sicheres Bindungsmuster" (= Prototyp 1) beobachtet. Die Haupttypen des unsicher-ambivalenten bzw. unsicher-vermeidenden Bindungsmusters wurden in je 3 Untergruppen (nach EBPR:

Tabelle 15.1 Stichprobencharakteristik und Bindungsmuster

	Borderline-Gruppe	Psychose-Gruppe
Personen	21	18
männlich	9	12
weiblich	12	6
Alter (Jahre, Mittelwert)	24,0	27,2
Dauer der Maßnahme (Mittelwert)	18 Monate	19 Monate
Bindungstyp (nach EBPR)		
unsicher-ambivalent	14	8
P2: übersteigert abhängig	5	2
P3: instabil beziehungsgestaltend	8	6
P4: zwanghaft fürsorglich	1	–
unsicher-vermeidend	7	10
P5: zwanghaft selbstgenügsam	2	5
P6: übersteigert autonom	2	2
P7: emotional ungebunden	3	3

Prototypen 2 bis 7) unterteilt. Tab. 15.1 informiert über die Ergebnisse.

Wie man sieht, entspricht die Verteilung der Bindungsmuster „unsicher-ambivalent" und „unsicher-vermeidend" durchaus nicht 1: 1 den Diagnosegruppen Borderline und Psychose. Es gab durchaus einen Anteil von Psychotikern, die ein eher ambivalentes Bindungsverhalten aufwiesen als ein vermeidendes. (Dass das Verhalten in der Borderline-Gruppe durchmischt ist, erscheint nach unserer Definition von „Borderline" als Strukturdiagnose mit unterschiedlichen Erscheinungsbildern weniger erstaunlich.)

Wir kommen jetzt zu den *Veränderungen* des Bindungsverhaltens, wie es von uns beobachtet und eingeschätzt wurde. Hier kam es uns nicht so sehr auf den Typ bzw. Untertyp des Verhaltens an als vielmehr auf die veränderte Bindungs*qualität*, die wir mit einem globalen Schätzmaß nach folgender vierstufiger Skala eingeschätzt haben:

- 0 keine verlässliche Bindungsbeziehung zu beobachten,
- 1 Bindungsbeziehungen nur in geringem Grade vorhanden,
- 2 mäßig verlässliche Bindungsbeziehungen,
- 3 verlässliche Bindungsbeziehungen.

Unserer Einschätzung haben wir hauptsächlich zugrunde gelegt, inwieweit wir als Betreuer davon ausgehen konnten, dass die Bewohner im Bedarfsfall – also wenn es ihnen schlecht ging – überhaupt mit uns Kontakt aufnahmen (bei den „unsicher-vermeidenden") bzw. wie spannungsgeladen diese Kontaktaufnahme war (bei den „unsicher-ambivalenten"). In zweiter Linie haben wir auch unsere Beobachtungen darüber mit verwertet, wie in solchen Fällen die Kontaktaufnahme eines Bewohners mit seinen Mitbewohnern war und wie gut ihnen der Aufbau von Freundschaftsbeziehungen gelang. Tab. 15.2 zeigt unsere Ergebnisse.

Tabelle 15.2 Veränderungen der Bindungsqualität

	Borderline-Gruppe	Psychose-Gruppe
Bindungsqualität zu Beginn der Maßnahme	0,6	0,2
Veränderung		
• während der Maßnahme	+1,0	+0,95
• im späteren Verlauf (n = 9 + 9)	+0,65	+0,45
Besondere, bindungsrelevante Ereignisse:		
• Abbrüche (< 6 Monate)	5	1
• Suizid	1	1
• Adoptionswunsch (Patienten wünschten, von Betreuern adoptiert zu werden)	2	–
• Partnerschaft begonnen	4	3

Das wesentliche Ergebnis lautet: *Beide* Gruppen profitierten von der Betreuungsmaßnahme und machten deutlich bemerkbare Fortschritte hinsichtlich ihrer Bindungsfähigkeit, und zwar durchschnittlich um eine Stufe auf der vierstufigen Schätzskala. Dabei schnitten die psychotisch Erkrankten im Schnitt nicht schlechter ab als die Borderline-Patienten.

Wir halten dies für ein bedeutsames Ergebnis. Eine Verbesserung der Bindungsqualität um eine Stufe auf unserer vierstufigen Skala bedeutet zweifellos eine erhebliche Verbesserung der Chancen eines psychisch kranken Menschen auf stabilere menschliche Beziehungen im Privatleben wie auch in der Arbeitswelt, und damit verbesserte Chancen für eine soziale Integration. Dies wiederum ist der wichtigste Wirkfaktor gegen eine fortschreitende Chronifizierung des Krankheitsprozesses.

15.4 Schlussfolgerungen

Wenn beide Diagnosegruppen etwa gleich gut auf unsere „nachholende Bindungsentwicklungs-Therapie“ ansprachen, heißt dies, dass beide Störungsbilder in gleicher Weise auf Bindungsstörungen zurückzuführen sind?

Ein solcher Schluss scheint mir übereilt. Nach meiner Erfahrung ist für psychotisch erkrankte Menschen neben der Verlässlichkeit der therapeutischen Beziehung ein zweiter Faktor von mindestens ebenso großer Bedeutung: das „Raum-Lassen“. Diese Menschen scheinen – nach psychoanalytischer Deutung im Sinne von Mentzos (1992; vgl. Lempa 2000) – schädliche Bindungserfahrungen mit zu viel Nähe bzw. einer freiheitsberaubenden Form von Nähe gemacht zu haben, die die Ausbildung von Ich-Grenzen und von Identitätsgefühl behindert hat. Lempa (2000) bezeichnet die Psychose, im Anschluss an Kipp (1996) als „Extremreaktion nach einer Beziehungskatastrophe“. Daher herrscht hier eine hohe Angst vor Nähe, was konkret bedeutet: Angst vor Kontrolle, vor Verlust von Autonomie und Individualität (psychoanalytisch gesprochen: „Verschlingungsängste“). Deswegen ist im Umgang mit psychotisch erkrankten Menschen das Raum-Lassen, das Gewähren-Lassen – auch von therapeutisch scheinbar ungünstigen eigenen Lösungen, bis hin zu Trennungswünschen – ebenso wichtig wie das Sicherheit gebende Beziehungsangebot für den Borderliner.

Wir sind also der Meinung, dass im Umgang mit frühgestörten Menschen in einem solchen lebensfeldnahen Therapieangebot wie dem betreuten Wohnen beide Grundhaltungen, die in einem gewissen Kontrast zueinander stehen, von gleicher Wichtigkeit sind: das Angebot einer verlässlichen Nähe und eine Freiheit gewährende, Autonomie fördernde Großzügigkeit (die keinesfalls mit einer gleichgültigen Laissez-faire-Haltung zu verwechseln ist!).

Etwas vereinfachend könnte man sagen:

- Borderline-Persönlichkeitsstörungen sind Entwicklungsstörungen des Bindungsverhaltens; das therapeutische Ziel ist hier die Förderung der Beziehungsfähigkeit hin zu einer stabil(er)en Bindungsfähigkeit.
- Psychotische Erkrankungen sind verknüpft mit Störungen der Identitätsentwicklung; das therapeutische Ziel heißt hier: Entwicklung einer stabilen Ich-Abgrenzung und nachholender Aufbau von Identitätsgefühl.

Für die Entwicklung der menschlichen Persönlichkeit scheinen 3 innerpsychische Systeme gleichermaßen bedeutsam zu sein, die wir – sowohl in der primären Entwicklung, d. h. im Prozess der Erziehung, als auch im sekundären, nachholenden Wachstumsprozess der Therapie – immer gleichzeitig im Auge behalten müssen: das Bindungs-Bedürfnis, das Autonomie-Bedürfnis und als drittes das narzisstische Bedürfnis nach Selbstachtung. Dies entspricht 3 unterschiedlichen Systemen oder „Säulen“ im Aufbau der Persönlichkeit, die sich zwar gegenseitig beeinflussen, aber doch auch in gewisser Weise von einander abgegrenzt sind:

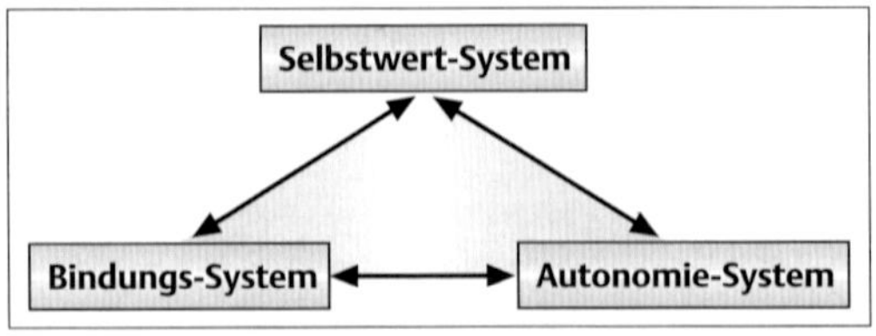

Jenseits aller störungsspezifischen Therapiemethoden erscheint es mir für den therapeutischen Umgang mit allen psychisch Kranken, aber gerade auch mit Frühgestörten, von entscheidender Bedeutung zu sein, auf diese 3 „Säulen“ zu achten und von Fall zu Fall zu schauen, wo in jeder Situation die vordringlichen Bedürfnisse liegen. Das gilt auch für den therapeutischen Prozess im betreuten Wohnen: Er gelingt umso besser, je wachsamer wir auf diese psychischen Grundbedürfnisse achten, je flexibler wir darauf eingehen und die entsprechenden nachholenden Wachstumsprozesse fördern. Der alltagsnahe Umgang in diesem Setting bietet diesbezüglich gerade für die „Frühgestörten“ besondere Möglichkeiten, die in einem „rein therapeutischen“ Raum (stationärer oder ambulanter Psychotherapie) kaum möglich wären. Dabei spielt natürlich auch die vergleichsweise lange Dauer von 2 oder mehr Jahren eine wichtige Rolle, da solche nachholenden Entwicklungsprozesse einfach ihre Zeit brauchen und sich nicht etwa durch höhere „Therapiedichte“ (etwa im stationären Setting) abkürzen lassen – gerade bei hohen Nähe-Ängsten wäre dies kontratherapeutisch!

Zusammenfassend möchte ich sagen: Das Setting des betreuten Wohnens bietet für die Therapie von Frühgestörten einen Rahmen von Möglichkeiten, nachholende Wachstumsprozesse der Persönlichkeit zu fördern, wie sie kaum in einem anderen Setting zur Verfügung stehen. Dies bezieht sich ganz besonders auf eine nachholende Entwicklung des Bindungsverhaltens, aber auch auf andere zentrale Aspekte der Persönlichkeitsentwicklung. Im Sinne einer Fortentwicklung und qualitativen Verbesserung des psychiatrischen Hilfesystems halte ich daher die Förderung von therapeutisch geleiteten Wohngemeinschaften für eine vordringliche und besonders lohnende Aufgabe.

16 Literatur

Abrahms DM. Looking at and looking away – Etiology of preoedipal splitting in a deaf girl. Psychoanal Study Child. 1991;46:277–300.

Achenbach TM. Developmental psychopathology. New York: Wiley; 1982.

Adam KS. Suicidal behavior and attachment. In: Berling MB, Sperman WH, eds. Attachment in adults – clinical and developmental perspectives. New York: Guilford Press; 1994.

Adler R, Hayes M, Nlan M, Lewin T, Raphael B. Antenatal prediction of mother-infant difficulties. Child Abuse Negl. 1991;15(4):351–61.

Ainsworth MDS. Infancy in Uganda. Infant care and the growth of love. Baltimore: John Hopkins University Press; 1967.

Ainsworth MDS. The development of infant-mother attachment. In: Caldwell BM, Riciutti HN, eds. Review of child development research, vol. 3. Chicago: University of Chicago Press; 1973:1–94.

Ainsworth MDS. Feinfühligkeit versus Unempfindlichkeit gegenüber Signalen des Babys. In: Grossmann KE, Hrsg. Entwicklung der Lernfähigkeit in der sozialen Umwelt. München: Kindler; 1977.

Ainsworth MDS, Bell SM, Stayton DJ. Individual differences in strange situation behavior of one-year olds. In: Schaffer HR, ed. The origin of human social relations. London: Study Group; 1969.

Ainsworth MDS, Blehar MC, Waters E, Wall S. Patterns of attachment: assessed in the strange situation and at home. Hillsdale, New York: Lawrence Erlbaum; 1978.

Ainsworth MDS, Wittig BA. Attachment and exploratory behaviour of one-year-olds in a strange situation. In: Foss BM, ed. Determinants of infant behaviour IV. Based on the proceedings of the fourth Tavistock Study Group on mother-infant interaction held at the House of the Ciba Foundation, London, September 1965. London: Methuen; 1969:111–36.

Alexander PC. The differential effects of abuse characteristics and attachment in the prediction of long-term effects of sexual abuse. J Interpersonal Violence. 1993;8(3):346–62.

Altemeier WA, Vietze PM, Sherrod KB, Sandler HM, Falsey S, O'Connor S. Prediction of child maltreatment during pregnancy. J Am Acad Child Adolesc Psychiatry. 1979;18:205–18.

American Psychiatric Association. Diagnostic and statistical manual of mental disorders. 4th ed. (DSM-IV). Washington DC: American Psychiatric Association; 1994.

Anisfeld E, Casper V, Nozyce M, Cunningham N. Does infant carrying promote attachment? An experimental study of the effects of increased physical contact on the development of attachment. Child Dev. 1990;61(5):1617–27.

Armsten GC, Greenberg, MT. The inventory of parent and peer attachment: Individual differences and their relationships to psychological well-being in adolescence. J Youth and Adolescence. 1987; 16(5): 427–54.

Aron L. A meeting of minds: Mutuality in psychoanalysis. Hillsdale: NJ; 1995.

Asendorpf JB. Psychologie der Beziehung. Bern: Huber; 2000.

Asendorpf JB, Banse R, Wilpers S, Neyer FJ. Beziehungsspezifische Bindungsskalen und ihre Validierung durch Netzwerk- und Tagebuchverfahren. Diagnostica. 1997;43(4):289–313.

Astington, JW. Intention in the child's theory of mind. In: Frye D, Moore C, eds. Children's theories of mind. Hillsdale, New Jersey: Lawrence Erlbaum; 1991.

AWMF. Leitlinien der Deutschen Gesellschaft für Kinder- und Jugendpsychiatrie und -psychotherapie. AWMF online; 2000.

Bacal HA. John Bowlby. In: Bacal HA, Newmann KM, Hrsg. Objektbeziehungstheorien – Brücken zur Selbstpsychologie. Stuttgart: Frommann-Holzboog; 1994.

Bakalar E. Das „Parental Alienation Syndrome" (PAS) in der Tschechischen Republik. Zentralbl Jugendrecht. 1998;85(6):268.

Balck F. Der Fragebogen zum Erwachsenenbindungsverhalten: der AVN-Fragebogen [unveröffentlichtes Manuskript]. Technische Universität Dresden; 2001

Bange D. Die dunkle Seite der Kindheit. Sexueller Missbrauch an Mädchen und Jungen. Ausmaß – Hintergründe – Folgen. Köln: Volksblatt; 1992.

Barglow P, Vaughn BE, Molitor N. Effects of maternal absence due to employment on the quality of infant-mother attachment in a low-risk sample. Child Dev. 1987;58(4):945–54.

Baron-Cohen S. Mindblindness. Cambridge: Bradford Books; 1995.

Baron-Cohen S, Tager-Flusberg H, Cohen DJ. Understanding other minds: Perspectives from autism. Oxford: Oxford University Press; 1993.

Bartholomew K, Horowitz LM. Attachment styles among young adults: a test of a four-category model. J Pers Soc Psychol. 1991;61(2):226–44.

Bassenge P, Brudermüller G, Diederichsen U, et al. Palandt Bürgerliches Gesetzbuch. München: Beck; 2000.

Bäuerle S, Moll-Strobel H, Hrsg. Eltern sägen ihr Kind entzwei: Trennungserfahrungen und Entfremdung von einem Elternteil. Donauwörth: Auer Verlag; 2001.

Bayley N. Bayley scales of infant development. 2nd ed. Manual. San Antonio: The Psychological Corporation; 1993.

Becker-Stoll F. Interaktionsverhalten zwischen Jugendlichen und Müttern im Kontext längsschnittlicher Bindungsentwicklung. Regensburg: unveröffentlichte Dissertation; 1997.

Beebe B, Lachmann FM. Representation and internalisation in infancy: Three principles of salience. Psychoanal Psychol. 1994;11:127–65.

Beeghly M, Cicchetti D. Child maltreatment, attachment, and the self system: Emergence of an internal state lexicon in toddlers at high social risk. Dev Psychopathol. 1994;6:5–30.

Beelmann W. Neuere Untersuchungen mit dem Family Relations Test – Normierungen und Anwendung in Scheidungsfamilien. Vortrag auf der 12. Tagung Entwicklungspsychologie. Leipzig; 1995.

Beelmann W, Schmidt-Denter, U. Der Family Relations Test (FRT). In: Sturzbecher D, Hrsg. Spielbasierte Befragungstechniken. Göttingen: Hogrefe; 2001:64–73.

Bellak L, Bellak SS. Kinder-Apperzeptionstest. Göttingen: Hogrefe; 1955.

Belsky J. Classical and contextual determinants of attachment security. In: Koops W, Hoeksma JB, van den Boom DC, eds. Development of interaction and attachment: Traditional and non-traditional approaches. Amsterdam, Oxford, New York: North Holland; 1997:39–58.

Belsky J. Interactional and contextual determinants of attachment security. In: Cassidy J, Shaver PR, eds. Handbook of attachment: Theory, research, and clinical applications. New York, London: Guilford Press; 1999:249–264.

Belsky J, Isabella R. Maternal, infant, and social-contextual determinants of attachment security. In: Belsky J, Nezworski T, eds. Clinical implications of attachment. Hillsdale, New Jersey, Lawrence Erlbaum; 1988:41–94.

Belsky J, Rovine M, Taylor DG. The Pennsylvania Infant and Family Development Project, III: The origins of individual differences in infant-mother attachment: maternal and infant contributions. Child Dev. 1984;55(3):718–28.

Belsky J, Youngblade L, Rovine M, Volling B. Patterns of marital change and parent-child interaction. J Marriage and Family. 1991;53:487–98.

Bene E, Anthony J. Family-Relations-Test. Göttingen: Hogrefe; 1985.

Benn RK. Factors promoting secure attachment relationships between employed mothers and their sons. Child Dev. 1986;57:1224–31.

Bierhoff HW, Grau I. Dimensionen der Liebesbeziehungen. Gruppendynamik. 1995;26(4):413–28.

Bierhoff HW, Grau I. Dimensionen enger Beziehungen: Entwicklung von globalen Skalen zur Einschätzung von Beziehungseinstellungen. Diagnostica. 1997;43(3):210–29.

Biermann-Ratien EM, Eckert J, Schwartz HJ. Gesprächspsychotherapie. 8. Aufl. Stuttgart: Kohlhammer; 1997.

Bion WR. A theory of thinking. Int J Psychoanal. 1962;43:306–10. (deutsch: Eine Theorie des Denkens, 1980).

Blacher J. Attachment and severely handicapped children: Implications for intervention. Dev Behav Pediatr. 1984;5:178–83.

Bleidick U. Pädagogik der Behinderten. Grundzüge einer Theorie der Erziehung behinderter Kinder und Jugendlicher. 5. Aufl. Berlin: Spiess; 1984.

Bobseine CA. Aspects of mother-child interaction and the child's sense of separateness related to the young child's inability to self-produce locomotion [Dissertation]. Albany, USA: State University of New York; 1989.

Bohus M, Berger M. Die Dialektisch-Behaviorale Psychotherapie nach M. Linehan. Ein neues Konzept zur Behandlung von Borderline-Persönlichkeitsstörungen. Nervenarzt. 1996;67:911–23.

Bowlby J. Forty-four juvenile thieves: their characters and home life. Int J Psychoanal. 1944;25:19–53,107–128.

Bowlby J. The nature of the child's tie to his mother. Int J Psychoanal. 1958;39:350–73.

Bowlby J. Attachment and loss, vol. 1: Attachment. New York: Basic Books; 1969. (deutsch: Bindung, 1975).

Bowlby J. Attachment and loss, vol. 2: Separation: Anxiety and anger. New York: Basic Books; 1973.

Bowlby J. Bindung, eine Analyse der Mutter-Kind-Beziehung. München: Kindler; 1975.

Bowlby J. Trennung. Psychische Schäden als Folge der Trennung von Mutter und Kind. München: Kindler; 1976.

Bowlby J. The making and breaking of affectional bonds. London: Travistock Publications; 1979.

Bowlby J. Attachment and loss, vol. 3: Loss, sadness and depression. New York: Basic Books; 1980.

Bowlby J. Bindung. Eine Analyse der Mutter-Kind-Beziehung. München: Kindler; 1986.

Bowlby J. A secure base. Clinical applications of attachment theory. London: Routledge; 1988. (deutsch: Elternbindung und Persönlichkeitsentwicklung. Therapeutische Aspekte der Bindungstheorie, 1995).

Bowlby J. Verlust, Trauer und Depression. Frankfurt: Fischer; 1994.

Bowlby J. Elternbindung und Persönlichkeitsentwicklung. Heidelberg: Dexter; 1995a.

Bowlby J. Bindung: Historische Wurzeln, theoretische Konzepte und klinische Relevanz. In: Spangler G, Zimmermann P, Hrsg. Die Bindungstheorie – Grundlagen, Forschung und Anwendung. Stuttgart: Klett-Cotta; 1995b.

Bowlby J. Das Glück und die Trauer. Stuttgart: Klett-Cotta; 2001.

Brazelton TB, Cramer BG. The earliest relationship Addison Wesley, Reading. 1990.

Brem-Gräser L. Familie in Tieren. München: Reinhardt; 1995.

Bretherton I. Attachment theory: Retrospect and prospect. In: Bretherton I, Waters E, eds. Growing points of attachment theory and research. Monographs of the Society for Research in Child Development United Kingdom Blackwell Publishing. 1985;50(1–2);3–35.

Bretherton I. Geschichte der Bindungstheorie. In: Spangler G, Zimmermann P, Hrsg. Die Bindungstheorie – Grundlagen, Forschung und Anwendung. Stuttgart: Klett-Cotta; 1995.

Bretherton I. Zur Konzeption innerer Arbeitsmodelle in der Bindungstheorie. In: Gloger-Tippelt G, Hrsg. Bindung im Erwachsenenalter. Göttingen: Hans Huber; 2001.

Brickenkamp R. Handbuch psychologischer und pädagogischer Tests. Göttingen: Hogrefe; 1997.

Briere J, Runtz M. Post sexual abuse trauma. Data and implications for clinical practice. J Interpersonal Violence. 1987;2(4):367–79.

Briere J, Runtz M. Symptomatology associated with childhood sexual victimization in a nonclinical adult sample. Child Abuse Negl. 1988;12:51–59.

Brinich EB, Drotar DD, Brinich PM. Die Bedeutung der Bindungssicherheit vom Kind zur Mutter für die psychische und physische Entwicklung von gedeihschwachen Kindern. Prax Kinderpsychol Kinderpsychiatr. 1989;38(3):70–77.

Brisch KH. Bindungsstörungen. Von der Bindungstheorie zur Therapie. Stuttgart: Klett-Cotta; 1999/2001.

Brisch KH, Buchheim A, Köhntop B, et al. Präventives psychotherapeutisches Interventionsprogramm für Eltern nach der Geburt eines sehr kleinen Frühgeborenen – Ulmer Modell. Randomisierte Längsschnittstudie. Monatsschr Kinderheilkde. 1996;144: 1206–12.

Brisch KH, Grossmann KE, Grossmann K, Köhler L, Hrsg. Bindung und seelische Entwicklungswege. Stuttgart: Klett-Cotta; 2002.

Broussard ER. Infant attachment in a sample adolescent mothers. Child Psychiatr Hum Dev. 1995;25(4):211–19.

Buchheim A, Brisch KH, Kächele H. Einführung in die Bindungstheorie und ihre Bedeutung für die Psychotherapie. Psychother Psychosom Med Psychol. 1998;48:128–38.

Buchheim A, Brisch KH, Kächele H. Die klinische Bedeutung der Bindungsforschung für die Risikogruppe der Frühgeborenen: ein Überblick zum neuesten Forschungsstand. Z Kinder- u Jugendpsychiatr Psychother. 1999;27:125–38.

Bundesministerium für Gesundheit. Internationale Klassifikation der Krankheiten (WHO, ICD-10.Rev). München: Urban & Schwarzenberg; 1994.

Burkhardt C. Eine neue Chance für Kinder bei Verfahren zum Umgang – die Bestellung eines Pflegers zur Wahrnehmung der Kindesinteressen [Freie wissenschaftliche Arbeit für die Diplomprüfung in der Erziehungswissenschaft, Fachrichtung Sozialpädagogik und Sozialarbeit], TU Dresden; 1998.

Buschkämper S. Entwicklung eines Fragebogens zur Erfassung des Bindungsstils erwachsener Personen [Diplomarbeit]. Universität Bielefeld; 1998.

Butcher PR, Kalverboer AF, Minderaa RB, Doormaal EF, van Wolde Y. Rigidity, sensitivity and quality of attachment: The role of maternal rigidity in the early socio-emotional development of premature infants. Acta Psychiatr Scand. 1993;88:4–38.

Büte D. Das Umgangsrecht bei Kindern geschiedener und getrennt lebender Eltern. Berlin: Erich Schmidt Verlag; 2001.

Capps L, Sigman M, Mundy P. Attachment security in children with autism. Dev Psychopathol. 1994; 6:249–61.

Cassidy J, Shaver PR. Handbook of attachment: Theory, research, and clinical applications. New York, London: Guilford Press; 1999.

Carlson V, Cicchetti D, Barnett D, Braunwald KG. Finding order in disorganization: Lessons from research on maltreated infants' attachments to their caregivers. In: Cicchetti D, Carlson V, eds. Child maltreatment: Theory and research on the causes and consequences of child abuse and neglect. Cambridge: Cambridge University Press; 1989:495–528.

Carnelley KB, Pietromonaco PR, Jaffe K. Depression, working model of others, and relationship functioning. J Pers Soc Psychol. 1994;66:127–40.

Cicchetti D, Lynch M. Failures in the expectable environment and their impact on individual development: The case of child maltreatment. In: Cicchetti D, Cohen DJ, eds. Developmental psychopathology, vol. 2: Risk, disorder and adaptation. New York: Wiley; 1995:32–71.

Clarkin JF, Yeomans FE, Kernberg OF. Psychotherapie der Borderline-Persönlichkeit. Manual zur psychodynamischen Therapie. Stuttgart: Schattauer; 2000.

Clauß G, Hiebsch H. Kinderpsychologie. Berlin: Volk und Wissen; 1958.

Cole H, Kobak R. Attachment and symptom reporting: Attentional processes in depression and eating disorder. Unpublished manuscript. University of Delaware, Dept. of Psychology, Newark, Delaware; 1991.

Cole PM, Putman FW. Effect of incest on self and social functioning: A developmental psychopathology perspective. J Consult Clin Psychol. 1992;60(2):174–84.

Collins NL, Read SJ. Adult attachment, working models and relationship quality in dating couples. J Pers Soc Psychol. 1990;58:644–63.

Crittenden PM. Maltreated infants: Vulnerability and resilience. J Child Psychol Psychiatr. 1985;26:85–96.

Crittenden PM. Attachment and psychopathology. In: Goldberg S, Muir R, Kerr J, eds. Attachment theory: Social, developmental, and clinical perspectives. Hillsdale, New York: The Analytic Press; 1995:367–406.

Crittenden PM, Ainsworth MDS. Child maltreatment and attachment theory. In: Cicchetti D, Carlson V, eds. Child maltreatment: Theory and research on the causes and consequences of child abuse and neglect. Cambridge: Cambridge University Press; 1989:432–63.

Crnic KA, Greenberg, MT, Slough NM. Early stress and social support influences on mothers' and high-risk infants' functioning in late infancy. Infant Mental Health J. 1986;7,19–33.

Crowell J. Current relationship interview. Unpublished manuscript. State University of New York at Stony Brook; 1990.

Daudert E. Selbstreflexivität, Bindung und Psychopathologie. Zusammenhänge bei stationären Gruppenpsychotherapie-Patienten [unveröffentlichte Dissertation]. Universität Hamburg; 2000.

Dennett DC. Brainstorms: Philosophical essays on mind and psychology. Cambridge: MIT Press; 1978.

Dennett DC. The intentional stance. Cambridge: MIT Press; 1987.

De Ruiter C, van Ijzendoorn M. Agoraphobia and anxious-ambivalent attachment: An integrative review. J Anxiety Disord. 1992;6:365–81.

de Wolff MS, van Ijzendoorn MH. Sensitivity and attachment: a meta-analysis on parental antecedents of infant attachment. Child Dev. 1997;68(4):571–91.

Diepold B. Zur Ätiologie und Therapie von Kindern mit Borderline-Risiken. Kinderanalyse. 1994;4:413–427.

Dilling H, Mombour W, Schmidt MH, Hrsg. Internationale Klassifikation psychischer Störungen: ICD-10, Kapitel V (F). Klinisch-diagnostische Leitlinien, Weltgesundheitsorganisation. Bern, Göttingen, Toronto: Huber; 1991.

Doré C. Elterliches Erziehungsverhalten als mögliche Ursache für die Entstehung des „Lust-und-Laune"-Phänomens bei Kindern und Jugendlichen [Diplomarbeit]. Universität Köln; 2000

Dornes M. Gedanken zur frühen Entwicklung und ihrer Bedeutung für die Neurosenpsychologie. Forum Psychoanal. 1995;l(11):27–49.

Dornes M. Die frühe Kindheit. Entwicklungspsychologie der ersten Lebensjahre. Frankfurt/Main: S. Fischer; 1997a.

Dornes M. Risiko- und Schutzfaktoren für die Neurosenentstehung. Forum Psychoanal. 1997b;13:119–38.

Dornes M. Bindungstheorie und Psychoanalyse. Psyche. 1998;52(4):299–348.

Dozier M. Attachment organization and treatment use for adults with serious psychopathological disorders. Dev Psychopathol. 1990;2:47–60.

Dozier M, Stevenson AL, Lee SW, Velligan DI. Attachment organization and familial overinvolvement for adults with serious psychopathological disorders. Dev Psychopathol. 1992;3:476–89.

Draijer N. Die Rolle von sexuellem Missbrauch und körperlicher Misshandlung in der Ätiologie psychischer Störungen bei Frauen. System Familie. 1990;3:59–73.

Düss L. Die Methode der Fabeln in der Psychoanalyse. Z Kinderpsychiat. 1942;1(9):12.

Dulz B, Schneider A. Borderline-Störung. Stuttgart: Schattauer; 1997.

Dulz B, Jensen M. Aspekte einer Trauma-Ätiologie der Borderline-Persönlichkeitsstörung: Psychoanalytisch-psychodynamische Überlegungen und empirische Daten. In: Kernberg OF, Dulz B, Sachsse U, Hrsg. Handbuch der Borderline-Störungen. Stuttgart: Schattauer; 2000.

Durett ME, Otaki M, Richards P. Attachment and the mother's perception of support from the father. Int J Behav Dev. 1984;7(2):167–76.

Easterbrooks MA. Quality of attachment to mother and to father: Effects of perinatal risk status. Child Dev. 1989;60:825–30.

Eckert J, Biermann-Ratjen EM, Wuchner M. Die langfristigen Veränderungen der Borderline-Symptomatik bei Patienten nach klientenzentrierter Gruppenpsychotherapie. Psychother Psychosom Med Psychol. 2000;50(3–4):140–46.

Eckert J, Dulz B, Makowski C. Die Behandlung von Borderline-Persönlichkeitsstörungen. Psychotherapeut. 2000;45:271–85.

Eckert J, Papenhausen R, Biermann-Ratjen EM, Wuchner M. Zur differential-diagnostischen Abgrenzung von Borderline- gegenüber schizophrenen und neurotisch-depressiven Patienten. Psychother Psychosom Med Psychol. 1991;41:320–27.

Eczko A. Die Faktoren des Fragebogens zur Selbstbeurteilung von Gefühlen und Beziehungen [Diplomarbeit]. Universität Leipzig; 2003.

Egeland B, Brunnquell D. An at-risk approach to the study of child abuse. J Am Acad Child Adolesc Psychiatry. 1979;18:219–35.

Egeland B, Erickson MF. Rising above the past: Strategies for helping new mothers break the cycle of abuse and neglect. Zero to Three. 1990;11(2):29–35.

Egeland B, Sroufe LA. Attachment and early maltreatment. Child Dev. 1981;52:44–52.

Endres M, Moisl, S. Entwicklung und Trauma. In: Endres M, Biermann G, Hrsg. Traumatisierung in Kindheit und Jugend. München: Ernst Reinhardt Verlag; 1998:11–27.

Ettrich KU, Hofmann R. Borderline-Störung im Kindes- und Jugendalter zwischen Kinder- und Jugendpsychiatrie bzw. Psychotherapie und Jugendhilfe – ein gesellschaftliches und psychodiagnostisches Problem. Z Praxisorientierte Jugendhilfeforsch. 1999; 1:5–10.

Fagot BI, Kavanagh K. The prediction of antesocial behavior from avoidant attachment classifications. Child Dev. 1990;61(3):864–73.

Fagot BI, Kavanagh K. Parenting during the second year: effects of children's age, sex and attachment classification. Child Dev. 1993;64(1):258–71.

Fegert JM. Kindeswohl – Definitionsdomäne der Juristen oder der Psychologen? 13. Deutscher Familiengerichtstag. Brühler Schriften zum Familienrecht. Ansprachen und Referate, Berichte und Ergebnisse der Arbeitskreise. Brühl, Bielefeld: Gieseking; 2000;33–58.

Feldenkrais M. Der Weg zum reifen Selbst. Phänomene menschlichen Verhaltens. Paderborn: Jungfermann; 1994.

Feldman SS, Ingham ME. Attachment behavior: a validation study in two age groups. Child Dev. 1975; 46(2):319–30.

Fend H. Entwicklungspsychologie des Jugendalters, 2. Aufl. Opladen: Leske & Budrich; 2001.

Ferenzci S. Sprachverwirrung zwischen den Erwachsenen mit dem Kind. Die Sprache der Zärtlichkeit und der Leidenschaft. In: Ferenzci S, Hrsg. Bausteine der Psychoanalyse, Bd. 3. Frankfurt/Main: Suhrkamp; 1933.

Festinger L. Theorie der kognitiven Dissonanz. Bern: Huber; 1978.

Hofmann R, Otto R. Fragebogen zur Beurteilung der Betreuungssituation für Mitarbeiter von Jugendämtern und Erzieher/innen von Einrichtungen der Jugendhilfe [unveröffentlichtes Manuskript]. Schwarzenberg: Move; 1997.

Fonagy P. Thinking about thinking: Some clinical and theoretical considerations in the treatment of a borderline patient. Int J Psychoanal. 1991;72:1–18.

Fonagy P. Psychoanalytic and empirical approaches to developmental psychopathology: An object-relations perspective. In: Shapiro T, Emde RN, eds. Research in psychoanalysis: Process, development, outcome. Madison, Connetticut: International University Press; 1996.

Fonagy P. Attachment and theory of mind: Overlapping constructs? Ass for Child Psychol Psychiatry Occasion Papers. 1997;14:31–40.

Fonagy P. Metakognition und Bindungsfähigkeit des Kindes. Psyche. 1998a;52(4):349–68.

Fonagy P. An attachment theory approach to treatment of the difficult patient. Bull Menninger Clinic. 1998b;62(2):147–69.

Fonagy P. Male perpetrators of violence against women: An attachment theory perspective. J Applied Psychoanalytic Studies 1999;1:7–27.

Fonagy P, Higgitt A. A developmental perspective on borderline personality disorder. Rev Int Psychopathol. 1990;1:125–159.

Fonagy P, Leigh T, Steele M, et al. The relation of attachment status, psychiatric classification, and response to psychotherapy. J Consult Clin Psychol. 1996;64, 22–31.

Fonagy P, Steele H, Steele M. Maternal representations of attachment during pregnancy predict the organization of infant-mother attachment at one year of age. Child Dev. 1991;62:891–905.

Fonagy P, Steele M, Steele H, Higgitt A, Target M. The Emmanuel Miller Memorial Lecture 1992. The theory and practice of resilience. J Child Psychol Psychiatry. 1994;35:231–57.

Fonagy P, Steele M, Steele H, et al. Attachment, the reflective self and borderline states: The predictive specifity of the adult attachment interview and pathological emotional development. In: Goldberg S, Muir R, Kerr J, eds. Attachment theory. Social, developmental, and clinical perspectives. Hillsdale, New York: The Analytic Press; 1995.

Fonagy P, Target M. Understanding the violent patient. Int J Psychoanal. 1995;76:487–502.

Fonagy P, Target M, Gergely G. Attachment and borderline personality disorder: A theory and some evidence. Borderline Person Disord. 2000;23(1):103–22.

Fonagy P, Target M, Steele H, Steele M. Reflective-functioning manual. Version 5 [unpublished manuscript]. University of London; 1998.

Fonagy P, Target M, Steele M, Steele H, Leigh T, Levinson A, Kennedy R. Morality, disruptive behavior, borderline personality disorder, crime and their relationship to security of attachment. In: Atkinson L, Zucker KJ, eds. Attachment and psychopathology. New York: Guilford Press; 1997

Franke GH. SCL-90-R – Die Symptom-Checkliste von Derogatis. Deutsche Version. Göttingen: Beltz; 1995.

Fremmer-Bombik E. Innere Arbeitsmodelle von Bindung. In: Spangler G, Zimmermann P, Hrsg. Die Bindungstheorie – Grundlagen, Forschung und Anwendung. Stuttgart: Klett-Cotta; 1995.

Fremmer-Bombik E, Grossmann KE. Über die lebenslange Bedeutung früher Bindungserfahrungen. In: Petzold HG, Hrsg. Frühe Schädigungen – späte Folgen? Psychotherapie und Babyforschung, Band 1. Paderborn: Jungfermann; 1993:83–110.

Fremmer-Bombik E, Rudolph J, Weit B, Schwarz G, Schwarzmeier I. Verkürzte Fassung der Regensburger Auswertungsmethode des Adult Attachment Interviews. Universität Regensburg; 1992.

Freud A. Discussion of Dr. John Bowlby's paper. Psychoanalytic study of the Child. 1960;15:85–112.

Freud A. Das Ich und die Abwehrmechanismen: Nachdruck der Ausgabe von 1936. München: Kindler; 1973.

Freud A. Diskussion von John Bowlbys Arbeit über Trennung und Trauer. In: Die Schriften der Anna Freud, Bd. 6. München: Kindler; 1980.

Frischenschlager O. Über die Stellung kognitiver und affektiver Vorgänge im therapeutischen Prozess. PsychotherapieForum. 1999;7(1):33–41.

Frischenschlager O, Fialka V, Ebenbichler G, et al. Ein integriertes Lehr-, Therapie-, und Forschungsprojekt zur Behandlung von Patienten mit chronischen Schmerzen im Bereich der Wirbelsäule. PsychotherapieForum. 1998;6(4):236–44.

Frodi A, Thompson R. Infant's affective responses in the strange situation: Effects of prematurity and of quality attachment. Child Dev. 1985;56:1280–90.

Fromuth ME. The relationship of childhood sexual abuse with later psychological and sexual adjustment in a sample of college women. Child Abuse Negl. 1986;10:5–15.

Fthenakis WE. Gruppeninterventionsprogramm für Kinder mit getrennt lebenden oder geschiedenen Eltern. TSK – Trennungs- und Scheidungskinder. Weinheim: Beltz; 1995a.

Fthenakis WE. Kindliche Reaktionen auf Trennung und Scheidung. Familiendynamik. 1995b;2(4):127–54.

Fthenakis WE, Hrsg. Engagierte Vaterschaft. Opladen: Leske & Budrich; 1999.

Gardner RA. The parental alienation syndrome. Cresskill, New Jersey: Creative Therapeutics; 1992/1998.

Gardner RA. Recommendations for dealing with parents who induce a parental alienation syndrome in their children. Cresskill, New Jersey: Creative Therapeutics; 1997.

Gardner RA. Das elterliche Entfremdungssyndrom. Berlin: VWB – Verlag für Wissenschaft und Bildung; 2001.

George C, Kaplan N, Main M. The adult attachment interview [unpublished manuscript]. Berkeley: Department of Psychology, University of California; 1985, 1996 (3th ed.). Deutsche Übersetzung: Gloger-Tippelt G, Ullmeyer M, Gomille B. Düsseldorf: Heinrich-Heine-Universität; 1998.

Gloger-Tippelt G, ed. Bindung im Erwachsenenalter. 1. Aufl. Bern: Huber; 2001.

Goldberg S. Risk factors in infant-mother attachment. Can J Psychol. 1988;42:173–88.

Goldberg S. Introduction. In: Goldberg S, Muir R, Kerr J, eds. Attachment theory. Social, developmental, and

clinical perspectives. Hillsdale, New York: The Analytic Press; 1995:1–15.
Goldberg WS, Easterbrooks MA. The role of marital quality in toddler. Dev Psychol. 1984;20:504–14.
Goldberg S, Perrotta M, Minde K, Corter C. Maternal behavior and attachment in low-birth-weight twins and singletons. Child Dev. 1996;57(1):34–46.
Goldsmith HH, Alansky JA. Maternal and infant temperamental predictors of attachment: A meta-analytic review. J Consult Clin Psychol.1987;55,805–16.
Goldstein EG. Borderline disorders. Clinical models and techniques. New York, London: Guilford Press; 1990.
Goldstein NW. The borderline patient: update on the diagnosis, theory, and treatment from psychodynamic perspective. Am J Psychother. 1999;49:317–37.
Göllnitz G. Die Bedeutung der frühkindlichen Hirnschädigung für die Kinderpsychiatrie. Leipzig: Thieme; 1952.
Grau I. Skalen zur Erfassung von Bindungsrepräsentationen in Paarbeziehungen. Z Differentielle Diagnost Psychol. 1999;20(2):142–52.
Grawe K. Psychologische Therapie. Göttingen: Hogrefe; 1998.
Greenwald E, Leitenberg H, Cado S, Tarran MJ. Childhood sexual abuse: Long-term effects on psychological and sexual functioning in a nonclinical and nonstudent sample of adult women. Child Abuse Negl. 1990;14:503–13.
Grossmann K. Kontinuität und Konsequenzen der frühen Bindungsqualität während des Vorschulalters. In: Spangler G, Zimmermann P, Hrsg. Die Bindungstheorie – Grundlagen, Forschung und Anwendung. Stuttgart: Klett-Cotta; 1995.
Grossmann K. Praktische Anwendungen der Bindungstheorie. In: Enders M, Hauser S, Hrsg. Bindungstheorie in der Psychotherapie. München: Ernst Reinhardt Verlag; 2000.
Grossmann KE. Bindungsverhalten und Depression. In: Hell D, Hrsg. Ethologie der Depression. Familientherapeutische Möglichkeiten. Stuttgart, Jena: Fischer; 1993:65–79.
Grossmann KE. Bindung und Bindungsrepräsentation in Theorie und Forschung. Vortrag am 16.6.1999 an der Klinik und Poliklinik für Kinder- und Jugendpsychiatrie, Psychotherapie und Psychosomatik der Universität Leipzig. Leipzig; 1999.
Grossmann KE, August P, Fremmer-Bommbik E, et al. Die Bindungstheorie: Modell und entwicklungspsychologische Forschung. In: Keller H, Hrsg. Handbuch der Kleinkindforschung. Springer: Berlin; 1989.
Grossmann KE, Becker-Stoll F, Grossmann K, et al. Die Bindungstheorie. Modell, entwicklungspsychologische Forschung und Ergebnisse. In: Keller H, Hrsg. Handbuch der Kleinkindforschung. 2. überarbeitete Auflage. Bern: Huber; 1997.
Grossmann KE, Grossmann K. Attachment quality as an organizer of emotional and behavioral reponses in a longitudinal perspective. In: Parkers CM, Stevenson-Hinde J, Marris P, eds. Attachment across the life cycle. London: Tavistock/Routledge; 1991.
Grossmann KE, Grossmann K. Frühkindliche Bindung und Entwicklung individueller Psychodynamik über den Lebenslauf. Familiendynamik. 1995;20(2):171–92.
Grossmann KE, Grossmann K, Huber F, Wartner U. German children's behavior towards their mothers at 12 months and their fathers at 18 months in Ainsworth's strange situation. Int J Behav Dev. 1981;4:157–81.
Grotstein JS. The borderline as a disorder of self-regulation. In: Grotstein JS, Solomon MF, Lang JA, eds. The borderline patient: Emerging concepts in diagnosis, psychodynamics, and treatment. Hillsdale NJ: The Analytic Press: 1987:346–84.
Grotstein JS. Nothingness, meaninglessness, chaos, and the „Black Hole" III – Self- and interactional regulation and the background presence of primary identification. Contemp Psychoanal. 1991;27:1–33.
Guidubaldi J, Cleminshaw HK, Perry JD, McLoughlin C. The impact of parental divorce on children: Report of the nationwide NASP Study. School Psychol Rev. 1983;12:300–23.
Gunderson JG, Kolb JE, Austin V. The diagnostic interview for borderline patients. Am J Psychiatry. 1981; 138:896–903.
Gunnar MR, Brodersen L, Nachmias M, Buss K, Rigatuso J. Stress reactivity and attachment security. Dev Psychobiol. 1996;29(3):191–204.
Häcker H, Stapf KH. Dorsch Psychologisches Wörterbuch. Bern: Huber; 1998.
Harris ES, Weston DR, Lieberman AF. Quality of mother-infant attachment and the pediatric health care use. Pediatrics. 1989;84(2):248–54.
Harris PL, Johnson CN, Hutton C, Andrews G, Cooke T. Young children's theory of mind and emotion. Cognition and Emotion. 1989;3:379–400.
Harris T, Bifulco A. Loss of parent in childhood, attachment style, and depression in adulthood. In: Parkes CM, Stevenson-Hinde J, Marris P, eds. Attachment across the life cycle. London: Tavistock/Routledge; 1991.
Hauser S, Endres M. Therapeutische Implikationen der Bindungstheorie. In: Bremner G, Slater A, Butterworth G, eds. Infant development: Recent advances. Hove: Psychology Press; 1997.
Hauser S, Endres M. Therapeutische Implikationen der Bindungstheorie. In; Hauser S, Endres M. Bindungstheorie in der Psychotherapie. München: Reinhardt; 2000.
Hazan C, Shaver P. Romantic love conceptualized as an attachment process. J Personal Soc Psychol. 1987; 52:511–24.
Herman JL. Trauma and recovery. New York: Basic Books; 1992. (deutsch: Die Narben der Gewalt, 1993).
Herman JL. Die Narben der Gewalt. Traumatische Erfahrungen verstehen und überwinden. München: Kindler; 1993.
Herman JL, Perry JC, van der Kolk BA. Childhood trauma in borderline personality disorder. Am J Psychiatry. 1989;146:490–95.
Hermann U. Das Verfahren „Familie in Tieren". In: Sturzbecher D, Hrsg. Spielbasierte Befragungstechniken. Göttingen: Hogrefe; 2001: 242–259.

Herpertz SC, Kunert HJ, Schwenger UB, Sass H. Affective responsiveness in borderline personality disorder: A psychological approach. Am J Psychiatry. 1999;156(10):1550–56.

Hertsgaard L, Gunnar M, Erickson MF, Nachmias M. Adrenocortical responses to the strange situation in infants with disorganized/disoriented attachment relationships. Child Dev. 1995;66(4):1100–06.

Hetherington EM, Lerner RM, Perlmutter M. Long-term effects of divorce and remarriage on the adjustment of children. J Am Acad Child Adolesc Psychiatry. 1985;24:518–30.

Hinshelwood RD. Wörterbuch der kleinianischen Psychoanalyse. Stuttgart: Verlag Internationale Psychoanalyse; 1993.

Hobson RP. Psychoanalysis and infancy. In: Bremner G, Slater A, Butterworth G, eds. Infant development: Recent advances. Hove: Psychology Press; 1997.

Hofmann R, Otto R. Fragebogen zur Beurteilung der Betreuungssituation für Mitarbeiter von Jugendämtern und Erzieher/innen von Einrichtungen der Jugendhilfe (unveröffentlichtes Manuskript). Schwarzenberg: 1997.

Hörmann G. Von der Gesundheitsaufklärung zur Gesundheitsförderung. In: Seelbach H, Kugler J, Neumann W. Von der Gesundheit zur Krankheit. Bern: Huber; 1997.

Holmes J. John Bowlby und die Bindungstheorie. München: Ernst Reinhardt; 2002.

Howes P, Markman HJ. Marital quality and child functioning: A longitudinal investigation. Child Dev. 1989;60,1044–51.

van Ijzendoorn MH. Adult attachment representations, parental responsiveness, and infant attachment: A meta-analysis on the predictive validity of the adult attachment interview. Psychol Bull. 1995; 117:387–403.

van Ijzendoorn MH, Goldberg S, Kroonenberg PM, Frenkel OJ. The relative effects of maternal and child problems on the quality of attachment: A meta-analysis of attachment in clinical samples. Child Dev. 1992;63:840–58.

van Ijzendoorn MH, Goossens FA, Kroonenberg PM, Tavecchio LWC. Dependent attachment: B-4 children in the strange situation. Psychol Report. 1985;57:439–51.

van Ijzendoorn MH, Kroonenberg PM. Cross-cultural patterns of attachment: a meta-analysis of the strange situation. Child Dev. 1988;59:147–56.

Jacobson SW, Frye KF. Effect of maternal social support on attachment: Experimental evidence. Child Dev. 1991;62, 572–582.

Jopt U. Im Namen des Kindes. Plädoyer für die Abschaffung des alleinigen Sorgerechts. Hamburg: Rasch und Röhrig; 1992.

Jopt U. Ein Zwei-Phasen Modell zu PAS. Vortrag, gehalten anlässlich der Tagung „Kindeswille und Elternverantwortung“ vom 23. – 24. April 1999 an der Katholischen Akademie Trier; Trier; 1999.

Jopt U, Behrend K. Das Parental Alienation Syndrome (PAS) – Ein Zwei-Phasen-Modell. Zentralbl Jugendrecht. 2000;87,223–31 und 258–71.

Jopt U, Zütphen J. Elterliche PASsivität nach Trennung – Zur Bedeutung des betreuenden Elternteils für die PAS-Genese. In: Fabian T, Hrsg. 2. Tage der Rechtspsychologie (Tagungsbericht), Leipzig, 18. – 20.5.2001; Leipzig; 2001.

Kasten C, Schauenburg H. Bindungsstil und Symptombelastung bei Psychotherapiepatienten. Z Klin Psychol Psychiat Psychother. 1999;47:155–71.

Kaye K. The mental an social life of babies. How parents create persons. Univ Chicago Press, Chicago; 1982.

Kelly JB, Johnston JR. The alienated child: A reformulation of parental alienation syndrome. Family Court Rev. 2001;39(3):249–66.

Kernberg OF. Borderline personality organization. J Am Psychoanal Ass. 1967;15:641–85.

Kernberg OF. Borderline-Störungen und pathologischer Narzissmus. Frankfurt/Main: Suhrkamp; 1978.

Kernberg OF. Objektbeziehungen und Praxis der Psychoanalyse. Stuttgart: Klett-Cotta; 1981.

Kernberg OF. Schwere Persönlichkeitsstörungen: Theorie, Diagnose, Behandlungsstrategien. Stuttgart: Klett-Cotta; 1988.

Kernberg OF. Die psychotherapeutische Behandlung von Borderline-Patienten. Psychother Psychosom Med Psychol. 1995;45:73–82.

Kernberg OF. Ein psychoanalytisches Modell der Klassifizierung von Persönlichkeitsstörungen. Psychotherapeut. 1996;41:288–96.

Kernberg OF. Persönlichkeitsentwicklung und Trauma. Persönlichkeitsstörungen. 1999;3(1):5–15.

Kernberg OF, Dulz B, Sachsse U. Handbuch der Borderline-Störungen. Stuttgart: Klett-Cotta; 2000.

Kipp J. Beziehung und Psychose. Stuttgart: Thieme; 1996.

Kißgen R. Bindungsqualität einjähriger motorisch entwicklungsverzögerter Kinder unter Berücksichtigung verschiedener Einflussfaktoren [Dissertation]. Universität zu Köln; 2000.http://www.uni-koeln.de/ediss/kissgen.htm

Kißgen R. Bindungsqualität einjähriger motorisch entwicklungsverzögerter Kinder. Heilpädagogische Forschung, Zeitschrift für Pädagogik und Psychologie bei Behinderten. 2002;3 (Abstract).

Kißgen R. Bewegung und Bindungsorganisation bei Kindern im ersten Lebensjahr. In: Trautmann-Voigt S, Voigt B, Hrsg. Verspieltheit als Entwicklungschance. Gießen: psychosozial; 2003:111–27.

Kluck ML, Westhoff K. Ein Beispiel für entscheidungsorientierte Hypothesenbildung bei gerichtlichen Fragen zur elterlichen Sorge. In: Westhoff K. Entscheidungsorientierte Diagnostik. Bonn: Deutscher Psychologen Verlag; 1992a:28–34.

Kluck ML, Westhoff K. Entwicklung eines Leitfadens für ein entscheidungsorientiertes Gespräch bei gerichtlichen Fragen zur Umgangsregelung. In: Westhoff K. Entscheidungsorientierte Diagnostik. Bonn: Deutscher Psychologen Verlag; 1992b:35–44.

Kobak RR. The Attachment-Q-Sort [unpublished manuscript]. 1993.

Kobak RR, Sceery A. Attachment in late adolescence: Working models, affect regulation, and representations of self and others. Child Dev. 1988;59,135–46.

Kobak RR, Cole HE, Ferenz-Gillies R, Fleming WS, Gamble W. Attachment and emotion regulation during mother-teen problem solving: A control theory analysis. Child Dev. 1993;64,231–45.

Kohlberg L. Zur kognitiven Entwicklung des Kindes. Frankfurt/Main: Suhrkamp; 1974.

Köhler L. Formen und Folgen früher Bindungserfahrungen. Forum der Psychoanalyse. 1992;8(4):263–80.

Köhler L. Zur Anwendung der Bindungstheorie in der psychoanalytischen Praxis. Psyche. 1998;52(4):369–97.

Kohut H. Die Heilung des Selbst. Frankfurt/Main: Suhrkamp; 1977.

van der Kolk BA. Zur Psychologie und Psychobiologie von Kindheitstraumata (Developmental Trauma). In: Streeck-Fischer A, Hrsg. Adoleszenz und Trauma. Göttingen: Vandenhoeck & Ruprecht; 1998.

van der Kolk BA. Das Trauma in der Borderline-Persönlichkeit. Persönlichkeitsstörungen. 1999;1(3):21–9.

Krause MP, Petermann F. Soziale Orientierungen von Eltern behinderter Kinder (SOEBEK). Ein Fragebogen zum Bewältigungsverhalten. Göttingen, Bern, Toronto: Hogrefe; 1997.

Krause R. Eine Taxonomie der Affekte und ihre Anwendung auf das Verständnis der „frühen Störungen". Psychother Med Psychol. 1988;38:77–86.

Krause R, Merten J. Affekte, Beziehungsregulierung, Übertragung und Gegenübertragung. Z Psychosom Med Psychoanal. 1996;42:261–80.

Kroonenberg PM, van Dam M, van Ijzendoorn MH, Mooijart A. Dynamics of behaviour in the strange situation: a structural equation approach. Br J Psychol. 1997;88(2):311–32.

Kuckartz U. WINMAX 97 – Handbuch zum Textanalysesystem MAX für WINDOWS 95. Berlin; 1997.

Kumin I. Pre-object relatedness. Early attachment and the psychoanalytic situation. New York: Guilford Press; 1996.

Künneth A. Das Parental Alienation Syndrome. Einflussfaktoren der zwischenmenschlichen Beziehungen unter sozialpsychologischen Aspekten [Magisterarbeit im Lehrgebiet Psychologie sozialer Prozesse]. Fernuniversität Hagen; 2002.

Leichsenring F. Borderlinestile. Denken, Fühlen, Abwehr und Objektbeziehungen von Borderlinepatienten. Bern: Huber; 1996.

Leitner WG. Evaluation psychologischer Entscheidungshilfen für Familiengerichte. In: Evangelische Akademie Bad Boll, Hrsg. Psychologie im Familienrecht. Bilanz und Neuorientierung. Bad Boll: Evangelische Akademie; 1998;152–65.

Leitner WG. Interventionsgeleitete Einzelfallhilfe. Theorie und Forschung Psychologie. Regensburg: Roderer ;1999a.

Leitner WG. Intervention-guided single case-help and parental alienation syndrome (PAS). Differential diagnosis and treatment approaches. In: Sebre S, Rascevska M, Miezite S. Identity and self-esteem. Interactions of students, teachers, family and society. Riga: SIA;1999b:253–60.

Leitner WG. Psychological expert assessments for family court decisions in Germany. In: Sebre S, Rascevska M, Miezite S. Identity and self-esteem. Interactions of students, teachers, family and society. Riga: SIA; 1999c:261–73.

Leitner WG. Kindliche Lebenswelten unter besonderer Berücksichtigung der Situation von Scheidungswaisen im familiären und schulischen Kontext. In: Seibert N. Perspektive Schulpädagogik. Kindliche Lebenswelten. Eine mehrperspektivische Annäherung. Bad Heilbrunn: Klinkhardt; 1999d:127–56.

Leitner WG. Zur Mängelerkennung in familienpsychologischen Gutachten. Familie und Recht. Zeitschrift für die anwaltliche und gerichtliche Praxis. 2000;2:57–63.

Leitner WG. Lern- und Verhaltensstörungen bei Kindern im Trennungs- und Scheidungskonflikt bei „Parental Alienation Syndrom (PAS)" unterschiedlicher Ausprägung. In: Rolus-Borgward S, Tänzer U, Wittrock M, Hrsg. Beeinträchtigung des Lernens und/oder des Verhaltens – Unterschiedliche Ausdrucksformen für ein gemeinsames Problem. Oldenburg: DiZ; 2000:107–16.

Leitner WG, Linsler J. Elternverlust – unabdingbares oder vermeidbares Kinderunglück nach Trennung oder Scheidung? Z Familienforschung, Familie und Familienprobleme im Wandel 1994;1(6):315–22.

Leitner WG, Schoeler R. Maßnahmen und Empfehlungen für das Umgangsverfahren im Blickfeld einer Differentialdiagnose bei Parental Alienation Syndrome (PAS) unterschiedlicher Ausprägung in Anlehnung an Gardner (1992/1997). Der Amtsvormund (DAVorm). Monatsschrift des Deutschen Instituts für Vormundschaftswesen. 1998;11/12(71):849–68.

Lemieux SR. The relationship between child sexual abuse, adult attachment and adult adjustment [unpublished thesis]. University of New Brunswick; 1998.

Lempa G. Psychotherapie der Psychosen: Der psychoanalytische Ansatz. In: Urban M. Psychotherapie der Psychosen. Lengerich: Pabst; 2000;42–51.

Lempp R. Frühkindliche Hirnschädigung und Neurose. Bern, Stuttgart: Huber; 1964.

Lempp R. Die Rechtsstellung des Kindes aus geschiedener Ehe aus kinder- und jugendpsychiatrischer Sicht. Neue Jur Wschr. 1972;25(8):315–19.

Lempp R. Die Bindungen des Kindes und ihre Bedeutung für das Wohl des Kindes gemäß § 1671 BGB. Zeitschrift für das gesamte Familienrecht. 1984; 31:741–44.

Leschke J. Bindungsrepräsentationen drogenabhäniger junger Erwachsener [Diplomarbeit]. Universität Leipzig; 2003.

Levine LV, Tuber SB, Slade A, Ward MJ. Mothers' mental representations and their relationship to mother-infant attachment. Bull Menninger Clin. 1991; 55(4):454–69.

Levinson A, Fonagy P. Criminality and attachment: The relationship between interpersonal awareness and offending in a prison population. 1997 (manuscript submitted for publication).

Lewis M, Owen MT, Cox MJ. The transition to parenthood: III. Incorporation of the child into the family. Family Process. 1988; 27,411–21.

Lichtenberg JD. Some analogies between findings in infant research and clinical observations of adults, particularly patients with borderline and narcissistic personality disorders. In: Grotstein JS, Solomon FM, Lang JA, eds. The borderline patient. Hillsdale, New Jersey: The Analytic Press; 1987. (deutsch: Einige Parallelen zwischen den Ergebnissen der Säuglingsbeobachtung und klinischen Beobachtungen an Erwachsenen, besonders Borderline-Patienten und Patienten mit narzisstischer Persönlichkeitsstörung. Psyche. 1990;44:871–901).

Lichtenberg JD. Self and motivational systems. Hillsdale, New York: The Analytic Press; 1989.

Lichtenberg JD. Psychoanalyse und Säuglingsforschung. Berlin, Heidelberg: Springer; 1992a.

Lichtenberg JD. Haß im Verständnis der Selbstpsychologie. Ein motivationssystemischer Ansatz. In: Schöttler C, Kutter P, Hrsg. Sexualität und Aggression aus der Sicht der Selbstpsychologie. Frankfurt/Main: Suhrkamp; 1992b;48–76.

Lichtenberg JD. Das Selbst und die motivationalen Systeme. Frankfurt/Main: Brandes & Apsel; 2000.

Lieberman FA., Pawl J.H. Disorders of attachment and secure base behavior in the second year of life: Conceptual issues and clinical intervention. In: Greenberg MT, Cicchetti D, Cummings EM, eds. Attachment in the preschool years. Chicago: The University of Chicago Press; 1990. 375–98.

Lieberz K, Spies M, Schepank H. Seelische Störungen. Stabile Gesundheit und chronische Erkrankungen in der Allgemeinbevölkerung im 10-Jahres-Verlauf. Nervenarzt. 1998;69(9):769–75.

Lienert GA. Testaufbau und Testanalyse. Berlin, München, Weinheim: Beltz; 1969/1998.

Linehan MM. Cognitive-behavioral treatment of borderline personality disorder. New York: Guilford Press; 1993.

Linehan MM. Dialektisch-behaviorale Therapie der Borderline-Persönlichkeitsstörungen. Ein Manual. München: CIP Medien Verlag; 1996.

Liotti G. Disorganized/disoriented attachment in psychotherapy of the dissociative disorders. In: Goldberg S, Muir R, Kerr J, eds. Attachment theory. Social, developmental, and clinical perspectives. Hillsdale, New York; The Analytic Press; 1995.

Liotti G. Der desorganisierte Bindungsstil als Risikofaktor bei der Entwicklung der Borderline-Persönlichkeitsstörung. In: Röper G, v. Hagen C, Noam G, Hrsg. Entwicklung und Risiko. Perspektiven einer klinischen Entwicklungspsychologie. Stuttgart: Kohlhammer; 2001.

Lord C, Rutter M, Le Couteur A. Autism diagnostic interview-revised: A revised version of a diagnostic interview for caregivers of individuals with possible pervasive developmental disorders. J Autism Dev Disord. 1994;24:659–85.

Lorenz KZ. Der Kumpan in der Umwelt des Vogels. Zeitschrift für Ornithologie. 1935;83:137–213,289–413.

Lütkenhaus P, Grossmann KE, Grossmann K. Infant-mother-attachment at twelve months and style of interactions with a stranger at the age of three years. Child Dev. 1985; 56:1538–42.

Maercker A. Therapie der posttraumatischen Belastungsstörungen. Berlin: Springer; 1997.

Mahler MS. A study of the separation-individuation process, and its possible application to borderline phenomena in the psychoanalytic situation. Psychoanal Study Child. 1971;26:403–25.

Mahler MS. Die Bedeutung des Lösungs- und Individuationsprozesses für die Beurteilung von Borderline-Phänomenen. Psyche. 1975;29:1078–95.

Mahler MS, Kaplan L. Developmental aspects in the assessment of narcissistic and socalled borderline personalities. In: Hartocollis P, ed. Borderline personality disorders. New York: International University Press; 1977:71–95.

Main M. Sicherheit und Wissen. In: Grossmann KE, Hrsg. Entwicklung der Lernfähigkeit in der sozialen Umwelt. München: Kindler; 1977.

Main M. Metacognitive knowledge, metacognitive monitoring, and singular (coherent) vs. multiple (incoherent) model of attachment: findings and directions for future research. In: Parkes CM, Stevenson-Hinde J, Harris P, eds. Attachment across the life cycle. London: Tavistock/Routledge; 1991.

Main M. Introduction to the special section on attachment and psychopathology: 2. Overview of the field of attachment. J Consult Clin Psychol. 1996; 64(2):237–43.

Main M. Aktuelle Studien zur Bindung. In: Gloger-Tippelt G, Hrsg. Bindung im Erwachsenenalter. 1. Aufl. Bern: Huber; 2001.

Main M, Cassidy J. Categories of response to reunion with the parent at age six: Predictable from infant attachment classification and stable over a one-month period. Dev Psychol. 1988;24:415–26.

Main M, Goldwyn R. Adult attachment classification rating systems [unpublished manuscript]. Berkeley: University of California; 1985–1993.

Main M, Goldwyn R. Adult attachment scoring and classification systems. Manual in draft: Version 6.0. London: University College; 1994.

Main M, Hesse E. Parents' unresolved traumatic experiences are related to infant disorganized attachment status: Is frightened and/or frightening parental behavior the linking mechanism? In: Greenberg MT, Cicchetti D, Cummings EM, eds. Attachment in the preschool years: Theory, research and intervention. Chicago: University of Chicago Press; 1990:161–84.

Main M, Kaplan N, Cassidy J. Security in infancy, childhood, and adulthood: A move to the level of representation. In: Bretherton I, Waters E, eds. Growing points of attachment theory and research. Monographs of the Society for Research in Child Dev. 1985;50(1–2, Serial No. 209):66–106.

Main M, Solomon J. Discovery of an insecure disorganized/disoriented attachment pattern: Procedures, findings and implications for the classification of behavior. In: Brazelton TB, Yogman M, eds. Affective development in infancy. Norwood, New Jersey: Ablex; 1986:95–124.

Main M, Solomon J. Procedures for identifying infants as disorganized/disoriented during the Ainsworth strange situation. In: Greenberg MT, Cicchetti D, Cummings EM, eds. Attachment in the preschool years. Theory, research and intervention. Chicago: The University of Chicago Press:1990:121–60.

Mallinckrodt B, Gantt D, Coble H. Attachment patterns in the psychotherapy relationship: Development of the client attachment to therapist scale. J Counsell Psychol. 1995;42:207–317.

Mangelsdorf SC, Plunkett JW, Dedrick CF, et al. Attachment security in very low birth weight infants. Dev Psychol. 1996;32:914–20.

Marcus R. Parent/child reunion inventory. Maryland 20742: Inst. for Child Study/Dept. of Human Development, Univ. of Maryland, College Park; 1997.

Mayring P. Einführung in die qualitative Sozialforschung. Weinheim: Beltz; 1996.

McDevitt J. The emergence of hostile aggression and its defensive and adaptive modifications during the separation-individuation process. In: Blum H, ed. Defense and resistance. Historical perspectives and current concepts. New York: International University Press; 1985.

McGlashan TH. The Chestnut Lodge Follow-up Study III. Long-term outcome of borderline personalities. Archs Gen Psychiatry. 1986;43:20–30.

Meares R. Transference and the playspace. Contemp Psychoanal. 1992;28:32–49.

Meares R, Lichtenberg JD. The form of play in the shape and unity of self. Contemp Psychoanal. 1995;31:47–64.

Meier-Koll A, Pohl P, Schaff C, Stankiewitz C. One chronobiological aspect of stereotyped behavior. Arch Psychiat Nervenkrankh. 1978;225(2):179–91.

Mentzos S. Psychose und Konflikt. Zur Theorie und Praxis der analytischen Psychotherapie psychotischer Störungen. Göttingen: Vandenhoeck & Ruprecht; 1992.

Milch W. Psychotherapy in severely disturbed psychosomatic patients with hypertension. Psychoanalytic Inquiry. 1998;18:445–68.

Minde K. Bindung und emotionale Probleme bei Kleinkindern: Diagnose und Therapie. In: Spangler G, Zimmermann P, Hrsg. Die Bindungstheorie. Stuttgart: Klett-Cotta; 1995.

Modestin J, Toffler G. Borderline-Pathologie bei hospitalisierten Persönlichkeitsstörungen. Nervenarzt. 1985;56:673–81.

Moll-Strobel H. Pädagogische Handlungsperspektiven und schulische sowie unterrichtliche Interventionsmöglichkeiten. In: Bäuerle S, Moll-Strobel H, Hrsg. Eltern sägen ihr Kind entzwei: Trennungserfahrungen und Entfremdung von einem Elternteil. Donauwörth: Auer Verlag; 2001;116–24.

Montada L. Moralische Entwicklung und moralische Sozialisation. In: Oerter R, Montada L. Entwicklungspsychologie. Ein Lehrbuch. München: Psychologie Verlags Union; 1998:862–94.

Mowrer OH. Learning theory and behaviour. New York: Wiley; 1960.

Müller M. Das „Lust-und-Laune"-Phänomen bei Schulkindern – Epiphänomen oder Störungsbild? [Dissertation]. Universität Köln; 2000.

Mullen PE, Martin JL, Anderson JC, Romans SE, Herbison GP. Childhood sexual abuse and mental health in adult life. Br J Psychiatry. 1993;163:721–32.

Mullen PE, Martin JL, Anderson JC, Romans SE, Herbison GP. The effect of child sexual abuse on social, interpersonal and sexual functioning in adult life. Br J Psychiatry. 1994;165:35–47.

Murphy SM, Kilpatrick DG, Amick-McMullan A. Current psychological functioning of child sexual assault survivors. A community study. J Interpersonal Violence. 1988;3(1):55–79.

Mussen PH, Conger JJ, Kagan J. Lehrbuch der Kinderpsychologie. Stuttgart: Klett-Cotta: 1981.

Nachmias M, Gunnar M, Mangelsdorf S, Parritz RH, Buss K. Behavioural inhibition and stress reactivity: the moderation role of attachment security. Child Dev. 1996;67(2):508–22.

Napp-Peters A. Familien nach der Scheidung. München: Verlag Antje Kunstmann; 1995.

Newson J. An intersubjective approach to the systematic description of mother-infant interaction. Studies in mother-infant interaction. In: Schafer H, ed. London: Academic Press; 1977.

Nickel H, Schenk M, Ungelenk B. Fragebogen zur Erfassung elterlicher Erziehungsziele. München: Reinhardt; 1978.

Nickel H, Ungelenk B, Hrsg. Untersuchungen zum Erzieher- und Elternverhalten und zum Sozialverhalten von Kindern aus Eltern-Initiativ-Gruppen und Kindergärten. Band I – V. Düsseldorf: Heinrich-Heine-Universität;1980.

Niederhofer H. Auswirkungen von Streß in der Schwangerschaft auf intrauterine Bewegungen und frühkindliches Verhalten [Diplomarbeit]. Universität Wien; 1994.

Niederhofer H. Einfluss von Stress in der Schwangerschaft auf frühkindliches Temperament und seine Objektivierung anhand der Beobachtung intrauteriner Fetalaktivitäten. J Prenat Perinat Psychol Med.1999;11(1):107–16.

Oerter R. Kindheit. In: Oerter R, Montada L. Entwicklungspsychologie. Ein Lehrbuch. München: Psychologie Verlags Union; 1998:249–309.

Oerter R, Dreher E. Jugendalter. In: Oerter R, Montada L. Entwicklungspsychologie. Ein Lehrbuch. München: Psychologie Verlags Union; 1998:310–95.

Owen MT, Cox, MJ. Marital conflict and the development of infant-parent attachment relationships. J Fam Psychol. 1997;11:152–64.

Owen MT, Easterbrooks MA, Chase-Lansdale L, Goldberg WA. The relation between mother employment status and the stability of attachments to mother and to father. Child Dev. 1984;55(5):1894–1901.

Parens H. A view of the development of hostility in early life. In: Shapiro T, Emde R, eds. Affect. Psychoanalytic perspectives. Madison: International University Press; 1992;75–108.

Parens H. Neuformulierungen der psychoanalytischen Aggressionstheorie und Folgerungen für die klinische Situation. Forum Psychoanal. 1993;9:107–21.

Patrick M, Hobson RP, Castle D, Howard R, Maugham B. Personality disorder and the mental representation of early social experience. Dev Psychopathol. 1994;6:375–88.

Phillips JA. Attachment and exploration of developmentally delayed infants as related to maternal and infant variables [Dissertation]. Fresno, USA: California School of Professional Psychology; 1982.
Piaget J. The construction of reality in the child. New York: Basic Books; 1954.
Piaget J. Das Erwachen der Intelligenz beim Kinde. Stuttgart: Klett-Cotta; 1975.
Piaget J. Das moralische Urteil beim Kinde. Zürich: Rascher; 1995.
Pilkonis PA. Personality prototypes among depressives: Themes of dependency and autonomy. J Personal Disord. 1988;2:144–52.
Plassmann R. Organwelten: Grundriss einer analytischen Körperpsychologie. Psyche. 1993;47(3):261–82.
Plunkett JW, Meisels SJ, Stiefel GS, Pasick PL, Roloff DW. Patterns of attachment among preterm infants of varying biological risk. J Am Acad Child Adolesc Psychiatry. 1986;25:794–800.
Prechtl HFR, Sival DA, Visser GHA. The relationship between the quality of prenatal movements in pregnancies complicated by intra-uterine growth retardation and premature rupture of the membranes. Early Hum Dev. 1992;30(3):193–209.
Pschyrembel. Klinisches Wörterbuch. Berlin, New York: Walter de Gruyter; 1990/1998.
Quinton D, Rutter M, Liddle C. Institutional rearing, parenting difficulties and marital support. Psychol Med. 1984;14:107–24.
Reddemann L, Sachsse U. Imaginative Psychotherapieverfahren zur Behandlung in der Kindheit traumatisierter Patientinnen und Patienten. Psychotherapeut. 1996;41:169–74.
Reddemann L, Sachsse U. Traumazentrierte Psychotherapie I: Stabilisierung. Persönlichkeitsstörungen. 1997;1(3):113–47.
Remschmidt H, Schmidt MH. Multiaxiales Klassifikationssystem für psychische Störungen des Kindes- und Jugendalters nach ICD-10 der WHO. Bern: Huber; 1996.
Ricks MH. The social transmission of parental behavior: Attachment across generations. In: Bretherton I, Waters E, eds. Growing points of attachment theory and research. Monographs of the Society for Research in Child Development. 1985;50(1–2, Serial No. 209):211–227.
Rinsley DB. Dynamic and developmental issues in borderline and related spectrum disorders. Psychiatr Clin North Am. 1981;4:117–32.
Rogers CR. A theory of therapy, personality and interpersonal relationship as developed in client-centered framework. In: Koch S, ed. Psychology. A study of science, vol. III. New York: McGraw-Hill; 1959:184–56.
Rogers SJ, Ozonoff S, Maslin-Cole C. Developmental aspects of attachment behavior in young children with pervasive developmental disorders. J Am Acad Child Adolesc Psychiatry. 1993;32(6):1274–82.
Rohde-Dachser C. Das Borderline-Syndrom. Bern: Huber; 1995.
Romans SE, Martin JL, Anderson JC, Herbison GP, Mullen PE. Sexual abuse in childhood and deliberate self-harm. Am J Psychiatry. 1995;152(9):1336–42.
Sachsse U. Die Psychodynamik der Borderlinepersönlichkeitsstörung als Traumafolge. Ein Entwurf. Forum Psychoanal. 1995;11:50–61.
Saß H, Wittchen HU, Zaudig M, eds. Diagnostisches und statistisches Manual psychischer Störungen, DSM-IV. Übersetzt nach der vierten Auflage des Diagnostic and Statistical Manual of Mental Disorders der American Psychiatric Association. Göttingen, Bern, Toronto: Hogrefe; 1996.
Saunders BE, Villeponteaux LA, Lipovsky JA, Kilpatrick DG, Veronen LJ. Child sexual assault as a risk factor for mental disorders among women. A community survey. J Interpersonal Violence. 1992;7(2):189–204.
Saupp M. Bindungstheoretische Betrachtung des „Lust- und-Laune"-Phänomens [Diplomarbeit]. Universität Köln; 2000.
Scheidt CE, Waller E. Bindungsrepräsentation, Affektregulation und psychophysiologische Reaktionsbereitschaft – Anmerkungen zur Bedeutung neuerer Ergebnisse der Bindungsforschung für die Psychosomatik. Z Psychosom Med Psychother. 1999; 45(4):313–32.
Scheidt CE, Waller E. Bindungsrepräsentationen als psychobiologische Regulatoren? Ein bindungstheoretischer Ansatz psychosomatischer Forschung am Beispiel des spasmodischen Torticollis. 19. Werkstatt empirische Forschung in der Psychoanalyse. Universität Ulm; 1996.
Schildbach B. Einflüsse mütterlicher Unterstützung auf das Leistungsverhalten bei 3- bis 7-jährigen Kindern [Dissertation]. Universität Regensburg; 1992.
Schleiffer R. Elternverluste. Eine explorative Datenanalyse zur Klinik und Familiendynamik. Berlin, Heidelberg, New York; Springer; 1988.
Schleiffer R. Das Scheidungskind als kollusives Partnersubstitut. Psychother Psychosom Med Psychol. 1994;44:193–9.
Schleiffer R. Bindung als integrierende Kraft in der kindlichen Entwicklung. Zur Relevanz der Bindungsforschung für die Frühförderung. In: Beiträge zur Frühförderung interdisziplinär, Band 4. München: Reinhardt; 1998:59–68.
Schleiffer R. Desorganisierte Bindung als gemeinsamer Risikofaktor für Dissozialität und Lernbehinderung. In: Rolus-Borgward S, Tänzer U, Wittrock M, Hrsg. Beeinträchtigung des Lernens und/oder des Verhaltens – Unterschiedliche Ausdrucksformen für eine gemeinsames Problem. Oldenburg: DiZ; 2000;95–105.
Schmideberg M. The treatment of psychopaths and borderline patients. Am J Psychother. 1947;1:45–70.
Schmideberg M. The borderline patient. In: Arieti S, ed. The American handbook of psychiatry. New York: Basic Books; 1967;398–418.
Schmidt S, Strauß B. Die Bindungstheorie und ihre Relevanz für die Psychotherapie. Teil 1. Grundlagen und Methoden der Bindungsforschung. Psychotherapeut. 1996;41:139–50.
Schmidt-Lack C. Aggressives und gewaltbereites Verhalten kleiner Kinder – Erklärungsansätze mit bin-

dungstheorethischem Hintergrund. Gießen: Köhler; 2000.
Schneewind KA. Erziehung und Sozialisation in der Familie. In: Schneewind KA. Psychologie der Erziehung und Sozialisation. Göttingen: Hogrefe; 1994:435–64.
Schneewind KA. Familienentwicklung. In: Oerter R, Montada L. Entwicklungspsychologie. Ein Lehrbuch. München: Psychologie Verlags Union; 1998:128–66.
Schneewind KA, Vierzigmann G, Backmund V. Scheidung. In: Oerter R, Montada L. Entwicklungspsychologie. Ein Lehrbuch. München: Psychologie Verlags Union; 1998:1101–9.
Schore AN. Affect regulation and the origin of the self. Hillsdale, New York: Lawrence Erlbaum; 1994.
Schubö W, Uehlinger HM, Perleth Ch, Schröger E, Sierwald W. SPSS- Handbuch der Programmversionen 4.0. und SPSS-X 3.0. Stuttgart: Gustav Fischer; 1991.
Schur M. Discussion of Dr. John Bowlby's paper. Psychoanalytic study of the Child. 1960;15:63–84.
Sedney MA, Brooks B. Factors associated with a history of childhood sexual experience in a nonclinical female population. J Am Acad Child Adolesc Psychiatry. 1984;23(3):215–18.
Seligman MEP. Erlernte Hilflosigkeit. München: Urban & Schwarzenberg; 1979.
Shapiro T, Sherman M, Calamari G, Koch D. Attachment in autism and other developmental disorders. J Am Acad Child Adolesct Psychiatry. 1987;26:480–84.
Simons G. Der Verfahrenspfleger – ein „Anwalt des Kindes" in Verfahren der Familien- und Vormundschaftsgerichte. PÄD Forum. 2000;April:150–55.
Skinner BF. Die Funktion der Verstärkung in der Verhaltenswissenschaft. München: Kindler; 1969/1974.
Smith PB, Pederson DR. Maternal sensitivity and patterns of infant-mother attachment. Child Dev. 1988;59(4):1097–1101.
Spangler G. Die Rolle der kindlichen Verhaltensdispositionen für die Bindungsentwicklung. In: Spangler G, Zimmermann P, Hrsg. Die Bindungstheorie – Grundlagen, Forschung und Anwendung. Stuttgart: Klett-Cotta; 1995.
Spangler G, Schieche M. Psychobiologie der Bindung. In: Spangler G, Zimmermann P, Hrsg. Die Bindungstheorie – Grundlagen, Forschung und Anwendung. Stuttgart: Klett-Cotta; 1995.
Spangler G, Zimmermann P, Hrsg. Die Bindungstheorie. Stuttgart: Klett- Cotta; 1995 (3. Aufl. 1999).
Spangler G, Zimmermann P. Bindung und Anpassung im Lebenslauf; Erklärungsansätze und empirische Grundlagen für Entwicklungsprognosen. In: Oerter R, Röper G, von Hagen C, Noam G. Lehrbuch der klinischen Entwicklungspsychologie. Weinheim: Psychologie Verlags Union; 1999.
Sperling E, Massing A, Georgi H, Reich G, Wöbbe-Mönks E. Die Mehrgenerationen-Familientherapie. Göttingen: Vandenhoeck & Ruprecht; 1982.
Sperling MB, Sharp JL, Fisher P. On the nature of attachment in a borderline population: A preliminary investigation. Psychol Reports 1991;68:543–46.
Spieker SJ. Patterns of very insecure attachment in samples of high-risk infants and toddlers. Topics in early childhood special education. 1988;6:37–53.
Spitz RA. Hospitalism: an inquiry into the genesis of psychiatric conditions in early childhood. The Psychoanalytic Study of the Child. 1945;1:53–74.
Spitz RA. Hospitalism: A follow-up report. The Psychoanalytic Study of the Child. 1946;2:113–17.
Spitz RA. Discussion of Dr. John Bowlby's paper. The Psychoanalytic Study of the Child. 1960;15:85–94,113–117.
Sroufe LA. Attachment classification from the perspective of infant-caregiver relationships and infant temperament. Child Dev. 1985;56(1):1–14.
von Staabs G. Scenotest. Bern: Huber; 1992
Stahlecker JE. Attachment relationships between mothers and their neurologically impaired or developmentally delayed infants: The inter-relationship of maternal adaptedness, degree of child impairment and quality of attachment [Dissertation]. Berkeley, USA: University of California; 1983.
Stahlecker JE, Cohen MC. Application of the strange situation attachment paradigm to a neurologically impaired population. Child Dev. 1985;56(2):502–7.
Stalker CA, Davies F. Attachment organization and adaptation in sexually abused women. Can J Psychiatry. 1995;40:234–40.
Stern DN. The interpersonal world of the infant. New York: Basic Books; 1985. (deutsch: Die Lebenserfahrung des Säuglings. Stuttgart: Klett-Cotta; 1992).
Stolorow RD, Brandchaft B, Atwood G. Psychoanalytic treatment: an intersubjective approach. Hillsdale New Jersey: The Analytic Press;1987. (deutsch: Psychoanalytische Behandlung. Frankfurt: Fischer Verlag; 1996).
Stone MH. The course of borderline personality disorder. In: Tasman A, Hales RE, Frances AJ, eds. Review of psychiatry. Washington DC: American Psychiatric Press; 1989.
Stone MH. Entwickeln sich die Borderline-Störungen zum Massenphänomen? Übersicht über epidemiologische Daten und Hypothesen. In: Kernberg OF, Dulz B, Sachsse U, Hrsg. Handbuch der Borderline-Störungen. Stuttgart: Schattauer; 2000.
Stone NW, Chesney BH. Attachment behaviors in handicapped infants. Mental Retardation. 1978;16:8–12.
Stone MH, Hurt SW, Stone DK. The PI 500: Long-term follow-up of borderline inpatients meeting DSM-III criteria: I. Global outcome. J Personal Disord. 1987;1:291–8.
Strauß B. Bindungsmuster und Therapieindikation. In: Parfy E, Redtenbacher H, Sigmund R, Schoberberger R, Butschek C, Hrsg. Bindung und Interaktion. Wien: Facultas; 2000.
Strauß B, Eckert J. Prognostische Bedeutung von Bindungscharakteristika bei Erwachsenen für den Behandlungserfolg nach stationärer Gruppenpsychotherapie. Eine multizentrische Studie. Antrag auf Gewährung einer Sachbeihilfe an die Deutsche Forschungsgemeinschaft. Jena, Hamburg; 1997, rev. Fassung 1998.
Strauß B, Lobo-Drost A. Erwachsenen-Bindungsprototypen-Rating (BPR). Eine Methode zur Erfassung der Bindungsqualitäten im Erwachsenenalter basierend auf dem Adult Attachment Prototype Rating von Pilkonis. Version 1.0. Jena, Hamburg; 1999.

Strauß B, Schmidt S. Die Bindungstheorie und ihre Relevanz für die Psychotherapie. Teil 2. Mögliche Implikationen der Bindungstheorie für die Psychotherapie und Psychosomatik. Psychotherapeut. 1997; 4:1–16.

Suess GJ, Grossmann KE, Sroufe LA. Effects of infant attachment to mother and father on quality of adaption in preschool: From dyadic to individual organisations of self. Int J Behav Dev. 1992;15:43–65.

Suess GJ, Zimmermann P. Anwendung der Bindungstheorie und Entwicklungspathologie: Eine neue Sichtweise für Entwicklung und (Problem-)Abweichung. In: Suess GJ, Scheuerer-Englisch H, Pfeifer WP, Hrsg. Bindungstheorie und Familiendynamik. Gießen: Psychosozial-Verlag; 2001.

Szainberg NM. Mobius syndrome: alternatives in affective communication. Dev Med Child Neurol. 1994;36(5):459–62.

Teegen F. Sexueller Missbrauch von Jungen und Mädchen: Psychodynamik und Bewältigungsstrategien. In: Gegenfurter M, Keukens W, Hrsg. Sexueller Missbrauch an Kindern und Jugendlichen. Diagnostik – Krisenintervention – Therapie. Essen: Westarp Wissenschaften;1992:11–25.

Teti D, Gelfand D, Messinger D, Isabella R. Maternal depression and the quality of early attachment. Dev Psychol. 1995;31,364–76.

Thomas A, Chess S, Birch HG. Temperament and behavior disorders in children. New York: University Press; 1968.

Tracy RL, Ainsworth MD. Maternal affectionate behavior and infant-mother attachment patterns. Child Dev. 1981;52(4):1341–43.

Ullmann C. Lempps Meinungswandel zum Umgangsrecht. Z Kinder- und Jugendpsychiatrie. 1985;14: 88–94.

Urban M. Betreutes Wohnen als Lebensrahmen für die ambulante Rehabilitation psychisch kranker Menschen. In: Schmidt-Ohlemann M, Zippel C, Blumenthal W, Fichtner HJ. Ambulante wohnortnahe Rehabilitation – Konzepte für Gegenwart und Zukunft. Interdisziplinäre Schriften, Bd. 7. Ulm: Universitäts-Verlag; 1998:277–82.

Urban MM. Psychotherapie der Psychosen. Konzentrische Annäherungen an den Weg der Heilung. Lengerich: Pabst; 2000;42–51.

Urbanski B. Theoretische Betrachtung der Selbstkonzeptforschung im Hinblick auf das „Lust-und-Laune"-Phänomen [Diplomarbeit] Universität Köln; 1999.

Valenzuela M. Attachment in chronically underweight young children. Child Dev. 1990;61(6):1984–96.

Vaughn B, Egeland B, Sroufe LA, Waters E. Individual differences in infant-mother attachment at twelve and eighteen months: stability and change in families under stress. Child Dev. 1979;50(4):971–75.

Vaughn BE, Goldberg S, Atkinson L, Marcovitch S, MacGregor D, Seifer R. Quality of mother-toddler attachment in children with Down syndrome: limits to interpretation of strange situation behaviour. Child Dev. 1994;65(1):95–108.

Vaughn BE, Gove FL, Egeland B. The relationship between out-of-home care and the quality of infant-mother attachment in an economically disadvantaged population. Child Dev. 1980;51(4):1203–14.

Vaughn BE, Lefever GB, Seifer R, Barglow P. Attachment behavior, attachment security, and temperament during infancy. Child Dev. 1989;60(3):728–37.

Wallerstein JS, Kelly JB. Surviving the breakup: How children and parents cope with divorce. New York: Basic Books; 1980.

Ward P, Campbell-Harvey J. Familienkriege – die Entfremdung von Kindern. Zentralbl Jugendrecht. 1998;85(6):237–45.

Warshak RA. Current controversies regarding parental alienation syndrome. Am J Forens Psychol. 2001; 19(3):29–59.

Wartner UG, Grossmann K, Fremmer-Bombik E, Suess G. Attachment patterns at age six in South Germany: predictability from infancy and implications for preeschool behavior. Child Dev. 1994;65:1014–27.

Weber C, Zitelmann M. Standards für VerfahrenspflegerInnen. Neuwied: Luchterhand; 1998.

Weinfield NS, Sroufe LA, Egeland B. Attachment from infancy to early adulthood in a high-risk sample: Continuty, discontinuity and their correlates. Child Dev (in prep.)

Wensauer M, Grossmann KE. Bindungstheoretische Grundlagen subjektiver Lebenszufriedenheit und individueller Zukunftsorientierung im höheren Erwachsenenalter. Z Gerontol Geriat. 1998;31:362–370.

Werner EE, Smith RS. Overcoming the odds: High risk children from birth to adulthood. New York: Cornell University Press; 1992.

Westhoff K. Möglichkeiten zur Verbesserung psychologischer Gutachten im Familienrecht. In: Evangelische Akademie Bad Boll, Hrsg. Psychologie im Familienrecht. Bilanz und Neuorientierung. Bad Boll: Evangelische Akademie; 1998:68–79.

Wille DE. Relation of preterm birth with quality of infant-mother attachment at one year. Infant Behav Dev. 1991;14:227–40.

Willutzki S. Eröffnungsansprache des Vorsitzenden des Deutschen Familiengerichtstages. 13. Deutscher Familiengerichtstag. Brühler Schriften zum Familienrecht. Ansprachen und Referate, Berichte und Ergebnisse der Arbeitskreise. Brühl, Bielefeld: Gieseking; 2000;1–10.

Winkler S. Einzelfallanalyse eines 13-jährigen Schülers zum „Lust-und-Laune"-Phänomen [Diplomarbeit]. Universität Köln; 1998.

Winnicott DW. The maturational processes and the facilitating environment. London: Hogarth;1965. (deutsch: Reifungsprozesse und fördernde Umwelt, 1984).

Winnicott DW. The mother-infant experience of mutuality. In: Anthony J, Benedek T, eds. Parenthood: Its psychology and psychopathology. New Jersey: Jason Aronson; 1970;245–256

Winnicott DW. Vom Spiel zur Kreativität. Stuttgart: Klett; 1973.

Winnicott DW. Reifungsprozesse und fördernde Umwelt. München: Kindler; 1974.

Winnicott DW. Von der Kinderheilkunde zur Psychoanalyse. München: Kindler; 1976.

Ziegenhain U, Muller B, Rauh H. Frühe Bindungserfahrungen und Verhaltensauffälligkeiten bei Kleinkindern in einer sozialen und kognitiven Anforderungssituation. Prax Kinderpsychol Kinderpsychiat. 1996;45(3–4):95–102.

Ziler H. Mann-Zeichen-Test (MZT). Münster: Aschendorf; 1996.

Zimmermann P. Bindung im Jugendalter. Entwicklung und Umgang mit aktuellen Anforderungen [Dissertation]. Universität Regensburg; 1994.

Zimmermann P. Bindungsentwicklung von der frühen Kindheit bis zum Jugendalter und ihre Bedeutung für den Umgang mit Freundschaftsbeziehungen. In: Spangler G, Zimmermann P, Hrsg. Die Bindungstheorie – Grundlagen, Forschung und Anwendung. Stuttgart: Klett-Cotta; 1995.

Zimmermann P. Structure and functions of internal working models of attachment and their role for emotion regulation. Attachment Hum Dev. 1996;1:293–306.

Zimmermann P. Von Bindungserfahrungen zur individuellen Emotionsregulation: das entwicklungspsychopathologische Konzept der Bindungstheorie. In: Gloger-Tippelt G, Hrsg. Bindung im Erwachsenenalter. 1. Aufl. Bern: Huber; 2001.

Zimmermann P, Becker-Stoll F. Bindungsrepräsentation bei Jugendlichen. In: Gloger-Tippelt G, Hrsg. Bindung im Erwachsenenalter. 1. Aufl. Bern: Huber; 2001.

Zimmermann P, Becker-Stoll F, Fremmer-Bombik E. Die Erfassung der Bindungsrepräsentation mit dem Adult Attachment Interview. Ein Methodenvergleich. Kindheit und Entwicklung. 1997;3:173–82.

Zimmermann P, Fremmer-Bombik E. Die Bedeutung internaler Arbeitsmodelle von Bindung aus entwicklungspsychopathologischer Sicht. In: Koch-Kneidl L, Wiesse J, Hrsg. Frühkindliche Interaktion und Psychoanalyse. Göttingen: Vandenhoeck & Ruprecht; 2000.

Zimmermann P, Gliwitzky J, Becker F. Selbstkonzept, Ich-Flexibilität und Copingstrategien bei Jugendlichen im Zusammenhang zur Repräsentation eigener Bindungserfahrungen. Poster auf dem 38. Kongress der Deutschen Gesellschaft für Psychologie in Trier; 1992.

Zimmermann P, Gliwitzky J, Becker-Stoll F. Bindung und Freundschaftsbeziehungen im Jugendalter. Psychologie in Erziehung und Unterricht 1996;43:141–54.

Zimmermann P, Suess GJ, Scheuerer-Englisch H, Grossmann KE. Bindung und Anpassung von der frühen Kindheit bis zum Jugendalter: Ergebnisse der Bielefelder und Regensburger Längsschnittstudie. Kindheit und Entwicklung. 1999;8:37–49.

Sachverzeichnis

L

M

N

P

R

S